NEW うきうき
우키우키
일본어 회화 사전

우키우키 일본어 회화 사전

지은이 권연수
펴낸이 임상진
펴낸곳 도서출판 넥서스

초판 1쇄 발행 2004년 2월 25일
초판 5쇄 발행 2007년 3월 25일

2판 1쇄 발행 2017년 3월 10일
2판 2쇄 발행 2017년 3월 15일

출판신고 제406-251002011000302호
10880 경기도 파주시 지목로 5
Tel (02)330-5500 Fax (02)330-5555

ISBN 978-89-98454-74-6 13730

저자와 출판사의 허락없이 내용의 일부를
인용하거나 발췌하는 것을 금합니다.
저자와의 협의에 따라서 인지는 붙이지 않습니다.

가격은 뒤표지에 있습니다.
잘못 만들어진 책은 구입처에서 바꾸어 드립니다.

www.nexusbook.com

일본어 회화 사전

우키 우키

권연수 지음

넥서스

머리말

교육현장에서 보면 일본어를 배우는 학생들이 가장 어려워하는 것이 청해와 회화, 그리고 한자입니다. 그 중에서도 청해와 회화는 현지에 가지 않고 한국에서 일본어를 배우는 사람에게는 좀처럼 넘기 어려운 벽이기도 합니다.

회화를 잘 하기 위해서는 언어구조를 파악하고, 적절한 어휘 선택과 상황에 맞는 표현을 할 수 있어야 하며, 또한 얘깃거리를 풍성하게 갖고 있는 것이 무엇보다 중요합니다. 이러한 점을 보완하기 위해서는 언어 습관을 포함한 한일간의 문화적 차이에 대한 정확한 이해를 바탕으로 '상황에 맞는 생생한 일본어 표현'을 신속하고 용이하게 찾을 수 있고 또한 재미있게 다양한 표현을 배울 수 있는 책이 큰 도움이 될 것입니다.

이 책은 일본인과 대화하게 되는 상황을 크게 5개 부(部)로 나누어, 만나서 마음을 전하고 생활하고 비즈니스를 하고 관광을 하는 순서로 상황을 배치하였습니다. 각 주제에 따라 세부적인 상황을 설정하였고 총 23개의 장(章)으로 분류하여 구성하였습니다. 또한 외국인으로서 일본어를 사용하는 상황을 분석하고 그러한 상황에서 쓰이는 생생한 표현들을 다양하게 제시하여 상황에 맞는 화젯거리를 풍성하게 제공하고 있습니다. 그러므로 이 책은 단순히 단문 형식의 회화 표현이 나열되어 있는 것이 아닌, 각 상황에서 실제로 사용되는 말과 그것의 배경이 되는 문화에 바탕을 둔 다양한 표현들이 수록된 '체험형' 회화사전이라고 할 수 있습니다.

또한 이 책의 중요한 특징은 저자의 13년에 걸친 일본 생활과 일본의 문화와 언어 전문가로서 경험한 것에 기초한 '살아있는 일본어 표현'들이 망라되어 있다는 점입니다. 또한 이 책에 수록된 표현들은 폭넓은 시야를 바탕으로 다방면의 일본어 전문가에 의한 검증을 거친 표현들입니다. 따라서 독자는 이 책을 통해 '일본어다운 표현'과 '살아있는 일본어 표현'을 재미있게 익히면서 마치 일본 현지에 있는 듯한 기분으로 회화 연습을 하고, 나아가서는 일본 문화에 대한 이해도 높일 수 있는 일거양득 이상의 효과를 얻을 수 있을 것입니다. 그러나 어떤 회화 사전이라도 일상생활에서 쓰이는 모든 말을 다 담을 수 없다는 한계가 있기 마련입니다. 미처 초판에서 다루지 못한 상황이나 표현들은 앞으로 충분히 보완하여 보다 나은 일본어 회화 사전이 될 수 있도록 하겠습니다.

끝으로 이 책이 세상에 나올 수 있도록 특별한 관심을 보여주셨고, 배려를 해 주신 넥서스 관계자 여러분께 진심으로 감사드립니다. 그리고 항상 아낌없는 후원을 해 주신 부모님께 깊은 감사를 드리며 두 분께서 주신 사랑에 이 책이 조금이나마 보답이 되었으면 합니다. 또한 일본어 회화에 고민이 많은 학생들과 취업 현장에서 일본어와 씨름하고 있는 졸업생들에게 도움이 되었으면 좋겠다는 소박한 바람이 이 길고 어려운 작업을 끝까지 해낼 수 있는 힘이 되었습니다. 세명대 일문과 학생들과 졸업생들에게도 고마움을 전합니다. 아울러 지금까지 저에게 많은 사랑과 가르침과 격려를 주신 모든 분들께 고개 숙여 깊은 감사를 드립니다.

마지막으로 이 책과 인연이 닿아 책장을 넘기신 모든 분들이 보람과 성취감의 기쁜 마음으로 이 책을 덮을 수 있길, 늘 건강하고 유쾌한 웃음을 지을 수 있길 바랍니다.

권연수

> 이 책의 구성과 특징

일본어로 말하는 재미가 솔솔!
내가 하고 싶은 말이 여기 다 있네!!

최초로 시도된 '체험형' 일본어 회화 사전이다.
단순한 단문의 나열에서 벗어나 일본 현지생활을 체험하듯 공부할 수 있도록 구성하였으며, 사전으로서의 기능을 십분 살릴 수 있도록 목차에 각 장의 상세한 항목을 망라하여 하고 싶은 말을 상황별로 용이하게 찾아볼 수 있도록 하였다.

2단 편집과 가리개(또는 책갈피)로 찾는 기능과 학습 기능을 한층 강화하였다.
이 책의 가장 큰 특징 중의 하나가 한 페이지를 2단으로 편집했다는 점이다. 이는 회화 사전이 단순히 회화 문장을 찾는 차원을 넘어 회화를 체계적으로 공부할 수 있는 책으로 활용되기 바라는 바람에서 비롯된 것이다. 왼쪽에는 한국어, 오른쪽에는 일본어를 배치하여 시각적 효과를 줌으로써 한국어로 자신이 하고 싶은 말을 찾을 때 매우 편리하도록 하였고, 한국어나 일본어만 따로 읽어 내려갈 수도 있어 다양한 활용 방법이 가능하도록 하였다.

책갈피나 가리개를 이용하여 학습해 보자. 동시통역 연습법이 가능하도록 하고 효과적인 복습과 회화 및 통역 연습을 할 수 있도록 하였다. 외국어 공부를 하면서 누구나가 느끼는 것은 아무리 공부를 해도 금방 잊어버리고, 또 좀처럼 말이 입에서 떨어지지 않는다는 점이다. 이런 점을 보완하기 위해서는 지속적인 복습이 필요하고 실제 상황처럼 반복 연습을 하는 것이 무엇보다 중요하므로 2단 편집과 책갈피 또는 가리개를 활용한 동시통역 연습법은 독자의 회화능력 향상에 큰 도움이 될 것이다.

모든 한자와 숫자, 알파벳에까지 덧말(ふりがな)을 달아 정확한 일본어 구사에 도움을 주도록 했다.
한자 읽기는 사전으로 찾을 수 있지만 뒤에 오는 수사에 따라 읽기가 변하는 숫자나 알파벳을 어떻게 읽는지 알기는 쉽지 않다. 이 책은 한자는 물론 숫자와 알파벳에까지 덧말을 달아 정확한 일본어 구사는 물론 한자 및 숫자, 알파벳 읽기 공부를 집중적으로 할 수 있도록 하였다. 또한 가리개를 이용하여 문장 부분 또는 덧말 부분을 가리고 읽기와 쓰기 연습을 하는 것은 매우 효과적인 공부방법이 될 것이다.

※ 한자공부를 겸할 수 있도록 가능한 한 한자로 표기했으며 한자표기는 일본 상용한자를 기본으로 하였다. 단 시각적 효과를 위해서, 혹은 회화 사전이라는 점을 감안하여 이를 따르지 않은 경우도 있다.

※ 고유명사의 한글 표기는 교육부 지침 표기법에 따랐다. 단 이 표기법은 장음과 단음의 구별이 없으므로 일본어에 제시된 후리가나(덧말)를 보고 장음과 단음을 구별해서 발음해야 한다. 일어의 경우 장음과 단음의 구별이 정확해야 하므로 각별히 주의를 요한다.

다양한 기호를 활용하여 상황에 맞는 정확한 표현을 익힐 수 있도록 하였다.

🙍‍♂ 남성이 주로 사용하는 표현

🙍‍♀ 여성이 주로 사용하는 표현

⬆ 공적인 관계로 만난 사람, 윗사람, 손님, 고객 등 깍듯이 예의를 갖추어야 할 사람에게 쓰는 말.

⬇ 가족이나 애인, 또는 사적인 관계로 허물없이 지내는 사람에게 쓰는 말.

〔 〕 앞의 단어·어구와 대체 가능함을 나타낸다.

( ) 생략해도 무관하며, 말은 안 해도 (　)속의 말뜻이 포함됨을 나타낸다.

… 말을 끊지 말고 약간 말꼬리를 흐린 듯 이야기함을 나타낸다.

※ 일본어의 경우 물음표를 사용하지 않기 때문에 한국어에 물음표가 있는 경우라도 마침표(「。」)를 사용했다. 다만 서양언어 유입의 영향으로 일본에서도 만화나 잡지, 가까운 친구에게 보내는 편지 등에서는 물음표를 쓰는 경우가 있어 반말일 경우에는 물음표 표기를 했다.

각주와 어휘를 통해 보다 다양하고 깊은 이해를 도왔다.
일본어다운 표현, 생활문화에 바탕을 둔 표현, 한국어를 직역해서는 안 되는 표현 등에 각주를 달아 독자의 이해를 도왔으며 어휘(어휘)를 제시하여 같은 문장으로 다양하게 활용할 수 있도록 하였다. 각주만 읽어 보아도 일본 문화와 일본어에 대한 깊은 이해에 많은 도움이 될 것이다.

초급에서 고급까지 체계적인 회화공부가 되도록 하였다.
일상생활에 쓰이는 말들이 초급에서 고급으로 단계별로 이루어지는 경우는 없다. 회화에서 중요한 것은 상황에 맞는 말을 얼마나 할 수 있느냐이다. 따라서 이 책은 초급 수준의 독자에서 고급 수준 독자까지 상황에 맞는 표현과 자연스럽고 수준 높은 일본어 표현을 찾을 수 있도록 배려하였다. 따라서 상황에 따라, 또 자신의 수준에 따라 스스로 회화공부를 디자인한다는 마음으로 공부한다면 보다 체계적인 회화공부를 할 수 있을 것이다. 또한 이 한 권에 생활에서 쓰이는 말을 모두 실을 수는 없는 것이므로 보다 다양한 표현을 익히려면 이 책의 표현을 기본으로 어휘나 관용구 등을 바꿔 넣어서 응용하는 연습도 필요하다.

무료 MP3 다운받는 법

1. www.nexusbook.com
 '넥서스 홈페이지'에 접속합니다.

2. 검색창에 '우키우키 일본어 회화사전'으로
 검색하여 다운받으세요.

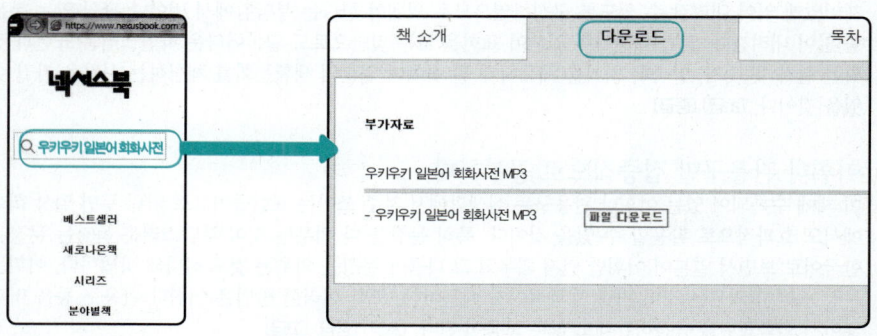

이 책의 활용법

초급에서 고급까지 일본어다운 표현 총망라

수시로 찾아보거나 감정을 실어 집중적으로 연습한다.
일본어를 해야 할 필요가 있을 때 수시로 찾아보거나 우선적으로 관심 있는 부분이나 필요한 상황에 맞는 부분을 찾아 공부한다. 또한 마음에 드는 표현, 자신이 하고 싶은 말, 자주 처하는 상황에서 쓰이는 말을 감정을 실어 집중적으로 연습한다. [초급] [중급]

외워야 한다는 부담감에서 벗어나 관심있는 부분부터 읽어 나간다.
재미있게 읽어 내려갈 수 있도록 구성하였으므로 외워야 한다는 부담감에서 벗어나 관심 있는 부분을 읽어 내려간다. 읽어 내려가며 일본어 표현을 보는 것만으로도 일본어다운 자연스러운 표현과 정확한 한자 및 숫자, 알파벳 읽기를 체득하게 될 것이며 일본의 생활문화를 체험하는 시간을 가질 수 있을 것이다. [초급] [중급]

어휘나 관용구만 집중적으로 공부한다.
이 책에 수록되어 있는 어휘나 관용구는 실생활에서 자주 쓰이는 표현들이므로 외워 두면 일상 회화에서도 효과적으로 활용할 수 있을 것이다. 특히 문장을 다 외우는 것이 부담스러운 독자는 문장은 한국어로 보면서 일본어 어휘만 먼저 외우고 그 다음에 문장을 외우는 것도 하나의 방법이다. 어휘는 문장 속에서 외우는 것이 가장 효과적이기 때문이다. 또한 이러한 방법은 어휘나 관용구 등을 바꿔 넣어서 회화표현을 응용하는데도 많은 도움이 된다. [초급] [중급] [고급]

어미 부분만 집중적으로 본다.
외국어를 하는데 있어서 말의 끝마무리를 잘 하는 것은 의외로 어려운 일이다. 특히 일본어의 경우 미묘한 감정이 말끝에서 표현될 때가 많기 때문에 말의 마무리를 어떻게 하는지 집중적으로 공부해 두면 독자의 일본어 회화 수준을 한 차원 높여 줄 것이다. [중급]

같은 기호의 회화 문장만 집중적으로 본다.
자신의 관심에 따라 🄼(남성적 표현), 🄵(여성적 표현), ↑(매우 정중한 표현), ↓(반말) 기호가 있는 문장만 찾아 집중적으로 공부하면 보다 다양하고 상황에 맞는 일본어 회화를 구사할 수 있게 될 것이다. [중급] [고급]

자신의 일본어 실력을 테스트해 본다.
외국어를 공부하다 보면 자신의 실력이 어느 정도인지 궁금해지기 마련이다. 이 책 중에서 특히 제3부 일상 생활과 제4부 비즈니스 부분에 나오는 표현들을 자유자재로 구사할 수 있는 정도라면 자신의 실력이 최고급 수준이라고 봐도 된다. 또한 가리개를 이용하여 자신이 아는 표현과 모르는 표현을 정확히 파악하여 부족한 부분을 연습한다면 보다 효과적인 회화 공부가 될 것이다. [중급] [고급]

동시통역사가 된 기분으로 연습한다.
즉 가리개를 이용하여 일본어를 가리고 한국어만 보고 일본어를 얘기해 본다. 무리 없이 말 할 수 있었다면 그 문장은 자기 것이 되었다고 볼 수 있다. 약간 어색하거나 더듬거리며 말이 나온다면 말이 입에 붙을 때까지 몇 번이고 말하는 연습을 한다. 전혀 생각이 안 나거나 모르는 어휘가 많을 때에는 다시 한번 복습을 하고 외운다. 때로는 일본어를 가리고 한국어를 해보는 연습도 유용하다. 이런 식으로 한 쪽을 가리고 동시통역사가 된 기분으로 연습을 하다 보면 회화는 물론 통역 능력까지도 향상될 것이다. [중급] [고급]

제1부 기본 표현

1 인사 표현

1 아침/점심/저녁 인사 26
2 날씨/계절 인사 27
- +일기 예보에 대하여 27
- +날씨에 대하여 28
- +봄 29
- +여름 29
- +장마/가뭄 30
- +가을 32
- +겨울 32

3 초면 인사 33
- +초면 인사 33
- +이름을 물어볼 때 34
- +전에 이야기를 들었을 때 35
- +명함을 교환할 때 36

4 자기를 소개할 때 36
- +이름 36
- +자기 소개 37
- +직업 38

5 다른 사람을 소개할 때 39
- +소개할 때 39
- +낯익은 사람을 만났을 때 39

6 안부 인사 40
- +안부/근황을 물을 때 40
- +다른 사람의 안부를 물을 때 42
- +다른 사람에게 안부를 전해 달라고 할 때 43
- +오랜만에 만났을 때 44
- +우연히 만났을 때 45
- +기타 46

7 작별 인사 47
- +헤어질 때 47
- +연락을 바랄 때 49
- +다시 만날 약속을 할 때 51
- +기타 51

8 생활 인사 52
- +생활 인사 52
- +아침에 일어나서 나갈 때까지 53
- +집에 돌아와 잘 때까지 55
- +휴일 58

2 원활한 인간 관계

1 말문을 틀 때(대화를 시작할 때) 60
- +사람을 부를 때 60
- +물음/되물음 61
- +말의 도입 62
- +말이 막힐 때 64
- +말을 유도할 때 65
- +맞장구칠 때/
  상대방의 말에 대한 반응을 보일 때 66
- +이유를 말할 때/물을 때 68
- +화제를 바꿀 때 69
- +대화의 윤활유 70
- +기타 71

2 칭찬할 때 73
- +칭찬 73
- +사람에 대해 칭찬할 때 74
  - 어린 아이 74
  - 여성 75
  - 남성 76
  - 재능 77
  - 능력 77
- +패션에 대해 칭찬할 때 79
- +칭찬받았을 때 80

3 축하할 때 81
- +축하 인사 81
- +축하와 함께 염원 83
- +축하받았을 때 83
- +기념일 83
  - 신년 83
  - 어버이날 84
  - 생일 84
  - 결혼 기념일 84
  - 발렌타인데이 84
  - 크리스마스 85

4 감사할 때 · 85
- +고마울 때 · 85
- +신세졌을 때 · 86
- +도움을 받았을 때 · 86
- +은혜를 입었을 때 · 87
- +이유를 말하며 감사할 때 · 87
- +감사의 말에 응답할 때 · 90

5 사과할 때 · 90
- +미안한 마음을 전할 때 · 90
- +이유를 말하며 사과할 때 · 91
- +용서를 구할 때 · 92
- +잘못을 인정할 때 · 94
- +변명/핑계 · 95
- +사과를 받고 응답할 때 · 96
- +기타 · 98

3 약속과 초대

1 약속을 정할 때 · 99
- +약속 제안 · 99
- +시간을 정할 때 · 101
- +장소를 정할 때 · 103
- +제안에 대한 승낙 · 104
- +제안에 대한 거절 · 105
- +약속을 확인할 때 · 106
- +기타 · 106

2 약속을 변경할 때 · 108
- +약속 변경 · 108
- +상대방이 안 나타날 때 · 109
- +약속 시간에 늦었을 때 · 110
- +생각보다 빨리 도착했을 때 · 111
- +약속을 취소할 때 · 112
- +기타 · 113

3 초대할 때 · 114

4 초대를 승낙하거나 거절할 때 · 116
- +초대를 승낙할 때 · 116
- +초대를 거절할 때 · 117
- +기타 · 118

5 방문했을 때 · 118
- +방문했을 때 · 118
- +가족을 소개할 때 · 119
- +선물을 주고받을 때 · 120
- +집 구경할 때 · 122

- +차나 식사를 대접할 때 · 122
- +식사 후에 · 124
- +돌아갈 때 · 126

4 다양한 화제

1 개인 신상 · 128
- +일본에서 · 128
- +연령/신장/체중에 대해서 · 129
  - 연령 · 129
  - 신장 · 130
  - 체중 · 130
- +주거에 대해서 · 131
  - 주거지 · 131
  - 주거 형태 · 132
- +가족 · 133
- +결혼/임신 · 134
  - 결혼 · 134
  - 임신 · 135
- +학교 · 136
- +취미 · 137

2 직업 · 139
- +회사 · 139
- +경력 · 141

3 여가 · 142
- +영화/콘서트/공연 관람 · 142
  - 영화 · 142
  - 영화평 · 143
  - 콘서트/공연장 · 143
- +노래방 · 145

4 스포츠 · 147
- +스포츠 관련 · 147
  - 응원 · 147
  - 운동 · 147
  - 스포츠 관전 · 148
- +골프 · 149
  - 부킹 · 149
  - 필드에서 · 150
- +테니스 · 151

5 건강/다이어트 · 152
- +건강 · 152
  - 건강 관리 · 152
  - 건강 악화 · 153
  - 담배 · 154

+다이어트	154
6 외모/패션	**156**
+외모	156
남자 외모	156
여자 외모	157
+패션	157
7 성격/기질	**159**
+성격/기질	159
+성격을 비방할 때	160
+자신을 평가할 때	163
+기타	163
8 정치/경제	**165**
정치	165
경제	166

제 **2** 부

마음

1 의사 표현

1 동의/찬성	**170**
+동의를 구할 때	170
+찬성할 때	171
2 반대	**173**
+반대할 때	173
+거절할 때	174
3 애매한 대답	**175**
+애매한 답변	175
+보류/중간적 회답	176

+기타	177
4 이해	**177**
+의견	177
+이해	178
+모르다	179
5 격려/위로	**181**
+격려	181
+위로	183
+격려/위로를 받았을 때	186
6 충고/제안	**187**
+충고	187
+권유	189
+제안	190
+제안에 대한 응답	191
7 결심/결정	**192**
+결심	192
+결정	193
8 주의/꾸짖음	**194**
+주의	194
+타이름/꾸짖음	195
타이름	195
꾸짖음	195
9 명령	**198**
+～해	198
+～해 : して	199
+～하지 마(금지) : な	200
+～ 마세요(금지) : しないで	201
+～하세요 : しなさい	201
+～ 하세요 : してください	202
+～ 하지 말아 주세요 : しないでください	203
+기타	204
10 부탁/도움	**205**
+부탁하려고 할 때	205
+부탁하는 말	205
+구체적인 도움 요청	207
くれる	207
もらう	208
くださる/ください	209
お願いする	210
いただく	210
+부탁을 받았을 때	211
+도움 요청을 수락할 때	212
+도움을 받았을 때	214
+도움/부탁 요청을 거절할 때	215
+도움 요청을 거절당했을 때	217

+도움을 자청할 때	218
+상대의 도움을 거절할 때	219
+돈을 빌릴 때/거절할 때	220
돈을 빌릴 때	220
거절할 때	221
돈을 갚을 때	221
+기타	221

11 허가/양해 222
- +허가를 구할 때 222
- +허가할 때 224
- +허가하지 않을 때 224

2 감정 표현

1 기쁠 때 225
- +즐거움/재미 225
  - 즐거움 225
  - 재미 226
  - 기쁨 226
- +행운 229
- +행복 230
- +안심 231
- +설레임 232

2 슬플 때 233
- +슬픔 233
- +외로움 234
- +우울 235

3 화날 때 236
- +재미없을 때 236
- +짜증 236
- +화가 났을 때 237
- +따질 때 240
- +상대방이 화나 있을 때 243
- +화가 난 이유를 물을 때 243
- +화를 달랠 때 244
- +욕 245
- +싸움 247
- +부부 싸움 249
- +다툰 이유 250
- +비난 251

4 실망스러울 때 252
- +실망 252
- +유감 254
- +낙담 254

5 난처할 때 255
- +고민 255
- +곤란 255
- +후회 256

6 기타 257
- +기호/호감 257
- +혐오감 258
- +관심 259
- +두려움 259
- +진정시킬 때 260
- +긴장이 될 때 261
- +놀랐을 때 262
- +재촉 264
- +쑥스러움 266
- +수치 266

3 애정 표현

1 데이트 신청 268
- +데이트 신청 268
- +데이트 신청을 받고 269
- +데이트 약속 269
- +애프터 신청 270
- +귀가 시간 270
- +데이트하고 나서 271

2 사랑 고백/프로포즈 272
- +사귀고 싶다고 말할 때 272
- +사랑 고백 273
- +스킨십 276
- +프로포즈 277
- +거절할 때 278
- +결혼 생활 279

3 사랑 싸움/이별 280
- +이별을 고할 때 280
- +변심 281
- +외도 282
- +헤어지는 이유 283
- +헤어지고 싶지 않을 때 283
- +헤어짐 284

4 사랑에 관한 수다 285
- +이상형에 대한 얘기 285
- +기타 287

제3부 일상 생활

1 개인 전화

1 전화를 걸 때 290
+ 상대를 물을 때 290
+ 자신을 밝힐 때 290
+ 전화 상대를 바꿔 달라고 할때 291
+ 상대가 전화를 받았을 때 291

2 전화를 받을 때 292
+ 전화를 받을 때 292
+ 기다려 달라고 할 때 292
+ 전화 받으라고 할 때 293
+ 부재중일 때 293

3 전화를 끊을 때 293
4 메모를 남길 때 294
5 전화가 잘못 걸려왔을 때 295
6 휴대폰 296
7 자동 응답기 녹음 297
+ 응답기 녹음 297
+ 메시지 녹음 298

2 업무 전화

1 업무 전화 상황별 예시 299
　자리에 있을 때 299
　부재중일 때 299

2 전화를 받을 때 301
+ 회사/자신을 밝힐 때 301
+ 상대를 물을 때 302
+ 기다려 달라고 할 때 303
+ 전화 받으라고 할 때 303
+ 부재중일 때 305

3 전화를 걸 때 307
+ 교환을 통할 때 307
+ 자신을 밝힐 때 308
　전화를 건 경우 308
　전화를 받는 경우 309
+ 전화 상대를 바꿔 달라고 할 때 310

4 전화를 끊을 때 311
5 메모를 남길 때 311
6 전화가 잘못 걸려왔을 때 313

3 식당에서

1 식사 제의 및 결정 315
+ 식사 제의 315
+ 한턱 낼 때 316
+ 음식점을 정할 때 317

2 예약 및 좌석 318
+ 예약할 때 318
+ 예약을 받을 때 319
+ 예약을 변경/취소할 때 320
　예약 변경 320
　예약 취소 321
+ 기타 321

3 식당 입구에서 322
+ 예약을 확인할 때 322
+ 예약을 안 했을 때 323
+ 자리가 없어서 기다릴 때 324
+ 좌석을 잡았을 때 325

4 메뉴 관련 문의 및 주문 326
+ 메뉴 문의 326
　메뉴에 대한 문의 326
　시간/양에 관한 문의 327
+ 메뉴 결정 328
+ 주문할 때 328
　주문 328
　요리에 대한 주문 329
+ 음료를 주문할 때 330
+ 패스트푸드점에서 주문할 때 331
+ 음식이 안 나올 때 332

+주문한 음식이 아닐 때	333
+서비스를 원할 때	333
+주문한 요리가 나온 후	334
+식사에 만족할 때	334
+음식을 싸 가고 싶을 때	335

5 요리에 대한 평가 335
- +맛 335
- +맛있을 때 336
- +맛없을 때 338
- +맛에 대한 느낌 338
- +음식에 이상이 있을 때 339
- +불순물이 들어 있을 때 340

6 식사하며 하는 이야기 340
- +음식을 권할 때 340
- +식당에 대해서 341
- +식성에 대해서 342
- +식욕에 대해서 343
- +요리 비교 345
- +기타 346

7 계산 347
- +계산할 때 347
- +각자 계산할 때 348
- +계산서 확인 349

4 술자리에서

1 술자리 제의 350

2 술집별 메뉴 관련 문의 및 주문 351
- +술집(居酒屋) 351
  - 맥주 351
  - 일본 청주 352
  - 소주 353
  - 안주 353
- +bar 354
  - 양주 354
  - 칵테일 355
  - 와인 355
- +초밥집 356

3 술 마시며 하는 이야기 357
- +건배 357
- +술 취향 358
- +주량 360
  - 술을 잘 마심 360
  - 술을 못 마심 361

- +술집을 옮길 때 361
- +취했을 때 362
  - 취기 362
  - 술버릇 363
  - 속이 불편할 때 363
  - 기타 364
- +과음했을 때 364
- +기타 365

5 학교 생활

1 수강 신청 및 학점/시험/장학금 367
- +수강 신청 및 학점 367
- +시험 368
- +장학금 369

2 도서관/기숙사/유학생 센터 371
- +도서관 371
- +유학생 센터 372
- +기숙사 373

3 수업/발표/과제/질문 375
- +수업 375
- +발표 376
- +과제 377
- +질문 378
  - 수업 시간에 하는 질문 378
  - 일반적 질문 및 답변 379

4 면담/상담 381
- +교수님과의 면담 381
- +어학 연수 382
  - 어학 연수 경험에 대해서 382
  - 어학 연수의 필요성에 대해서 383
  - 어학 연수 기간 및 비용에 대해서 384
  - 어학 연수 전 공부에 대해서 384
  - 어학 연수 학원을 다닐 때 상담 384

6 아플 때

1 기본적인 증상 386
- +증세를 물을 때 386
- +증세를 말할 때 387
  - 감기 몸살 387
  - 피로/과음 388

두통/치통/위장 장애	389
기타 통증	389

2 약국 390
- 증상을 말하며 약을 달라고 할 때 390
- 약의 효능 및 복용 방법 391
- 기타 392

3 병원Ⅰ 393
- 의사 소개 393
- 접수 창구에서 394
- 예진 394
- 진찰 395
  - 진찰 395
  - 처방전 397
  - 입원/수술에 관해 397
- 검사 398
- 기타 399

4 병원Ⅱ (과목별) 399
- 내과 399
  - 감기 몸살 399
  - 위장 장애 400
  - 기타 401
- 소아과 402
  - 내과 402
  - 이비인후과 402
  - 안과/피부과 403
  - 기타 403
- 외과에서 404
  - 상처/화상 404
  - 타박상 404
  - 요통 405
  - 기타 406
- 안과에서 406
  - 시력 406
  - 기타 407
- 이비인후과에서 408
  - 귀 408
  - 코 408
  - 목 409
- 피부과에서 410
- 신경외과에서 410
- 치과에서 411
  - 치통 411
  - 충치 411
  - 발치 412
  - 잇몸 412
  - 기타 412
- 산부인과에서 413
  - 생리 413

임신	413
기타	414

- 비뇨기과에서 414
  - 소변 414
  - 대변 415
- 정신과에서 415
  - 불면증 415
  - 신경증 416
- 임상 병리과에서 417

5 병문안 418

7 일본 생활 정착

1 이사Ⅰ- 집 구하기 419
- 부동산에서 물건을 보여 달라고 할 때 419
- 집을 고를 때 420
  - 집크기 420
  - 월세금 421
  - 입주시기 422
  - 위치 및 교통 422
  - 집 상태 및 내부 시설 423
  - 편의 시설과 주변 환경에 대하여 424
  - 기타 425
- 집을 확인할 때 425
- 계약할 때 426
- 기타 427

2 이사Ⅱ- 이사짐 센터/이사 후 428
- 이삿짐 센터 428
  - 요금 문의 428
  - 서비스 문의 429
- 이사 전 430
  - 짐 꾸리기 430
  - 행정 수속 등 이사 전 준비 430
- 이삿날 432
- 입주 후 생활 433
  - 이웃과의 인사 433
  - 트러블 433
  - 배달 부탁 434
- 음식 배달 434

3 관공서 435
- 구청 435
- 출입국 관리소 437

4 은행 438
- 환전/여행자수표 438

환전	438
외화 환전	438
수표	439
+금융업무	439
계좌 개설	439
계좌 해약 및 통장 분실	440
기타	441
+인터넷/텔레뱅킹/모바일뱅킹	442
+현금 자동 지급기	443
+신용카드	444
+기타	445

5 우체국 445
- +우체국을 찾을 때　445
- +우표를 살 때　445
- +편지를 부칠 때　446
  - 엽서 및 편지　446
  - 항공편/배편　446
- +소포를 부칠 때　447
- +택배　447
- +하이브리드 메일 서비스　449
- +경조 카드　449
- +우편 확인　450
- +기타　451

6 미용실/이발소 452
- +예약 및 카운터에서　452
  - 예약　452
  - 카운터에서　453
- +스타일에 관한 상담　453
- +커트에 대해서　456
- +파마/염색　456
  - 파마　456
  - 염색　457
  - 기타　457
- +머리하면서 하는 이야기　458
- +요금에 대해서　459
- +이발　460
- +기타　460

7 세탁소 461
- +세탁을 맡길 때　461
  - 클리닝 및 다림질　461
  - 수선　462
- +세탁물을 찾을 때　462
- +세탁 이상　463
- +기타　463

8 주유소/카센터 465
- +주유소　465
- +카센터　466
- +자동차 검사　467

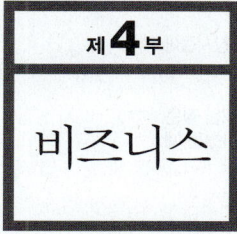

제4부 비즈니스

1 일자리 알아보기

1 구직 문의　472
- +일자리 찾기　472
- +취직 추천　473
- +채용에 관한 질문　473

2 면접　473
- +면접에 대한 조언　473
- +면접하러 갈 때　475
- +면접 시작　475
- +기본 사항에 대해　476
  - 질문　476
  - 대답　476
- +건강 상태에 대해　478
  - 질문　478
  - 대답　478
- +지원 동기　479
  - 질문　479
  - 대답　481
- +지원 회사에 대해　484
  - 질문　484
  - 대답　484
- +업무에 대해　487
  - 질문　487
  - 대답　487
- +능력에 대해　488
  - 질문　488
  - 대답　489
- +직업관/성공관에 대해　492
  - 질문　492
  - 대답　493
- +급여에 대해　495
  - 질문　495
  - 대답　495
- +성격/인생관　496

질문	496
대답	497
+학력/학창시절에 대해	500
질문	500
대답	500
+회사에 대한 질문	502
+면접을 마쳤을 때	503
+면접 결과	504

3 아르바이트 504
- +아르바이트 소개 504
- +면접 505
- +처우 506
- +기타 507

2 일상 업무

1 사무실에서 쓰이는 일상 대화 508
- +출근 508
- +업무 시간 중 출입 509
- +휴식 509
- +퇴근 510
- +업무 부탁 511
- +중요한 얘기를 꺼낼 때 511
- +대답 및 맞장구칠 때 512
- +거절할 때 513
- +영전/승진을 축하할 때 514
- +결혼 초대장을 받고 514

2 OA기기 (팩스/복사/컴퓨터) 515
- +팩스 515
  - 팩스로 송신을 할 때 515
  - 팩스 수신 상태가 나쁠 때 516
  - 팩스 도착 516
- +복사 517
  - 복사기를 사용할 때 517
  - 복사 부탁 517
  - 복사기 이상 518
- +컴퓨터 518
  - 파일 찾기 518
  - 데이터 손상 518
  - 인쇄 519
  - 컴퓨터에 관하여 얘기할 때 519
  - 인터넷에 관한 얘기 520
  - 기타 521

3 업무 지시와 보고 521
- +업무 지시 521
- +서류 작업 522
- +보고 522
- +검토 523

4 방문/손님 접대 524
- +안내 카운터 524
- +담당자 소개 526
- +통보/회답 527

5 회의 528
- +회의 일정 확인 528
  - 회의 시간/장소 528
  - 회의 주관/진행 528
- +회의 준비 529
- +회의 시작 529
- +토론 530
- +질문 531
- +휴식 531
- +상대의 견해를 물을 때 532
- +의견을 말할 때 533
- +다른 의견이 있을 때 533
- +의사 결정 534
- +회의를 마치면서 535
- +결과 보고 536

3 상담 및 계약

1 외국 바이어 맞이하기 537
- +마중 537
  - 공항에서 537
- +안부 인사 538
- +숙소 539
- +접대 541
  - 집 초대 541
  - 환영회 542
  - 노래방 543
- +접대시 화제 544
  - 한국/일본에 대한 인상 544
  - 음식에 관한 이야기 545
  - 명소 547
  - 인물평 548
- +외국인 손님 배웅 549
  - 배웅 549
  - 선물과 설명 550

2 상품 설명 551
- +인사말 551
- +회사에 대한 문의 사항 552

+개발 상황	553
+상품 설명	554
+상품에 대한 평가	556

3 협상 및 계약　557
　+제안서/견적서　557
　　제안서　557
　　견적서　557
　　협의　558
　　가격 협상　559
　　지불 조건　561
　+협상 결렬　562
　+계약　563

4 클레임　563
　+납품　563
　+클레임　564

3 마중/배웅　574
　+마중할 때　574
　+짐을 운반할 때　575
　+배웅할 때　575

2 관광 정보

1 관광 안내 및 문의　577
　+관광 안내소에서　577
　+관광 안내 책자를 얻을 때　578
　+관광 정보 문의　579
　+안내를 제의할 때　580

2 관광지에서　581
　+관광 안내　581
　+화장실에 가고 싶을 때　582
　+관광 소감　582
　+관광지를 추천하면서　583
　+개점 및 폐점 시간　584
　+시설이용권을 살 때　584
　+멀미　585

3 기념 촬영　586
　+기념 촬영할 때　586
　+필름을 살 때　587
　+현상　587
　+사진 평가　588

4 길 안내　588
　+길 안내를 부탁할 때　588
　+위치를 물을 때　589
　+길을 안내해 줄 때　590
　+위치를 알려줄 때　593

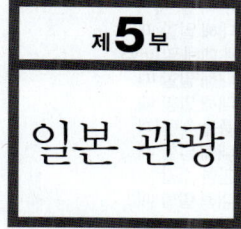

제5부 일본 관광

1 해외 여행

1 공항에서　568
　+공항 내 식당　568
　+선물가게　569
　+면세점에서　570

2 입국 심사　571
　+방문 목적　571
　+체류 기간　571
　+세관에서　572
　+세관에서 짐을 찾을 때　573

3 교통

1 대중 교통　595
　+버스를 이용할 때　595
　+지하철을 이용할 때　596
　+철도를 이용할 때　598
　+방송　599
　　홈에서　599
　　차내 방송　600
　+기차표 예약　600

2 택시 ... 601
- 택시를 부를 때 ... 601
- 택시를 탈 때 ... 602

3 렌터카 ... 604
- 예약 ... 604
- 원하는 차종에 대하여 ... 606
- 사용 기간에 대하여 ... 606
- 요금에 대하여 ... 607
- 보험에 대하여 ... 607
- 차에 이상이 있을 때 ... 608
- 렌터카에 대한 기타 사항 ... 609

4 비행기 ... 610
- 예약할 때 ... 610
- 예약을 확인할 때 ... 611
- 항공사 카운터 ... 611
- 탑승 수속 ... 612
- 짐을 부칠 때 ... 612
- 비행기 시간을 물어볼 때 ... 612
- 좌석을 찾을 때 ... 613
- 기내 식사 ... 613
- 서비스를 부탁할 때 ... 615
- 멀미가 날 때 ... 616
- 도착시간을 물을 때 ... 616
- 기타 ... 617
- 기내 방송 ... 617

4 호텔

1 예약 및 예약 확인/변경 ... 620
- 호텔을 예약할 때 ... 620
- 숙박 기간을 물을 때 ... 621
- 숙박 요금 문의 ... 621
- 원하는 방을 말하고 싶을 때 ... 622
- 예약 확인 ... 622
- 예약을 안 했을 때 ... 622
- 방이 없을 때 ... 623
- 예약 변경 ... 623
- 예약 취소 ... 623

2 체크인 및 체크아웃 ... 624
- 체크인할 때 ... 624
- 귀중품을 맡길 때 ... 625
- 아침 식사에 관한 질문 ... 625
- 짐을 옮길 때 ... 626
- 체크아웃할 때 ... 627

3 서비스 의뢰 ... 627
- 모닝콜을 부탁할 때 ... 627
- 메시지를 확인할 때 ... 628
- 청소를 부탁할 때 ... 629
- 룸 서비스를 부탁할 때 ... 629
- 세탁을 부탁할 때 ... 630
- 환전을 부탁할 때 ... 631
- 기타 문의 ... 631

4 불편 사항 ... 632

5 위클리 맨션 ... 633
- 요금에 관한 문의 ... 633
- 시설에 대한 문의 ... 634

5 쇼핑

1 상품에 대해서 ... 636
- 매장에서의 기본 표현 ... 636
- 판매원의 조언을 구할 때 ... 637
- 상품에 관한 설명 ... 638
- 시험삼아 해 볼 때 ... 639
- 유행에 대해 말할 때 ... 640
- 사이즈에 대해 말할 때 ... 641
- 소재에 대해 말할 때 ... 643
- 색상에 대해 말할 때 ... 643
- 다른 상품을 찾을 때 ... 643
- 세탁에 대해 말할 때 ... 644
- 상품에 관한 소감 ... 644
- 품절에 대해 말할 때 ... 645
- 영업 시간 ... 646

2 백화점에서(매장별) ... 647
- 위치 확인 ... 647
- 잡화 ... 648
- 화장품 ... 649
- 여성복 ... 650
- 남성복 ... 651
- 구두 ... 652
- 보석 ... 653
- 전자 제품 ... 654
- 음반 ... 655
- 기념품 ... 656

3 가격 ... 656
- 가격을 물을 때 ... 656
- 가격이 비쌀 때 ... 656
- 할인을 요구할 때 ... 657

+할인을 거부할 때	658
+할인을 해 줄 때	658
+세일중일 때	659
+덤으로 줄 때	659
+기타	660

4 구입 및 계산 660
　+살 물건을 결정할 때　660
　+살 마음이 없을 때　660
　+계산 장소를 물을 때　661
　+계산할 때　661
　+계산이 틀릴 때　663
　+물건을 교환할 때　664
　+물건을 반품할 때　664

5 배달 및 포장 664
　+배달을 부탁할 때　664
　+포장을 부탁할 때　665
　+통신 구매　666

6 긴급 상황

1 사고 668
　+도움을 청할 때　668
　+교통사고가 났을 때　668
　+강도를 만났을 때　670
　+응급 환자가 발생했을 때　670
　+사고에 대해 설명할 때　671

2 분실/도난 672
　+여권을 분실했을 때　672
　+귀중품 분실 및 도난　672
　+유실물 센터에서　673

3 사람 찾기 674
　+행방불명　674
　+사람을 찾을 때　675
　+사람을 찾았을 때　675

제1부

기본 표현

1 인사 표현

사람과의 만남은 인사부터 시작된다. 일본인은 이야기의 본론으로 들어가기 전에 정해진 인사말을 주고받는 경우가 많으므로 이번 장에서 인사의 여러 표현들을 익혀 두면 일본인과의 원활한 대화에 많은 도움이 될 것이다. 그리고 일본에서는 성과 이름을 함께 말하는 경우보다는 성이나 이름, 혹은 닉네임만 말하는 경우가 많다는 것도 알아 두어야 한다.

1 아침 / 점심 / 저녁 인사

여!(야!)	やあ！
	オッス！
안녕!	おはよう。(아침)
	どうも。
안녕하세요!	おはようございます。(아침)
	こんにちは。(점심)
	こんばんは。(저녁)
잘 자.	おやすみ。
안녕히 주무세요.	おやすみなさい。
편히 쉬세요.(좋은 꿈 꾸세요.)[1]	ごゆっくりお休みください。
	ゆっくりお休みになってください。
잘 잤어요?	よく眠れましたか。
안녕히 주무셨어요?	お目覚めはいかがですか。

---

[1] '내 꿈 꿔' 나 '좋은 꿈 꾸세요' 와 같은 인사는 일본어로 직역하기보다 여기에 제시한 표현으로 말하는 것이 오히려 그 기분을 잘 전달할 수 있다.

예. 덕분에 잘 잤어요.	はい。おかげさまで。
덕분에 아주 푹 잘 잤어요.	おかげさまで。気持ちよく眠れました。
	おかげさまで。熟睡できました。
난 베개가 바뀌면 잠을 잘 못 자요.	私は枕が変わるとよく眠れないんです。

2 날씨 / 계절 인사

일기 예보에 대하여

내일, 비 올까?	明日、雨降るかなあ。 ↘
일기 예보에서는 뭐라고 하든?	天気予報では、何て言ってた？ ↘
내일 날씨는 어떻습니까?	明日の天気はどうですか。
내일은 비가 온다고 합니다.	明日は雨が降るよう〔降るそう〕です。
내일은 비가 올지도 모릅니다.	明日は雨かもしれません。
비가 오고 있습니다.	雨が降っています。
비를 맞았어요.	雨に降られました。
오늘은 눈이 올 거예요.	今日は雪が降るでしょう。
오늘은 우산을 가지고 가는 게 좋을 거예요.	今日は傘を持って行った方がいいと思いますよ。
비가 온다고 했으니까 우산 잊지 말고 가져 가세요.	雨が降るって言ってたから、傘持って行くのを忘れないでくださいね。
일기 예보에선 날씨 좋을 거라고 했었는데…….	天気予報では晴れのはずだったのに……。
일기 예보도 믿을 수가 없어요.	天気予報も当てになりませんね。

날씨에 대하여

날씨가 좋네요.	いい(お)天気ですね。
오늘은 정말 날씨가 좋네요.	今日は本当にいい(お)天気ですね。
오늘은 날씨가 좋아요.	今日は快晴です。
미풍이 부는 상쾌한 날입니다.	そよ風の吹くさわやかな日です。
(산들)바람이 기분 좋군요.	(そよ)風が気持ちいいですね。
쾌적합니다.	快適です。
공기가 건조하니까 불조심하세요.	空気が乾燥しているから火の元に気をつけてください。
오늘은 바람이 세군요.	今日は風が強いですね。
안개가 자욱하게 끼어 있습니다.	霧が立ち込めています。
하늘이 어둠침침하군요.	空がどんよりしていますね。
오늘은 구름이 끼어 있습니다.	今日は曇っています。
점점 흐려지네요.	だんだん曇ってきましたね。
소나기가 올 것 같군요.	夕立が来そうですね。[2]
대단한 폭풍이다!	すごい嵐だ。
정말 지독한 날씨구먼.	全くひどい天気だこと。
우천시 연기	雨天延期〔順延〕。[3]
우천시 취소	雨天中止。

---

2 소나기는 にわか雨라고도 한다. 夕立는 저녁 무렵 갑자기 어두워지면서 쏟아지는 비를 말한다. 특히 여름철에 잦은 비를 말한다.
3 順延은 순번에 따라 다음 차례로 연기하는 것을 뜻한다.

봄

빨리 따뜻해지면 좋겠다.	早く暖かくなってほしいなあ。
좀처럼 날씨가 풀리지 않네요.	なかなか暖かくなりませんね。
따뜻해졌네요.	暖かくなりましたね。
따뜻하네요.	暖かいですね。
따뜻해서 정말 좋아요.	暖かくて何よりです。
이제 완연한 봄이네요.	もうすっかり春めいて来ましたね。
꽃샘추위네요.	花冷えですね。
봄을 알리는 바람이 불었습니다.	春一番が吹きました。[4]
완연한 봄이라고 생각했는데 아직 많이 춥네요.	もうすっかり春だと思ったのに、まだまだ寒いですね。
봄은 새로운 출발의 계절이니까요.	春は出発の季節ですから。[5]
벚꽃 흩날리는 계절이 되었습니다.	桜吹雪の舞う季節となりました。

여름

쪄 죽겠다〔더워 죽겠다〕!	死ぬほど暑いよ。
	暑くて死にそう(だよ)。
푹푹 찌는군요.	むしむししますね。
오늘은 대단히 덥네요.	今日はとても暑いですね。
햇빛이 쨍쨍 내리쬐는군요.	かんかん照りですね。

---

[4] 春一番은 입춘이 지나서 부는 강한 남풍을 말한다.
[5] 여행을 떠난다는 旅立ち(たびだち)에서 음을 따와, 새로운 출발을 뜻할 때 出発(たびだち) 라고 하기도 한다.

무더운 날이네요.	蒸し暑い日ですね。
올해는 무더위가 계속되는군요.	今年は猛暑続きですね。
가만히 있어도 땀이 흠뻑 나네요.	じっとしていても汗だくになりますね。
나는 더위에 약합니다.	私は暑さに弱いです。
여름을 타서 식욕이 별로 없어요.	夏バテみたいで、あまり食欲がないんです。
더위를 타지 않게 몸보신해야지.	夏バテしないようにスタミナつけないとね。 ⬇
여름 감기에 걸리지 않도록 하세요.	夏風邪ひかないようにしてくださいね。
자외선이 강하니까 밖에 나갈 때는 반드시 자외선 차단제를 사용하는 게 좋아요.	紫外線が強いから、外に出る時は、必ず日焼け止めを使用した方がいいですよ。
찬 음식을 너무 많이 먹어서 배탈나지 않도록 해.	冷たい物の食べ過ぎでお腹こわさないようにね。 ⬇
어디나 냉방이 너무 심하지요. (그렇죠?)	どこも冷房の効きすぎですよね。
냉방병에 걸리지 않도록 가능하면 에어컨을 켜지 않습니다.	冷房病にならないように、なるべくクーラーをつけないようにしています。

장마 / 가뭄

이제 곧 장마철에 접어들겠군요.	もうすぐ梅雨入りですね。
비가 잘도 오네요.	よく降りますねえ。
올해는 비가 자주 오네요.	今年は雨がよく降りますね。
비가 하루 종일 오려나.	一日中降るのかなあ、この雨。 ⬇

빨리 비가 그치면 좋겠다.	雨、早く止んでくれないかなあ。	⬇
계속 비가 내려서 빨래도 못 하잖아.	雨続きで洗濯もできやしない。	⬇
습기가 많아서 안 좋네요.	じめじめして、嫌ですね。	
이불을 햇볕에 널지 못하니까 눅눅해서 안 좋네요.	布団を干せないから、湿ってて嫌ですね。	
이불 건조기를 써 보세요.	布団乾燥機を使ってみたらどうですか。[6]	
소나기를 맞았습니다.	にわか雨に降られてしまいました。	
지나가는 비일 거예요.	通り雨ですよ、きっと。	
태풍이 오는 것 같군요.	台風が来ているらしいですよ。	
태풍이 오고 있다고 합니다.	台風が接近しているそうです。	
억수 같은 비다!	土砂降りだ!	⬇
올해는 정말 비가 안 오네요.	今年は本当に雨が少ないですね。	
올해는 장마철에도 가뭄이 심하네요.	今年は空梅雨ですね。	
가뭄이 심해서 걱정이에요.	干ばつで心配ですね。	
가뭄이 계속되네요.	日照り続きの天気ですね。	
물이 끊기면 어쩌지요?	断水になったらどうしましょう。	
날씨가 맑은데 비(여우비)가 오네요. 이런 것을 여우가 시집간다고 하지요.	日照り雨ですね。こういうのを狐の嫁入りというんですよね。	

---

[6] 일본은 습기가 많아 대부분의 가정에 이불 건조기를 준비해 두고 있다. 요와 이불 사이에 건조기에 연결되어 있는 나일론 포를 깔고 건조기를 작동시키면 따뜻한 공기를 받아 부풀어오르면서 요와 이불의 습기를 제거한다.

가을

아직 늦더위가 계속되네요.	まだまだ残暑が厳しいですね。
가을이 깊어졌네요.	秋が深まってきましたね。
거리는 완연히 가을빛을 띠고 있습니다.	街はすっかり秋色を漂わせています。
많이 선선해졌지요?	だいぶ涼しくなりましたね。
바람이 선선해서 지내기 편하군요.	風が涼しくて過ごしやすいですね。
파란 하늘이 예쁘네요.	空が青くてきれいですね。
아침 저녁으로 기온차가 심해서 감기 걸리기 쉬운 계절입니다.	朝夕の気温差が激しくて、風邪を引きやすい季節です。
가을은 천고마비의 계절이라, 식욕이 당겨서 큰일났어요.	秋は天高く馬肥ゆる季節ですからね。食欲が出ちゃって困ってしまいます。
가을은 수확의 계절이니까요.	秋は収穫の季節ですからね。
가을비 오는 가을이군요.	時雨の秋ですね。[7]

겨울

찬바람 부는 계절이 되었습니다.	木枯しの吹く季節となりました。[8]
갑자기 추워졌네요.	急に寒くなりましたね。
겨울다운 날씨가 되었네요.	冬らしい天気になりましたね。
추워졌어요.	冷えてきましたね。
강추위가 계속되고 있군요.	厳しい寒さが続いていますね。

---

[7] 時雨는 늦가을에서 초겨울에 걸쳐 내리는 비를 말한다.
[8] 木枯し는 늦가을〔초겨울〕에 부는 바람을 말한다.

얼어붙을 것 같은 추위입니다.	凍りつくような寒さです。
바람이 세서 체감 온도는 더 낮군요.	風が強いから、体感温度はもっと低いですね。
월동 준비는 다 하셨어요?	冬支度はもう終わりましたか。
빨리 따뜻해지면 좋겠어요.	早く暖かくなってほしいですね。
올 추위는 한결 더 심하네요.	今年の寒さは、ひときわ厳しいですね。
서리가 내렸습니다.	霜が降りています。
눈보라가 될 거야.	吹雪になるぞ。
눈이 오고 있습니다.	雪が降っています。
눈이 쌓일 정도로 올 것 같지는 않군요.	積るほどの雪ではなさそうです。
진눈깨비가 오네요.	みぞれですね。
산의 나무들에 눈꽃이 피었습니다.	山の木々が雪化粧をしています。
겨울에는 역시 따뜻한 전골 요리가 최고예요.	冬はやっぱりあったかい鍋物に尽きますね。[9]

3 초면 인사

초면 인사

처음 뵙겠습니다.	はじめまして。
처음 뵙겠습니다. 다나카입니다.	はじめまして、田中と申します。
	初めてお目にかかります。田中でございます。
잘 부탁합니다.	どうぞよろしくお願いします。
저 역시 잘 부탁드려요.	こちらこそ。

---

[9] 尽きる는 '극한에 달하다, 최고조에 달하다'는 뜻으로 ～に尽きる 하면 '～가 최고다'라는 뜻을 나타낸다.

저 역시 잘 부탁 드립니다.	こちらこそ、よろしくお願いします。
	こちらこそ、よろしくお願い致します。 ↑
	こちらこそ、よろしくお願い申し上げます。 ↑
만나게 되어 반갑습니다.	お会いできて嬉しいです。
만나 뵙게 되어 영광입니다.	お会いできて光栄です。 ↑
저도 만나서 반갑습니다.	私〔こちら〕もお会いできてうれしいです。
제가 오히려 반갑습니다.	こちらこそお会いできてうれしいです。
좋은 친구가 되었으면 합니다.	いい友達になれたらと思います。 ↓
처음 만나는 것 같군요.	初めてお会いしますね。
처음 뵙겠습니다. 가시마입니다.	初めてお目にかかります。鹿島と申します。 ↑
저희들은 처음 만나는 겁니다.	私達は初対面です。
저는 그와는 면식이 없습니다.	私は彼とは面識がありません。

이름을 물어 볼 때

성함이?	お名前は。
성함이 어떻게 되십니까?	お名前は何とおっしゃいますか。 ↑
성함을 여쭤 봐도 될까요?	お名前をお伺いしてもよろしいでしょうか。 ↑
어떻게 부르면 좋을까요?	どのようにお呼びしましょうか。 ↑
	どのようにお呼びしたらよろしいですか。 ↑
이 성함은 어떻게 읽습니까?	このお名前は何とお読みするんでしょうか。

한자로는 어떻게 씁니까? 이렇게 쓰는 게 맞습니까?	漢字ではどのように書きますか。これでよろしいですか。
알파벳으로 어떻게 씁니까?	ローマ字ではどのように書きますか。
알파벳을 불러 주시겠어요?	ローマ字で言ってもらえますか。
성이 뭐라고 했죠?	名字は何とおっしゃいましたっけ。
(성을 빼고) 이름을 불러도 되겠어요?	名前で呼んでもいいですか。[10]
별명으로 불러도 되겠어요?	ニックネームで呼んでもいいですか。
친구들이 뭐라고 불러요?	友達には何と呼ばれているんですか。
마스다 씨가 어느 분입니까?	増田さんはどなたですか。
새로 오신 분이죠?	新しく来られた方ですよね。
여기에 주소를 적어 주시겠어요?	ここに住所を書いてくださいますか。
좀 전에 말씀하시던 분은 누구신가요?	先ほどお話されていた方はどなたですか。

전에 이야기를 들었을 때

전부터 만나 뵙고 싶었습니다.	前々からお会いしたかったです。
알게 되어 기쁩니다.	お知り合いになれて嬉しいです。
전부터 말씀 많이 들었습니다.	前々からお話は伺っております。
좋은 얘기만 들으셨다면 좋겠네요.	いいことばかりであればいいのですが……。
오래 전부터 꼭 한 번 만나 뵙고 싶었습니다.	ずいぶん前から、是非一度、お会いしたいと思っておりました。

---

[10] 일본에서는 사람을 부를 때 주로 성에 さん을 붙여서 부른다. 따라서 성을 빼고 이름만 부르는 경우는 사적인 자리나 가까운 관계일 때에 한한다.

그녀가 당신 얘기를 자주 하더군요.	彼女が、あなたのことをよく話していましたよ。
지훈 씨가 좋은 분이라고 하더군요.	ジフンさんが、いい人だって言ってましたよ。

명함을 교환할 때

이건 제 명함입니다.	こちら、私の名刺です。
명함 한 장 주시겠어요?	名刺を一枚いただけますか。
명함이 멋있네요(예쁘네요).	素敵な名刺ですね。
성함이 특이하시네요.	珍しいお名前ですね。
영업부로 부서가 바뀌셨나 봐요.	営業部の方に移られたんですね。
미안합니다. 오늘은 명함을 안 갖고 와서요.	すみません。今日は名刺を持って来てなくて……。
죄송합니다만, 명함이 다 떨어졌습니다.	申し訳ございませんが、あいにく名刺を切らしております。 ⬆
아마 명함은 전에 받은 것 같은데요.	多分名刺は前にいただいたと思います。

4 자기를 소개할 때

이름

제 소개를 해도 괜찮겠습니까?	私のご紹介をさせていただいてもよろしいでしょうか。 ⬆
스에히로 미와입니다.	末広美和です。
나승규입니다.	ナ(・スンギュ)と申します。[11] ⬆

---

11 자신의 이름을 말할 때 그다지 격식을 차리지 않아도 될 경우는 です를 쓰고, 정중하게 이야기해야 할 경우는 申します를 쓴다. 보통은 성만 얘기하면 되지만 면접을 볼 경우 등은 성과 이름을 모두 얘기한다.

나카타 히데토시입니다.	中田英俊と言います。
나카타가 성, 히데토시가 이름입니다.	中田が名字、英俊が名前です。
상품기획과의 후루카와입니다.	商品企画課の古川と申します。
서비스를 담당할 미스터(미스) 김입니다.	サービスを担当させていただきますキムと申します。
내 이름은 아이코야. '아이쨩' 이라고 불러 줘.	私の名前は愛子。「あいちゃん」って呼んでね。
일본에서 흔한 성은 야마다, 다나카, 스즈키 같은 성이에요.	日本でよくある名字は山田、田中、鈴木のような名字です。

자기 소개

죠치 대학에 다니고 있습니다.	上智大学に通っています。
영어 회화 동아리에서 활동하고 있습니다.	英会話のサークルに入っています。
한국에서 왔습니다.	韓国から来ました。
	韓国から参りました。
일본에 온 지 3개월이 됩니다.	日本に来て3ヶ月になります。
도쿄 지점에 온 지 반 년이 됩니다.	東京支店に来て半年になります。
일본에는 어학 연수 하러 왔습니다.	日本には語学研修で来ました。
대학원에서 일본 문학을 공부하고 있습니다.	大学院で日本文学を勉強しています。
한국에서는 대학에서 일본어를 전공했습니다.	韓国では、大学で日本語を専攻しました。

대학에서 일본어와 일본 문화에 대해 공부하면서 일본에 관심을 갖게 되었습니다.	大学で日本語や日本の文化について勉強し、日本に興味を持つようになりました。
어렸을 적부터 일본 만화를 좋아해서 많이 읽었습니다.	小さい頃から日本のマンガが(大)好きで、よく読んでました。
일본 음악가를 좋아해서 일본어 공부를 하게 되었습니다.	日本のミュージシャンが好きになって日本語を勉強するようになりました。

직업

저는 공무원입니다.	公務員です。 어휘
저는 월급쟁이입니다.	サラリーマンです。
저는 자영업자입니다.	自営業を営んでいます。
증권 회사에 다닙니다.	証券会社に勤めております。
언론(IT) 관련 일을 하고 있습니다.	マスコミ〔IT〕関係の仕事をしています。
초등 학교 교사입니다(초등 학교에서 가르치고 있습니다).	小学校で教えています。 어휘
백화점에서 아르바이트를 하고 있습니다.	デパートでアルバイトをしています。
실업자입니다.	失業中です。

어휘 教師(きょうし) 초중고 교사 大学教授(だいがくきょうじゅ) 대학 교수 非常勤講師(ひじょうきんこうし) 시간 강사 記者(きしゃ) 기자 会社員(かいしゃいん) 회사원 研究員(けんきゅういん) 연구원 作家(さっか) 작가 編集者(へんしゅうしゃ) 편집자 学生(がくせい) 학생 : 대학 이상 フリーランサー 프리랜서 フリーライター 자유 기고가 コンピューター・プログラマー 컴퓨터 프로그래머 ウェブデザイナー 웹 디자이너 パソコンインストラクター 컴퓨터 강사 アナウンサー 아나운서 デザイナー 디자이너 ミュージシャン 음악가 役者(やくしゃ) 배우 タレント 탤런트 フリーター 프리 아르바이터 : 특정한 직업 없이 아르바이트로 생계를 유지하는 사람

5 다른 사람을 소개할 때

소개할 때

두 분이 서로 인사를 나누셨습니까?	お二人はもうご挨拶されましたか。
이쪽은 제 친구인 홍수연입니다.	こちらは、私の友達のホン(・スヨン)さんです。[12]
이토 씨, 홍수연 씨예요.	伊藤さん、ホン(・スヨン)さんです。
강 씨, 이분이 다나카 선생님이에요.	カンさん、こちらが田中先生でいらっしゃいます。
제 은사님이십니다.	私の恩師でいらっしゃいます。
직장 동료입니다.	職場の同僚です。
저희는 소꿉친구예요.	私達は幼なじみです。
김 씨는 가장 친한 친구 중 한 사람입니다.	キムさんは私の一番仲のいい友達の一人です。
박 계장님, 저희 사토 과장님을 소개하겠습니다.	パクさん、課長の佐藤をご紹介します。[13]
이분이 늘 도움이 되어 주시는 하루야마 씨입니다.	こちらが、いつもお世話になっている春山さんです。
그는 좋은 사람이야.	彼はいい人だよ。

낯익은 사람을 만났을 때

우리 전에 어딘가에서 만나지 않았나요?	私達、前にどこかでお会いしてませんか。
	私達、前に会ったことありませんか。
아아, 맞아, 미야모토 씨군요!	ああ、そう、宮本さんですね！

幼稚園(ようちえん) 유치원　中学校(ちゅうがっこう) 중학교　高校(こうこう) 고등학교　専門学校(せんもんがっこう) 전문대학
大学(だいがく) 대학교　カルチャーセンター 문화 센터

[12] 아나타라는 2인칭은 아내가 남편에게, 또는 윗사람이 가까운 아랫사람에게 쓰는 말이므로 그 이외의 경우는 성 또는 이름에 さん을 붙이는 것이 좋다.
[13] 이 장면은 외부 회사의 박 계장에게 자기 회사의 사토 과장을 소개하는 상황이다.

예전에 만난 적이 있을지도 모르겠네요.	以前、お会いしたことがあるかもしれませんね。
현수는 당신의 오랜 친구입니까?	ヒョンスは、あなたの昔からの友達ですか。
어디서 많이 뵌 분 같아요.	どこかでお会いしたような気がしますが……。
저 기억하세요?	私〔僕〕のこと、覚えてますか。
저를 아세요?	私のことをご存じですか。
저는 한 번 본 사람은 꼭 기억해요.	私は、一度会った人は必ず覚えています。
실례했습니다. 제가 사람을 잘못 봤습니다.	失礼しました。人違いのようです。
저기, 혹시 상진 씨 아니세요?	あのう、もしかしてサンジンさんじゃありませんか。
사람을 잘못 보신 것 같군요.	人違いのようですが……。
제가 아는 분 같은데요.	私が知っている方のようですが……。
	どこかでお会いした方だと思いますが……。
이런 데서 다시 만나다니 놀랍군요.	こんなところでまた会えるなんて！
이런 데서 만나다니 우연이네요.	こんなところでお会いするなんて、奇遇ですね。
그 사람 이름이 생각나지 않는데, 기억나?	彼の名前が思い出せないんだけど、覚えてる？

6 안부 인사

안부/근황을 물을 때

잘 있니?	元気？
잘 있어.	元気だよ。

	元気よ。
별로 좋지 않아.	あまりよくないんだ。
뭔가 달라진 거 있어?	何か、かわったことあった？
특별히 없어.	別〔特〕に何も。
컨디션은 어때? 잘 돼가?	調子はどう？
잘 지내셨어요?	お元気でしたか。
	お変わりありませんか。
네, 덕분에요.	ええ、お陰さまで。
데시마 씨도 별일 없으십니까?	手嶋さんもお元気でいらっしゃいますか。
네, 여전히 잘 있습니다.	ええ、相変わらず元気でやっています。
저도 잘 지냅니다.	私も元気に過ごしています。
바쁘지만 잘 있습니다.	忙しいですが、元気です。
대학은 잘 다니세요〔어떠세요〕?	大学の方はいかがですか。
대학 생활은 어때요?	大学生活はどうですか。
무슨 좋은 일이라도 있으세요?	何かいいことでもありますか。
무슨 좋은 일 없습니까?	何かいいことありませんか。
일은 어때요?	仕事はどうですか。
그럭저럭 괜찮아요.	まあまあです。
항상 그렇지요, 뭐.	別に変わったことはないですね。
사업〔일〕은 잘 됩니까?	仕事は上手く行っていますか。

요즘 재미가 어떠세요? (사업하는 사람에게 물어 보는 말)	どうですか、景気は。
아주 좋아요. ○○씨는요?	とてもいいです。○○さんは？
나쁘지 않아요.	悪くないですね。
만사가 아주 잘 됩니다.	全てが上手く行っています〔順調です〕。
요즘 어떻게 지내고 계세요?	最近いかがお過ごしですか。
혼자 생활에는 익숙해졌나요?	一人の生活には、もう慣れましたか。
늘 그렇지요 뭐〔변함없군요〕.	相変わらずですね。[14]
휴일은 잘 보내셨습니까?	休みは、いかがでしたか。
	休日は、楽しく過ごされましたか。
오늘은 얼굴이 좋아 보입니다.	今日は、顔色がいいですね。

다른 사람의 안부를 물을 때

이슬이는 어떻게 지내니?	イスルは元気？
종민이는 잘 있어?	ジョンミンは元気(に)してる？
그는 요즘 뭐하고 지내?	彼は、最近どうしているの？
보람 씨 소식 들었니?	ボラムさんのこと、聞いた？
가족 분들은 안녕하십니까?	ご家族の皆さんは、お元気ですか。
부모님께서는 평안하세요?	ご両親は、お元気でいらっしゃいますか。
덕분에 잘 지내고 있습니다	お陰様で元気です。

---

14 변함없느냐는 질문에 대답하는 상황에서 相変わらずですね라고 하면 '늘 그렇지요, 뭐' 라는 뜻이 되고, 오랜만에 만난 사람에게 相変わらずですね라고 하면 '변함없으시군요' 라는 뜻이 된다.

여전히 잘 지내고 있습니다.	相変わらず元気にやっています。
건강한 것 같네요〔잘 지내는 것 같네요〕.	元気そうですね。
어디 아프세요?	どこか、悪いですか。
안색이 안 좋아 보이시네요.	少し顔色がお悪いようですね。

다른 사람에게 안부를 전해 달라고 할 때

학원이한테 안부 전해 줘.	ハグォンによろしく言っておいてね。
완규 형한테도 안부 전해 줘.	ワンギュ先輩〔さん〕にもよろしく(伝えて)ね。[15]
재만 씨가 당신에게 안부 전하더군요.	ジェマンさんがよろしくって言ってました。
야마시타 씨가 당신에게 안부를 전하더군요.	山下さんがよろしくお伝えくださいとのことでした。
나 대신 너의 여동생에게 안부 전해 줘.	妹さんによろしく。
가족 분들께 (부디) 안부 전해 주세요.	ご家族の皆様に、(くれぐれも)よろしくお伝えください。
우리가 몹시 보고 싶어한다고 전해 주세요.	私達がとても会いたがっていると、お伝えください。
제 남편이 꼭 ○○ 씨를 만나고 싶어해요.	うちの旦那が、ぜひ○○さんにお会いしたいと言っておりました。
항상 그녀를 생각하고 있다고 전해 주세요.	いつも彼女のことを想っていると伝えてください。

---

15 한국에서는 선배를 '형, 오빠', '누나, 언니' 라고 부르지만 일본에서는 그렇게 부르지 않고 先輩 또는 さん이라고 부른다.

오랜만에 만났을 때

오랜만이구나.	久しぶりだね。
오랜만입니다.	お久しぶりです。
참 오랜만이군요.	本当に久しぶりですね。
격조했습니다(오랜만입니다).	ごぶさたしています。
	ごぶさたしております。
그 동안 소식 전하지 못해서 죄송합니다.	ご連絡できず、申し訳ございません。
오래도록 소식 전하지 못해서 죄송합니다.	ごぶさたをして申し訳ありませんでした。
어떻게 지냈어?	どうしていたの？
뭐 했었어?	何やってたの？
잘 지내셨어요?	お元気でしたか。
많이 변했구나.	変わったね。
전혀 변하지 않았구나.	全然変わらないね。
변함없으시네요.	お変わりないですね。
어디 갔었어?	どこに行ってたの？
어른 다 됐네〔철 다 들었네〕.	すっかり大人になったね。
예뻐졌네.	きれいになったね。
요새 살쪘어?	最近、太った？
보고 싶었어요.	会いたかったです。
몇 년 만이죠? 이렇게 얼굴 보는 게.	何年ぶりでしょう。こんなに会うのは。

정말 오랜만에 뵙는군요. 몇 년 만이죠?	ずいぶん久方ぶりですね。何年ぶりでしょう。
지난번엔 뵙지 못해서 섭섭했어요.	先日はお会いできなくて残念でした。
다시 뵙게 돼서 반갑습니다.	またお会いできてうれしいです。
	またお会いできて光栄です。
요즘은 통 못 뵈었네요.	最近は、なかなかお目にかかれませんね。
그때는 뵙지 못해서 섭섭했어요.	その節はお会いできなくて残念でした。
그 이후로 뭘 하고 계십니까?	あれ以来、何をなさっていますか。
센다이에서 일하고 있어요.	仙台で働いています。
아이들 여름 방학을 이용해서 유럽에 갔다왔어요.	子供の夏休みに合わせて、ヨーロッパに行ってきました。
요즘 그 사람을 못 봤었어요.	最近は見かけませんね、その人。
작년 이후로는 그 사람 소식을 못 들었어요.	去年以来、彼のことは聞きませんね。
세월 참 빠르군요.	時が経つのは本当に速いものですね。[16]
	時間が経つのは本当に早いですね。

우연히 만났을 때

이게 누구야!	あら、(○○さん)!
	おお、(○○)!
여기에 어쩐 일이에요?	どうしてここに？
세상 정말 좁군요!	世の中、本当に狭いものですね。

---

[16] '빠르다'는 무이, 速い 양쪽 모두 쓴다. 무이는 '이르다'는 뜻과 함께 쓰이고 速い는 속도감이 느껴질 때 쓰이는 경우가 많다.

어디 가는 길이세요?	どちらに？
네, 좀 일이 있어서요.	ええ、ちょっと用があって……。
어디서 뵌 적이 없던가요?	どこかでお会いしたことありませんか。
정말 우연이군요!	ほんとうに偶然ですね。
여기서 당신을 만나다니 뜻밖이군요.	ここで会うなんて、意外ですね。
이런 데서 만나다니 우연이네요.	こんな所で会うとは、奇遇ですね。
여기에 어쩐 일로 오셨어요?	ここには、どういったご用件で？
요즘 (우연히) 자주 만나는 것 같군요.	最近、よく偶然お会いしますね。
여기서 만나다니, 세상 정말 좁군요!	ここで会うなんて！世の中、ほんとうに狭いですね。
당신을 여기서 만날 줄은 상상도 못했어요.	あなたとここでお会いできるとは、思ってもみませんでした。

기타

뭐가 그렇게 바쁘니?	何をそんなに急いでいるの？
뭐 하고 있는 거야?	何やってるの？
이런저런 생각 좀 하고 있었어.	ちょっと考えごとをしてたんだ。
그냥 멍하니 있었어.	ぼーっとしていただけ。
시간 때우고 있을 뿐이야.	暇つぶしをしているだけ。
무슨 생각을 그렇게 골똘히 하고 있는 거예요?	何をそんなに考え込んでいるんですか。
별 생각 아니에요(아무것도 아니에요).	別に(、何も)。

마침 잘 왔구나.	いいところへ来たね。
여기에 있었구나!	ここにいたんだね！
있잖아, 어제 누구 봤는지 알아?	ねぇ、昨日誰に会ったと思う？
일전에 그 사람과 딱 만났습니다.	この前、彼にばったり会いました。
조만간 또 뵐 수 있으면 좋겠습니다.	近いうちにまた、お会いできればと思います。
가까운 시일 내에 다시 모였으면 합니다.	近いうちに、また集まれたらと思います。
어느 쪽으로 가시는 길입니까?	どちらに行かれるところですか。
수고하세요.	お疲れ様です。
	ご苦労様です。[17]
고생하셨습니다.	お疲れ様でした。
	お疲れ様でございました。

7 작별 인사

헤어질 때

또 보자(그럼 안녕)!	またね。
	じゃあね。
그럼 이만.	それでは(この辺で)。
안녕히 계세요(안녕히 가세요).	さよなら。
	さようなら。
그럼 잘 있어!	じゃあ、元気でね！

---

[17] 우리말에서도 마찬가지로 '수고하세요'라는 의미는 ご苦労様(です). 이 말은 윗사람이 아랫사람에게 하대하는 말이므로 사용에 주의를 요한다.

또 와.	また来てね。
잘 있어.	元気でね。
잘 지내세요.	お元気で。
조심해(서 가).	気をつけてね。
또 올게.	また来るね。
가 봐야겠어요.	もう、そろそろ行かないと。[18]
	そろそろ帰らないと。
이제 가야 될 것 같습니다.	そろそろ、おいとましなければ。
먼저 가겠습니다.	お先に失礼します。
이만 작별 인사를 해야겠어요.	そろそろお別れをしないといけないようです。
가고 싶지 않지만 가야 할 시간이에요.	別れるのはつらいけど、もう行かないと(いけない時間です)。
만나서 매우 반가웠습니다.	お会いできてうれしかったです。
얘기 아주 즐거웠습니다.	お話、とても楽しかったです。
즐거운 시간이었습니다.	楽しかったです。
	楽しい時間でした。
다음에 또 만납시다.	また会いましょう。
언젠가 또 만나자.	またいつか会おうね。
또 뵙고 싶어요.	またお会いしたいです。
다시 뵐 수 있을까요?	またお会いできますでしょうか。

---

18 行く는 어딘가 목적지로 '가다', 帰る는 '본거지로 돌아가다'는 뜻이다. 따라서 집에 간다거나 고향으로 돌아갈 경우는 帰る를 쓴다.

다시 만나 뵙길 바랍니다.	またお会いできることを楽しみにしています。
헤어지는 게 마음이 아프군요.	別れるのがつらいです。
우리 모두는 당신이 그리워질 거예요.	みんなあなたのことが忘れられないと思いますよ。
일본에 돌아가시기 전에 다시 만났으면 해요.	日本にお帰りになる前にもう一度お会いできればと思います。
조심해서 가세요.	どうぞ、お気をつけて。
운전 조심해서 가세요.	運転、気をつけてくださいね。
당신과 함께 할 수 있어서 무척 좋았습니다.	ご一緒できて、本当によかったです。
재미있게 보내세요!	楽しい時間をお過ごしください。

연락을 바랄 때

앞으로도 서로 연락하며 지내자.	これからも、連絡を取り合おうね。
서로 연락합시다.	また、連絡し合いましょう。
또 놀러 오세요.	また遊びに来てください。
또 한국에 오실 때는 꼭 연락 주세요.	また韓国においでになる時は、ぜひご一報ください。
집에 한 번 오세요.	一度、家に遊びに来てください。
언제 한잔 합시다.	いつか一杯やりましょう。
	いつかお酒でも飲みに行きましょう。

언제나 환영합니다.	いつでも歓迎します。
언제든지 연락하세요.	いつでもご連絡ください。
나중에 전화 주세요.	後で電話ください。
도착하는 대로 저한테 전화를 주세요.	着いたら、電話(を)ください。
가끔 편지라도 보내 주세요.	たまには手紙でもください。
가끔 편지로 소식 주세요.	たまに、お手紙で近況でも知らせてください。
편지 쓸게요.	手紙、書きます。
그럼 다음에 이메일 보낼게요.	じゃ、今度メールを送ります。[19]
이메일 기다릴게요.	メール、楽しみにしています。
다음에 채팅합시다.	今度、チャットしましょう。
꼭 다시 만나요.	ぜひ、またお会いしましょう。
또 연락 드려도 되겠습니까?	また、ご連絡(を)差し上げてもよろしいでしょうか。
또 전화해도 되겠습니까?	また、電話してもいいですか。
또 데이트 신청해도 되겠습니까?	また、デートに誘ってもいいですか。
또 연락 주세요.	また誘ってください。[20]
가능하면 메일 주소(전화 번호) 좀 가르쳐 주시겠어요?	よかったら、メールのアドレス〔電話番号〕を教えてもらえますか。
사진은 어디로 보내 드릴까요?	写真は、どちらにお送りすればいいですか。
사진을 보내 드리려고 하는데 주소를 가르쳐 주시겠어요?	写真を送りたいので、住所を教えてくださいますか。

[19] 이메일은 전문 용어로서는 電子メール, 보통은 Eメール라고 하지만 대부분 줄여서 メール라고 한다. 또 메일 주소는 メルアド, 메일을 교환하는 친구는 メル友(とも)라고 한다.
[20] 誘う라는 표현은 일본에서 아주 많이 쓰이는 말이다. 먼저 제안해서 뭔가를 하자고 하는 것이 誘う이므로, (동성·이성) 친구나 아는 사람에게 어디 가자(하자)고 할 때 쓸 수 있다. 예) 映画に誘う, 美術館に誘われた 등.

그럼 자세한 사항은 내일 팩스로 보내 드리겠습니다.	それでは、詳細は明日ファックスでお送りいたします。
그럼 다음 회의 때 좀 더 자세한 사항을 말씀 드리겠습니다.	それでは、次の会議でより詳しいお話をさせていただきます。

다시 만날 약속을 할 때

다시 만날 수 있을까요?	また、お会いできますか。
또 뵙고 싶어요.	またお会いしたいです。
조만간 다시 만납시다.	近いうちにまた会いましょう。
그럼 거기서 봅시다.	それでは、そこでお会いしましょう。
그럼 이따 봐요.	じゃ、また後で。
내일 봐요.	それでは、また明日。
그럼 그때 봐요.	じゃ、その時に。

기타

성공하세요!	ご成功を！
힘내.	頑張って。
재미있게 놀다 오너라.	楽しんでらっしゃい。21
좋은 여행 되세요.	よい旅を。
좋은 주말 되십시오!	楽しい週末を！

---

21 楽しんでらっしゃい는 楽しんでいらっしゃい의 준말.

좋은 하루 되세요.	よい一日（いちにち）を。
좋은 주말 보내세요.	よい週末（しゅうまつ）を。
즐거운 주말 되십시오!	楽（たの）しい週末（しゅうまつ）をお過（す）ごしください。
좋은 휴일 되십시오!	休日（きゅうじつ）を思（おも）いっきり楽（たの）しんでください。
즐거운 크리스마스가 되기를 바랍니다.	楽（たの）しいクリスマスをお過（す）ごしください。
그렇게 되길 기원합니다.	必（かなら）ず、そうなることを祈（いの）っています。
기념품(선물) 사 오는 거 잊지 마.	お土産（みやげ）買（か）ってくるのを忘（わす）れないでね。[22] ⬇
너무 무리하지 마(적당히 해).	ほどほどにね。 ⬇
너무 무리하지 마(막 나가지 마).	無茶（むちゃ）しないでね。 ⬇
너와 만날 수 없게 되면 쓸쓸해질 거야.	君（きみ）に会（あ）えなくなると、寂（さび）しくなるよ。 ⬆⬇
당신과 함께 갈 수 없어서 유감이에요.	あなたとご一緒（いっしょ）できなくて残念（ざんねん）です。

8 생활 인사 [23]

생활 인사

다녀오겠습니다.	行（い）ってきます。
	行（い）って参（まい）ります。 ⬆
다녀와라(다녀오세요).	行（い）っていらっしゃい。
다녀왔습니다.	ただいま。
잘 다녀왔니?	おかえり。
다녀오셨어요?	お帰（かえ）りなさい。

---

22 おみやげ는 출장이나 여행을 다녀오며 사 오는 선물. 선물이라는 뜻의 プレゼント와 구별해서 쓴다.
23 일본에서는 보통 가정에서 가족끼리 반말을 하는 게 보통이므로 생활 인사편에서는 반말 표시 ⬇를 생략하기로 한다. 단, 반말을 쓸 수 있는 경우는 가족 또는 가족처럼 가깝고 허물없는 사이에 한한다.

잘 먹겠습니다.	いただきます。
자, 먹어라.	どうぞ、召し上がれ。
잘 먹었습니다.	ごちそうさまでした。
어디 가세요?	どちらへ？
예. 요 앞에요.	はい、ちょっとそこまで。[24]

아침에 일어나서 나갈 때까지

잘 잤어?	おはよう。 よく眠れた？
일어날 시간이야!	起きる時間よ！
빨리 일어나.	早く起きなさい。
자명종 시계 울렸어?	目覚まし時計は鳴った？
자명종 시계를 꺼 줄래?	目覚まし時計を止めてくれる？
이제 겨우 일어났구나.	やっと起きたのね。
좋은 날씨다!	いい天気だ！
어제 밤샜어?	昨日徹夜したの？
나는 올빼미〔야밤〕형이야.	僕は夜型の人間なんだ。
몸 안 좋아?	具合いが悪いの？
이불 개자.	布団をたたもう。
어젯밤 코골며 자더라.	昨日の夜、いびきかいてたよ。

---

24 이웃에 사는 사람끼리 どちらへ라고 묻고 ちょっとそこまで라고 대답하는 상황은 일본에서 자주 볼 수 있는 상황이다. 일본에서는 개인적인 일을 자세히 묻지도 대답하지도 않는 것이 예의이므로 어디에 간다고 자세히 밝히기보다는 ちょっとそこまで라고 웃으며 대답하는 것이 좋다.

무서운 꿈 꿨어.	怖い夢をみたの。
전깃불을 계속 켜 놨더라.	電気がつけっぱなしだったよ。
세수해야지.	顔を洗いにいかなくては。
아침 먹을 시간이야.	朝食の時間だ。
	朝ごはんだよ。
아직도 졸려.	まだ眠いなあ。
아직도 하품하고 있어?	まだあくび(を)しているの？
숙취야.	二日酔いだよ。
커피 마시면 잠이 깨.	コーヒーで目が覚めるんだ。
이 닦았어?	歯は磨いたの？
머리 빗어야지.	髪(の毛)をとかさなくちゃ。
뭘 입을까?	何を着ようかな。
빨리 옷 갈아입어.	早く着替えなさい。
잠옷을 치워.	パジャマを片付けなさい。
오늘은 뭐 할 거야?	今日は何をする予定？
빨리 안 하면 지각할 거야.	早くしないと遅刻するわよ。
학교 늦는다구.	学校に遅れるわよ。
문 잠궜어?	ドアに鍵掛けた？
뭐 잊어버린 건 없어?	忘れ物はない？
쓰레기 버리는 거 잊지 말아라.	ごみを出すのを忘れないようにね。[25]

[25] ごみを捨(す)てる는 '쓰레기통이나 길거리에 쓰레기를 버리다'는 뜻이 되고 ごみを出す는 쓰레기를 지정된 요일·장소에 내놓는 것을 말한다.

네가 쓰레기 버릴 차례야.	君がごみを出す番(だ)よ。
벌써 8시다!	もう8時だ！
늦었어!	遅れてるぞ！
빨리(서둘러) 가야 해!	急がなくては！
	急がなきゃ！
빨리(서둘러) 안 가면 늦는다!	急がないと遅れるよ！
오늘 늦게 끝나?	今日は遅くなるの？
언제 집에 와?	帰りは何時？
도시락 넣었니?	お弁当は持った？
비가 올 것 같다.	雨が降りそう。
외출할 때 문 잠그는 것 잊지 마.	外出するときは、鍵を掛けることを忘れないでね。

집에 돌아와 잘 때까지

오늘 어땠어?	今日、どうだった？
오늘은 재미있었어?	今日は楽しかった？
놀러 가도 돼?	遊びに行っていい？
배고파.	おなか(が)すいた。
간식 있어?	おやつある？
학원 다녀올게요.	塾に行ってきます。
용돈 줘요.	お小遣いをちょうだい。

피곤하네.	疲れたな。
목욕 먼저 할래? 아니면 밥 먼저 먹을래?	お風呂にする？それとも先に食事にする？
저녁은 뭐 먹을까?	夕食は何にしようか。
저녁은 뭘 만들어 먹을까?	夕飯は、何を作ろうかな。
밥 차리는 거 도와 줄래?	ご飯の支度を手伝ってくれる？
역시 집이 좋아.	やっぱり家がいいな。
심부름 좀 다녀오렴.	お使いに行ってきて。
저녁 다 됐어?	晩ごはん出来た？
엄마, 오늘 저녁은 뭐야?	ママ、今日の夕食はなあに？
저녁은 뭐야?	晩ごはんは何？
오늘은 카레라이스야.	今日はカレーよ。
얼마 정도면 다 되는 거야?	どれくらいで出来上がる？
물이 다 끓었어.	お湯が沸いてるよ！
이 부엌칼 잘 드네.	この包丁はよく切れるね。
밥 먹어라.	ごはんですよ！
밥 먹을 시간이야.	ごはんの時間よ！
지금 가요.	今行くよ。
손 깨끗이 씻었어?	ちゃんと手を洗った？
흘리지 말고 먹어.	こぼさないで！
채소는 남기지 말고 먹어라.	野菜を残さず食べなさい。

피망은 싫어.	ピーマンは嫌い。
그릇 정리 좀 해 줄래?	お皿を片付けてくれる？
설거지 좀 해 줄래?	後片付けしてくれる？
내가 그릇을 닦을게.	僕がお皿をふくよ。
뭐 해?	何やってるの。
TV 보고 있어.	テレビを見てるの。
뭐 재미있는 프로라도 해?	何かおもしろい番組でもやってる？
9번에서는 뭐해?	9チャンネルでは何をやってるの。
채널 좀 바꿔 줄래?	チャンネルを変えてくれないか。
어라? 리모콘이 어디 갔지?	あれ？リモコンはどこ？
TV를 좀더 보고 싶어요.	もっとテレビが見たいよ。
이불 깔자.	布団を敷こう。
졸려.	眠い。
숙제했어?	宿題はやったの？
공부 좀 해.	ちゃんと勉強しなさい。
이제 컴퓨터 게임은 그만 해라.	もう、パソコンゲームはやめなさい。
반드시 이를 닦아야 한다.	必ず歯をみがくのよ。
내일 준비는 다 했니?	明日の支度は終わったの？
목욕물 데워 놨어요.	お風呂が沸いてるよ。
샤워 할까?	シャワーしようかな。

목욕하고 올게.	お風呂に入ってくる。[26]
이제 잘 시간이야.	もう寝る時間よ。
TV가 켜져 있잖아.	テレビがつけっぱなしだよ。
장난감을 여기에 그냥 놔 두지 말아라.	おもちゃはここに置きっぱなしにしないでね。
6시에 자명종이 울리도록 해 놨어.	6時に目覚まし時計が鳴るようにセットしたよ。
내일은 7시에 깨워 줘.	明日は7時に起こしてね。

휴일

낮잠 자고 싶네.	昼寝をしたいな。
눕자.	横になろう。
자고 있었어?	寝ていたの？
아냐, 일어나 있었어.	いや、起きていたよ。
아기 기저귀 갈아 줄래?	赤ちゃんのおむつを取り替えてくれる？
오줌 누고 싶은 거니?	おしっこしたいの？
	おトイレに行きたいの？
물이 샌다.	水漏れだ。
개 밥 줘요.	犬にドッグフード〔ご飯〕をあげてね。[27]
개 산보 시키세요.	犬を散歩に連れて行ってね。
남동생과 여동생 좀 돌보거라.	弟と妹の面倒を見てね。
(식물에) 물 좀 줘라.	水をやってちょうだい。

---

[26] '목욕을 하다'는 お風呂に入る。 욕조에 들어가는 것을 이미지화하면 기억하기 쉽다. 목욕에 몸을 담그지 않고 샤워만 하는 것은 シャワーをする[浴(あ)びる]라고 한다.

[27] 동물 먹이를 뜻하는 えさ는 가축이나 새들 먹이를 말할 때 쓰이고 애완동물일 경우에는 ご飯(ごはん) 밥 ドッグフード (시판되고 있는 개 밥) キャットフード(시판되고 있는 고양이 밥)라는 표현을 쓰는 것이 일반적이다.

어머, 엄청 어질러 놨네!	まあ、散らかってること！
좀 도와 줘.	お手伝いをしてね。
방 정리해.	部屋を片付けなさい。
청소 도와 줘.	掃除を手伝って。
싱크대를 싹싹 닦아.	流し台をごしごし洗ってね。
주방용 세제가 떨어졌어.	台所(用)洗剤がもうないよ。
빨래 널어〔개〕 줘.	洗濯物を干して〔たたんで〕。
내 방 청소기로 밀어야겠어.	私の部屋に掃除機をかけなくては。
스커트〔셔츠〕 다려야지.	スカート〔シャツ〕にアイロンをかけなくちゃ。
슈퍼마켓에 장보러 가자.	スーパーに買い物に行こうよ。
공원은 사람으로 가득 차 있었다.	公園は人でいっぱいだった。
오늘 밤, 애 봐 줄 수 있어?	今夜、子守できる？
잠만 자지 말고 조금은 도와 줘요.	ごろ寝ばかりしてないで、少しは手伝ってよ。
오랜만에 맞는 휴일인데, 좀 봐 주라.	久し振りの休みなんだから、勘弁してよ。
휴일인데 외식하러 나갈까?	せっかくの休みだし、外に食べに行こうか。

2 원활한 인간 관계

이야기의 내용도 중요하지만 윤활유 역할을 하는 말들을 알아 두면 훨씬 더 원활하게 대화를 풀어나갈 수 있다. 또한 칭찬과 축하를 적절하게 하는 것도 일본인과 원활한 관계를 유지하는 데 중요한 요소가 된다. 그러나 칭찬은 너무 과하게, 또는 몇 번씩 반복해서 하면 오히려 역효과가 나므로 주의해야 한다. 또한 감사와 사과 인사는 때를 놓치지 말아야 하며, 가능한 빨리 진심으로 마음을 전한다.

1 말문을 틀 때(대화를 시작할 때)

사람을 부를 때

있잖아!	ねー！
이봐, 자네!	おい、君！[1]
아빠!	パパ！[2]
엄마!	ママ！[3]
저, 저기요〔여보세요〕.	あのう、(すみません)。
신사 숙녀 여러분!	レディース・アンド・ジェントルマン！
여러분!	皆さん！
학생 여러분!	学生の皆さん！
이 자리에 계신 여러분!	この場においての皆様！
오늘 회의에 참석해 주신 여러분! 그리고 내빈 여러분!	本日の会議にご出席の皆様！ そしてご来賓の皆様！

---

1 おい는 손아랫사람이나 아주 가까운 사람을 부를 때 쓰는 말. 상대방이 멀리 있을수록 お～い라는 식으로 お를 길게 발음한다.
2 親父(おやじ) ▶ ≪父(とう)さん ▶ ・お父(とう)ちゃん ≪お父(とう)さん ≪お父様(とうさま) (오른쪽으로 갈수록 정중한 표현) 단, お父様(とうさま)와 같이 자신의 친지에게 様(さま)를 붙여서 말하는 경우는 소수 상류층 가정에서만 볼 수 있다.
3 お袋(ふくろ) ▶ ≪母(かあ)さん ▶ ・お母(かあ)ちゃん ≪お母(かあ)さん ≪お母様(かあさま) (오른쪽으로 갈수록 정중한 표현)

물음/되물음

예?	はい？
뭐?	何に？
당신은?	あなたは？
	○○さんは？[4]
무슨 말, 했어?	何か言った？
뭐라고 했어?	何て言ったの？
뭐 때문에?	何のために？
뭡니까?	何ですか。
무슨 일이시죠?	何でしょうか。
어떻게 된 겁니까?	どういうことですか。
무슨 소리하는 거예요?	何、言ってるんですか。
어땠어?	どうだった？
마음에 들어?	気に入った？
어떻게 생각해?	どう思う？
그렇게 생각하지 않아?	そう思わない？
어디까지 가는 거야?	どこまで行くの？
무슨 불만이라도 있는 거야?	何か文句〔不満〕でもあるわけ？
죄송합니다, 뭐라고 하셨습니까?	すみません、何とおっしゃいましたか。
그래서 어쩌라구?	だから何だって言うの？

---

[4] あなた라는 2인칭은 아내가 남편에게, 또는 윗사람이 가까운 아랫사람에게 쓰는 말이므로 그 이외의 경우는 성 또는 이름에 さん을 붙이는 것이 좋다.

뭘 하나 물어 봐도 돼요?	一つ、聞いてもいいですか。
'사랑해'라는 게 무슨 의미입니까?	「サランヘ」とは、どういう意味ですか。
이건 뭐지요?	これは何ですか。
어느 거예요?	どれですか。
이건 누구 거예요?	これは、誰のですか。
JR은 무엇의 약자입니까?	JRは、何の略ですか。[5]
여름 방학은 언제부터야?	夏休みは、いつから？
개학이 며칠이었지?	始業式は、何日だっけ？
이 단어의 의미를 알겠습니까?	この単語の意味が分かりますか。
A와 B의 차이는 뭡니까?	AとBの違いは何ですか。
무슨 의미입니까?	どういう意味ですか。
~라는 의미입니까?	~だということですか。
그리고 어떻게 됐어요?	それからどうなったんですか。
뭘 추천하시겠습니까?	お薦めは何ですか。[6]
다른 의견[제안]이 있으신 분 계십니까?	外に、ご意見〔ご提案〕のある方はいらっしゃいますか。

말의 도입

있잖아!	ねえ！
들어 봐.	聞いて。
저기[이것], 봐!	ほら、見て！

---

[5] JR은 'Japan Railway'의 약자. 1987년 일본 철도청이 민영화되면서 JR東海, JR東日本, JR西日本, JR九州, JR四国, JR北海道로 나뉘어졌다.

春休(はるやす)み 봄 방학　夏休(なつやす)み 여름 방학　冬休(ふゆやす)み 겨울 방학

始業式(しぎょうしき) 개학식　終業式(しゅうぎょうしき) 방학식

[6] おすすめ는 일상적으로 많이 쓰이는 표현. 推薦은 推薦入学(추천입학) 등 한자어와 함께 쓰이는 경우가 많은 딱딱한 말투.

저걸 봐!	あれを見て！
알겠나?	いいかい？
아시겠어요? 이건 말이죠…….	いいですか。これはですね。
내 생각으로는…….	僕の考えでは……。[7]
내가 말한 것은…….	私が言ったのは……。
제가 말씀드린 것은(제 말씀은)…….	私が申し上げたのは……。
말해 두지만…….	言っておくが……。
긴 안목으로 보면…….	長い目で見ると……。
그래서?	それで？
제 말을 들어 보세요.	私の話を聞いてください。
사실대로 말하면…….	実を言うと……。
아무한테도 말하지 마.	誰にも言わないでね。
사실대로 말할 게 있어.	白状することがあるんだ。[8]
	全てを打ち明けるよ。
솔직하게 말할게.	率直に〔はっきり〕言うよ。[9]
	正直に言うね。
대충 이렇습니다.	大体、こんなところです。
우리끼리 이야긴데요.	ここだけの話ですけど。
비밀을 알려 주지.	秘密を教えてあげよう。
이거 실은 비밀인데 말이야.	これ、実は内緒なんだけど……。[10]

---

[7] 남성의 1인칭은 僕, 俺, 自分이 있다. 僕가 보편적으로 쓰이며 俺는 터프한 남성, 自分은 운동부 출신 남성들이 선호하는 것을 볼 수 있다. 私는 성별 구분 없이 쓰인다.
[8] 白状의 어원은 자백할 내용을 쓴 흰 종이라는 뜻으로 남에게 알리고 싶지 않은 일들을 솔직하게 털어놓는 것을 말한다.
[9] 率直에는 말하기 어려운 일 따위를 숨기지 않고 솔직하게 상대에게 말하는 것. 正直에는 정직하게 진실을 말하는 것.
[10] 内緒는 관계자 이외 사람들에게 알리지 않는 것. 또는 그 관계자들끼리의 비밀스런 사연.

살짝〔어디서〕 들은 건데.	ちょっと聞いたんだけど……。
그러니까 말이야!	だからさ！
그러니까…….	だから……。
~라고 들었습니다.	~と聞きました。
미즈키 씨한테 ~ 라고 들었습니다.	水木さんから~と聞いております。
그 이유를 말해 줄게.	その理由を教えてあげるよ。
요약해서 말하자면…….	かいつまんで話すと……。
요약하자면 이러한 까닭인 겁니다.	要するに、こういう訳なんですよ。
그는 무슨 작정일까.	彼は、どういうつもりなんだろう。
다시 한 번 말해 주실래요?	もう一度、言ってくれませんか。
잘 들리지 않는데요.	よく聞こえませんが……。
어떤 질문이라도 좋습니다.	どんな質問でもいいですよ。
그런 건 대답이라고 할 수 없어.	それでは、返事にならないよ。
확실한 답변을 주시면 좋겠습니다.	はっきりとしたお返事をいただければと思いますが……。
기탄 없이 말씀해 주십시오.	遠慮なくお話しください。

말이 막힐 때

음…….	えーと……。
그러니까…….	だから……。

그렇군…….	そうだなあ。	⬇
즉…….	つまり……。	
글쎄…….	さあ……。	
뭐였지?	何だっけ？	⬇
이거 난감하군.	これは、まいったな。	⬇
뭐라 해야 좋을지…….	何て言ったらいいのか……。	⬇
뭐라고 해야 좋을지 모르겠지만…….	何と言ったらいいのか、分からないのだけれど。	⬇
뭐라 말씀드려야 할지 모르겠습니다.	何と申し上げればよいのか、分かりませんが。	⬆

말을 유도할 때

무엇이든 말 좀 해 봐.	何か言ってよ。	⬇
좀 더 자세히 알고 싶어.	もっと詳しく知りたいんだ。	⬇
다 듣고 있어.	ちゃんと聞いてるよ。	⬇
계속 얘기해 봐.	話を続けてくれ。	🚪 ⬇
그 이야기를 듣고 싶군.	その話を聞きたいものだ。	⬇
영화는 어땠어?	映画はどうだった？	⬇
연극은 재밌었어?	演劇〔芝居〕は面白かった？[11]	⬇
솔직하게 말씀해 주세요.	遠慮なく言ってください。[12]	
	はっきり言ってください。	
	正直なところをお聞かせください。	⬆

[11] 演劇도 芝居도 연극이라는 뜻. 단, 전통 연극이나 신파 연극에는 演劇보다 (お)芝居라는 용어를 즐겨 사용한다. 또한 芝居는 芝居が上手い(연기를 잘 하다) 등과 같이 '연기'라는 뜻으로 쓰이기도 한다.
[12] 듣는 사람의 기분이 상할 것 같거나 말하기 어려워서 상대방이 말을 돌리거나 말을 못 꺼낼 것을 염려하여 솔직하게 말하라고 할 때 쓴다.

말해 줘.	言ってくれ。
일본어로 얘기할까요?	日本語で話しましようか。
잡담이라도 하자.	雑談でもしようか。
세상 돌아가는 이야기를 했을 뿐입니다.	世間話をしただけです。[13]

맞장구칠 때 / 상대방의 말에 대한 반응을 보일 때

과연.	なるほど。[14]
아아, 그게 바로 그런 거군요.	なるほど、そういうことですね。
그래.	そう。
그래?	そうなの？
	そうかい？
바로 그거야.	その通り。
그것 봐! (내 말이 맞지?)	ほら、ねえ。
말씀하시는 대로입니다!	おっしゃる通り(です)！
사실 그렇지.	確かにそうだよね。
나도 그렇게 생각해.	私もそう思う。
바보 같은 말 하지 마.	馬鹿なこと言わないで。
	馬鹿なこと言うな。
좋군.	いいねえ。
놀랐다!	驚いた(なあ)！

---

[13] 世間은 자신이 살고 있는 인간 세상을 말한다. 일본 사람들은 이 世間을 모르면 철이 덜 든 사람이라는 뜻으로 世間知らず라 불리기 때문에 늘 世間体(せけんてい), 즉 世間에 보여지는 모습에 신경을 써야 한다.

[14] 일본인들은 대화중에 서로 맞장구를 치는 것을 예의로 생각하므로 상대방의 말을 들으며 연신 고개를 끄덕이거나 '그렇구나' '어머, 정말?' 이라는 식의 말을 많이 한다. 그런 맞장구를 칠 때 많이 쓰는 표현이 なるほど. '아, 그게 그런 거구나!' 라고 상대방의 말에 공감을 표현할 때 쓰는 말이다.

그럼 좋겠다.	そうだといいね。
멋져!	素晴らしい！
농담이겠지.	冗談でしょう！
믿을 수 없어!	信じられないよ！
정말? (거짓말이지?)	うそ〔ウッソー〕。
말도 안 돼!	冗談じゃないよ。
농담이 심하다.	冗談が過ぎるよ。
그런 여유는 없다.	そんな余裕はない。
나라면 그런 일 하지 않을 거야.	僕ならそんなことしないな。
시작은 지금부터야.	まだまだこれからだよ。
괜찮아요.	いいですよ。
좋지!	いいとも！
그렇습니까?	そうですか。
그렇게 생각합니다.	そう思います。
정말이에요?	本当ですか。
그거 일이 곤란하게 됐군요.	それはまずいですね。
정말 너무한 일이다.	なんてひどいことなんだ。
그렇지 않다면 다행입니다만…….	そうでないなら、いいんですが……。
그렇게는 생각하지 않습니다.	そうは思いません。
그거 좋은 생각이군요.	それはいい考えですね。

그것은 한번 볼 가치는 있어요.	それは、一見の価値はありますよ。
그것은 관점에 따라 다르다고 생각합니다.	それは、見方によると思います。
대단한 일은 아닙니다.	大したことじゃありません。

이유를 말할 때 / 물을 때

어째서? (왜?)	なぜ？
왜?	どうして？
이유를 말해 줘.	訳を言ってくれ。
왜 그렇게 되는 거야?	どうしてそうなるわけ？
설명해 줘.	説明してちょうだい。
무엇(누구)을 위해서?	何〔誰〕のために？
왜 안 되는 거야?	どうして駄目なわけ？
왜 그런 짓을 한 거야?	どうしてそんなことをしたわけ？
뭐가 그렇게 좋아?	何がそんなにうれしいの？
왜 그렇게 생각하는 거지요?	どうして、そう思うんですか。
왜 이런 짓을 하는 겁니까?	どうしてこんなことをするんですか。
이유를 말씀해 주실 수는 없습니까?	訳を話してはいただけませんか。
일이 어떻게 된 것인지 설명해 주십시오.	どういうことなのか、ご説明ください。
무엇이 어떻게 잘못됐는지 솔직하게 말씀해 주시겠습니까?	何が、どういけなかったのか、正直に話していただけませんか。

그게, 그러니까…….	だから、それが。
딱히 이유는 없지만…….	これといって理由はないんだけど……。 ⬇
설명하라고 해도 뭐라 할 말이…….	説明しろって言われても……。 ⬇
좀 오해가 있는 것 같습니다.	ちょっと誤解があるようです。
뭔가 실수가 있었던 것 같습니다.	何か手違いがあったようです。[15]

화제를 바꿀 때

그런데…….	ところで、……。
그건 그렇고…….	さて、……。
	それはそうと、……。
이건 딴 얘기인데…….	話は変わるけど、……。
화제를 바꾸지요.	話題を変えましょう。
원래 주제로 돌아갑시다.	本題に戻りましょう。
그건 나중에 얘기하자.	そのことは、後で話そう。 ⬇
농담은 그만두고…….	冗談はさておいて……。 ⬇
그래서 생각이 났어.	それで思い出した。 ⬇
그 얘기는 벌써 들었어.	その話はもう聞いたよ。 ⬇
이 얘기는 그만둡시다.	この話はやめましょう。 ⬇
마음은 알겠는데…….	気持ちは分かるんだけど。 ⬇

---

[15] 단순한 실수는 ミス. 手違い는 업무상 혹은 절차 상의 실수를 말한다.

대화의 윤활유

좀 실례합니다.	ちょっと、すみません。
잠깐 괜찮겠습니까?	ちょっと、いいですか。
지금 괜찮으시겠습니까?	今、よろしいですか。
먼저 (말씀)하세요.	お先にどうぞ。
기다릴까요?	お待ちしましょうか。 ↑
좀 앞으로 지나갈게요.	ちょっと前を失礼します。
좀 더 천천히 말해 주세요.	もうちょっとゆっくり話してもらえますか。
죄송합니다. 아직 빨리 말씀하시면 알아듣지 못합니다.	すみません。まだ早口にはついていけません。
	すみません。まだ速く話されるとよく聞き取れません。
좀 더 큰소리로 말해 주세요.	もっと大きな声で話してくださいますか。
그럼 말씀하시는 대로 감사히 따르겠습니다.	それでは、お言葉に甘えて……。
	それじゃ、お言葉に甘えさせていただきます。 ↑
말씀하시는 중에 실례하겠습니다.	お話中、すみません。
이런 말 물어 봐도 되는지 모르겠지만…….	こんなことを聞いていいのか分かりませんが……。
좀 여쭤 보겠는데요.	つかぬことをお聞きしますが……。[16]
갑자기 실례가 될지 모르겠습니다만…….	突然、失礼ですが……。
(중요한) 드릴 말씀이 있는데요.	折り入ってお話があるのですが……。 ↑

[16] 자신의 질문을 상대가 의아해할지도 모르겠다고 생각될 때 쓰는 표현. 개인적인 일이나 내부사항과 관련되는 일을 물어 볼 때 쓴다.

꼭 부탁드릴 일이 있습니다.	折り入ってお願いがあります……。
신경 쓰지 마세요.	お気になさらずに。
좋은 말씀해 주셔서 감사합니다.	いいお話を、ありがとうございました。
도움이 많이 됐습니다.	すごくためになりました。

기타

당신 말을 이해할 수가 없습니다.	お話についていけません。[17]
이런 기회는 자주 오는 게 아닙니다.	こんなチャンスは、めったに来るものではありません。
자네는 잘못 생각하고 있는 것 같아.	君は間違ってると思うよ。
누가 나쁜 놈이야?	悪いのは誰なんだよ。
그것은 (지고도) 억지부리는 것일 뿐이야.	それは負け惜しみだよ。
네가 하고 싶은 대로 하면 되는 거야.	お前のやりたいようにやればいいさ。
	あなたのやりたいようにやればいいのよ。
그건 네 맘이야.	それは君の勝手だよ。[18]
쉬운 게임이야.	楽勝だよ。
뭐, 그런 겁니다.	まあ、そんなところです。
별거 아닙니다.	大したことはありません。
별일 아니었습니다.	大したことはありませんでした。
효과가 있었어.	効き目があったよ！

---

17 '당신 말'이라는 뜻으로 あなたの話보다는 お話라고 하는 게 더 상대를 존중하는 말투.
18 勝手だ는 혼자만의 판단으로 행동하는 것을 말하며 대체로 그 행동을 본인 이외의 사람들이 좋지 않게 볼 경우 사용된다. 예를 들어 勝手な人는 '제멋대로인 사람'이라는 뜻이다.

조금만 더 하면 됩니다.	後、もう少しです。
문제는 해결됐습니다.	問題は、解決しました。
아무것도 말 안 했어.	何も言わなかったよ。
실수로 말이 헛나왔어.	つい口が滑ってしまったよ。[19]
비밀로 해 둘게.	言わないでおくよ。
여기가 중요한 부분이야.	ここが大事なところなんだ。
집으로 돌아가든지 남든지 네 자유다.	帰ろうが残ろうが、君の自由だ。
이제 뒤로 물러설 수 없어.	もう、後には退けないんだ。
한다면 지금입니다.	やるなら、今です。
빠르면 빠를수록 좋습니다.	早ければ早いほどいいです。
죽기살기로 해 보자.	いちかばちかやってみよう。
좀 더 용기를 내!	もっと勇気を出せ！
지금까지는 잘 되고 있습니다.	今のところ、上手くいっています。
틀림없이 할 수 있을 겁니다.	きっとできると思います。
어차피 해야 할 일이에요.	どうせやらなくてはならないことです。
이건 제 개인적인 문제입니다.	これは私の個人的な問題です。
시험해 볼 가치는 있다고 봐요.	試してみる価値はあると思います。
상황을 알려 주세요.	状況を知らせてください。

---

[19] つい(어쩌다 보니, 실수로)는 해서는 안 된다고 생각했던 것을 분위기에 휩쓸려 자기도 모르게 하게 된 경우에 쓰인다. 口が滑る는 말이 미끄러져 나오듯 무의식적으로 말이 나오는 것, 즉 '말이 헛나오다'라는 뜻이다.

2 칭찬할 때

칭찬

굉장해!	すごいぞ！
멋져!	素晴らしい！
훌륭해!	立派だ！
	素晴らしい！
	すごい！
좋은 일이야.	いいことだね。
잘했어!	よくやった！
너무 대단해!	すごすぎる！
훌륭하다.	偉いぞ。
대단합니다.	すごいですね。
어머, 너무 멋지다!	まあ、素敵！
다쿠야는 대단해!	拓也はすごい！
좋았어, 그 기세야(그렇게 해)!	いいぞ、その調子だ！
당신이 자랑스러워요!	あなたを誇りに思うわ！
	君は僕の誇りだよ。
역시 대단하군요.	さすがですね。
과연 미야모토 씨네요.	さすが宮本さんですね。
훌륭한 일이군요.	素晴らしいことですね。

잘 됐어요!	よかったですね。
부럽다.	うらやましいなあ。
부럽기 짝이 없습니다.	うらやましい限りです。
훌륭한 아드님이네요.	立派な息子さんですね。
이런 걸 할 수 있다니 대단하네요.	こんなのができるなんて、すごいですね。
잘 하시는군요! 정말 훌륭합니다.	上手いですね。本当に素晴らしいです。
아뇨, 과찬의 말씀입니다.	いいえ、それほどのことでもないです。

사람에 대해 칭찬할 때

⟨⟨⟨ 어린 아이 ⟩⟩⟩

착하구나.	いい子だね。[20]
아이가 씩씩하네요.	元気なお子さんですね。[21]
아이가 귀엽네요.	かわいいお子さんですね。[22]
아기가 인형같아요.	お人形さんみたい。
눈이 반짝반짝 빛나고 예쁘네요.	目がきらきらしてきれいですね。
아이 귀여워! 정말 똑똑하게 생겼네!	まあ、かわいい！本当に賢そうね。
따님이 아빠〔엄마〕와 꼭 닮았군요.	娘さんがパパ〔ママ〕にそっくりですね。
아드님의 눈이 당신 눈을 꼭 닮았군요.	息子さんの目があなたにそっくりですね。
아빠와 똑같이 생겼어요〔붕어빵이네요〕.	お父さんと瓜二つですね。[23]
너무 예뻐서 만져 보고 싶어요.	あまりにもかわいくて、つい触ってみたくなりますね。

---
20 착하고 말 잘 듣는 아이를 いい子, 말을 잘 안 듣는 아이를 悪い子라고 한다.
21 남의 자녀(아직 부모의 보호가 필요한 나이 정도의 아이)는 반드시 お子(こ)さん이라고 한다. 자신의 자식은 うちの子. 장성한 자녀일 경우나 정중하게 말할 때는 ご子息(しそく)라는 표현을 쓴다.
22 かわいい는 '예쁘다, 귀엽다'는 뜻. 예전에는 자신보다 어린 사람에게 쓰는 말로 남자가 사용하는 것이 실례였으나 요즘에는 사용하는 경우도 적지 않다.

아기 입이 정말 예쁘군요.	お子さんの口は、本当にかわいいですね。
예의바른 아이군요.	お利口さんですね。[24]

《《《 여성 》》》

목소리가 예쁘군요.	声がきれいですね。
글씨를 잘 쓰네요.	字が上手いですね。
지적이고 멋있으세요.	知的で素敵ですよ。
센스가 있으세요.	センスがいいですね。
예쁘신 분이군요.	きれいな方ですね。
미인이십니다.	おきれいでいらっしゃいますね。
나카야마 씨는 참 아름다우세요.	中山さんは本当におきれいですね。[25]
이렇게 미인과 동석하게 되다니 영광입니다.	こんな美人とご一緒できるなんて、光栄です。
이런 미인을 뵙게 되다니 영광입니다.	こんなきれいな方にお会いできるなんて、光栄です。
마음이 고운 분이군요.	気持ちの優しい方ですね。
얼굴만 예쁜 줄 알았더니 마음씨도 곱네요.	きれいなのは、外見だけじゃないんですね。 外見に負けず、心もきれいでいらっしゃるんですね。
눈치가 있고 싹싹하네요.	よく気が利きますね。
몸매가 좋아서 부럽다.	スタイルがよくて、うらやましいわ。
키도 크고 날씬해서 멋있어요.	すらっとして、かっこいいですよね。

---

23 瓜二つ의 瓜는 박과(科)에 속하는 1년생 덩굴 식물로 오이·수박·호박 따위의 총칭. 참외 등을 세로로 이등분했을 때 양쪽이 똑같은 것에서 비롯되어 꼭 닮은 것을 瓜二つ라고 한다.
24 利口だ는 '영리하다' 라는 뜻이지만 お利口(りこう)さん은 말귀를 잘 알아 듣는다는 뜻에서 '예의바르고 말 잘 듣는 아이' 를 가리키는 말이다.
25 여성을 아름답다고 칭찬할 때는 美しい 보다 きれいだ를 더 많이 쓴다.

투명한 피부를 가지셨네요.	透き通るようなお肌ですね。
이렇게 피부가 깨끗하다니, 무슨 특별한 피부 손질을 하고 계세요?	こんなに肌がきれいだなんて、何か特別なお手入れをなさっているんですか。
피부가 고와요.	お肌〔素肌〕がきれいですね。

《《《 남성 》》》

대단한 놈이다!	たいした男だ！
괜찮은 남자다!	なかなかいい男だ！[26]
자네는 용기가 있어.	君は勇気があるねえ。
자넨 참 잘생겼어!	君は男前だな。
	君は本当にハンサムだね。
오늘 정말 멋있군요.	今日は本当に素敵ですね。
아주 젊어 보여요.	とてもお若いですね。
	若く見えます。
목소리가 참 좋아요.	声がいいですね。
믿음직스러워 보여요.	頼りがいがありそうですね。
가시노 씨는 능력 있는 사람 같아요.	樫野さんは、仕事ができるって感じですね。[27]
나카이 씨는 여자한테 잘 해 줄 것 같아요.	中井さんって、優しそうですね。[28]
후지이 씨는 여자한테 꼼꼼하게 잘 해 주니까 인기가 많지요?	藤井さんはまめだし、優しいから、きっともてるでしょう。[29]
이나모토 씨랑 있으면 무슨 얘기든 편하게 할 수 있어서 좋아요.	稲本さんといると、何でも話せて愉しいです。

---

[26] たいした男は 능력 따위를 칭찬할 때 많이 쓰이며, いい男는 외모(인물)나 성격 따위를 칭찬할 때 많이 쓰인다.
[27] 仕事ができる는 업무상 능력이 있다는 뜻.
[28] 優しい는 '부드럽다, 친절하다' 는 뜻과 함께 상대에게 잘 해 준다는 뜻도 있다.
[29] まめだ는 뭔가를 귀찮아 하지 않고 꼼꼼하게 잘 하는 것을 말한다. 요즘 말로 마마남라는 말도 있는데 꼼꼼하게 여자를 잘 챙겨주는 남자를 말한다.

모리모토 씨는 참 친절하군요.	森本さんはとても親切ですね。
유머 감각이 좋으시군요.	ユーモアがありますね。
당신 평판이 대단하던데요.	あなたの評判は、かねがね聞いていました。

<<< 재능 >>>

못 하시는 게 없군요.	何でもできるんですね。
당신은 모르는 게 없군요.	○○さんは物知りですね。[30]
노래를 잘 하시는군요.	歌が上手いですね。
춤을 잘 추시는군요.	ダンス〔踊り〕が上手いですね。
요리를 참 잘 하시는군요.	本当にお料理が上手ですね。
과연 미식가라 맛좋은 식당을 알고 계셔.	さすがグルメですね。いいお店を知っていらっしゃる。
손재주가 좋으시군요.	器用ですね。
기억력이 좋군요.	記憶力がいいですね。
일본어를 잘 하시는군요.	日本語が上手いですね。
영어 발음이 아주 좋으시군요.	英語の発音がとてもいいですね。
외국어를 아주 잘 하시는군요.	外国語に長けていらっしゃいますね。

<<< 능력 >>>

네 노력은 높이 살게.	君の努力は高く買うよ。
자네 실력은 알아 줘야 해.	君の実力はやはりすごいね。
너 참 똑똑한 놈이구나!	お前は本当に頭のいいやつだな。

---

[30] 物知りは 무엇이든 상식이 풍부한 사람, 박식한 사람을 말한다.

韓国語(かんこくご) 한국어 中国語(ちゅうごくご) 중국어 英語(えいご) 영어 フランス語(ご) 프랑스어 ドイツ語(ご) 독일어 ポルトガル語(ご) 포르투갈어 スペイン語(ご) 스페인어 オランダ語(ご) 네덜란드어

오늘 협상은 꽤 괜찮았어.	今日の交渉は、いい線行ってたね。
그는 너를 높이 평가하고 있어.	彼は君を高く評価しているよ。
이번 일로 부장님도 자네를 인정하실 거야. 잘 됐어.	これで部長も、君のことを一目おいてくれるはずだよ。よかったね。
사업을 잘 이끌어 나가시는군요.	ビジネスに長けていますね。
당신은 저보다 한 수 위입니다.	あなたは私より一枚上手です。
당신은 항상 나보다 한 발 앞서 가는군요.	○○さんは、いつも私より一足先を行きますね。
협상을 잘 하시는군요.	交渉が上手いですね。
과장님의 협상 실력은 도저히 따라갈 수가 없습니다.	課長の交渉の上手さにはかないません。
당신은 숨은 인재입니다.	あなたは隠れた人材です。
다재다능하군요.	いろんなことに秀でているんですね。
나는 그것이 우에하라 씨의 공적이라고 생각합니다.	私は、それは上原さんの功績だと思っています。
그런 점에서는 그 사람이 나보다 우위인 것 같습니다.	その点においては、彼は私より優れていると思います。
스도 씨는 빈틈이 없군요.	須藤さんは抜かりのない人ですね。
초보자치고는 상당히 잘 하는군요.	初心者のわりには、かなり上手いですね。
점점 나아지고 있군요.	段々よくなっていますね。
미시마 씨는 그 상을 받을 자격이 있어요.	三島さんはその賞をもらう資格がありますよ。

정말 큰 일을 해냈군요.	本当に大変なことをやり遂げましたね。
당신이 그렇게 훌륭한 일을 해내리라고는 생각하지 못했어요.	あなたがそんなにすごいことをやってのけるとは思いませんでした。[31]
어떻게 그 문제를 해결하셨어요?	どうやってその問題を解決したのですか。
그런 어려운 상황을 잘 극복하셨군요.	そういう大変な状況を上手く乗り越えましたね。
계획을 끝까지 밀고 나가는 하타노 씨를 존경합니다.	計画を最後まで押し通す波多野さんを尊敬します。
고토 씨 같은 강한 의지력이 있으면 좋을 텐데.	後藤さんのような強い意志を持てたらいいのに。 ⬇

패션에 대해 칭찬할 때

멋져.	素敵だね。 ⬇
	かっこいいよ。 ⬇
잘 어울려.	似合ってるよ。 ⬇
정말 멋있군요.	本当にかっこいいですね。
	本当に素敵ですね。
유카 씨는 항상 참 멋지군요.	由佳さんはいつも本当に素敵ですね。
가와이 씨는 언제나 옷 입는 감각이 뛰어나네요.	川井さんはいつも服のセンスが光っていますね。
그 스커트, 아주 잘 어울려요.	そのスカート、とてもよく似合っていますよ〔お似合いですね〕。
멋진 드레스다!	素敵なドレスだね！ ⬇

---

31 '(끝까지) 해내다'는 やりとげる라는 표현이 있으며, やってのける는 할 수 없을 것 같은 일을 보란 듯이 해낸다는 뜻으로 쓰인다.

블라우스가 예뻐요!	ブラウスが素敵！
멋진 드레스를 입으셨군요.	素敵なドレスですね。
패션 감각이 있으시군요.	ファッションセンスがおありですね。
화려한 옷이 더 잘 어울리네요.	派手な服の方がよく似合いますね。
아주 잘 어울려요.	とてもよくお似合いです。
새 모자가 아주 잘 어울려요.	新しい帽子がとてもよく似合っていますよ。
그 헤어 스타일이 멋있어요.	そのヘアスタイル、素敵です。
좋은 걸 가지고 계시네요.	いい物をお持ちですね。
좋은 셔츠군요.	いいシャツですね。
멋진 넥타이네요.	素敵なネクタイですね。
양복이 멋있어요.	素敵なスーツですね。
아주 멋진 넥타이를 매고 계십니다.	とても素敵なネクタイをしていらっしゃいますね。
넥타이와 와이셔츠가 잘 어울리네요.	ネクタイとワイシャツがよく似合ってますね。

칭찬받았을 때

아니에요.	いいえ。
	いいえ、いいえ。[32]
아뇨, 천만에요.	いいえ。どういたしまして。
고맙습니다.	ありがとうございます。

---

[32] 특히 칭찬을 받았을 때나 감사의 말을 들었을 때 이렇게 いいえ를 두 번 반복함으로써 겸손한 느낌을 표현할 수 있다.

대단한 일 아니에요.	大したことないです。
칭찬해 주셔서 감사합니다.	褒めていただいてありがとうございます。
열심히 한 것뿐입니다.	一生懸命やっただけです。
별로 내세울 게 못 돼요.	あまり自慢になりません。
분에 넘치는 영광입니다.	身に余る光栄です。
너무 비행기 태우지〔치켜세우지〕 마세요.	あまりおだてないでください。
너무 칭찬하지 마세요.	あまり褒めないでください。
칭찬해 주실 만큼 대단한 일〔것〕은 아닙니다.	褒めていただくほどのこと〔もの〕ではありません。
저는 칭찬받을 자격이 없어요.	私は褒めていただく資格がありません。
칭찬해 주시니 도리어 부끄럽습니다.	褒めてくださると、かえって恥ずかしいです。
그런 말하면 진짜인 줄 알아요.	そんなこと言ったら、本気にしますよ。
쥐구멍이라도 들어가고 싶어요.	穴があったら入りたいくらいです。
아첨하지 마세요.	胡麻をすらないでください。

3 축하할 때

축하 인사

잘 됐네!	よかったね！
축하해. 〔축하해요!〕	おめでとう！
축하합니다.	おめでとうございます。

승진을 진심으로 축하드립니다.	ご昇進を心よりお祝い申し上げます。
결혼 축하해요.	(ご)結婚おめでとう。
결혼을 축하합니다.	ご結婚、おめでとうございます。
승진하셨다면서요. 축하드립니다.	昇進なさったそうですね。おめでとうございます。
축하할 일이 생겼다면서요.	いいことがあったんですって。
	いいことがあったそうですね。
쉰 번째 생일을 축하해.	50回目のお誕生日、おめでとう。
임신했다면서요.	おめでたですって。
축하해요, 곧 아이가 태어날 거라면서요.	おめでとう。もうすぐ子供が産まれるそうですね。
출산을 축하합니다.	ご出産、おめでとうございます。
여자〔남자〕아이가 태어났다면서요?	女〔男〕の子が生まれたそうですね。
부모님께서 무척 기뻐하시겠군요.	ご両親がすごく喜んでおられることでしょう。
아이의 몸무게는 어느 정도였습니까?	子供の体重はどれくらいでしたか。
축하해요, 일등을 하셨다면서요.	おめでとう。1番になったそうですね。[33]
우리의 승리를 자축합시다!	私たちの勝利をお祝いしましょう。
성공을 축하드립니다.	ご成功、おめでとうございます。
술 담배를 끊었다면서요.	お酒とたばこをやめたそうですね。

ご婚約(こんやく) 약혼 ご出産(しゅっさん) 출산 お誕生日(たんじょうび) 생일 合格(ごうかく) 합격 入学(にゅうがく) 입학 卒業(そつぎょう) 졸업 昇進(しょうしん) 승진 全快(ぜんかい) 쾌차·쾌유

[33] 등수를 말할 때는 番을 쓴다. 일등을 一等라고는 하지 않는다. 단, 일등을 해서 상을 받았을 때는 一等賞(いっとうしょう)라는 말을 쓴다.

축하와 함께 염원

행복하시길 빕니다.	お幸(しあわ)せに！
행운을 빌겠습니다.	幸運(こううん)を祈(いの)ります。
성공을 빕니다.	ご成功(せいこう)をお祈(いの)りします。
꼭 목표를 달성하시기 바랍니다.	必(かなら)ず目標(もくひょう)を達成(たっせい)されますことをお祈(いの)りしています。

축하받았을 때

덕분에요〔도와 주신 덕택입니다〕.	おかげさまで……。
	お力(ちから)添(そ)えいただいたおかげです。
감사합니다.	ありがとうございます。

기념일

《《《 신년 》》》

새해 복 많이 받으세요.	明(あ)けましておめでとうございます。
	よいお年(とし)を！[34]
	よいお年(とし)をお迎(むか)えください。[35]
새해가 시작됐군요.	新年(しんねん)が明(あ)けましたね。
	新(あたら)しい年(とし)がスタートしましたね。
신년을 축하하며！건배！	新年(しんねん)を祝(いわ)って！乾杯(かんぱい)！
새해 복 많이 받아라.	明(あ)けましておめでとう。

---

[34] よいお年を！는 12월 31일까지 쓸 수 있는 인사말. 좋은 한 해를 맞이하시기 바란다는 뜻.
[35] 새해가 밝기 전에는 よいお年を(お迎えください)라는 인사를 하고 새해가 밝고 나면 あけましておめでとうございます라고 인사한다.

새해가 다가오고 있어요.	もうすぐ新年(しんねん)ですね。

《《《 어버이날 》》》

멋진 엄마(아빠)가 돼 줘서 고마워요.	いつも優(やさ)しいお母(かあ)さん〔お父(とう)さん〕でいてくれてありがとう。36
늘 건강하세요.	いつまでも元気(げんき)でいてね。37

《《《 생일 》》》

생일 축하해.	誕生日(たんじょうび)おめでとう。
	ハッピーバースデー！
생일 축하합니다.	お誕生日(たんじょうび)おめでとうございます。
네 생일 선물이야.	お誕生日(たんじょうび)のプレゼントだよ。

《《《 결혼 기념일 》》》

결혼 기념일 축하해.	結婚記念日(けっこんきねんび)、おめでとう。
당신이 함께 내 곁에 있어 준 거 고맙게 생각해.	君(きみ)が僕(ぼく)の側(そば)にいてくれてありがたく思(おも)うよ。
당신과 함께 인생길을 걸어올 수 있어서 좋았어.	あなたと歩(ある)いて来(こ)られてよかったわ。
둘이 합심하며 지내 와서 여기까지 올 수 있었지. 고마워.	二人三脚(ににんさんきゃく)でやってきて、ここまでやって来(こ)られたね。ありがとう。

《《《 발렌타인데이 》》》

곧 발렌타인데이구나.	もうすぐバレンタインデーだね。
난 발렌타인데이는 오히려 우울해.	僕(ぼく)は、バレンタインデーはかえって憂(ゆう)うつだよ。

---

36 일본은 부모 자식 간에 깍듯한 예의보다는 친근감을 중시하여 일상적으로는 존댓말을 사용하지 않는 경우가 대부분이다.
37 일본은 어버이날은 없으며 어머니의 날(5월 2째주 일요일)과 아버지의 날(父(ちち)の日(ひ) : 6월 2째주 일요일)이 따로 정해져 있다.

올해는 초콜릿 몇 개나 받았어?	今年はチョコレート、いくつもらった？
의리로 준 초콜릿까지 합해서 다섯 개야.	義理チョコまで合わせて5つだよ。[38]
역시 의리상 초콜릿을 줘야겠지?	やっぱり義理チョコ、あげないとだめだよね。

《《《 크리스마스 》》》

메리 크리스마스!	メリークリスマス！
멋진 크리스마스를 보내길 바래.	素敵なクリスマスを過ごしてね。
올해 크리스마스도 혼자서 보내야 되나…….	今年も一人ぼっちのクリスマスかあ。
올해 크리스마스야말로 애인과 보낼 거야!	今年のクリスマスこそ恋人と一緒に過ごしてやる！
즐거운 크리스마스가 되길 기원합니다.	楽しいクリスマスになりますように。

4 감사할 때

고마울 때

고마워.	ありがとう。
정말 고마워.	どうもありがとう。
여러 가지로 고마워.	いろいろありがとう。
어쨌든 고마워.	とにかくありがとう。
고맙습니다.	どうも。[39]
대단히 감사합니다.	本当にありがとうございます。
	どうもありがとうございます。

---

[38] 義理チョコ는 직장 동료나 상사, 학교 친구한테 의리상 주는 초콜릿을 말하며, 정말 좋아하는 사람에게 주는 초콜릿은 本命(ほんめい)チョコ라고 한다.

[39] どうも는 아주 짧은 말이지만 정중한 말이다. 상대방의 호의를 받아들일 때 どうも 한마디로 충분히 고마움의 뜻을 상대에게 전할 수 있다. 한편 상대방에게 호의를 베풀 때는 どうぞ를 쓴다. 예) 차를 내놓으며 どうぞ(드세요), 의자를 가리키며 どうぞ(앉으세요).

진심으로 감사를 드립니다.	心より感謝を申し上げます。 ⬆
어떻게 감사의 말을 해야 할지 모르겠습니다.	お礼の言いようもありません。
어떻게 감사의 마음을 전해야 좋을 지 모르겠습니다.	どのように感謝の気持ちをお伝えしたらよいのやら。
그저 고마울 뿐입니다.	ありがたい限りです。
어머, 친절하기도 하셔라.	まあ、ご親切に！
너무 잘해 주셔서 감사합니다.	本当によくしていただいて(ありがとうございます)。
베풀어 주신 후의는 잊지 못할 거예요.	ご厚意は忘れません。

신세졌을 때

고맙습니다(신세 많이 졌습니다).	お世話になりました。[40]
정말 친절하게 해 주셔서 감사합니다.	本当にご親切にしていただいて……。 ⬆
고맙습니다. 그럼 그렇게 할게요.	ありがとうございます。それでは、お言葉に甘えて。
제 딸이 신세가 많습니다.	娘がお世話になっております。 ⬆

도움을 받았을 때

살았다！ 고마워.	助かった。ありがとう。[41] ⬇
(도와 주셔서) 고맙습니다.	助かりました。

[40] お世話になる는 상당히 많이 쓰이는 말이며 은혜를 입거나 신세를 진 것에 대한 그 동안의 고마움을 전하는 말이다. 예를 들면 홈스테이를 하고 작별 인사를 할 때는 ありがとうございました보다 お世話になりました를 쓰는 것이 더 좋다.
[41] 助かる는 도와 준 덕분에 '큰 도움이 됐다, 위기를 모면할 수 있었다' 는 마음을 전할 때 쓰이는 말로 상당히 많이 쓰이는 표현이다.

도와 주시면 고맙겠습니다.	お力添えいただければ幸いです。 ↑
모두 도와 주신 덕분입니다.	全て、お力添えいただいたおかげです。 ↑
당신 도움이 없었으면 저는 실패했을 겁니다.	あなたのお力添えがなかったら、私は失敗していたこと〔駄目だった〕と思います。
정말로 제게 큰 도움이 됐습니다.	本当に大きな力になってくれました。

은혜를 입었을 때

은혜 잊지 않을게.	恩に着るよ。 ↓
은혜는 평생 잊지 않겠습니다.	ご恩は一生忘れません。
당신은 제 생명의 은인입니다.	あなたは私の命の恩人です。
이 은혜를 어떻게 보답하지요?	どのように恩返しすればよいのやら。

이유를 말하며 감사할 때

그때는 감사했습니다.	その節はどうも。
지난번엔 고마웠습니다.	先日はありがとうございました。
선물 정말 고마워.	プレゼントをどうもありがとう。 ↓
그렇게 말해 줘서 고마워.	そう言ってくれてありがとう。 ↓
알려 줘서 고마워.	知らせてくれてありがとう。 ↓
기다려 줘서 고마워.	待ってくれてありがとう。 ↓
	待っていてくれてありがとう。 ↓

같이 있어 줘서 고마워.	一緒にいてくれてありがとう。 ⬇
여기까지 와 줘서 고마워.	わざわざ来てくれてありがとう。 ⬇
데이트 신청해 줘서 고마워.	誘ってくれてありがとう。⁴² ⬇
격려해 줘서 고마워.	励ましてくれてありがとう。 ⬇
주의해 줘서 고마워.	注意してくれてありがとう。 ⬇
그땐 정말 기뻤어. 고마워.	あの時はすごくうれしかった。ありがとう。 ⬇
당신 덕분에 위기를 모면할 수 있었어요(큰 도움을 받았어요). (고마워요.)	おかげで助かりました。
마음써 줘서 고맙습니다.	お気遣い、ありがとうございます。
마음써 주셔서 정말 감사합니다.	お心遣いにとても感謝しています。
	お心遣いいただきまして、ありがとうございます。 ⬆
당신의 충고에 감사합니다.	ご忠告に感謝しております。 ⬆
이해해 주셔서 감사합니다.	ご理解いただいて、ありがとうございます。 ⬆
친절에 감사드립니다.	ご親切にしていただいて、ありがとうございました。 ⬆
그렇게 해 주시면 감사하겠습니다.	そうしていただけるとありがたいです。 ⬆
그렇게 말씀해 주시니 송구스럽습니다.	そのように言っていただいて、恐縮です。⁴³ ⬆
그 일은 정말로 감사합니다.	その件につきましては、深く感謝いたしております。 ⬆

---

42 誘う는 뭔가를 하자고 제의를 하는 것. 데이트 신청이나 영화를 보러 가자, 놀러 가자 등 재미있고 즐거운 일을 함께 하자고 제의할 때 많이 쓴다.
43 恐縮だ는 '감사하다, 죄송하다' 라는 말의 겸양어.

초대해 주셔서 감사합니다.	ご招待(しょうたい)いただき、ありがとうございました。 ↑
먼 곳까지 (일부러) 와 주셔서 감사합니다.	遠(とお)いところわざわざお越(こ)しいただき、ありがとうございました。[44] ↑
협조해 주셔서 감사합니다.	ご協力(きょうりょく)ありがとうございました。[45]
	ご協力(きょうりょく)に感謝(かんしゃ)いたします。 ↑
제의에 감사합니다.	お申(もう)し出(で)に感謝(かんしゃ)します。 ↑
정중하게 편지까지 보내 주셔서 감사합니다.	ご丁寧(ていねい)にお手紙(てがみ)までいただきまして、ありがとうございます。 ↑
귀중한 조언을 해 주셔서 정말 감사드립니다.	貴重(きちょう)なアドバイスを(して)いただいて、本当(ほんとう)にありがとうございました。 ↑
우수한 변호사를 소개해 주셔서 감사합니다.	優秀(ゆうしゅう)な弁護士(べんごし)さんをご紹介(しょうかい)していただいて、ありがとうございました。 ↑
귀사와 거래하는 것은 언제나 기쁨입니다.	貴社(きしゃ)とお取引(とりひき)させていただくのは、いつも喜(よろこ)びでございます。 ↑
저희 직원들을 대표하여 감사의 말씀을 드립니다.	私(わたくし)ども社員一同(しゃいんいちどう)を代表(だいひょう)いたしまして感謝(かんしゃ)の言葉(ことば)を述(の)べさせていただきます。 ↑
~해 주셔서 충심으로 감사드립니다.	~していただいて、誠(まこと)にありがとうございます。 ↑
~할 기회를 감사하게 생각합니다.	~する機会(きかい)をありがたく思(おも)っております。 ↑

44 来る의 존댓말은 お越しになる, 来てくれる의 존댓말은 お越しいただく.
45 '협조'는 協助라고 하지 않고 協力라고 한다.

감사의 말에 응답할 때

천만에요.   どういたしまして。

아무것도 아닌데요 뭐!   何てことないです。

아니에요, 아무것도 아닌걸요.   いやあ、大したことじゃありませんよ。

제가 좋아서 한 건데요.   自分が好きでしたことですから。

도와 드릴 수 있어서 기쁩니다.   お力になれて嬉しいです。

お役にたてて嬉しいです。

도움이 될 수 있어서 저도 기쁩니다.   お力になれて私も嬉しいです。

お力になれて私も喜んでいます。

お力になれてこちらとしても嬉しい限りです。

천만에요. 제가 감사를 드려야지요.   とんでもない。こちらこそ感謝をしなければ。

감사를 받아야 할 사람은 당신이에요.   感謝されるべき人はあなたの方です。

5 사과할 때

미안한 마음을 전할 때

미안.   ごめん。

悪い〔わりいー〕。

미안하게 됐어.   悪いね。

悪いな。

미안해요.   ごめんなさい。

미안합니다.	すみません。[46]
정말로 죄송합니다.	本当に申し訳ありません。
대단히 죄송합니다.	大変申し訳ございませんでした。
그건 정말 죄송하게 됐습니다.	それはどうもすみませんでした。
지난번에는 미안했어요.	この間は、すみませんでした。
아까는 실례가 많았습니다. 죄송합니다.	先程は失礼いたしました。申し訳ありません。
정말 뭐라 드릴 말씀이 없습니다.	何と申し上げてよいやら、言葉もございません。
용서해 주세요.	許してください。
	お許しください。
사죄할 길이 없습니다.	おわびの仕様もありません。
사죄의 말씀을 어떻게 해야 할지 모르겠군요.	何とおわびすればいいのか。
진심으로 사죄의 말씀을 올리고 싶습니다.	心よりおわびを申し上げたく存じます。
수고를 끼쳐 드려 죄송합니다.	お手数をおかけして申し訳ありませんでした。

이유를 말하며 사과할 때

내가 잘못했어. 미안해.	私が悪かった。ごめん。
~에 대해서는 정말 너무 죄송합니다.	~については大変申し訳ございません。
~의 일에 대해서는 사죄의 말씀을 올립니다.	~のことについてはおわび申し上げます。
저는 이번 건에 대해서 개인적으로 사죄의 말씀을 올리고 싶습니다.	私は今回の件について個人的におわび申し上げたく存じます。

---

[46] '미안합니다' 라는 뜻과 함께 사람을 부를 때도 すみません(저기요), 차 대접을 받을 때 차를 내 주는 사람에게도 すみません(고맙습니다)을 쓸 수 있다. 즉, 나로 인해 불편이나 폐를 끼치게 되어 미안하다는 뜻으로 여러 상황에서 쓰이고 있는 것이다. 일본 사람의 감각으로는 나로 인해 차를 끓여 내와야 하는 불편을 끼쳐 드려 미안하다는 뜻으로 すみません(고맙습니다)을 쓰는 것이며 자신을 낮추고 상대를 배려한다는 의미에서 ありがとう라는 표현보다 정중한 표현이라고 할 수 있다.

늦어서 미안합니다	遅れてすみません。
기다리게 해서 죄송합니다.	お待たせして申し訳ありません。
방해해서 죄송합니다.	お邪魔してすみませんでした。
	すみません。すっかりお邪魔してしまいました。
그 일은 미안하게 생각해.	あのことは、すまなく思うよ。
폐를 끼쳐서 죄송합니다.	ご迷惑をおかけして申し訳ございません。
걱정을 끼쳐 드려서 죄송합니다.	ご心配をおかけして申し訳ありませんでした。
저(저희들)의 실수를 사과드립니다.	こちらのミスをおわび申し上げます。
저의 실언을 깊이 사과드립니다.	こちらの失言を深くおわび申し上げます。
말씀 도중 죄송합니다.	お話中、申し訳ございません。
수고를 끼치게 해서 죄송합니다.	お手間を取らせてすみませんでした。
시간을 많이 빼앗아서 죄송합니다.	お時間を取らせてしまって申し訳ありませんでした。
좀 더 빨리 회답을 못 드려 사과드립니다.	もっと早くお返事できなかったことをおわび申し上げます。
기분을 상하게 했다면 사과드립니다.	気分を害されたのでしたらおわびいたします。[47]
미안합니다. 제가 깜박 잊었습니다.	すみません。うっかり忘れて〔度忘れして〕しまいました。[48]
죄송합니다. 사람을 잘못 봤습니다.	すみません。ほかの人と間違えました。

---

[47] 기분이나 마음이 상하다라는 뜻으로 気分を害する, 気を悪くする, 気に障(さわ)る 등의 표현을 쓴다.
[48] うっかりする, 度忘れする는 실제로 깜박했다 하더라도 업무 상이나 이해 관계가 있는 상대에게 이 말을 쓰면 무책임한 사람으로 낙인이 찍혀 버리므로 주의를 요한다.

미안하지만, 다시 한 번 말해 주시겠어요?	すみません。もう一度言ってもらえますか。
저기, 말씀 좀 여쭤 봐도 될까요?	すみません。ちょっとお伺いしてもよろしいでしょうか。 ⬆
미안합니다. 괜찮으세요?	申し訳ない。大丈夫ですか。
지난번에는 실례가 많았습니다.	先日は失礼いたしました。[49]
지난번 일에 대해 사과드립니다.	先日は、大変申し訳ありませんでした。
미안해요. 왠지 (분위기를) 어색하게 해 버린 것 같아서…….	ごめんなさい。何か気まずい思いをさせてしまって……。[50] ⬇
미안해. 작업장으로 전화해서…….	ごめん。仕事場に電話(を)かけて。 ⬇

용서를 구할 때

사과드릴 것이 있습니다.	おわびしなければならないことがあります。 ⬆
사과한다고 될 문제는 아닌 줄 알지만…….	謝って済む問題でないとは思いますが……。
사과할 일이 있는데…….	謝りたいことがあるんだけど……。 ⬇
이번 한 번만 봐 줘.	今回だけ大目にみて。[51] ⬇
제 사과의 표시입니다. 받으세요.	おわびの印です。どうぞお受け取りください。 ⬆
실례를 부디 용서해 주십시오.	失礼を、どうぞお許しください。 ⬆
약속을 지키지 못한 걸 용서해 주세요.	約束を、守れなかったことをお許しください。 ⬆
잘못이 있더라도 그를 용서해 주세요.	彼に否があっても、許してあげてください。
저를 봐서 그를 용서해 주실 수는 없겠습니까?	私に免じて彼を許してはいただけないでしょうか。 ⬆

---

[49] 先日은 어제, 그제보다 이전의 어느 날. 그 날 이후 처음 만났거나 전화를 할 때 쓴다. この間라고도 한다.
[50] 자기가 한 말로 인해서 상대가 어떻게 해야 할지 몰라 한다거나 분위기가 어색해졌을 때 하는 말.
[51] '봐 주다'는 大目に見る. 大目는 관대한 기준을 뜻한다. 직역인 見てあげる는 틀린 표현이다. 일본 공항에서 짐이 초과된 것을 그냥 넘어가 달라는 뜻으로 '봐 주세요'를 見てください라고 말했더니 세관원이 오히려 더 꼼꼼히 짐을 보게 되었다는 웃지 못할 에피소드가 있으므로 주의를 요한다.

마음을 상하게 했다면 용서하세요.	気分を害されたのならお許しください。
다시는 안 그러겠습니다.	二度とそのようなことは致しません。
	二度とそのようなことがないように致しますので。
앞으로는 조심하겠습니다.	今後気をつけます。[52]
다시는 이런 일이 일어나지 않을 겁니다.	二度とこのようなことは起らないでしょう。
다시 한 번 기회를 주세요.	どうかもう一度チャンスをください。[53]

잘못을 인정할 때

모든 게 내 잘못이야.	全て僕が悪いんだ。
모두 내 잘못입니다.	全て私のミスです。
제가 잘못을 저질렀습니다.	私がミスを犯しました。
제가 부주의했습니다.	私の不注意でした。
제가 좀 더 주의해야 했습니다.	私がもっと注意すべきでした。
제가 경솔했습니다.	僕が軽率でした。
제가 바보짓을 했어요.	僕が馬鹿なことをしたんです。
그런 실수를 하다니, 제가 바보예요.	そんなミスをするなんて。私は馬鹿だわ。
제 탓입니다.	私のせいです。
그건 제 생각이 부족했기 때문에 일어난 일입니다.	それは、私が至らないばかりに起きたことです。

---

[52] '앞으로'는 今後, これから. 단, 공적인 자리나 격식을 차려야 할 때는 これから보다는 今後를 쓰는 것이 좋다.
[53] 機会와 チャンス는 거의 같은 뜻으로 쓰이고 있으나 チャンス에는 도전적인 뉘앙스가 있다. 특히 뒤에 '주세요', '살리다' 같은 말이 올 때는 チャンス를 쓰는 것을 볼 수 있다. 見学(けんがく)の機会(きかい)に恵(めぐ)まれる 견학의 기회를 얻게 되다, あらゆる機会(きかい)をとらえる 모든 기회를 잡다, ～する機会(きかい)を持(も)つ ～할 기회를 갖다, チャンスを生(い)かす 기회를 살리다, チャンスをねらう 기회를 노리다

그런 사고가 난 것은 제 잘못입니다.	そんな事故が起きたのは、私のせいです。 ↑
저희들 잘못(실수)입니다.	こちらのミスです。
저희 쪽에서 잘못했습니다.	こちらの不手際でした。 ↑

변명/핑계

폐를 끼치고 싶지는 않았습니다만…….	ご迷惑をおかけしたくはなかったのですが……。 ↑
미안합니다. 어쩔 수 없었습니다.	すみません。どうしようもありませんでした。
농담을 했을 뿐이에요.	冗談を言っただけでした。
거짓말하고 싶진 않았지만, 어쩔 수가 없었어요.	嘘をつきたくはなかったけど、ほかに方法がなかたったんです。
제가 착각했나봐요.	私が勘違い〔思い違い〕していたようです。[54]
정말 그럴 의도는 아니었습니다.	本当にそういうつもりではありませんでした。
미안합니다. 거짓말 할 생각은 없었습니다.	すみませんでした。嘘を付くつもりではありませんでした。
당신의 감정을 상하게 할 생각은 아니었습니다.	あなたの気分を害するつもりではありませんでした。
당신에게 해를 입히려고 한 것은 아닙니다.	あなたに害を及ぼすつもりでやったことではありません。
우연히 그렇게 됐어요.	偶然そうなったのです。

---

[54] '착각하다'는 勘違いする, 思い違いする. 錯覚(さっかく)는 する와 함께 쓰이는 경우보다 錯覚(さっかく)を起(お)こす 착각을 일으키다, 錯覚(さっかく)に陥(おちい)る 착각에 빠지다 등의 표현으로 쓰이는 경우가 많다.

앗, 미안합니다. 고의가 아니었어요.	あっ、ごめんなさい。わざとじゃありませんでした。
무심코 입 밖으로 내고 말았어요.	つい口走って〔口が滑って〕しまいました。
당신을 흉본 게 아니었어요.	あなたの悪口を言ってたんじゃないんですよ。
거기에 대해서는 저(저희들)도 할 말이 있습니다.	それについてはこちらも言い分があります。[55]
변명의 여지가 없습니다.	弁解の余地もありません。[56]
변명은 이제 질렸다.	言い訳はもう沢山だ。
그런 것은 변명이 될 수도 없어.	そんなのは、言い訳にもならないよ。
그건 핑계에 지나지 않는다고 생각해요.	それは言い訳にほかならないと思います。
변명하지 마세요.	言い訳を並べないでください。
변명은 필요 없어요.	言い訳は要りません。
이번에는 또 무슨 변명을 하려는 거야?	今度はまた、どんな言い訳をするつもりだい？
아프다는 건 핑계겠지요.	病気というのは、言い訳でしょう。

사과를 받고 응답할 때

괜찮아.	いいよ。
	いいんですよ。
신경 쓰지 마.	気にしないで。

---

55 言(い)い分(ぶん)은 '할 말', 言(い)い分(わ)け[訳]는 '핑계, 변명'이라는 뜻. 한자는 같으나 뜻에 따라 한자 읽기를 다르게 해야 한다.
56 '변명'은 보통 言い訳, 弁解(べんかい)로 표현한다. 弁明(べんめい)는 弁明書(べんめいしょ)와 같이 법률 용어 등 딱딱한 말투로 쓰인다.

괜찮습니다.	いいです。
	大丈夫です。
신경 쓰실 것 없습니다.	気にしないでください。
	お気になさらずに。
상관 없어요.	別にいいです。
앞으로 조심해.	今度から気をつけてね。
걱정하지 마세요.	心配しないでください。
별것 아닙니다.	大したことではありません。
당신의 잘못이 아닙니다.	あなたのミスではありません。
그것은 당신 탓이 아닙니다.	それはあなたのせいではありません。
괜찮아. 미유키 씨가 잘못한 게 아니니까…….	大丈夫よ。みゆきさんが悪いわけじゃないから。
누구나 실수는 하는 거야.	誰にでも失敗はあるさ。
	誰でもミスはするよ。
이번만은 눈감아 주겠네.	今度だけは見なかったことにして〔見逃して〕あげるよ。
사과하실 필요 없습니다.	謝る必要はありません。
그런 일은 흔히 있는 일이에요.	そんなことはよくあることですよ。
그런 일은 누구에게나 일어날 수 있어요.	そんなことは誰にだって起り得ることですよ。[57]
이런 일이 다시 일어나지 않기를 바랄 뿐입니다.	二度とこのようなことが起きないよう祈るだけです。

---

57 동사 연용형+得る로 동사의 가능성을 나타낸다. 예) あり得る話ですね.(있을 법한 얘기군요.)

다시는 같은 잘못을 되풀이하지 마세요.	二度と同じ過ちは繰り返さないでください。
당신의 실수를 묵과할 수 없어요.	あなたの失敗を黙認することはできません。[58]

기타

조금 전 제가 한 말은 취소합니다.	さっきの私の発言を取り消します。
나중에 그 사람한테 사과하세요.	後でその人に謝ってください。
그는 (한마디) 미안하다는 말도 없이 가 버렸어요.	彼は〔一言〕謝りもせずに行ってしまいました。
최소한 미안하다는 말 한 마디는 해야 하는 것 아니에요?	少なくとも、「ごめんなさい」の一言は言う〔ある〕べきじゃありませんか。

---

[58] 黙過는 틀린 말은 아니지만 회화체에서 黙過する라는 표현은 잘 쓰지 않는다.

3 약속과 초대

일본에서는 약속을 지키지 않는 사람은 신용 없는 사람으로 간주되므로 일본 사회에서 인정받고 원활한 인간 관계를 유지하기 위해서는 약속을 지키는 데에 각별히 신경을 써야 한다. 약속을 할 때는 상대방의 의향을 존중하고, 약속을 했을 때는 반드시 지켜야 한다. 약속 변경은 바람직하지 못하나 부득이한 사정일 경우에는 가능한 한 빨리 상대에게 연락을 취해야 한다. 도로 사정 등의 이유로 약속 시간에 조금만 늦어질 것 같더라도 미리 전화를 해서 몇 분 정도 늦을 것이라고 양해를 구하는 것이 예의이다. 일본은 한국 사회보다 훨씬 더 약속에 민감한 사회라는 것을 잊지 말자.

1 약속을 정할 때

약속 제안

이번 주말에 시간 있어?	今度の週末は、暇？ ⬇
시간 좀 있니?	ちょっと時間ある？ ⬇
지금 시간 있어요?	今、時間ありますか。
잠시 시간 좀 있으세요?	今、ちょっとお時間ありますか。
	ちょっとお時間、よろしいですか。
언제 찾아뵈면 될까요?	いつお伺いすればよろしいでしょうか。 ⬆
내일 무슨 약속이 있습니까?	明日何か約束はありますか。
오늘 저녁에 무슨 일정이 있습니까?	今夜、何か予定でも入っていますか。
주말에 무슨 계획이 있으세요?	週末には、何かご予定、ございますか。 ⬆
이노우에 씨, 이번 토요일에 시간 있으십니까?	井上さん、今度の土曜日、お時間ありますか。

그것에 관해 상의하려고 하는데 내일 시간 괜찮으세요?	それについてご相談したいのですが、明日お時間よろしいですか。
의논할 게 있는데요.	ご相談したいことがあるんですが。
오늘 오후에 할 일 있어?	今日の午後は何か予定ある？
야구 보러 가자.	野球、見に行かない？
저녁 같이 하는 게 어때요?	夕食を一緒にどうですか。
잠깐 만나 뵐 수 있을까요?	ちょっとお会いできますか。
내일 한번 만났으면 합니다만…….	明日お会いできればと思いますが……。
만나서 얘기했으면 합니다.	一度お会いしてお話しましょう。
이번 주 일요일에 만날까요?	今週の日曜日にお会いしましょうか。
커피 (한 잔) 하실 시간 있으세요?	コーヒー(一杯)飲む時間あります？[1]
오늘 오후에 한 시간 정도 내주시겠습니까?	今日の午後、一時間ほどお時間、いただけますか。
기회 있을 때 한번 만났으면 합니다만…….	機会があれば一度お会いできればと思いますが……。
나카무라 씨, 이번 토요일에 약속 있으세요?	中村さん、今度の土曜日、何か予定入っていますか。
선생님, 다음 주 바쁘세요?	先生、来週はお忙しいですか。
저, 실은 염 씨의 환영(송별)회를 하려고 생각 중입니다.	あのう、実はヨムさんの歓迎〔送別〕会をしようと思っているんです。

---

1 일상 생활에서는 의문 조사 か를 붙이지 않고 말끝을 올림으로써 의문문을 나타내는 경우도 있다.

그래서 선생님께서 와 주셨으면 해서요.	それで先生においでいただきたいと思いまして……。 ↑
그럼, 확실하게 정해지면 또 연락드리겠습니다.	では、はっきり決まりましたら、またご連絡します。
전화 번호를 가르쳐 주시겠어요?	電話番号を(教えて)いただけますか。
	電話番号をお願いできますか。
무슨 일로 만나려고 합니까?	どういったご用でしょうか。

시간을 정할 때

언제쯤으로 할까?	いつごろにする？ ↓
10일은 어때?	10日は、どう？ ↓
언제라면 괜찮겠어?	いつならいい？ ↓
언제로 할지 (네가) 결정해.	いつにするか、決めて。 ↓
몇 시면 올 수 있어?	何時だったら来られる？ ↓
언젠가 괜찮아요?	いつがいいですか。
언제 시간을 낼 수 있습니까?	いつ時間が取れますか。
언제가 좋으십니까?	いつがよろしいですか。
	都合がいいのはいつですか。[2]
언제가 가장 좋습니까?	一番都合のいい時間はいつですか。
시간 되실 것 같으세요?	ご都合はいかがでしょうか。 ↑

---

[2] 都合라는 말은 약속을 정할 때 상당히 많이 쓰이는 표현이므로 잘 알아 두자. 都合がいい라고 하면 약속이 가능하다는 뜻이고, 都合が悪い라고 하면 사정이 있어서 약속하기가 어렵다는 뜻이 된다.

시간은 몇 시쯤이 좋을까요.	(お)時間は何時ごろがよろしいでしょうか。↑
	何時がご都合よろしいですか。↑
몇 시가 좋으시겠어요?	都合のいい時間は何時ですか。
몇 시에 만날까요?	何時にしましょうか〔会いましょうか〕。
7시는 괜찮습니까?	7時は都合がいいですか。
4시에 봅시다.	4時に会いましょう。
5시가 어때요?	5時はいかがですか。
5월 5일이면 괜찮겠어요?	5月5日ならいいですか。
3시면 괜찮겠어요?	3時なら大丈夫ですか。
너무 늦은가요?	遅すぎますか。
너무 이른가요?	早すぎますか。
점심 시간이 지나야 시간이 나겠는데요.	昼過ぎじゃないと、時間が空きそうにないんですが……。
그 시간은 너무 늦어요. 좀 더 일찍 만날 수 없을까요?	その時間は遅すぎますね。もう少し早く会えませんか。
오전에는 시간이 없습니다. 오후는 어떻습니까?	午前中は時間がありません。午後はいかがですか。
정오에 점심 약속이 있습니다.	12時〔正午〕にお昼の約束があります。
다음 주 일요일로 합시다.	来週の日曜日にしましょう。
토요일 저녁에 봅시다.	土曜日の夕方にお会いしましょう。

그럼 다음 주 토요일로 합시다.	それでは、来週の土曜日にしましょう。
괜찮으시다면 목요일에 만났으면 합니다.	よかったら木曜日に会えたらと思います。

장소를 정할 때

어디서 만날까요?	どこでお会いしましょうか。
	待ち合わせ場所はどこにしましょうか。[3]
어디가 좋을까요?	どこがいいでしょうかね。
어디로 할지 결정해.	どこにするか決めて。
효도 씨가 장소를 정하세요.	兵藤さんが場所を決めてください。
좋을 대로 하세요.	おまかせします。
난 아무 데나 괜찮아요.	私はどこでもいいです。
그쪽에서 (당신이) 시간과 장소를 정하세요.	そちらで時間と場所を決めて下さい。
어디 자주 가시는 곳은 있으세요?	どこか、よく行かれるところはありますか。
(지하철(전철)은) 무슨 선이 편리합니까?	(地下鉄〔電車〕は)何線が便利ですか。
그럼 중앙선이 지나는 역 중에서 볼까요?	じゃ、中央線沿いのどこかで会いましょうか。
시부야에 있는 하치 공 앞으로 할까요?	渋谷のハチ公前にしましょうか。[4]
예, 그렇게 하지요. 거기라면 알고 있습니다.	はい、そうしましょう。そこなら分かります。
도쿄 지리를 잘 몰라서요.	あまり東京の地理に詳しくないので……。
그럼 내가 데리러 갈게요.	じゃ、私が迎えに行きますよ。
제가 묵고 있는 호텔에서 만납시다.	私の泊まっているホテルでお会いしましょう。

---

[3] 待ち合わせる는 '약속을 하다', 待ち合わせ場所는 '약속 장소'라는 뜻.
[4] ハチ公(こう)란 도쿄 야마노테 선(山手線) 시부야(渋谷) 역 앞 광장에 있는 충견의 동상. 약속 장소로 유명하다.

불편하시지 않으면 이쪽으로 오시겠습니까?	不都合でなければ、こちらの方に来ていただけますか。
제가 그쪽으로 갈까요, 아니면 당신이 이쪽으로 오시겠습니까?	私がそちらへお伺いしましょうか、それともこちらの方にいらっしゃいますか。
그럼 중간 지점쯤에서 만납시다.	じゃ、中間地点で会いましょう。
그럼 일단 토요일 7시에 만나는 걸로 합시다.	じゃ、とりあえず土曜日の7時ということで。
만약 변경 사항이 있으면 연락 주세요.	もし変更があれば、連絡ください。
그럼 휴대폰으로 서로 연락하기로 합시다.	じゃ、携帯で連絡を取り合うということにしましょう。

제안에 대한 승낙

아무 때나 괜찮아.	いつでもいいよ。
아무 때나 좋아요.	いつでもいいです。
그 날은 괜찮습니다.	その日は大丈夫です〔都合がつきます〕。
오후에는 언제라도 괜찮습니다.	午後ならいつでもいいです。
당신이 좋은 시간으로 해요.	あなたの都合のいい時に。
오늘은 한가하니까 언제든 괜찮아요.	今日は暇だから、いつでもいいですよ。
오후 6시 이후라면 언제든지 좋습니다.	午後6時過ぎなら、いつでもいいです。
저녁에는 아무 때나 좋습니다.	夕方だったらいつでもいいです。
오후엔 시간을 비워 놓을 테니까 편리한 시간에 들르세요.	午後に時間を空けておくから、ご都合のいい時に立ち寄ってください。

그럼 그렇게 하도록 하지요.	じゃ、そういうことで。[5]
그럼 이따가 봅시다.	では、後ほど。

제안에 대한 거절

그 날은 안 됩니다.	その日は、ちょっと……。
	その日は、駄目なんです。
죄송하지만 그 날은 좀 어렵겠는데요.	申し訳ありませんが、その日はちょっと都合がつかないですね。
말씀은 고맙습니다만 내일은 선약이 있어서요.	お申し出はありがたいのですが、明日は予定が入っておりまして。[6]
연락 줘서 고맙지만…….	誘ってくれてありがとう、だけど……。
정말 가고 싶은데, 너무 아쉬워요.	本当に行きたいんですけど、なんとも残念です。
오늘은 여러 가지 바쁜 일들이 많아서요.	今日はちょっと立て込んでまして……。
미안합니다만, 그 날은 선약이 있습니다.	すみませんが、その日は先約があります。
죄송합니다. 약속이 있어요.	すみません、予定が入っているんです。
이미 계획이 잡혀 있습니다.	既に予定が入っています。
급한 일이 있어 몹시 바쁩니다.	急な仕事があって、とても忙しいです。
11시 30분에 점심 약속이 있어요.	11時30分にお昼の約束があります。
오후 3시에 친구와 약속이 있어요.	午後3時に友達と約束があります。

---

5 약속을 다 정하고 나서 확인할 때 하는 말.
6 申し出는 '신청' 이라는 뜻도 있지만 의견·희망 등을 말함, 즉 '의사표시' 라는 뜻도 있다.

약속을 확인할 때

확인 좀 하겠는데요.	ちょっとご確認したいのですが……。
시부야역 앞 하치공(동상) 앞이었죠?	渋谷駅前のハチ公前でしたね。
약속 시간은 6시 40분 맞지요?	待ち合わせの時間は、6時40分でよかったですよね。
오후 3시에 사무실로 찾아 뵈면 되겠습니까?	午後3時に、事務所の方にお伺いするということで、よろしいでしょうか。
오늘 7시에 만나기로 한 건 변동 없죠?	今日の7時の約束、変更ないですよね。
약속을 잊고 계셨군요.	約束を忘れていらっしゃったのですね。

기타

또 연락 주세요.	また誘ってくださいね。
다음 번에는 꼭 갈게요.	この次には、絶対行くようにします。
특별히 약속은 없어요.	特に予定はありませんが……。
글쎄요. 아직까지 약속은 없는데요. 왜 그러시죠?	そうですね。まだ予定はありませんが、何か。
일정을 확인해 보겠습니다.	スケジュールを確認してみます。
어디 봅시다. 오늘은 시간이 날 것 같지 않군요.	そうですね……、今日はちょっと都合が悪いですね。
이번 주는 그 날만 비어 있습니다.	今週は、その日だけ空いています。

(제 스케줄을) ○○ 씨(그쪽) 스케줄에 맞추겠습니다.	○○さん〔そちら〕のご都合に合わせます。
(그러잖아도) 언제 한번 만났으면 했습니다.	いつかお会いできればと思っておりました。 ⬆
데리러 갈까?	迎えに行こうか？ ⬇
제가 모시러 가겠습니다.	私がお迎えに参ります。 ⬆
5시 30분에 차로 모시러 가겠습니다.	5時三十分に、車でお迎えに参ります。 ⬆
기다리고 있겠습니다.	お待ちいたします。
좀 늦을지도 모르겠습니다.	少し遅れるかも知れません。
늦지 마세요.	遅れないでください。
약속을 잊지 마세요.	約束、忘れないでください。
다음 주 토요일 비워 두세요.	来週の土曜日、空けておいてくださいね。
오늘 찾아올 손님이 있습니다.	今日は、後でお客さんが来る予定です。
만날 이유가 없을 것 같은데요.	会う理由はないと思いますが……。
약속하지.	約束するよ。 ⬇
약속은 못 하겠어.	約束はできないよ。 ⬇
바람맞히기 없기야!	すっぽかさないでよね。 ⬇
약속은 약속이야!	約束は約束！ ⬇

2 약속을 변경할 때

약속 변경 [7]

죄송합니다만…….	すみません。申し訳ありませんが……。
약속을 6시로 변경할 수 없을까요?	約束を6時に変更できませんでしょうか。
	約束を6時に変更してはいただけないでしょうか。
괜찮으시다면, 조금 시간(날짜)을 늦춰 주셨으면 해서요.	よろしければ、少し時間[日にち]を遅らせていただけないかと思いまして。
우리 약속을 2시에서 6시로 변경할 수 없을까요?	約束を2時から6時に変更できませんか。
급한 일이 생겼습니다.	急用ができてしまいました。
전철을 늦게 타서, 20분 정도 늦을 것 같습니다. 죄송합니다.	電車に乗り遅れてしまって、20分ほど遅れそうです。すみません。
길이 막혀서 조금 늦을 것 같습니다. 근처에 도착하면 전화하겠습니다.	道が混んでて、少し遅れそうです。近くに来たら、また電話します。
빨리 가려고 택시를 탄 게 실수였습니다. 죄송합니다.	早く行こうと思ってタクシーに乗ったのが間違いでした。すみません。
도로 사정이 나빠서 언제쯤 도착할 수 있을지 모르겠습니다.	道路事情が悪くて、いつ頃着けるか分かりません。
5분 후면 도착합니다. 죄송합니다.	あと5分で着きます。すみません。

---

[7] 약속을 변경하고자 할 경우에는 먼저 정중하게 사과하고, 자신의 사정으로 인해 약속을 새로 정할 때는 반드시 상대에게 선택권을 주도록 한다.

상대방이 안 나타날 때

야마다 씨는 오지 않네요. 연락은 있었습니까?	山田さんは来ていませんね。連絡はありましたか。
늦을 거라고 전화가 있었습니다.	遅くなると電話がありました。
그가 올 수 있을지 모르겠어요.	彼が来られるかどうか分かりません。
그 사람은 사무실에 없을 것 같습니다.	その人はオフィスにいないと思います。
그는 회사에서 곧장 이리로 올 겁니다.	彼は、職場から直接こちらに向かうと思います。
그에게 무슨 일이 일어난 걸까?	彼に何かあったのかなあ。
그는 한 시간 전에 여기에 오기로 되어 있었어요.	彼は、一時間前にここに来ることになっていたんですよ。
얼마나 늦어질 것 같습니까?	どれくらい遅くなりそうですか。
언제쯤 올 수 있겠어요?	いつ頃、来られますか。
몇 시에 올 수 있겠어요?	何時に来られそうですか。
일이 끝나려면 얼마나 걸릴 것 같습니까?	仕事が終わるまで、どれくらいかかりそうですか。
회의가 끝나는 대로 그리로 가겠습니다.	会議が終わり次第、そちらに向かいます。
6시까지는 도착할 수 없을 것 같습니다.	6時までには到着できそうにありません。
잠깐만 기다리세요. 곧 갈게요.	ちょっと待ってください。すぐ行きます。
그는 한 시간 늦게 도착할 거예요.	彼は一時間くらい遅れて来ると思います。
5분만 더 기다려 봅시다.	あと五分だけ待ってみましょう。
10분만 더 기다립시다.	あと10分だけ待ちましょう。

그만 갑시다.	もう行きましょう。
더 이상 기다리는 건 시간 낭비예요.	もうこれ以上待つのは時間の無駄です。
어디 가서 시간을 좀 때우지?	どこに行って時間をつぶそうか。
그들은 끝내 나타나지 않았어요.	彼らはついに来ませんでした。

약속 시간에 늦었을 때

늦어서 미안해.	ごめん。遅くなっちゃって。
늦어서 미안해요.	遅れて(本当に)ごめん。
	遅くなってごめんなさい。
죄송해요. 늦었습니다.	すみません。遅くなりました。
기다리게 해서 죄송해요.	お待たせして申し訳ありません。
오래 기다리셨지요?	お待たせしました。
	たいへんお待たせいたしました。
	大分お待ちになられたんじゃないですか。
왜 이렇게 늦은 거예요?	どうしてこんなに遅くなったんですか。
	どうしてこんなに遅れたんですか。
전화라도 주지 그랬어.	電話でもくれればよかったのに。
무슨 일이 있었어요? 걱정했어요.	何かありましたか。心配してたんですよ。
두 시간이나 기다렸어요.	二時間も待ちました。
도로가 너무 막혀서요. 어쩔 수가 없었어요.	道がすごく混んでて……。どうしようもありませんでした。

버스가 늦게 왔어요.	バスが遅れて来たんです。
전철을 놓쳐 버렸어요. 죄송합니다.	電車に乗り遅れてしまいました。すみません。
일하느라 시간이 이렇게 된 줄 몰랐어요.	仕事に打ち込んでて、こんな時間になってるなんて知りませんでした。
그래서 늦었군요.	それで遅れたんですね。
미안해요, 다시는 안 늦을게요.	ごめんなさい。二度と遅れませんから。
미즈노 씨가 30분 늦게 왔어요. 그는 늘 그래요.	水野さんが三十分遅れて来ました。彼はいつもそうです。
미안합니다. 그만 늦잠을 자 버렸습니다.	すみません。つい寝坊してしまいました。
아, 미안합니다. 너무 서두르다 잊어버렸습니다.	あっ、すみません。急いでいたので忘れてしまいました。
너 또 늦었구나, 구사노!	また遅れたな、草野！
어쩔 수 없었어. 정말 미안해.	どうしようもなかったの。本当にごめんなさい。
그렇게 화내지 마. 대신 내가 점심 살게.	そんなに怒るなよ。その代わり僕がお昼ごちそうするから。
너 요즘 시간을 안 지키는구나.	お前、最近時間を守らないな。

생각보다 빨리 도착했을 때

너무 빨리 도착했나 보네요.	早く着きすぎたみたいですね。

미팅 약속 시간까지 40분이나 있네요.	打ち合わせの時間まで40分もありますね。[8]
어디 가서 차라도 마시다 들어갈까요? (갑시다.)	どこかでお茶でも飲んでから行きますか。
마침 잘 됐다. 어디 가서 미팅 전에 다시 한 번 자료를 확인하자.	ちょうどよかった。どこかに入って、打ち合わせ前にもう一度資料を確認しよう。 ⬇
약속 시간보다 빨리 도착했는데요, 시바타 과장님은 계십니까?	予定の時間より早く着いたんですが、柴田課長はいらっしゃいますか。 ⬆
약속 시간보다 빨리 도착했는데요, 어디서 기다리면 좋겠습니까?	予定の時間より早く着きましたが、どちらでお待ちすればよろしいでしょうか。 ⬆
시바타 과장님은 지금 손님을 만나고 있으니 저쪽 방에서 기다려 주십시오.	柴田課長はただいま接客中なので、あちらの部屋でお待ちください。 ⬆
택시를 타서 빨리 왔어요.	タクシーで来たので早く着きました。
의외로 길이 한산해서 꽤 빨리 도착했습니다.	意外と道が透いてて、ずいぶん早く着きました。
그럼 꽤 오래 기다리셨겠군요.	それはずいぶんとお待ちになりましたね。
아닙니다. 저희가 너무 빨리 온걸요.	いいえ、こちらが早く着きすぎましたから……。

약속을 취소할 때

죄송합니다. 정말 죄송합니다만…….	すみません。本当に申し訳ありませんが……。
죄송합니다. 이거 어쩌지요?	すみません。どうしましょう。
내일 약속을 취소해야 할 것 같습니다.	明日の約束をキャンセルしなければならないようです。

---

[8] 打ち合わせ는 '업무상 미팅, 사전 협의' 등을 말한다.

갑자기 일이 생겨서 참석할 수 없습니다.	急に仕事が入って出席することができません。
그날에는 좀 중요한 회의 일정이 잡혀 버렸습니다.	ちょっとその日に大事な会議が入ってしまいました。
갑자기 출장을 가게 되었습니다.	急に出張に行くことになりまして。
이번 주 안으로 끝내야 할 일이 생겨 버렸어요.	今週中に終らせないといけない仕事ができてしまいました。
미안합니다. 갑자기 몸이 안 좋아져서요.	すみません、急に具合が悪くなってしまいまして。
어제부터 열이 있었는데 아직 내리질 않네요.	昨日から熱が出てまだ下らないんです。
요즘 스트레스 받는 일이 많아서 그런지 속이 많이 안 좋아졌어요.	ここのところ、ストレスがたまることが多かったせいか、胃痛がひどくなったんです。
갑자기 어머님께서 입원을 하셨어요.	突然母が入院しまして。9
아이가 갑자기 열이 올라서요.	子供が急に熱を出しまして……。
미안해. 갑자기 일이 생겼어.10	ごめん。急に仕事が入っちゃって……。 ↓
	ごめん。急用ができちゃった。 ↓

기타

약속 꼭 지키세요.	約束は必ず守ってください。
약속은 지키라고 있는 거예요.	約束は守るためにあるものです。
저는 약속을 어겨 본 적이 없어요.	私は約束を破ったことがありません。
저는 무슨 일이 있어도 약속은 지킵니다.	私はどんなことがあっても約束は守ります。

9 업무상의 중요한 약속을 취소하는 이유로 가족의 병환을 드는 것은 바람직하지 못하다. 일본은 가족의 임종보다 일의 현장을 지켰을 때 더 칭송받는 사회이므로 가족을 위해 일을 희생시키는 것은 독립된 성인으로서 책임감이 없다고 받아들여질 수 있다.
10 일이 생겼다고 할 때 '일'은 업무상의 일일 경우 仕事, 개인적인 일일 경우 用事(ようじ)라고 한다. 급한 용무는 急用.

시간을 지키지 못하는 사람은 좀 곤란합니다.	時間が守れないような人は、ちょっと困ります。
저는 시간을 안 지키는 사람은 싫어요.	私は、時間を守らない人は嫌いです。
어제 왜 안 나타난 거야?	昨日はなんで現れなかったんだ？
그녀에게 바람맞았습니다.	彼女にすっぽかされました。
10분 후에 돌아올게요.	十分後に戻ります。
여기서 잠깐만 기다려 주시겠어요?	ここでちょっと待ってもらえますか。
제 시간에 도착했네요.	時間通りに着きましたね。
그녀가 안 와도 저는 상관없어요.	彼女が来なくても別に私は関係ないです。
그는 여느 때처럼 가장 먼저 도착해서 기다리고 있었어요.	彼はいつものように一番最初に着いて待っていました。
30분 전에 도착했어요.	三十分前に着きました。
문제는 우리가 시간 내에 거기에 도착할 수 있을까 하는 것이에요.	問題は、私たちが時間内にそこに到着できるか〔着けるか〕どうかということです。
아무리 빨리 출발해도 8시까지 거기에 도착하는 건 힘들어요.	いくら早く出発しても、8時までそこに着くのは無理です。
서두르면 제 시간에 도착할 겁니다.	急げば、間に合うと思います。

3 초대할 때

오늘 밤엔 무엇을 하세요?	今夜は何か予定入ってますか。
이번 주말에 바쁘십니까?	今週の週末はお忙しいですか。

내일 7시 어때요?	明日の7時はどうですか。
이번 주 일요일 우리집에 오지 않을래요?	今週の日曜、家に来ませんか。
이번 주 금요일 오후에 무슨 계획이 있어요?	今週の金曜日の午後って、何か予定入ってますか。
이번 주 토요일에 저희 집에 오셔서 저녁 식사나 하시죠?	今週の土曜日、うちで食事でも一緒にしましょう。
파티가 있는데, 오시겠어요?	パーティーがあるんだけど、来ませんか。
다음 주 토요일에 우리집에서 불고기 파티할 거예요. 미도리 씨도 안 오실래요?	来週の土曜日にうちで焼き肉パーティーするんです。みどりさんも来ませんか。[11]
꼭 와 주셨으면 합니다.	ぜひ来ていただければと思います。 ⬆
꼭 오셔야 해요.	絶対に来てくださいね。
괜찮으시면 오세요.	よかったら来てください。
꼭 참석하시길 바랍니다.	ぜひ来て〔出席して〕ください。
부인도 함께 오세요.	奥様もご一緒にいらしてください。 ⬆
자세한 사항은 나중에 알려 드리겠습니다.	詳しくは後ほどまたお知らせします。
같이 안 가시겠어요?	一緒に行きませんか。
조금 늦어도 괜찮습니다.	少し遅くなってもかまいません。
영화(콘서트)표가 생겼는데 같이 안 갈래?	映画〔コンサート〕のチケットが手に入ったけど一緒に行かない？ ⬇
내일 영화 보러 가지 않겠습니까?	明日、映画観に行きませんか。[12]

[11] 일본에서 焼き肉는 한국식 고기 요리의 총칭이다. 보통 초벌 양념을 한 쇠고기를 구워서 소스에 찍어 먹는다.
[12] みる(보다)는 見る, 視る, 観る 등의 한자를 쓰는데 영화 관람과 같이 '관람·감상하다'는 뜻이 있을 때는 観る를 쓰는 경우가 많다. 또한 '환자를 보다·진찰하다'는 診る라고 쓴다.

춤추러 갈까? 괜찮은 클럽을 알고 있는데.	踊りに行こうか。いいクラブを知ってるんだけど。
우리 드라이브나 할까?	ドライブでもしようか。

4 초대를 승낙하거나 거절할 때

초대를 승낙할 때

와 신난다! 고마워!	わあ、うれしい！ありがとう！
갈게! 갈게!	行く！行く！
초대해 줘서 고마워요.	誘ってくれてありがとう。
초대해 주셔서 고마워요.	招待して〔呼んで〕くれて、ありがとう。
초대해 주셔서 감사합니다.	ご招待いただいてありがとうございます。
고맙습니다. 기꺼이 가겠습니다.	ありがとうございます。喜んで行かせていただきます。
꼭 가겠습니다.	必ず行きます。
기대할게요.	楽しみにしています。[13]
몇 시까지 가면 될까요?	何時まで行けばいいですか。
무슨 일이 있어도 꼭 갈게요.	何があっても必ず行きます。
이번에 가실 때 저도 함께 데리고 가 주세요.	今度行かれる時、私も連れて行ってください。
지금 당장은 확실하지 않지만 가도록 해 볼게요.	まだはっきり分からないけど、行けるようにしてみます。

---

[13] 楽しみにする는 뭔가를 하는 것을 기대하며 즐겁게 기다리는 마음을 나타낸다.

월요일말고는 아무 때나 좋아요.	月曜日じゃなかったらいつでもいいです。

초대를 거절할 때

미안하지만 안 되겠습니다.	悪いけど、ちょっと無理です。
초대해 주신 건 고맙습니다만 선약이 있습니다.	ご招待はありがたいけど、先約があります。
고맙지만 오늘은 곤란합니다.	ありがたいけど、今日はちょっと都合が悪いです。
가고 싶지만 시간이 없어요.	行きたいけど暇がないんです。
아무리 생각해도 못 갈 것 같아요.	どうしても行けそうにないんです。
○○씨가 안 가면 나도 안 갈 거예요.	○○さんが行かないなら、私もちょっと。
이번 파티에 갈 수 없으니, 제 몫까지 즐기세요.	今度のパーティーには行けないから、私の分まで楽しんできてください。
생각할 시간을 좀 주시겠어요?	ちょっと考えさせてくれますか。
섭섭하지만 못 갈 것 같아요.	残念だけど、行けそうにないんです。
다음 기회로 미루지요.	次回ということにしましょう。
미안해. 다음에 같이 갈게.	ごめん。今度付き合うから。
정말 가고 싶은데 (갈 수가 없군요)!	本当に行きたいんだけど。
다음에 언제 다시 초대해 주세요. 그땐 꼭 갈게요.	またいつか招待して〔呼んで/誘って〕ください。その時は必ず行きます。

기타

남자(여자) 친구를 데려가도 될까요?	彼〔彼女〕と一緒に行ってもいいですか。
아내와 상의해 봐야겠습니다.	妻と相談してみないと。
몇 시까지 가면 될까요?	何時まで行けばいいですか。
모두 몇 분이나 오십니까?	全部で何人くらいになりますか。
어떤 복장으로 가면 되지요?	どんな服装で行けばいいでしょうか。
청바지에 운동화 차림으로 가도 되나요?	ジーパンにスニーカーでもいいですか。
파티에는 정장을 하고 가야 합니까?	パーティーには正装して行かないとダメですか。
정장을 하고 오시는 게 좋을 거예요.	正装をした方がいいと思いますよ。
회비가 얼마죠?	会費はいくらですか。

5 방문했을 때

방문했을 때

계세요?	ごめんください。[14]
실례하겠습니다.	おじゃまします。[15]
어서오세요!	どうぞ。
	いらっしゃい!
와 줘서 고마워!	来てくれてありがとう!
집안이 누추하지만 들어오세요.	汚いですけど、どうぞ。
와 주셔서 감사합니다.	来てくれてありがとう。

---

[14] 남의 집을 방문할 때 대문 밖에서 하는 인사.
[15] 남의 집을 방문할 때 현관을 들어서며 하는 인사.

학수고대하며 기다렸어요.	首を長くして待っていました。
앉으세요.	お掛けください。
	どうぞ、お座りになって。
편안하게 있으세요(편히 계세요).	どうぞ楽にしてください。
어려워 말고 마음 편하게 있어요.	遠慮せずにどうぞ楽にしてください。
상의를 벗고 편히 쉬세요.	上着を脱いでゆっくりしてください。
편하게 앉으세요.(무릎을 꿇고 앉아 있는 사람에게)	どうぞ、足を崩してください。
지금 차를 내올게요.	今、お茶をいれますから。
뭔가 마실 것이라도 드릴까요?	何かお飲み物はいかがですか。
신경 쓰지 마세요.	どうぞ、お構いなく。[16]
길 찾는 데 헤매진 않았어요?	道に迷ったりはしませんでしたか。
쉽게 찾았어요.	すぐに見つかりました。
초대해 주셔서 감사합니다.	ご招待いただいてありがとうございます。
오늘은 마음껏 재미있게 보내요.	今日は思いっきり楽しんでね。

가족을 소개할 때

제 가족을 소개할게요.	家族を紹介します。
이분이 저의 할아버지입니다.	こちらが祖父です。
아버지는 지금 집에 안 계세요.	父は今家にいません。

---

[16] 남의 집을 방문했을 때 방문자가 주인에게 하는 의례적인 말.

祖母(そぼ) 할머니 · 父(ちち) 아버지 · 母(はは) 어머니 · 兄(あに) 오빠 · 형 · 姉(あね) 누나 · 언니 · 弟(おとうと) 남동생 · 妹(いもうと) 여동생 · 叔父(おじ) 작은아버지 · 이모부 · 叔母(おば) 작은 어머니 · 이모 · いとこ 사촌 · 甥(おい) 조카

아직 안 들어오셨어요.	まだ帰っていません。
지방 근무중이십니다.	単身赴任中です。[17]
언니는 한국에 여행 가는 게 취미예요.	姉は韓国旅行が趣味です。
오빠는 일본어를 공부하고 있습니다.	兄は、日本語を勉強しています。

선물을 주고받을 때

자, (선물) 받으세요.	はい、どうぞ。
이거 별것 아니지만 받으세요.	これ、つまらないものですが、どうぞ。[18]
조그만 선물입니다.	ささやかなプレゼントです。
조그마한 축하 선물을 가지고 왔습니다.	ささやかなお祝いを持ってきました。
이거 약소하지만 (당신의) 승진 축하선물입니다.	これつまらないものですが、ご昇進のお祝いです。
당신 주려고 뭘 사 왔어요.	あなたにあげようと思ってちょっとしたものを買ってきたの。
대단하지 않지만 마음에 들었으면 합니다.	大したものじゃないけど、気に入ってくれたらうれしいなあ。
부끄러운데요, 이거 제가 만든 거예요.	お恥ずかしいんですが、これ私の手作りなんです。
이건 저희 회장님께서 드리는 선물입니다.	これはうちの会長からの贈り物です。
저희들 마음의 표시니까 받으시죠.	こちらの気持ちですから、どうぞ。

---

[17] 単身赴任은 혼자 가족과 떨어져 타지에서 근무하는 것을 말한다.
[18] 선물을 줄 때 쓰는 상투적 표현.

이거 저희 고향의 특산품(특산물)이에요.(받으세요.)	これ、国のお土産です。どうぞ。
이건 ○○ 씨 겁니다.	これは○○さんの分です。
이거 정말 저한테 주는 거예요?	これ、本当に私に？ ⬇
무슨 선물이지요?	何のプレゼントですか。
지금 열어 봐도 되나요?	今、開けてみてもいいですか。
이건 예전부터 내가 갖고 싶었던 거였어.	これ、前から欲しかったものだったんだ。 ⬇
좋은 선물을 주셔서 대단히 고맙습니다.	素晴らしいプレゼントをありがとうございました。
훌륭한 선물을 주셔서 대단히 고맙습니다.	素晴らしいプレゼントをいただき、ありがとうございます。 ⬆
저희들에게 꼭 필요한 세탁기를 주셔서 정말 감사합니다.	私達にちょうど必要な洗濯機をプレゼントしていただいて、本当にありがとうございます。
이것은 받기 곤란합니다.	これはお受けするわけには(いきません)。
마음은 고맙지만 받을 수 없습니다.	お気持ちはありがたいのですが、これをいただくわけには参りません。 ⬆
	お気持ちは本当にありがたいのですが、ちょうだいするわけにはいきません。 ⬆
마음만 고맙게 받을게요.	お気持ちだけありがたくいただきます。

집 구경할 때

저희 집을 보여 드리겠습니다.	家をご案内しましょうか。[19]
정원으로 나가실까요?	お庭の方に出ましょうか。
정말 멋진 집이군요.	本当に素敵なお家ですね。
정원이 정말 멋있군요.	お庭が本当に素敵ですね。
정취가 있는 정원이네요.	趣のあるお庭ですね。
집이 좋네요.	いいお住まいですね。
발밑을 조심해서 걸으세요.	足元に気をつけてください。
바닥이 미끄럽습니다.	床が滑りますよ。
담배를 피워도 괜찮습니까?	タバコを吸っても構いませんか。
텔레비전이라도 켤까요?	テレビでもつけましょうか。
화장실이 어디입니까?〔화장실에 가고 싶은데요.〕	お手洗いを貸してもらって〔借りて〕いいですか。[20]
화장실이 어디에 있습니까?	トイレ〔お手洗い〕はどちらですか。
여기에 주차해도 됩니까?	ここに駐車してもいいですか。

차나 식사를 대접할 때

뭐 좀 마실 거라도 드시겠어요?	何かお飲み物でもいかがですか。
마실 것 좀 갖다 드릴게요.	お飲み物でも持ってきますね。
커피를 들겠어요, 냉차를 들겠어요?	コーヒーにしますか、冷たいお茶にしますか。

---

[19] 일본은 한국과 달리 집을 안내하는 경우가 거의 없다. 따라서 주인이 안내를 하겠다고 하지 않을 경우에는 집을 보여 달라고 하지 않는 것이 예의다.
[20] 개인 집 화장실은 주인의 소유물이므로 빌려도 되겠느냐고 물어 보는 것이 무난하다.

뭘 드시겠어요?	何になさいますか。 ⬆
오늘은 우리집 남편이 실력 발휘한다니까 기대해 보세요.	今日は、うちの旦那が腕を振うということだから、楽しみにしてくださいね。
식사 준비됐어요. (와서 드세요!)	お食事の用意ができました。 ⬆
자, 어서 드세요.	さあ、どうぞ。
어서 드세요.	どうぞ、お召し上がりください。
식기 전에 드세요.	冷めないうちに、どうぞ。
천천히 드세요.	ごゆっくりどうぞ。
차린 건 없지만 많이 드세요.	何もないですけど、どうぞ。
아내가 (정성껏) 만들었으니 드셔 보세요.	家内〔妻〕が腕によりをかけてつくりましたから、どうぞ召し上がってみてください。[21]
입맛에 맞을지 모르겠지만 드셔 보세요.	お口に合うかどうかわかりませんが、どうぞお召し上がりください。
입맛에 맞습니까?	お口に合いますか。
너무 많으면 남기셔도 됩니다. (다 드실 필요는 없어요.)	量が多かったら残してもいいですよ。
더 먹을래?	おかわり、どう? ⬇
더 드시겠어요? (더 드세요/더 마시세요.)	おかわりはいかがですか。 ⬆
밥 더 드시려면 언제든지 얘기하세요.	ご飯のおかわりは遠慮なく言ってください。
맛있어 보이네요.	おいしそうですね。

---

[21] 腕によりをかける는 스스로 자신있는 부분을 가일층 분발하는 것을 말한다. 요리에 관한 이야기를 할 때 많이 쓰이며 실력 발휘해서 정성껏 만든다는 뜻으로 쓰인다.

만드는 비법을 좀 가르쳐 주시겠어요?	お料理のコツを教えてくれますか。[22]
그건 어떻게 만들죠?	これは、どうやって作るんですか。
이건 어떻게 먹는 건가요?	これは、どうやって食べるんですか。
이건 전형적인 한국식 가정 요리입니다.	これは、韓国の典型的な家庭料理です。

식사 후에

잘 먹었습니다.	ごちそうさまでした。
배가 부릅니다.	おなかいっぱいです。
많이 먹었습니다.	もう十分です。
이제 배가 불러옵니다.	そろそろおなかがいっぱいになってきました。
너무 맛있었어요.	すっごくおいしかったです。
일본 요리는 상당히 깊이가 있군요.	日本料理って奥が深いですね。
이렇게 맛있는 음식은 지금까지 먹어 보질 못했어요.	こんなおいしい料理は、今まで食べたことがありません。
정성이 담긴 멋진 식사에 감사 드립니다.	心の込もったごちそうをありがとうございました。
너무 맛있어서 보통 때보다 더 많이 먹었습니다.	あまりにおいしくて、普段よりもたくさん食べてしまいました。
저는 지금 다이어트 중입니다.	今、ダイエット中なんです。
사모님 요리 솜씨가 보통이 아니시네요.	奥様のお料理の腕はプロ級ですね。

---

22 骨는 '요령, 비법' 이라는 뜻으로 쓰일 때 「コツ」라고 가타카나로 쓰는 경우가 많다.

무토 씨는 좋겠어요. 이렇게 요리 솜씨가 좋은 부인을 두셔서…….	武藤さんはいいですね。こんなにお料理上手の奥様がいらして……。
음식 맛도 좋지만 테이블 세팅이 참 멋있어요〔예쁘네요〕.	お料理も素晴らしいけど、テーブルセッティングもおしゃれですね。
이제 더 이상은 못 먹겠어요.	もうこれ以上は入りません。
커피는 뜨거운 걸로 하시겠어요, 차가운 걸로 하시겠어요?	コーヒーはホットにしますか。アイスにしますか。
설탕을 넣을까요?	お砂糖は？
커피에 프림을 넣으시나요?	コーヒーにミルクは入れますか。
블랙으로 주세요.	ブラックでお願いします。
조심하세요. 커피가 아직 뜨거우니까요.	気をつけてくださいね。コーヒーがまだ熱いですから……。
저는 밤에는 커피를 안 마셔요.	私は夜にはコーヒーを飲みません。
밤에 커피를 마시면 잠이 안 와서 말이에요.	夜にコーヒーを飲んだら眠れなくなるものですから……。
난 녹차를 주세요.	私はお茶をもらえますか。
홍차나 허브티도 있는데 마셔 보지 않을래요?	紅茶やハーブティーもありますが、飲んでみませんか。
과일이라도 내올까요?〔올게요.〕	果物でも出して来ましょうか。
대접이 변변치 못해서…….	何のおかまいもしませんで〔できませんで〕……。[23]

---

[23] 초대한 사람이 손님을 보내면서 하는 의례적인 말.

돌아갈 때

죄송하지만, 슬슬 가 봐야겠어요.	すみません。そろそろおいとまします。
이제 가 봐야겠어요.	そろそろ帰らないと。
벌써요?	もうですか。
저녁 먹고 가면 좋을 텐데…….	夕飯、食べていけばいいのに。
오늘은 정말 잘 먹었습니다. 아주 맛있었어요.	今日は本当にごちそうさまでした。すごくおいしかったです。
설거지 도와 드릴게요.	後片付け、手伝います。
아니에요, 중한 손님이신데, 앉아 계세요.	いいえ、大事なお客さまですから、どうぞ座ってください。
나중에 할게요.	後でやりますから。
즐거웠습니다.	楽しかったです。
이만 실례하겠습니다.	これで失礼いたします。
초대해 주셔서 고마워요.	お招きくださってありがとう。
만나 뵙게 돼서 즐거웠습니다.	お会いできてうれしかったです。
너무 오래 있었던 것 같군요.	すっかり長居してしまいましたね。
아, 벌써 10시예요? 이제 가 봐야겠군요.	えっ？もう10時ですか。もうそろそろおいとましないと。
후한(정성어린) 대접을 해 주셔서 감사합니다.	心からのおもてなし、ありがとうございました。

부모님께 안부 전해 주세요.	ご両親によろしくお伝えください。
또 꼭 오시기 바랍니다.	またぜひいらしてくださいね。
또 언젠가 들르세요.	またいつか寄ってくださいね。
어두운데 조심해서 가세요.	暗いから気をつけてくださいね。
제가 버스 정류장까지 전송해 드리겠습니다.	バス停まで送りますよ。
제가 차로 댁까지 모셔다 드릴게요.	車で家までお送りしますよ。
제가 차로 바래다 드릴까요?	車で送りましょうか。
언젠가 저희 집에 초대할게요.	いつか家にもご招待しますから……。
언젠가 저희 집에도 꼭 오세요.	いつか家にもぜひお越しください。
살펴 가세요.	お気をつけて。[24]

---

[24] 헤어질 때 인사로 さよ(う)なら보다 '살펴가세요, 안녕히 가세요'라는 뜻의 お気をつけて를 더 많이 쓴다. 물론 さよ(う)なら와 함께 써도 무관하다.

4 다양한 화제

본 장에서는 일본 사람과 만나 기본적인 인사를 나눈 뒤에 이야기할 수 있는 화젯거리를 모았다. 일본 사람과 대화를 할 때 개인적인 사항에 대해서 꼬치꼬치 물어 보는 것은 예의에 어긋난다. 특히 어려운 사람의 경우는 더욱 주의해야 한다. 또한 자신의 기호나 의견을 강력하게 주장하는 것은 분위기를 어색하게 할 수 있으므로 상대의 말에 적당히 맞춰 주면서 자신의 의견을 말하는 것이 좋다.

1 개인 신상

일본에서

고향(출신)이 어디십니까?	お国〔ご出身〕はどちらですか。[1]
교토 대학 출신입니다.	京都大学出身です。
히로시마입니다.	広島です。
한국입니다.	韓国です。
일본은 어떻습니까?	日本はどうですか。
아주 좋은 나라라고 생각합니다.	とてもいい国だと思います。
사람들이 친절해서 참 좋습니다.	人々が親切で、とても好きです。
좋은 곳이군요.	いい所ですね。
지금 어디에 살고 있습니까?	今、どこに住んでいるんですか。
도쿄입니다.	東京です。
여기는 여행으로 온 거예요?	ここへは旅行で来ているんですか。
여기는 일로 온 거예요.	ここへは仕事で来ています。

---

[1] 国는 '나라'라는 뜻도 있지만 '고향'이라는 뜻도 있다.

일본에 온 지 얼마나 되셨습니까?	日本に来てもうどれくらいになりますか。
4개월 정도입니다.	４ヶ月ほどです。
일본 생활은 이제 익숙해졌습니까?	日本の生活にはもう慣れましたか。
일본에는 언제까지 있을 겁니까?	日本にはいつまでいるんですか。
12월까지 있을 겁니다.	１２月までです。
일본어를 할 수 있습니까?	日本語ができますか。
조금 (할 수 있습니다).	少しだけ(できます)。
전혀 못 합니다.	全く駄目です〔できません〕。
일상 회화 정도는 (가능합니다).	日常会話くらいは……。
일본어는 어디에서 배웠습니까?	日本語はどこで習いましたか。
학교에서 배웠습니다.	学校で習いました。
독학으로 배웠습니다.	一人で勉強しました。

연령 / 신장 / 체중에 대해서

⟪⟪⟪ 연령 ⟫⟫⟫

실례지만, 몇 살입니까?	失礼ですが、おいくつでいらっしゃいますか。[2]
48(살)입니다.	４８です。
이 정도로 숨이 가쁘다니 이제 나이를 먹었나 봐.(그렇지?)	これ位で息が切れるなんて、もう年だね。[3]
아버지도 연세가 드셨네요.	父も年を取りました。

---

[2] 일본에서는 나이나 결혼 여부 등 개인적 사항에 대해 물어 보는 것은 결례가 될 수 있으므로 '실례지만' 이라는 뜻의 失礼ですが를 앞에 붙이는 것이 좋다.
[3] 年だ는 '나이 들었다' 는 뜻으로 쓰인다.

일본도 고령화 사회이니까요.	日本も高齢化社会ですからね。
나이를 먹을수록 멋있어지는 여성이고 싶어요.	年齢を重ねていく度に素敵になっていく女性でありたいと思います。
나잇값도 못하고 아이돌한테 정신이 나가다니…….	年甲斐もなく、アイドルに夢中だなんて……。
요즘 젊은 것들은…….	最近の若い者は……。

《《《 신장 》》》

신장은 어느 정도입니까?〔신장이 얼마나 됩니까?〕	身長はどのくらいですか。
180cm 정도입니다.	１８０ｃｍくらいです。
최근에는 키가 크는 약이 있다지요?	最近は背の伸びる薬があるんだそうですね。
우리 아들 키가 좀더 크면 좋은데 말이에요.	息子の背がもう少し伸びてくれるといいんですけどね。
키가 작은 게 콤플렉스예요.	背が低いのがコンプレックスです。
시크릿 슈즈(키높이 구두)라도 살까?	シークレットシューズでも買おうかな。
우유를 많이 마시면 키가 커진다고 농구부 선배가 그랬어.	ミルク〔牛乳〕をたくさん飲んだら背が高くなるって、バスケット部の先輩が言ってたよ。
최근에는 키 큰 여성이 많아졌어요.(그렇지요?)	最近は、背の高い女性も多くなりましたね。

《《《 체중 》》》

| 요즘 몸무게는 어느 정도입니까? | 最近体重はどのくらいですか。 |

체중 감량에 성공하여 75kg 정도가 되었습니다.	減量に成功して 75 kg くらいになりました。
요즘은 체중계에 올라가는 게 무서워.	最近は体重計に乗るのが怖い。
요즘 살이 쪄서 큰일났어요.	最近太ってきて困ります〔大変です〕。
이제 중년이라 뚱뚱해지는군.	そろそろ中年太りだね。
운동 부족인지 배가 나오기 시작해서 말이야.	運動不足なのか、おなかが出だしてね。
위장이 나빠져서 몸무게가 줄기 시작했어요.	胃腸の調子が悪くて体重が減り出したんですよ。

주거에 대해서

《《《 주거지 》》》

어디 사십니까〔댁은 어디시죠〕?	お住まいはどちらですか。
나카노 구에 삽니다.	中野区に住んでいます。
여기서 어떻게 갑니까?	ここからだと、どういうふうに行きますか。
전철은 무슨 선을 탑니까?	電車は何線になりますか〔乗りますか〕。
어디서 갈아타세요?	どこで乗り換えますか。
다행히 직행 버스가 있어서 편리합니다.	幸い直行バスがあるので、便利です。
버스는 없고 지하철을 갈아타고 가야 해요.	バスはなくて、地下鉄を乗り換えて行かないといけないんです。
얼마 정도 걸립니까?	どれくらいかかりますか。
한 시간 반 정도 걸려요.	一時間半くらいかかります。
버스가 금방 오면 40분이면 갑니다.	バスがすぐ来れば、40分ほどで着きます。

택시 타면 금방입니다.	タクシーに乗ればすぐです。
택시로 갈 만한 거리가 아니에요.	タクシーで行けるような距離じゃありません。

⟪⟪⟪ 주거 형태 ⟫⟫⟫

부모님과 같이 사세요?	両親と一緒に住んでいますか。
부모님과 같이 삽니다.	親と同居しています。[4]
부모님이 계신 곳은 어디입니까?	ご両親はどちらにいらっしゃるんですか。
부모님과 따로 삽니다.	両親とは離れて暮らしています。
부모님과 떨어져 혼자 삽니다.	親元を離れて、一人暮らしをしています。[5]
혼자 산 지 벌써 10년입니다.	一人で暮らして、もう10年になります。
화려한 싱글이구나.	華の独身貴族だね。 ⬇
혼자 밥도 해 먹어요?	自分で料理もするんですか。
그럼요. 혼자 산 지 벌써 5년인걸요.	はい。一人暮らしを始めてもう5年ですから……。
혼자서 살다니, 정말 부럽다.	独り暮らしだなんて、本当に羨ましいなあ。 ⬇
회사가 너무 멀어서 회사 근처에 방을 얻을 생각입니다.	会社が遠すぎて、会社の近くに部屋を借りようかと思っています。
혼자 밥해 먹기 싫어서 부모님 댁으로 다시 들어가려구요.	自炊が面倒で、また親のところに転がり込もうかと思っています。
친구와 같이 삽니다.	友達と一緒に住んでいます。
가끔 부모님 집에 갑니다.	たまに親のところに帰ります。

---

[4] 同居는 그야말로 같이 산다는 뜻이다. 단, 결혼 전 남녀가 함께 사는 뜻의 '동거'는 同棲(どうせい)라고 한다.
[5] 親元는 親許라고도 쓴다. 부모님이 계신 곳을 말함.

주말마다 부모님 계시는 집에 갑니다.	週末ごとに実家に帰ります。[6]
아파트에 삽니다.	マンションに住んでいます。[7]
사택에 산 지 벌써 10년이에요.	社宅に住んでもう10年です。
빨리 집 사서 나갔으면 좋겠는데 마음대로 안 되네요.	早く家を買って移りたいけど、なかなか思うようにはいかないですね。
부모님은 단독 주택에 사세요.	両親は一軒家に住んでいます。
월세로 있습니다〔월셋집이에요〕.	賃貸です。
제 집〔저희 집/자가 주택〕이에요.	持ち家です。
고양이를 기르고 싶어서 단독 주택에 살아요.	猫を育てたくて、一軒家に住んでいます。
언젠가는 내 집을 마련하고 싶어요.	いつかは自分の家を持ちたいと思っています。

가족

가족이 몇 분이세요?	何人家族ですか。
	何人家族でいらっしゃいますか。
형제는 몇 분입니까?	何人兄弟ですか。
아이는 몇 명입니까?	子供は何人ですか。
장남〔장녀〕입니까?	長男〔長女〕ですか。
형제 자매가 있으십니까?	兄弟や姉妹がいますか。
형제는 없습니다.	兄弟はいません。
저희 집은 대가족입니다.	うちは大家族です。

---

[6] 実家는 그 사람의 생가를 말하므로 자신의 부모님이 사시는 곳이나 친정을 뜻한다. 남녀 모두 사용할 수 있는 말이다.
[7] 일본의 주거 형태를 보면 一戸建て는 개인 주택(단독 주택)을 말하고, マンション은 철근 아파트를 말하지만 일본의 경우 우리나라와 같은 대규모 아파트 단지는 거의 볼 수 없다. アパート는 목조로 세운 서민 주택을 말하므로 한국의 아파트와는 거리가 멀다.

부모님과 함께 사십니까?	ご両親と同居なさっていますか。
오빠는 매일 밤늦게까지 일을 한다면서요.	お兄さんは毎日、夜遅くまで残業だそうですね。
미카의 유치원은 (벌써) 정했습니까?	美香ちゃんの幼稚園はもう決まりましたか。
네, 덕분에요. 집에서 5분 거리에 있는 유치원에 다니게 되었습니다.	はい、お陰様で。家から5分ぐらいのところにある幼稚園へ通うことになりました。
아버님의 몸(병환)은 좀 어떠십니까?	お父様のお体の調子はいかがですか。
별로 좋지 않아서 이번에 검사하러 입원하게 되었습니다.	あまりよくないので、今度、検査のために入院することになりました。
(덕분에) 이제 다 나으셨어요.	(お陰様で) もうすっかり元気になりました。

결혼/임신

⟪⟪⟪ 결혼 ⟫⟫⟫

실례지만 결혼은 하셨습니까?	失礼ですが、ご結婚は？
	失礼ですが、結婚なさっていますか。
결혼한 지 얼마나 되셨어요?	結婚してどれくらいになりますか。
언제 결혼할 계획이세요?	いつご結婚の予定ですか。
독신입니다.	独身です。
이혼했습니다.	離婚しました。
	バツイチです。[8]
신혼부부이시군요.	新婚さんですね。

---

[8] バツ는 'X'를 뜻한다. 일본에서는 이혼을 한 번 한 사람을 バツイチ, 두 번 한 사람을 バツニ라고 하기도 한다.

저는 애처가(공처가)입니다.	私は愛妻家〔恐妻家〕です。
신혼여행은 어디로 가십니까?	新婚旅行はどちらへ行かれるんですか。
아직 결정을 안 했습니다.	まだ決めていません。
하와이에 가기로 했습니다.	ハワイに行くことにしました。
결혼하면 둘이서 삽니까?	結婚したら、お二人だけで暮らすんですか。
아직 정한 건 아니지만(확실하진 않지만) 부모님과 함께 살 생각입니다.	まだ決めたわけではありませんが、両親と一緒に住むつもりです。
따님의 맞선 얘기는 어떻게 됐습니까?	お嬢さんのお見合いの話は、どうなりましたか。
얼마 전에 선을 봤는데(선 본지가 엊그제 같은데) 벌써 결혼하기로 했습니다.	ついこの前お見合いしたばかりなのに、もう結婚することになったんですよ。
이제 곧 예물 교환날(함 들어오는 날)이네요.	もうすぐ結納ですね。[9]
약혼 반지는 신랑 월급 3개월분 정도가 적당하다면서요?	婚約指輪は男性の給料の3ヶ月分ぐらいが適当だそうですね。
결혼식은 (언제입니까)?	お式は？
6월에 하고 싶다고 하는데, 결혼 시즌이라서 예식장을 잡을 수가 없어요.	6月にしたいらしいんですが、結婚シーズンで式場がどこもいっぱいなんですよ。
빨라도 내년 9월쯤이 될 것 같습니다.	早くても来年の9月ごろになりそうです。

《《《 임신 》》》

이제 아이를 가지려고 해요.	そろそろ子供がほしいなと思っています。
그 분은 지금 임신중이에요.	彼女は今妊娠中です。

---

9 結納는 약혼의 의미로 양가에서 예물을 교환하는 것을 말한다. 한국으로 말하면 함이 들어오는 것과 같다고 할 수 있으나 한국과 같이 친구나 친지가 모여 잔치를 벌이는 일은 없다. 또한 일본에서는 結納만 하고 약혼식을 하는 경우는 거의 없다.

출산 예정일이 언제입니까?	出産予定日はいつですか。
다음 주에 출산할 것 같아요.	来週出産の予定です。
임신했어!	できちゃった！
아기가 생겼어요.	子供ができました。
9개월째 들어섰어요.	9ヶ月に入りました。
이제 슬슬 마음의 준비를 해야지요.	そろそろ心の準備をしないと。
자연 분만할 생각입니다.	自然分娩するつもりです。
제왕 절개는 안 하려고 합니다.	帝王切開は避けたいと思っています。

학교

학생입니까?	学生(さん)ですか。
일본어를 공부하고 있습니다.	日本語を勉強しています。
메이지 대학을 졸업했습니다(나왔습니다).	明治大学出身です。
어느 학교에 다닙니까?	学校はどちらですか。
교토 대학에 다니고 있습니다.	京都大学に通っています。
몇 학년입니까?	何年生ですか。
1학년입니다.	1年生です。
내년에 졸업합니다.	来年、卒業します。
전공은 무엇입니까?	(ご)専門は何ですか。
	何を専攻しているんですか。

경제학을 전공하고 있습니다.	経済学を専攻しています。
학교 공부는 재미있어요?	学校の勉強は面白いですか。
동아리는 어디에 가입했어요?	何のサークルに入っているんですか。
스키 동아리입니다.	スキー部です。
아르바이트는 합니까?	アルバイトはしているんですか。
일주일에 한 번, 슈퍼에서 카운터를 보고 있습니다.	週に一回、スーパーでレジをしています。
졸업하면 뭘 할 겁니까?	卒業したらどうするんですか。
장래 희망은 뭐예요?	将来の夢は何ですか。

취미

취미가 어떻게 되십니까?	(ご)趣味は何ですか。
	何か趣味をお持ちですか。
취미를 가지고 있습니까?	何か趣味を持っていますか。
(취미는) 영화 감상입니다.	(趣味は)映画鑑賞です。
독서가 취미예요.	読書が趣味です。
한가할 때는 뭐 해요?	暇な時は何をしますか。
영화 보는 걸 좋아합니다.	映画を観るのが好きです。
어떤 영화를 좋아해요?	どんな映画が好きですか。
피아노를 잘 치는군요.	ピアノを弾くのが上手いんですね。

音楽鑑賞(おんがくかんしょう) 음악 감상 写真(しゃしん) 사진 お裁縫(さいほう) 바느질 編(あ)み物(もの) 뜨개질 キルティング 퀼트 切手収集(きってしゅうしゅう) 우표 수집 旅行(りょこう) 여행 山登(やまのぼ)り・登山(とざん) 등산 スキー 스키 ゴルフ 골프 テニス 테니스 ファミコン TV 게임 ゲーム 게임 ガーデニング 정원가꾸기 盆栽(ぼんさい) 분재

어떤 것에 관심이 있으세요?	どんなことに興味をお持ちですか。
해외 여행해 본 적 있어요?	海外旅行に行ったこと、ありますか。
	海外旅行したことありますか。
미국과 독일에 갔었어요.	アメリカとドイツに行きました。
다음엔 어디에 가고 싶어요?	今度はどこに行きたいですか。
꽤 열심히 읽고 있네요. 무슨 책입니까?	ずいぶん真剣に読んでいますね。何の本ですか。
미스터리입니다. 재미있어서 벌써 절반 이상 읽었습니다.	ミステリーです。あまりに面白くて、もう半分以上読みました。
최근에 읽은 책 중에서 가장 인상에 남는 책은 무엇입니까?	最近読んだ本の中で、一番印象に残っている本は何ですか。
저렇게 일을 좋아하니, 거의 취미나 다름없네요.	あれだけ仕事が好きなんじゃ、ほとんど趣味ですね。
제 취미는 오직 사진 찍는 것뿐입니다.	私の趣味は、写真を撮ることだけです。
후지산을 찍은 제 사진이 콘테스트에서 일등을 했어요.	富士山を撮った写真がコンテストで優勝しました。
당신 작품 좀 볼 수 있어요?	写真を見せてもらえますか。
저는 항상 카메라를 가지고 다녀요.	私はいつもカメラを持ち歩いています。
어떤 카메라를 가지고 계십니까?	どんなカメラを持っていますか。
사진 경연 대회에 참가하신 적 있습니까?	写真コンテストに出品したことがありますか。
저는 사진 작가용 계간 잡지를 구독해요.	私はプロのカメラマン向けの季刊雑誌を購読しています。

小説(しょうせつ) 소설　詩(し) 시　エッセー 에세이　ノンフィクション 논픽션　マンガ 만화

그 정도면 본격적으로 하시는 건데요.	それは本格的ですね。
그 정도라면 거의 프로급이군요.	そこまでいくと、ほとんどプロですね。

2 직업

회사

어느 회사에 근무하십니까?	会社はどちらですか。
어떤 일을 하고 계세요?	どんなお仕事をなさっていらっしゃるんですか。
컴퓨터와 관계된 일입니다.	コンピューター関係の仕事です。
컴퓨터 회사에 근무하고 있습니다.	コンピューター会社に勤めています。
공무원입니다.	公務員です。
부서는 어디입니까?	部署はどちらですか。
영업부입니다.	営業部です。
영업부에서 일하고 있습니다.	営業部におります。
그 일을 하신 지 얼마나 되셨어요?	どのくらいそのお仕事をなさっているんですか。
10년입니다.	10年です。
회사는 어디에 있어요?	会社はどこにあるんですか。
신주쿠입니다.	新宿です。
출퇴근 시간은 어느 정도 걸립니까?	通勤時間はどれくらいかかりますか。
1시간 정도입니다.	一時間くらいです。
회사까지는 어떻게 갑니까?	会社まではどうやって行くんですか。

지하철을 탑니다.	地下鉄に乗ります。
곧 회사를 옮길 거예요〔직업을 바꿀 거예요〕.	もうすぐ転職するつもりです。
지금은 직장을 구하고 있는 중입니다.	今は求職中です。 新しい仕事を探しているところです。
내년에 정년입니다.	来年、定年です。
지금, 실업중입니다.	今、失業中です。
훌륭한 일을 하시는군요.	素晴らしいお仕事ですね。
실은 거기는 그만두고, 지금은 보험회사에서 근무하고 있습니다.	実はあそこを辞めて、今は保険会社に勤めているんです。
지금도 무역일을 하고 있습니까?	今も貿易の仕事をしているんですか。
아뇨, 그 회사는 부도가 나서 그만뒀습니다.	いいえ、あの会社は倒産したので辞めてしまいました。
메구미, 대학 졸업하면 뭐 할 거니?	めぐみ、大学を卒業したら、どうするつもりなんだい。
광고 회사에서 일하고 싶어.	広告代理店に勤めたいと思っているの。
그렇지만 광고 일은 힘들어.	でも広告の仕事は大変だぞ。
잔업이 많아서 휴가 내기가 좀처럼 쉽지 않을 것 같다고 그러던대요.	残業が多くて、なかなか休みが取れないそうですよ。
저도 대학 선배에게 여러 가지 물어 봤는데, 일은 확실히 힘든 것 같아요.	私も大学の先輩にいろいろ聞いてみたけれど、仕事は確かに大変らしいですね。

외국계 기업에 취직하고 싶습니다.	外資系の会社に就職したいです。
공무원이 되고 싶습니다.	公務員になりたいです。
이제 취업 알아봐야 할 때구나.	そろそろ就職活動を始める頃だね。
진학을 생각하고 있습니다.	進学を考えています。

경력

전에 있던 회사에서는 주로 기획을 담당했습니다.	前の会社では主に企画を担当していました。
이번에 처음으로 영업일을 해 봅니다.	今度初めて営業に挑戦します。
서비스업은 여러 가지 경험을 한 바 있습니다.	サービス業は、いろいろと経験をしています。
다양한 경력을 갖고 계시는군요.	いろんな経歴の持ち主ですね。
독일에서 유학을 하셨다구요. 역시 대단하군요.	ドイツに留学なさってたんですか。さすがですね。
아뇨, 유학이라고 해도 그리 대단한 것은 아니에요.	いいえ、留学といっても大したことはないんですよ。
아뇨, 그렇지도 않아요.	いいえ、それほどでもありませんよ。

3 여가

영화 / 콘서트 / 공연 관람

<<< 영화 >>>

영화 보러 안 갈래요?	映画、観に行きませんか。
요새 무슨 영화하지?	今、どんな映画やってるのかな。
그 영화는 아직 개봉 안 했을 걸.	その映画は、まだ封切り前だと思うよ。[10]
어떤 영화가 인기가 있습니까?	どんな映画が人気ありますか。
어느 영화를 볼래?	どの映画を見る?
「봄날은 간다」가 보고 싶어.	『春の日は過ぎゆく』が見たいなあ。
요즘은 일본 영화가 인기라면서요.	最近は日本映画が人気だそうですね。
난 서양 영화보다 한국 영화를 더 좋아합니다.	私は洋画より韓国映画の方が好きです。[11]
어떤 영화를 좋아해요?	どんな映画が好きですか。
역시 액션 영화가 좋지.	やっぱりアクション映画がいいね。
「쉬리」는 어디서 상영하지?	『シュリ』は、どこで上映してるのかな。
「서편제」는 언제까지 상영합니까?	『風の丘を越えて』は、いつまで上映していますか。
이 영화에는 누가 나오지요?	この映画には誰が出ていますか。
볼 만한 영화를 추천해 주시겠습니까?	お勧めの映画は何かありますか。
상영 시간은 얼마나 됩니까?	上映時間はどれくらいですか。
다음 상영은 몇 시부터입니까?	次の上映は何時からですか。
어른 두 장 주세요.	大人、二枚ください。

---

10 '개봉'이라는 뜻의 封切り는 ふうきり라고도 읽는다.
11 洋画는 서구에서 제작된 영화를 말한다. 일본에서 일본 영화를 이야기할 때는 邦画(ほうが)라고도 한다.

　　ラブストーリー・純愛物(じゅんあいもの) 멜로 コメディー 코미디 ホラー映画(えいが) 공포 영화 SF(エスエフ) 공상 영화 サスペンス・ミステリ 미스터리

앞사람 머리 때문에 잘 안 보여.	前の人の頭でよく見えないよ。
꽤나 뒷자리군.	ずいぶん後ろの席だなあ。
좀더 앞자리에 앉자.	もっと前の席に座ろうよ。

《《《 영화평 》》》

재밌었어.	面白かったね。
감동했어요.	感動しました。
역시 이 감독은 문제 의식이 있어요.(그렇죠?)	やっぱりこの監督は問題意識がありますよね。[12]
영화상을 휩쓴 작품이니만큼 정말 볼 만했지요?	映画賞を総なめした作品だけあって、見応えがありましたね。
한국의 아름다움이 잘 표현되어 있었지요?	韓国の美しさがよく表現されていますね。
일본다운 위트가 넘치는 영화였지요?	日本らしいウィットに富んだ映画でしたね。
여배우가 예뻤어요, 그렇죠?	女優さんがきれいだったですね。
배우의 장점을 잘 살린 작품이었어요.	役者の長所を上手く生かした作品でしたね。[13]
원작의 장점을 제대로 살리지 못한 게 아쉽네요.	原作のよさを上手く生かし切れなかったのが残念ですね。
너무 기대를 해서 그런지 좀 실망스러웠어요.	期待しすぎたせいか、ちょっとがっかりでした。
흔치 않은 문제작(명작)이군요.	希にみる問題作〔名作〕ですね。

《《《 콘서트/공연장 》》》

음악회에 가고 싶습니다.	クラシックコンサートに行きたいです。
가부키는 어디서 관람할 수 있어요?	歌舞伎はどこで観られますか。

---

12 말끝에 ~ね를 붙임으로써 자신의 느낌이나 감정을 상대와 공유하고자 하는 마음이 전달된다.
13 '배우'는 俳優(はいゆう)라는 말도 있으나 役者라는 말을 많이 쓴다. 연기를 못하는 배우는 大根役者(だいこんやくしゃ)라고 한다.

오늘 어떤 뮤지컬이 공연되고 있습니까?	今日はどんなミュージカルが上演されますか。
오늘 표 있습니까?	今日のチケット、ありますか。
A석 두 장 부탁합니다.	A席、二枚お願いします。
매진입니다.	売り切れです。
티켓을 구할 수 있는 건 언제지요?	いつのチケットならありますか。
몇 시부터입니까?	何時からですか。
예약할 수 있습니까?	予約出来ますか。
표는 어디에서 삽니까?	チケットはどこで買うのですか。
티켓은 얼마입니까?	チケットはいくらですか。
예매는 언제부터 합니까?	前売りチケットの販売はいつからですか。
예매권은 매진됐대.	前売りチケットはもう売り切れたんだって。 ⬇
당일표를 살 수밖에 없겠구나.	当日券を買うしかないね。
어디서 표를 사야 합니까?	チケットはどこで買いますか。
세 장을 주세요.	三枚ください。
붙어 있는 좌석으로 두 장 주세요.	並んでいる席で二枚ください。
전화로 표를 예매할 수 있습니까?	電話でチケットを予約できますか。
	チケットの電話予約はできますか。
오늘 공연 표를 두 장 주세요.	今日の公演の分を二枚お願いします。
지정석입니까?	指定席ですか。
좋은 좌석으로 부탁합니다.	いい席、お願いします。

우리 나란히 앉고 싶은데요.	私達並んで座りたいんですが……。
앞쪽에 앉고 싶습니다.	前の方に座りたいです。
자리 비었습니까?	ここ、空いてますか。
여긴 제 자리입니다.	ここは私の席ですが……。
굉장히 좋네.	すごくいいね。 ⬇
앙코르!	アンコール！
역시 잘하네요.(그렇죠?)	さすが上手いですね。
사람의 혼을 흔드는 연주였어요.	魂を揺さぶる演奏でした。
소름이 돋을 정도로 감동적이었습니다.	鳥肌が立つくらい感動的でした。[14]
무대 장치가 참신했어요.(그렇죠?)	舞台装置が斬新でしたね。
극장이 좋네요.	いい劇場ですね。

노래방

노래방 가자.	カラオケに行こう(よ)。 [어휘] ⬇
2차는 노래방 갈까?	2次会はカラオケにしようか。 ⬇
한 시간에 얼마입니까?	1時間、いくらですか。
여덟 명인데 방 있어요?	8人ですけど、空いてますか。
뭘 부를래요?	何、歌いますか。
뭘 부르지?	何を歌おうかなあ。 ⬇
한 곡 부탁하고 싶은데요.	一曲、リクエストしたいんですけど。

---

14 鳥肌が立つは 원래 무서워서 소름이 돋는 경우에 쓰이는 말이지만 요즘에는 감동했을 경우에도 종종 쓰인다.

📖 J-pops(ジェーポップス) 일본 가요　ポップソング 팝송　童謡(どうよう) 동요　軍歌(ぐんか) 군가　ラップ 랩　ロック 록　ヒップホップ 힙합　ハードロック 하드 록　ジャズ 재즈　演歌(えんか) 트로트　韓国(かんこく)ポップス 한국 가요

한 곡 청하고 싶군.	一曲リクエストしたいな。
먼저 불러.	先に、歌って。
네가 먼저 노래해.	君が先に歌ってくれ。
먼저 부르세요.	お先に、どうぞ。
이 노래는 제가 제일 잘 하는 노래예요.	この歌は、私の十八番です。
제일 잘 하는 노래는 뭐예요?	十八番は何ですか。
전 일본 노래를 잘 모르거든요.	私は日本の歌をよく知らないので……。
듀엣으로 불러요.	デュエットで歌おう。
	デュエットしましょう。
노래 잘 해?	歌は得意なの？
나 음치예요.	私、音痴なんです。
	僕は音痴なんだ。
와, 멋있다!	わあ、かっこいい！
(굉장히) 잘 하시네요.	(すっごい) 上手いですね。
목소리가 좋으시네요〔예쁘시네요〕.	声がいい〔きれい〕ですね。
사람 앞에서 부를 자신 없습니다.	人前で歌う度胸はありません。
나는 최신 노래는 잘 몰라.	僕は新しい歌はよく知らないんだ。
	僕は最近の歌にはついていけないんだ。[15]
이 노래는 들은 적이 없는데.	この曲は聞いたことがないな。
분위기 띄우는 노래를 불러 봐.	パーッと盛り上がる歌を歌ってよ。

---

[15] ついていく의 본뜻은 '따라가다'이므로 ついていけない는 '따라가지 못하다'가 된다. 그러므로 새로운 것, 또는 특이한 생각이나 상황에 따라가지 못하다, 즉 이해하지 못한다는 뜻으로도 ついていけない를 쓴다.

차분한 발라드를 듣고 싶다.	しっとりしたバラードを聞きたいなあ。
정말 다양한 노래를 알고 있군요.	本当にいろんな曲を知っていますね。
가수 뺨치네요.	歌手、顔負けですね。
다같이 신나게 즐겨요.	みんなで、思いっきり楽しみましょう。[16]
저기요, 마이크 성능이 나쁜데요.	すみません、マイクの調子が悪いんですけど。

4 スポーツ

스포츠 관련

≪≪ 응원 ≫≫

힘내!	頑張れ！
	頑張って！
괜찮아!	ドンマイ！[17]
파이팅!	ファイト！
침착해!	落ちついて！

≪≪ 운동 ≫≫

스포츠 좋아하세요?	スポーツは好きですか。
이래봬도 열혈 스포츠맨이에요.	これでも熱血スポーツマンですよ。
어제 등산하느라 피곤했지요?	昨日は山登りで疲れたでしょう。
어제, 동생의 유도 시합에 응원하러 갔었다지요.	昨日、弟さんの柔道の試合を応援しに行ったそうですね。

---

16 思いっきり는 '마음껏, 후회 없이'란 뜻.
17 ドンマイ는 영어 'don't mind (ドント・マインド)'에서 온 말.

최근, 조깅을 시작했다면서요.	最近、ジョギングを始めたそうですね。
예. 건강을 위해 운동을 좀 하려구요.	はい。健康のために、少し運動しようと思ったものですから。
저는 골프를 좋아합니다.	私はゴルフが好きです。
스키는 벌써 얼마나 하고 있는 거예요?	スキーはもうどれくらいしているんですか。
에어로빅 해 본 적 있어요?	エアロビクスをしたこと、ありますか。
헬스클럽에 나갈까 생각중입니다.	スポーツジムに通おうかと思っています。
운동은 구경하는 편인가요, 실제로 하는 편인가요?	スポーツは観る方ですか。それとも実際にやる方ですか。
보기만 하는 쪽이에요.	専ら見る方です。

《《《 스포츠 관전 》》》

뭐 좋아하는 스포츠 있으세요?	何か好きなスポーツはありますか。
역시 야구지요.	やっぱり野球ですね。
열렬한 야구 팬이에요.	熱烈な野球ファンなんです。
어디 팬이세요?	どこのファンですか。
난 프로 야구보다 고교 야구를 더 좋아해요.	私はプロ野球より高校野球の方が好きです。
오늘 축구 시합은 어땠습니까?	今日のサッカーの試合はどうでしたか。
유감스럽게도, 3대 2로 지고 말았습니다.	残念ながら、3対2で負けてしまいました。
어제 한일전은 손에 땀을 쥐게 하는 멋진 시합이었어요. (그렇지요?)	昨日の日韓戦は、手に汗握る素晴らしい試合でしたね。

역전골로 이기다니 드라마틱하군요.	逆転勝ちなんて、ドラマチックですね。
양국의 응원전도 볼 만했어요. (그렇지요?)	両国の応援合戦も見物でしたね。
심판 판정에 의문이 남는 시합이었어요. (그렇지요?)	審判の判定に疑問が残る試合でしたね。
야, 정말 각본 없는 드라마였어요.(그렇지요?)	いやあ、筋書きのないドラマのようでしたね。
독일 쪽이 한 수 위였지요?	ドイツの方が一枚上手でしたね。[18]

골프

다음 주말에 골프 치지 않을래요?	来週の週末にゴルフをしませんか。
같이 골프 칠래요?	一緒にゴルフに行きますか。
가까운 골프 코스가 있습니까?	近くにゴルフコースはありますか。[19]

《《《 부킹 》》》

한 사람 얼마입니까?	一人いくらですか。
하루 얼마입니까?	一日いくらですか。
그 밖에 얼마나 듭니까?	その外にいくらかかりますか。
골프 예약을 부탁합니다.(다른 사람에게 부탁할 때)	ゴルフの予約をお願いできますか。(人に頼む場合)
골프 예약하고 싶은데요.(자신이 예약할 경우)	ゴルフの予約をしたいのですが……。(自分で予約する場合)

---

[18] 上手는 한자 읽기가 여러 가지가 있으므로 주의를 요한다. 上手(うま)い 잘 하다, 上手(じょうず)だ 잘 하다, 上手(うわて) 한 수 위
[19] 조사 '~가' 를 が로 하면 어색한 경우가 종종 있다. 이 경우도 は를 쓰는 편이 자연스럽다.

언제가 괜찮습니까?	いつがいいですか。
가능하면 이번 주 금요일에 부탁드립니다.	できれば今週の金曜日にお願いします。
우리들은 네 명입니다.	私達は四人です。
그 골프장은 퍼블릭 코스(비회원 골프장)입니까?	そのゴルフ場はパブリックコースですか。
회원권은 없습니다.	会員権は持っていません。
티오프는 몇 시입니까?	ティーオフは何時ですか。

《《《 필드에서 》》》

굿 샷!	ナイスショット！
굿 어프로치!	ナイスアプローチ！
홀인원!	ホールインワン！
역시 (잘 하시네요)!	さすが(ですね)！
오늘은 샷이 훌륭하네요.	今日はショットがさえてますね。
권 사장님! 니어리스트 상 축하드립니다.	権社長！ニアピン賞、おめでとうございます。
아깝네요.	惜しかったですね。
오늘은 좀 잘 안 맞네요.	今日はちょっと当たらないですね。
벙커에 빠져 버렸어요.	バンカーに入ってしまいました。
오늘은 드라이버가 잘 안 되네요.	今日はドライバーの調子が出ないですね。
거리가 꽤 되네요.	かなり距離がありますね。
그린이 빠르(느리/어렵)군요.	グリーンが早い(遅い/難しい)ですね。
핸디는 얼마 정도세요?	ハンディーはどれくらいですか。

핸디는 18입니다.	ハンディーは18です。
그는 보기 플레이어입니다.	彼はボギープレーヤーです。
오자키 씨는 일은 안 하고 골프만 친 것 아닙니까? (웃음)	尾崎さんは仕事はしないで、ゴルフばかりしてたんじゃないですか。(笑)
싱글이라니 대단하군요.	シングルなんてすごいですね。

테니스

테니스는 처음입니다.	テニスは初めてです。
집 근처에 테니스장이 생겨서 한번 시작해 보려구요.	テニスコートが近くにできたので始めてみようかなと思っています。
라켓을 새로 사야겠어요.	新しいラケットを買おうと思っています。
요즘 여성들은 치마보다는 반바지를 선호하는 것 같아요.	最近の女性はスカートよりは、ショートパンツの方を好むみたいですね。[20]
테니스장에서는 꼭 테니스화를 착용해 주십시오.	テニスコートでは必ずテニスシューズを履いてください。
서비스를 강하게 넣는 게 어렵네요.	サーブを強く打つのが難しいですね。
전 스매싱이 잘 안 돼요.	私はスマッシュが上手くできません。
발리는 잘 할 수 있는데.	ボレーは上手くできるんだけど。
순발력이 없는 것 같아요.	瞬発力がないみたいです。
복식이 더 플레이하기 쉬워요.	ダブルスの方がプレーしやすいです。

---

[20] スコートは 테니스 칠 때 입는 짧은 치마를 말한다.

포핸드는 잘 되는데 백핸드는 영 잘 안 되요.	フォアハンドは得意だけど、バックはどうも苦手ですね。
백핸드는 양손으로 치는 게 좋을 거예요.	バック(ハンド)は両手で打った方がいいと思いますよ。
연습할 땐 잘 되는데…….	練習の時はうまくいくのに……。
테니스를 한 건지, 볼보이를 한 건지 모를 정도네요 (웃음).	テニスをしたのか、ボールボーイをしたのか、分からないくらいですね。(笑)
점점 실력이 늘 테니까 너무 의기소침해 하지 마세요.	だんだん上手くなりますから、あまり気を落とさないでください。
테니스를 치다가 손목을 삐었습니다.	テニスをしていて手首を捻挫しました。
진통 스프레이 갖고 계세요?	痛み止めのスプレー、持っていますか。

5 건강 / 다이어트

건강

《《《 건강 관리 》》》

건강 관리는 어떻게 하십니까?	健康管理はどのようにしていらっしゃいますか。 ⬆
어디 몸이 안 좋으십니까?	どこか具合でも悪いですか。
저는 아파 본 적이 없습니다.	私は病気になったことがありません。
	私は寝込んだことがありません。[21]
저는 잘 아프지 않습니다.	私はあまり病気になりません。

---

[21] 寝込む는 몸져 눕는 것을 말한다.

컨디션이 좋습니다.	体の調子がいいです。

⟨⟨⟨ 건강 악화 ⟩⟩⟩

요즘은 쉽게 피곤해집니다.	最近、疲れやすいです。
요즘 몸(컨디션)이 별로 안 좋습니다.	最近、体の調子があまりよくありません。
오늘은 몸이 좋지 않습니다.	今日は具合が悪いです。
몸에 이상이 있는 것 같습니다.	体に異状があるようです。
그냥 피곤해서 그럽니다.	ただ疲れているだけです。
몸이 허약해진 것 같아요.	体が弱くなったみたいです。[22]
이제 지쳤어요.	もう疲れました。
컨디션이 안 좋아 보이십니다.	体調がよくなさそうですね。
조심하세요. 요즘 감기가 유행하고 있는 것 같아요.	気をつけてください。最近風邪が流行っているみたいです。
몸에 기운이 하나도 없습니다.	体中、力が全然ないです。
지난 밤 잠을 잘 못 잤습니다.	昨日の夜、よく眠れませんでした。
맹장 수술을 했어요.	盲腸の手術をしたんですよ。
어젯밤에 과음해서 머리가 아파서…….	夕べ飲みすぎて、頭が痛くて……。
무라카미 씨, 오늘은 힘이 없네요.	村上さん、今日は元気がないですね。
요즘 왜 그런지 속이 좀 안 좋아.	ここのところ何となくおなかの調子が悪くて。[23]
감기 걸린 건 어떻습니까?	風邪の具合はいかがですか。
고바야시 씨, 안색이 안 좋네요.	小林さん、顔色が悪いですね。

---

[22] 弱くなる는 '약해지다', 弱る는 '쇠약해지다'는 뜻.
[23] おなかの調子が悪い는 주로 장이 안 좋을 때 쓰이고, 위가 안 좋을 때는 胃の調子が悪い라고 한다.

빨리 나았으면 좋겠네요.	早く治るといいですね。
예, 다 나았는데요, 이번에는 사랑니를 뽑게 되었습니다.	はい、全部治りましたが、今度は親知らずを抜くことになりました。
충치는 나았습니까?	虫歯は治りましたか。

⟪⟪⟪ 담배 ⟫⟫⟫

그는 줄담배를 피웁니다.	彼はすごいヘビースモーカーです。
담배는 백해무익한 거예요.	たばこは「百害あって一利なし」ですよ。
몸에 안 좋은 건 알지만 참 끊기가 어려워요.	体に悪いのは分っているけど、なかなかやめられませんね。
올해는 담배 끊는다고 맹세했는데…….	今年はたばこ(を)やめるって誓ったのに。
이번에야말로 담배를 끊어야지 하고 결심해도 작심삼일로 끝나 버려요.	今度こそたばこをやめようと決心しても、三日坊主で終わっちゃうんですよね。
담배를 어떻게 끊었어요?	どうやってたばこをやめたんですか。
담배를 끊었다니 의지가 강한 사람이군요.	たばこをやめたなんて、意志の強い人ですね。
곧 아기가 태어나니까(아기를 가졌으니까) 이제 담배를 끊어야지.	もうすぐ子供が産まれるから、そろそろたばこやめないとね。
건강을 위해서 담배를 끊읍시다.	健康のために、たばこはやめましょう。

다이어트

내일부터 다이어트 할 거야!	明日からダイエットするぞ！

다이어트 중이에요.	ダイエット中です。
다이어트를 하셔야겠습니다.	ダイエットをされた方がよさそうです。
다이어트 한다며?	ダイエットしているんだって？
건강을 위해서 다이어트에 도전하고 있습니다.	健康のためにダイエットに挑戦しています。
의사가 다이어트를 하라고 하대요.	医者にダイエットするように言われました。
5kg 빼고 싶기 때문에 당분간 단 것은 먹지 않을 작정입니다.	5kg減量したいので、当分甘い物は控えるつもりです。[24]
다이어트를 너무 심하게 해서 빈혈 증세가 생겼습니다.	ダイエットのしすぎで、貧血症になってしまいました。
어제부터 아무것도 먹지 않아서 어질어질합니다.	昨日から何も食べなくて、ふらふらしています。
다이어트에는 무엇보다 규칙적인 식생활이 최고예요.	ダイエットには、何よりも規則正しい食生活がいちばんですよ。
아무것도 안 먹고 살빼면 건강을 해치게 돼요.	何も食べずにダイエットしたら、体を壊しますよ。
여성 잡지에는 다양한 다이어트 방법이 소개되어 있지요.	女性誌には、いくつものダイエット法が紹介されていますね。
모든 다이어트를 해 봤기 때문에 해 보지 않은 다이어트 법이 없을 정도예요.	あらゆるダイエットに挑戦したので、試してないダイエット法なんかないくらいですよ。
세상에는 정말 여러 가지 다이어트 방법이 있지요?	世の中には本当にいろんなダイエット法がありますよね。
내일부터 다이어트할 거니까 오늘은 실컷 먹어야지!	明日からダイエットするから今日は思いっきり食べよう！

---

[24] 控えるは「삼가하다」는 뜻. 甘いものは食べないつもりです보다 甘いものを控えるつもりです라는 표현이 보다 일본어다운 표현이다.

그는 대단한 대식가예요.	彼はすごい大食漢です。
소은이는 밥을 아주 적게 먹어요.	ソウンはとても小食です。
다이어트를 너무 심하게 해서 거식증이 되는 경우도 있습니다.	ダイエットのしすぎで拒食症になることもあります。
이봐, 당신 또 찐 거 아니야?	おい、お前また太ったんじゃないか。

6 외모 / 패션

외모

《《《 남자 외모 》》》

제법 잘 생긴 남자네.	なかなかいい男じゃない。
몸집이 좋네요.	いい体してるね。[25]
체격이 좋네요.	体格がいいですね。
요즘은 꽃미남류가 인기가 있는 것 같더군.	最近は美少年系が人気があるみたいね。
저 사람은 눈이 매서워서 무서워요.	あの人は目つきが悪くて怖いですね。
남자는 외모보다 속이 중요하지.	男は外見より中身よ。
외모에만 신경쓰는 남자는 싫어요.	外見ばかり気にする男はいやですね。
외모도 어느 정도는 중요하지.	外見もある程度は大事だよね。
그렇게 말은 하지만 결국엔 외모잖아.	そうは言うけど、結局のところは外見だよね。

---

[25] いい体している는 근육질의 남성을 칭찬할 때 쓰는 표현.

⟪⟪⟪ 여자 외모 ⟫⟫⟫

내가 좋아하는 타입은 김윤진 같은 여성입니다.	私のタイプは、キム・ユンジンのような女性です。
난 후지와라 노리카가 더 좋은데.	僕は藤原紀香の方がいいな。[26]
나는 키가 작고 귀여운 여성이 좋아.	俺は背が低くてかわいい女性がタイプだなあ。
나는 보이시한 여성을 좋아합니다.	僕はボーイッシュな女性が好きです。
난 얼굴보다는 스타일이 좋은 여자가 좋아.	俺は、女は顔よりスタイルがよくないと駄目なんだ。
스타일 좋은 여성보다 평범하게 보이는 여성이 더 매력적입니다.	スタイルのいい女性より、普通っぽい人の方が魅力的です。
내가 짝사랑하는 사람은 보조개가 예쁜 사람입니다.	僕の片思いの人はえくぼのかわいい人です。
그녀는 모델 뺨치는 스타일이에요.	彼女はモデル並みのスタイルです。

패션

올해는 프릴이 유행한다고 하지요?	今年はフリルが流行るらしいですね。
올해 파리 컬렉션은 니트가 주류입니다.	今年のパリコレはニットが主流です。
이 디자인은 이제 유행이 지났지?	このデザインはもう流行遅れだよね。
유행에 민감하군요.	流行に敏感なんですね。
그 여자가 가지고 다니는 건 다 명품이에요.	彼女の持ち物はブランドばかりです。

---

[26] 남성의 1인칭은 僕, 俺, 自分(じぶん) 등이 있다. 僕가 가장 많이 쓰이는 1인칭이며, 俺는 터프한 남성이, 自分은 운동부 출신의 남성이 즐겨 쓴다.

저 무다리로 스커트는 무리야. (그렇지?)	あの大根足じゃ、スカートは無理ね。 ⬇
나는 다리가 못생겨서 스커트를 못 입어요.	私は足に自信がなくて、スカートは穿けないんです。
다리가 길어서 바지가 아주 잘 어울리시네요.	足が長いからパンツがよくお似合いですね〔似合いますね〕。27
일할 때는 바지 정장이 더 좋아요. (그렇죠?)	仕事の時はパンツスーツの方がいいですよね。
투피스 사야 되는데 어떤 걸로 살까?	ツーピースを買おうと思うんだけど、どんなのがいいと思う？ ⬇
그녀는 언제나 멋있게 잘 차려입고 다니네요.	彼女はいつもかっこよく決めていますね。
역시 남자는 정장으로 멋있게 차려입어야지.	やっぱり男はスーツでかっこよく決めないとね。 ⬇
가끔은 편한 차림도 좋네요.	たまにはラフな格好もいいですね。
티셔츠에 청바지가 최고예요.	Ｔシャツにジーンズが一番です。
최근에는 컬러 셔츠가 더 인기가 있습니다.	最近は、カラーシャツの方が人気があります。
난 넥타이가 영 갑갑해서 말이야.	僕はネクタイがどうも苦手でね。 ⬇
최근에는 토요일은 캐주얼을 입어도 좋다는 회사가 늘고 있습니다.	最近は、土曜日はカジュアルな服装でいいという会社が増えてきています。
요즘은 남자라도 패션 감각이 없으면 인기가 없어요.	最近は男でもファッションセンスがないともてませんよ。
그 사람 패션 센스 어떻게 좀 안 될까?	彼のファッションセンスは、何とかならないのかしら。 ⬆⬇

---

27 바지는 パンツ, 속옷 팬티는 パンティー라고 한다.

7 성격 / 기질

성격/기질

당신은 정말 좋은 분이군요.	あなたは本当(ほんとう)にいい方(かた)ですね。
그는 완벽주의자입니다.	彼(かれ)は完璧主義者(かんぺきしゅぎしゃ)です。
그녀는 인정이 많은 사람입니다.	彼女(かのじょ)は人(ひと)に優(やさ)しいです。
그녀는 정말 순수(순진)한 사람이에요.	彼女(かのじょ)は本当(ほんとう)に純粋(じゅんすい)な人(ひと)です。
그녀는 정이 깊어요.	彼女(かのじょ)は情(じょう)が厚(あつ)いです。
그녀는 유머 감각이 뛰어납니다.	彼女(かのじょ)はユーモア感覚(かんかく)に優(すぐ)れています。
저 사람은 매우 정직한 사람입니다.	あの人(ひと)はとても正直(しょうじき)な人(ひと)です。
그는 말수는 적지만 믿을 수 있는 사람입니다.	彼(かれ)は口数(くちかず)は少(すく)ないけれど、信頼(しんらい)のおける人(ひと)です。
그는 결단력이 있습니다.	彼(かれ)は決断力(けつだんりょく)があります。
그는 정말 능력 있는 사람입니다.	彼(かれ)はすごく才能(さいのう)のある人(ひと)です。
	彼(かれ)はすごくできる人(ひと)です。[28]
그는 여성들에게 인기가 있어요.	彼(かれ)は女性(じょせい)に人気(にんき)があります。
그는 재주가 많은 사람입니다.	彼(かれ)はいろんな〔色々(いろいろ)な〕才能(さいのう)の持(も)ち主(ぬし)です。
그는 만능 스포츠맨입니다.	彼(かれ)はスポーツ万能(ばんのう)です。
그들은 사이가 좋습니다.	彼(かれ)らはとても仲(なか)がいいです。
두 사람은 절친한 사이입니다.	二人(ふたり)はとても仲(なか)のいい友達(ともだち)です。
그녀는 상사한테 귀여움을 받아요.	彼女(かのじょ)は上司(じょうし)にかわいがられています。
그는 다른 사람에게는 항상 잘 해 줍니다.	彼(かれ)は他人(たにん)にはいつも優(やさ)しいです。

---

28 できる는 '할 수 있다' 는 뜻도 있으나 '능력 있다' 는 뜻으로도 많이 쓰인다. 勉強ができる는 '공부를 잘 한다' 는 뜻.

그는 이해가 빨라요.(이해력이 빠른 사람입니다).	彼は呑み込みが早いです。
그는 발이 넓어요.	彼は顔が広いです。[29]
그는 너를 실망시킬 일은 결코 하지 않을 거야.	彼は、君をがっかりさせるようなことは決してしないよ。
그는 요령이 좋은 사람이에요.	彼は要領のいい人です。
그는 상당히 능력 있는 사람입니다.	彼はなかなかのやり手です。[30]
그는 의리가 있는 사람입니다.	彼は義理堅いところがあります。
그에게는 사람 보는 눈이 있습니다.	彼には人を見る目があります。
그는 좋은 놈이야.	彼はいい奴だ。
넌 배려심이 깊구나.	君は思いやりがあるね。
그는 대단히 겸손한 사람입니다.	彼はとても腰の低い人です。[31]
그녀는 성품이 부드러운 사람입니다.	彼女は気立てのいい人です。

성격을 비방할 때

저 사람 결단력이 없어요.	あの人は決断力に欠けていますね。
그 사람 우유부단한 데가 있어요.	彼は優柔不断なところがあります。
그는 믿지 못할 사람입니다.	彼はちょっと信用できません。
나는 그 사람을 믿지(신뢰하지) 않습니다.	私はその人を信用していません。
그는 믿을 만한 사람이 아닙니다.	彼は信頼できる人ではありません。

---

29 '발이 넓다'를 足が広い라고 직역해서는 뜻이 전달되지 않는다. '얼굴이 크다'는 顔が大きい, '발이 넓다'는 顔が広い.
30 やり手는 (약간의 무리수를 뒤서라도) 일을 능력 있게 처리해 나가는 사람을 말한다.
31 腰が低い는 남에 대해 저자세 또는 겸손하다는 뜻.

그는 입이 가벼워요.	彼は口が軽いです。
그의 단점은 남과 잘 어울리지 못하는 점입니다.	彼の悪いところは人と上手く付き合えないところです。
그들은 사이가 좋지 않습니다.	彼らはあまり仲がよくないです。
그런 사람과는 가까이하지 마세요.	そういう人とは仲よくしない方がいいですよ。
그는 나이에 비해서 늙어 보입니다.	彼は年の割には老けて見えます。
그는 어차피 그 정도밖에 안 되는 남자예요.	彼はどうせその程度の男です。
그는 모든 일을 너무 어렵게 생각해요.	彼は物事を難しく考えすぎます。
그는 단세포적이라 문제가 있어요.	彼は単細胞で困りますね。
오늘 그는 초조해하고 있습니다.	今日、彼はいらいらしています。
그 여자 수다쟁이에요〔입이 가벼워요〕.	彼女はおしゃべりです。
그는 성질이 난폭한 사람입니다.	彼は気性の荒い人です。
그는 화를 잘 내요.	彼はよく怒ります。
	彼は怒りっぽい人です。
그는 금방 발끈합니다.	彼はすぐにかっとなります。
그는 화를 잘 내는 사람입니다.	彼はすぐに腹を立てる人です。
나는 그 사람 싫어요.	私はその人が嫌いです。
그는 남의 흉을 잘 보는 사람이에요.	彼は人の悪口をよく言う人です。
그는 도무지 책임감이라곤 없군요.	彼は責任感がまるでないですね。
그는 좀처럼 빈틈이 없는 녀석입니다.	彼はなかなか抜け目のない奴です。

그녀는 종종 얼토당토않은 소리를 합니다.	彼女はしばしば途方もないことを言います。
그녀는 낯가림을 하기 때문에 영업에는 적합하지 않습니다.	彼女は人見知りするので営業には向きません。
사람들은 제 똥 구린 줄 몰라요.	人は自分の過ちには気がつかないものです。
그는 색을 좀 밝히는 사람이야.	彼はエッチだ。
그 사람은 말만 그럴듯해.	あの人は口が上手い。
재수 없는(기분 나쁜) 녀석이다.	嫌な奴だ。
그는 다루기가 어렵다.	彼は扱いにくい。
그는 왕고집 영감탱이다.	彼は頑固おやじだ。
그는 종잡을 수 없는 남자다.	彼は掴み所の無い男だ。
그녀는 장점이(쓸 만한 데가) 없다.	彼女は取柄がない。
그는 잘난 척 으스대고 있다.	彼は威張っている。
그녀는 성격이 삐뚤어져 있다.	彼女は性格が曲がっている。
저 남자는 고집통입니다.	あの男は強情っぱりです。
그녀는 제정신이 아닙니다.	彼女は正気じゃないです。
그녀는 괴짜예요.	彼女は変わり者です。
이런 겁쟁이같으니라구!	この臆病者!
팔자 좋네.	結構なご身分だ。

자신을 평가할 때

나는 융통성이 없습니다.　　　　　　私は不器用です。

　　　　　　　　　　　　　　　　　私は融通がきかないところがあります。

나는 태평스러운 사람입니다.　　　　私はのんき者です。

나는 혼자 있는 것을 좋아합니다.　　 私は一人でいるのが好きです。

난 성격이 급한 편입니다.　　　　　　僕は短気なところがあります。

난 한번 이렇다고 생각하면 좀처럼 (생각을) 　私って思い込みの激しいところがあるから……。
바꾸지 않는 편이에요.

나는 가족을 챙기지 못하고 있습니다.　私は家族をほったらかしています。

나는 무슨 일이든 이건 이거, 저건 저거라는 　私は何事も割り切って考える方です。[32]
식으로 단호하게 생각하는 편입니다.

난 정말 잘 속아 넘어가는 남자야.　　俺は本当に騙されやすい男なんだ。　　　⬇

나는 칭찬을 받으면 기분이 좋아서 더 열심히 　私は、褒められるとその気になって頑張るタ
하는 스타일입니다.　　　　　　　　　イプです。

쑥스러워서 칭찬받는 건 편치 않습니다.　照れくさくて、褒められるのは苦手です。

나는 단 것을 좋아합니다.　　　　　　私は甘党です。

기타

너는 신경이 둔하구나.　　　　　　　　君は神経が太いね。　　　　　　　　　⬇

그 남자도 이젠 한창때는 지났지.　　　彼も男盛りを過ぎたね。　　　　　　　⬇

---

[32] 割り切る는 '이건 이거, 저건 저거라는 식으로 딱 잘라 생각하다(결론짓다)' 라는 뜻으로 일본인이 상당히 많이 쓰는 표현이다.

4 다양한 화제　163

그에게는 은혜를 입었어〔신세를 많이 졌어〕.	彼には恩があるんだ。
저 사람의 본심을 모르겠다.	あの人の本心が分からない。
너는 어느 편이야?	君はどちらの味方なんだ。
나는 당신 편입니다.	私はあなたの味方です。
그하고는 마음이 잘 맞습니다.	彼とは馬が合います。[33]
그녀하고는 뭔가 잘 맞지 않아요.	彼女とは馬が合わないですね。
나는 그를 존경합니다.	私は彼を尊敬しています。
나는 그를 경멸합니다.	私は彼を軽蔑しています。
그는 너무 뚱뚱해요.	彼は太りすぎですよ。
자네가 나보다 젊어 보이네.	君の方が僕より若く見えるよ。
그녀에게는 어딘가 묘한 점이 있습니다.	彼女にはどこか妙なところがあります。
그녀는 어떤 사람입니까?	彼女はどんな人ですか。
그녀는 나 따위는 상대도 하지 않았습니다.	彼女は僕のことなど相手にしませんでした。
남에게 미움받을 만한 일을 한 적은 없습니다.	人にねたまれる覚えはありません。
아첨하는 사람은 싫습니다.	へつらう人は嫌いです。
그는 나한테 너무 심하게 대해요.	彼は私にとても辛く当たるんです。
그는 언제나 나를 눈엣가시 보듯 한다.	彼はいつも僕を目の敵にする。
우리들은 서로를 닉네임으로 부르는 사이예요.	僕らはお互いをニックネームで呼び合うまでの仲です。[34]
당신의 장점〔단점〕이 뭐라고 생각합니까?	あなたの長所〔欠点/短所〕はどういうところだと思いますか。

---

[33] 馬が合うは 「서로 마음이 맞다, 배짱이 맞다」라는 뜻.
[34] 일본에서 닉네임은 보통 이름을 줄이거나 ちゃん, くん 등을 붙여서 만드는 경우가 많다. 예〉マーくん, ひで, みっちゃん, かおりん 등

그 사람한테 심한 일을 당했습니다.	彼からひどい仕打ちを受けました。

8 정치 / 경제

정치

이번 대통령 선거일(총선)은 언제지요?	今度の大統領選挙[総選挙]はいつですか。
어느 당을 지지하십니까?	どこの党を支持しますか。
어느 후보를 지지합니까?	どの候補者を支持していますか。
이번 선거에서는 누가 이길까요?	今度の選挙では誰が勝ちそうですか。
지지하는 후보가 이길 것 같습니까?	支持する候補者が勝てそうですか。
보수파의 지지율이 높은 것 같군요.	保守派の支持率が高いようですね。
여당이나 야당이나 그게 그거에요.	与党も野党も同じですね。
투표율이 점점 떨어집니다(떨어지고 있습니다).	投票率は下がる一方です。
출구 조사 결과가 나왔습니다.	出口調査の結果が出ました。
내가 지지하는 사람은 떨어졌어요.	私が支持する人は落選してしまいました。
국회의원에게 낙선은 늘 있는 일이지요.	国会議員に落選はつきものですよ。
신정권이 경기 부양 대책을 어떻게 할지 기대가 되는군요.	新政権が景気対策をどう講じるか楽しみですね。
크게 달라지진 않겠죠.	大して変わることはないでしょう。
정권이 바뀌어도 변한 건 아무것도 없네요.	政権が替わっても何も変わらないですね。

요즘 정치권은 국민을 무시하고 있다고밖에 할 수 없습니다.	最近の政治は、国民をないがしろにしているとしか言いようがありません。[35]
난 정치 같은 것에 관심 없어.	私は政治なんかに関心ないわ。
	僕は政治なんかに関心ないよ。
젊은 사람들이 정치에 관심을 갖지 않으면 나라는 바뀌지 않아요.	若者が政治に関心を持たないと、国は変わりませんよ。
꼭 투표하러 갑시다.	ちゃんと投票しに行きましょう。

경제

일본은 미국에 어떤 것을 수출하고 있습니까?	日本はアメリカにどんなものを輸出していますか。
주로 자동차와 전기 제품 등이 수출되고 있습니다.	主に車や電気製品などが輸出されています。
요즘은 어디든지 경기가 나빠서 힘들어요. (그렇지요?)	最近はどこも景気が悪くて大変ですね。
예산이 줄어들어 의욕이 없어졌습니다.	予算が減って、やる気がなくなりました。
그 회사, 곧 합병한다는 소문이 들리던데요.	あの会社、もうすぐ合併するって噂ですよ。
저대로 가면 망해도 어쩔 수 없지요, 뭐.	あのままじゃ倒産しても仕方がないですね。
이번 경기 부양 대책으로 회복을 기대할 수 있을까?	今度の景気対策で景気回復は期待できるのかな。

---

[35] ないがしろにする는 '소홀히 하다, 업신여기다' 라는 뜻.

주식이 좀처럼 오르지 않는군요.	株価がなかなか上がらないですね。
주가가 대폭 하락했다고 합니다.	株価が大幅に下がったそうです。
야마다 부장님이 주식으로 떼돈을 벌었대요.	山田部長、株で一儲けしたそうですよ。
실업률이 계속 올라가고 있어서 걱정입니다.	失業率が上がる一方で、心配ですね。
이젠 종신 고용이란 말도 옛날 얘기가 되어 버렸어요. (그렇지요?)	終身雇用ももう遠い昔の話になりましたね。
회사 연봉 협상은 언제입니까?	会社の年俸交渉はいつですか。
다음 달이 연봉 협상이라 이번 달 안에 성과를 내야 합니다.	来月が年俸交渉なんで、今月中に業績をあげないといけないんですよ。
모두들 힘들게 사는군요.	みんな大変ですね。
기획부의 이토가 대기업에 헤드헌팅됐답니다.	企画部の伊藤が大手にヘッドハンティングされたそうですよ。

제2부

마음

1 의사 표현

일본에서는 자신의 의사를 당당하게 표명하는 사람을 자기 주장이 강한 사람으로 간주하여 부정적인 인식을 갖는 경우가 많다. 그러므로 자신의 의사를 일본어로 표현하고자 할 때는 직설적인 표현을 피하는 것이 좋으며 상대방의 입장을 고려하는 표현을 하는 것이 좋다. 상대방의 의견, 제안에 찬성일 경우는 적극적으로 자신의 의사를 표현해도 무관하지만 반대, 거절, 애매한 대답, 보류, 충고, 제안, 권유를 할 때는 조심스럽게 상대방의 의향을 존중하는 뜻을 표현해야 한다. 도움이나 양해를 구할 때도 정중하게 이야기하는 것이 좋으며 상대방의 사정을 충분히 고려하고 있다는 것을 상대가 느낄 수 있는 표현을 하는 것이 좋다. 충고, 꾸짖음, 명령은 가까운 관계일 경우에만 하는 것이 좋으며 가급적 표현은 부드럽게 하는 것이 좋다. 직설적인 표현으로 충고를 하거나 명령조로 이야기를 하면 상대방이 상당히 불쾌감을 느낄 수 있으므로 주의해야 한다.

1 동의 / 찬성

동의를 구할 때

알았지〔그렇지〕?	ね?
알겠어?	分かる?
알았어?	分かった?
듣고 있어?	聞いてる?
내가 그렇게 말했지?	私、そう言ったよね?
내 말 무슨 말인지 알겠어?	私の言っていることが分かる?
무슨 말인지 모르겠어?	どういう意味か分からない?
대충 이해됐습니까?	大体飲み込めましたか。
이것으로 되겠습니까?〔찬성하시겠습니까?〕	これでよろしいでしょうか。

이상으로 되겠습니까?〔찬성하시겠습니까?〕	ということで、よろしいでしょうか。
함께 해 주실〔가 주실〕 수 있겠습니까?	ご一緒(いっしょ)していただけますか。 ↑
당신은 그의 생각에 찬성입니까, 아니면 반대입니까?	あなたは彼(かれ)の考(かんが)えに賛成(さんせい)ですか、それとも反対(はんたい)ですか。
저희들과 뜻을 같이해 주실 수 있겠습니까?	私(わたし)どもにご賛同(さんどう)いただけますか。 ↑

찬성할 때

응.	うん。	↓
예, 그렇습니다.	はい、そうです。[1]	
좋다.	よろしい。	↓
맞아.	その通(とお)り。	↓
물론이야!	もちろん！	↓
정말 그래!	全(まった)くだよ！	↓
딩동댕〔정답이야〕!	ピンポーン！	↓
좋아.	いいよ。	↓
찬성합니다〔입니다〕.	賛成(さんせい)します〔です〕。	
이의 없음!	異議(いぎ)なし！	
응, 할게.	うん、する〔やる〕よ。	↓
그거 좋은데!	そいつはいい！	↓
좋아! 알았어. 나한테 맡겨 두라고.	よし、分(わ)かった。任(まか)せとけって。[2]	↓

[1] 오른쪽으로 갈수록 정중도가 높아진다. 그러・그렇다・그렇네 ▶ ≪そうです≪そうでございます≪さようでございます
[2] まかせとけ는 まかせておけ의 준말로 일상 회화에서 많이 쓰이는 말투이다.

그거 좋은 생각이다.	それはいい案〔考え/アイディア〕だ。
좋아, 됐어요!	よし、いいですよ!
	よし、オッケーです。[3]
나는 그걸로 좋습니다(찬성입니다).	僕はそれでいいです。
그것이 좋습니다.	それで結構です。
진심으로 동감입니다.	全く同感です。[4]
맞아! 맞아!	そうだ!そうだ!
그렇겠지.	そうだろうな。
한마디로 말해서, 그렇습니다.	一言で言って、そうです。
확실히 그렇습니다(사실 그렇긴 그렇습니다).	確かにそうです。
지당하신 말씀입니다.	ごもっともです。
옳으신 말씀입니다.	全くその通りです。
정말로 옳으신 말씀이십니다.	全くおっしゃる通りです。
나도 그렇게 생각합니다.	私もそう思います。
유감스럽지만 그렇습니다.	残念ながらそうなんです。
네가 그렇게 말하는 거라면 (좋아).	君がそう言うのなら……。
예, 제가 알고 있는 바로는 (그렇습니다).	はい、私の知っている限りでは……。
너의 의견도 이치에 맞는다(일리가 있다)고 생각해.	君の意見も理にかなっている〔一理ある〕と思うよ。
불만 없습니다.	文句はありません。

[3] オッケー는 영어 'OK'의 일본식 발음이다.
[4] 全く는 뒤에 긍정이 올 경우는 '완전히, 전적으로, 정말로'라는 뜻이 되고, 뒤에 부정이 올 경우는 '전혀'라는 뜻이 된다.

전혀 이의 없습니다.	全(まった)く異議(いぎ)はありません。
	全(まった)く異存(いぞん)はございません。 ⬆
기꺼이 그렇게 하고자 합니다.	喜(よろこ)んでそのようにしたいと思(おも)います。
	喜(よろこ)んでそのようにさせていただきたいと存(ぞん)じます。 ⬆
네, 좋을 것 같군요.	はい、よさそうですね。

2 반대

반대할 때

싫어!	嫌(いや)だ！ ⬇
싫어, 그런 거.	嫌(いや)だなあ、そんなの。 ⬇
아뇨, 됐어요.	いいえ、いい〔結構(けっこう)〕です。[5]
반대!	反対(はんたい)！ ⬇
나는 반대합니다.	私(わたし)は反対(はんたい)です。
미안하지만 난 찬성할 수 없어요.	悪(わる)いけど、私(わたし)は賛成(さんせい)できません。
유감이지만 저로서는 찬성할 수가 없습니다.	残念(ざんねん)ですが、私(わたくし)としては賛成(さんせい)するわけには参(まい)りません。 ⬆
그건 좀 찬성할 수가 없겠군요.	それはちょっと賛成(さんせい)しかねます。 ⬆
이의 있음!	異議(いぎ)あり！
이의를 제기합니다.	異議(いぎ)を申(もう)し立(た)てます。 ⬆

---

[5] いい와 結構だ에는 '좋다'와 '됐다, 필요 없다'라는 두 가지 상반된 의미가 있다. 예를 들어 食べる？라고 물었을 때 いいよ, 혹은 結構です라 대답하면 '됐다, 안 먹겠다'는 거절의 뜻이 된다. 그러나 いいね, 또는 結構だね라고 하면 '그거 좋은데'라는 뜻이 된다.

무슨 말씀인지는 알겠는데요, 부장님.	お言葉ですが、部長。[6]

거절할 때

미안해. 좀 힘들겠어.	ごめん。ちょっと無理。
미안하지만 이번에는 그만둘래.	悪いけど、今回はやめとく。
죄송합니다만 거절하겠습니다.	残念ながらお断りさせていただきます。
말씀은 고맙지만 거절하겠습니다.	お言葉はありがたいのですが、お断りさせていただきます。
의향대로 해 드릴 수가 없습니다.	ご意向には添いかねません。
그렇게는 곤란합니다〔그렇게 할 수는 없습니다〕.	そういうわけにはいきません。
다른 방법을 생각해 봅시다.	別の方法を考えましょう。
저쪽에는 반대 의향을 전해 두었습니다.	向こうには、反対の気持ちを伝えておきました。
저쪽에는 찬동할 수 없다는 내용을 전해 두었습니다.	あちらには、ご賛同できない旨をお伝えしております。
그건 너무 무리한 방법인 것 같습니다.	それは、かなり無理なやり方だと思います。
그렇게까지 무리할 필요가 있을까요?	そこまで無理をする必要があるでしょうか。
그것밖에 방법이 없습니까?	それしか方法がありませんか。
다른 방식으로라도 방법은 여러 가지 있을 수 있다고 생각합니다만……	外にもやり方は色々あると思いますが……。

---

[6] 어른에게 반대 의견을 말하려고 할 때 먼저 お言葉ですが라는 말을 함으로써 예의를 갖추고 상대의 기분을 상하게 하지 않을 수 있다.

그건 좀더 검토한 후가 아니면…… (안 되겠습니다).	それはもうちょっと検討してからでないと……。
그 건에 대해서는 향후 검토해 나가도록 하기로 하고……(일단 지금은 접읍시다).	その件につきましては今後検討を重ねて行くということで……。
주차는 엄중히 금지합니다.	駐車は固くお断りいたします。[7]

3 애매한 대답

애매한 답변

아마도.	多分。
그럴지도 모르겠어.	そうかもね。
아마 그럴걸.	多分そうじゃないかな。
노력은 해 볼게.	努力はしてみるよ。
어려운데.	難しいなあ。
그럴지도 모르겠군요.	そうかも知れませんね。
그렇다고도 할 수 없어요.	そうとも言えませんよ。
꼭 그렇다고는 할 수 없지 않을까 싶은데요.	必ずしもそうとは言えないと思いますが……。
어느 쪽이라고 굳이 말하자면 그렇다고 생각해.	どちらかというと、そうだと思うよ。
그렇다면 좋겠지만 말이에요.	そうだといいんですけどね。
뭐, 그런 거예요.	まあ、そんなものですよ。
	まあ、そんなところですよ。

---

[7] '거절'이라는 뜻의 お断り는 '금지'라는 뜻으로도 쓰인다.

그럴지도 모르지만, 그렇지 않을지도 몰라요.	そうかも知れないが、そうでないかも知れません。
그렇게 된다면 좋겠어요.(그렇지요?)	そうなるといいですね。
그렇게 된다는 보증은 없지만 말이에요.	そうなるって保証はないですけどね。
어중간하네요.	どっちつかずですね。
한마디로는 말할 수 없네요.	一口には言えませんね。
그렇게 말씀하시지만…….	そのようにおっしゃられても……。
지금은 뭐라 말할 수 없습니다.	今のところは何とも言えません。
지금은 확답을 드릴 수가 없습니다 〔현재로서는 뭐라 말씀드릴 수가 없습니다〕.	今のところは何とも申し上げられません。
약속할 수는 없지만 힘 닿는 데까지 해 보겠습니다.	確約はできませんが、力の及ぶところまでやらせていただきます。
그는 애매한 대답만 해.	彼はあいまいな返事ばかりするんだ。

보류 / 중간적 회답

생각해 볼게.	考えてみるよ。
생각할 시간을 좀 주십시오.	考える時間をください。
생각해 보겠습니다.	考えておきます。
하루만 생각할 시간을 주십시오.	一晩、考えさせてください。
좀 더 생각해 보고 나서 결정할게요.	もう少し考えてから決めさせてください。

검토해 봅시다.	検討してみましょう。
좀 더 검토한 후에 합시다.	もう少し検討してからにしましょう。
긍정적으로 검토해 보겠습니다.	前向きにご検討させていただきます。[8]

기타

재미있을 것 같다.	面白そうだね。
이제 됐습니다(필요 없습니다).	もう結構です。
그렇다고는 생각합니다만…….	そうとは思いますが……。
제 생각으로는, ~.	私の考えでは、~。
자네 말은 부분적으로는 옳다고 할 수 있지만…….	君の言うことは部分的には正しいと言えるが……。
어떤 의미에서는 그가 옳다고 생각합니다.	ある意味では、彼は正しいと思いますよ。

4 이해

의견

의견 있는 사람은 손을 들어 주세요.	意見のある人は、手を挙げてください。
다른 의견은 없습니까?	外にご意見はありませんか。
내 의견으로는, ~.	私の意見では、~。
외람된 말씀이오나, ~.	僭越ですが、~。[9]
	僭越ながら申し上げますと、~。

---

[8] '긍정적으로'는 前向きに, 직역해서 肯定的(こうていてき)이라고는 하지 않는다.
[9] 僭越의 원래 뜻은 자신의 신분이나 지위를 넘어서서 분에 넘치는 언행을 하는 것을 말하지만 겸손하게 자신의 의견을 말할 때도 사용된다. 어려운 상대에게 반대 의견을 표명하거나 자신의 의견을 개진할 경우 자주 쓰이는 표현이므로 알아두면 수준 높은 일본어를 구사할 수 있다.

~라고 생각합니다.	~と思い〔考え〕ます。
~라는 것이라고 알고〔이해하고〕 있습니다.	~ということだと理解しています。
남한테 설교할 입장이 아니잖아?	人に意見する立場じゃないだろう。[10]
이제 겨우 의견 일치를 보았군요.	ようやく意見の一致をみましたね。

이해

그건 그렇겠지.	そりゃ、そうだろう。
그렇구나. 그런 거구나.	なるほど、そうなのか。
그랬던 겁니까?	そうだったんですか。
알고 있어.	分かってるよ。
	知ってるよ。[11]
그 정도는 알고 있어!	それくらい知っているよ！
나, 저 사람 알아.	私、あの人のこと知っている。
그녀는 아는 게 많으니까.	彼女は物知りだから。
그 사람 얼굴은 알고 있습니다.	彼の顔は知っています。
그건 몰랐습니다.	それは知りませんでした。
모르는 게 약이라고는 하지만…….	知らぬが仏とは言うけど……。
앗, 알았다.	あっ、分かった。
알겠습니다.	分かりました。
	かしこまりました。[12]

[10] 意見する는 단지 '의견을 말하다'라기 보다 '강한 충고', '설교'에 가까운 말이다.
[11] 分かる는 '이해하다, 깨닫다', 知る는 '지식·경험으로 알다, 깨닫다'라는 뜻으로 쓰인다.
[12] 특히 서비스업에 종사할 경우는 손님에게 알겠다고 할 때 반드시 かしこまりました 또는 承知いたしました를 사용한다.

알았다, 알았어.	分かった、分かった。
이해한 것 같아.	分かったと思うよ。
네가 하고자 하는 말(주장)은 알겠지만…….	君の言い分は分かるけど……。[13]
잘 알았습니다.	よく分かりました。
알고(이해하고) 있습니다.	理解しています。
	分かっています。
	承知いたしております。
그런 건 충분히 알고 있어.	そんなことは、十分承知しているよ。
말씀하시는 내용은 잘 알겠습니다.	おっしゃることは、よく分かりました。
알고 계셨군요.	ご存じでいらっしゃいましたか。[14]
그 일에 대해서는 저희들도 알고 있습니다.	その件につきましては、こちらも存じ上げております。
응, 그건 들었어.	うん、そのことは耳にしているよ。 어휘
듣고 있어.	聞いてるよ。

모르다

모르겠다.	分からない。
잘 모르겠어.	よく分からない。
나도 모르겠습니다.	私にも分かりません。[15]
너무 어려워 모르겠다.	難しすぎて分からない。

---

[13] 言(い)い分(ぶん)은 '주장', 言い分(わ)け·言い訳(わ)け는 변명이 된다. 言い分(わ)ける는 '사람에 따라 말을 가려 한다'는 뜻이 된다.
[14] 이 경우는 어미(語尾) か를 발음할 때 말꼬리를 울리지 않는 것이 좋다.
 어휘 耳(みみ)にする 듣다 口(くち)にする 말하다 目(め)にする 보다 手(て)にする 들다·손에 넣다
[15] 私も分かりません은 '나도 모르겠습니다'라는 뜻. 私にも分かりません의 경우는 '나로서도 모르겠습니다'는 뜻으로, '다른 사람도 모르고 나 또한 모른다'는 뜻과 '내 수준으로도 모르겠다'는 뜻이 된다.

무슨 말인지 모르겠습니다.	言っていることが分かりません。
확실히는 모르겠습니다.	はっきりとは分かりません。
나는 전혀 모르겠습니다.	私には全く分かりません。
당신이 뭘 말하려고 하는지 확실히 모르겠습니다.	あなたが何が言いたいのか、はっきり分かりません。
뭐가 뭔지 전혀 모르겠습니다.	何が何だかさっぱり分かりません。
생각하면 생각할수록 더 모르겠습니다.	考えれば考えるほど、ますます分からなくなります。
그녀는 도대체 무슨 생각을 하는 걸까요?	彼女はいったい何を考えているんでしょうか。
그가 무슨 꿍꿍이속인지 모르겠어요.	彼が何をもくろんでいるのか分かりません。
확실한 건 아무도 모른다고 합니다.	確かなことは誰にも分からないのだそうです。
몰랐어.	知らなかった。
모릅니다.	知りません。
	分かりません。
	存じません。
	存じ上げておりません。
아무도 몰라.	誰も知らないよ。
알 리가 없잖아.	分かるわけないでしょう。
무슨 말씀을 하시는지 잘 모르겠는데요.	お話の主旨がよく飲み込めませんが……。
그 건에 대해서는 전혀 몰랐었습니다.	その件につきましては、全く存じておりませんでした。

좀 이해하기가 어렵군요.	ちょっと理解に苦しむところですね。[16]
	ちょっと理解しがたいですね。

5 격려 / 위로

격려

힘 내!	元気(を)出して！
최선을 다해서 열심히 해!	ベスト〔最善〕を尽くして頑張れ！
힘내세요.	頑張ってください。
	元気を出してくださいね。
응원할게.	応援するよ。
	応援してるから。
이번에는 잘 해 보자.	今度こそ頑張ろうね。
포기하지 마.	あきらめるな！
	あきらめないで！
자신과의 싸움에서 지면 안 돼!	自分に負けちゃ駄目！
넌 할 수 있어.	君ならできるよ！
잘 해라!	しっかりやれよ！
다시 한번 해 봐.	もう一度やってみなさい。
	もう一度やってみるのよ。
	もう一度やってみるんだ。

---

16 理解に苦しむ는 '이해하기 어렵다'는 뜻. 반드시 조사 に를 써야 한다.

좋은 기회니까 해 보지 그래?	せっかくだからやってみたら？
자, 해 보렴.	さあ、やってごらんなさい。
아직 가능성은 있어.	まだ可能性はあるよ。
용기를 내세요!	勇気を出して！
너 자신을 믿어!	自分を信じて！
마음만 먹으면 뭐든 할 수 있어.	その気になったら何でもできるよ。
정신을 바짝 차리고 다시 시작하면 이길 수 있어.	気を引き締めてもう一度頑張れば、きっと勝てるよ。
이런 기회는 다시 오지 않는다니까.	もう二度とこんなチャンスは来ないって。
참고 버텨서 끝까지 살아남아라!	辛抱して最後まで生き残れ！
무서워하지 말고.	怖がらないで。
기죽지 말아요.	弱気にならないで。
실망하지 마세요.	がっかりしないでください。
비관하지 말아요.	悲観的にならない方がいいですよ。
그렇게 심각해지지 마.	そんなに深刻にならないで。
당신 능력을 믿고 포기하지 말아요.	自分の才能を信じて、あきらめないで。
그렇게 네 자신을 힘들게(홀대)하지 마.	そんなに自分に辛くあたるな。
반드시(분명히) 잘 될 거예요.	きっと大丈夫ですよ。
다 잘 될 거예요.	きっと上手く行きますよ。
결코 늦지 않았어요.	決して遅くなんかないです。

성공을 빌게요.	成功を祈っています。
성공하세요.	ご成功をお祈りします。
의지력이 얼마나 강하냐가 관건이에요.	要は、意志がどれだけ強いかですよ。
지금까지 열심히 해 왔잖아. 꼭 좋은 일 있을 거예요.	ずっと頑張ってきたじゃない。きっといいことありますよ。
착실하게(꾸준히) 노력하다 보면 언젠가는 해 뜰 날이 있을 거예요.	地道に努力していれば、いつかは報われると思いますよ。
노력 끝에 꽃이 핀다고 하잖아요.	努力の上に花が咲く、と言うじゃありませんか。
이런 기회는 자주 오는 게 아니라고 생각해요.	こんなチャンスはめったにあるわけじゃないと思います。
후회해도(속앓이해도) 할 수 없어요.	くよくよしてもしょうがないですよ。

위로

안됐구나.	残念だったね。
그거 참, 안됐군요.	それは、残念でしたね。
	それはお気の毒に。
가슴 아픈 일입니다.	胸の痛むことです。
운이 나빴어.	運が悪かったね。
어쩌다 운이 없는 날이었던거예요.	たまたま運の悪い日だったんですよ。
어머, 불쌍해라.	まあ、かわいそうに。

울지 마.	泣かないで。
눈물을 닦아.	涙を拭いて。
괜찮아. 마음(신경)쓰지 마.	大丈夫。気にしない、気にしない！
마음(신경)쓰지 마세요.	気にしないでください。
너무 실망하지 마.	あまりがっかりしないで。
스스로를 책망(탓)하지 마.	自分を責めないで。
네 탓이라고 생각하지 마.	自分のせいだと思わないで。
괜찮아.	大丈夫だよ。
(꼭) 잘 될 거야.	きっと上手く行くよ。
다음 번에는 잘 될 거야(괜찮을 거야).	この次は（きっと）大丈夫だよ。
네 잘못이 아니야.	君が悪いんじゃないよ。
누구한테나 있는 일이야.	誰にもあることだよ。
흔히 있는 일이야.	よくあることさ。
살다 보면 그런 일도 있지.	人生、そういうこともあるよ。
고민할 필요 없어.	悩むことないよ。
별 일 아니야.	大したことじゃないよ。
네 마음 이해해.	君の気持ちは分かるよ。
너무 심각하게 생각하지 마.	考えすぎないで。
그런 일에 낙심하지 말아요.	そんなことで落ち込まないで。
될 대로 되라고 생각하지 마.	そんなにやけを起こさないで。[17]

---

[17] やけを起こす는 '자포자기하다' 라는 뜻.

어쩌면 이렇게 심한 일이!	なんてひどいことでしょう！
그녀는 그냥 피곤한 것뿐일 거야.	彼女はただ疲れているだけだと思うよ。
당신 옆엔 항상 제가 있잖아요.	あなたのそばにはいつも私がいるじゃない。
너한테 짐이 되고 싶지 않아.	君に迷惑かけたくないんだ。
잊어버려!	忘れてしまいなよ。
잊어버리는 편이 좋아요.	忘れた方がいいですよ。[18]
그는 걱정 없어요.	彼は心配ないですよ。
그건 걱정 마세요.	それは心配しないでください。
걱정할 것 없어요.	心配することないですよ。
너무 걱정하지 않아도 괜찮아요.	あまり心配しなくても大丈夫ですよ。
그건 그 때 가서 걱정하면 되요.	それはその時になって心配されたらいいですよ。
어쩔 수 없는 일이에요.	仕方ありませんよ。
	仕方のないことですよ。
어떻게든 잘 될 거예요.	なんとかなりますよ。
이건 그래도 나은 편이에요.	これはまだいい方ですよ。
낙심하지 마세요.	気を落とさないでください。
너무 신경 쓰지 않는 편이 나아요.	あまり気にしない方がいいですよ。
너무 심각하게 받아들이지 않는 편이 좋아요.	あまり深刻に受け止めない方がいいですよ。
그런 일로 너무 애태우지 마세요.	そんなことであまり気を揉まないでください。
긍정적으로 생각하는 편이 좋아요.	前向きに考えた方がいいですよ。

---

[18] '잊어 버리세요.'를 직역해서 忘れなさい, 忘れてしまいなさい라고 하면 윗사람이 아랫사람에게 명령하는 말투가 되므로 ～た方がいい라는 표현을 쓰는 것이 좋다.

나쁜 건 잊어버리고 좋은 것만 생각하세요.	悪いことは忘れて、いいことだけ考えましょう。
편하게 생각하세요.	気楽に考えた方がいいですよ。
지나간 일은 할 수 없어요.	過ぎたことはしょうがないですよ。
지난 일은 잊어버리세요.	過ぎたことは忘れた方がいいですよ。
이제 와서 후회해도 소용없어요.	今さら後悔してもしょうがないですよ。
비온 뒤에 땅이 굳는다고 하잖아요.	雨降り地固まるっていうじゃないですか。
세상 일이 항상 그렇게 나쁘지는 않을 겁니다.	人生そんな悪いことばかりじゃないと思いますよ。
불행 중 다행이라고 생각해야죠.	不幸中の幸いと思わなきゃ。
많이 힘드시죠.	(お)辛いでしょう。
조금만 더 참으면(견디면) 되요.	もう少しの辛抱ですよ。
뭐라 말씀을 드려야 할지…….	何と申し上げてよいのやら……。
뭐라 드릴 말씀이 없군요.	言葉が見つかりません。

격려/위로를 받았을 때

용기를 북돋아 줘서 고마워.	勇気をくれてありがとう。
격려(위로)해 주셔서 감사합니다.	励まして〔慰めて〕くれてありがとうございます。
마음 써 주셔서 감사합니다.	心遣い、ありがとうございました。
덕분에 힘이 납니다.	お陰で元気になりました。
모리타 씨가 격려해 준 덕분에 여기까지 올 수 있었습니다.	森田さんの励ましがあってここまで来ることができました。

그렇게 말씀해 주시니 마음이 한결 가벼워지는 것 같습니다.	そう言っていただいて大分気が楽になりました。
당신이 곁에 있어 줘서 다행이야.	あなたがそばにいてくれてよかった。
그 사람 말이 저에게 큰 힘이 되어 주었어요.	彼の言葉が私を力づけてくれました。

6 충고 / 제안

충고

잘 생각하고 행동해.	よく考えて行動しなさい。
잘 생각해 보고 결심해.	よくよく考えて決心しなさい。
머리를 식히고 잘 생각해 봐.	頭を冷やしてよく考えなさい。
자존심을 가져.	プライドを持ちなさい。
그런 것을 해도 그다지 좋은 점은 없어.	そんなことをしても大したメリットはないんだ。
네 주제를 알아라.	身の程を知りなさい。
그걸 하는 것은 네 의무야.	それをするのは君の義務だよ。
두고 보면 알게 될 거야.	今に分かるよ。
그 사람 조심하는 게 좋아.	彼には用心した方がいいよ。
그게 중요한 거야.	それが肝心なんだよ。
쉽게 믿어선 안 돼.	簡単に信用したら駄目だ。
저 남자를 만만하게 봐서는 안 돼.	あの男を甘く見てはいけない。

무엇보다 이 건을 먼저 해야 해.	何よりもこの件を優先すべきだよ。
좀 조용히 하는 게 좋을 거야.	ちょっと静かにした方がいいと思うよ。
그에게는 말대꾸하지 않는 것이 좋을 거야.	彼には口答えしない方がいいと思うよ。
할 수 있는 것만 하고 그 이상은 떠맡지 말도록 해.	できるものだけにして、それ以上は引き受けないように。
그렇게 담배 피면 안 좋아.	そんなにたばこを吸わない方がいいよ。
담배를 끊는 게 좋겠어요.	たばこはやめた方がいいと思いますよ。
담배는 몸에 안 좋아.	たばこは体に毒だ〔悪い〕よ。
알아. 하지만 니코틴 중독인지 끊기가 어렵네.	分かってるよ。でもニコチン中毒なのか、なかなか止められないんだ。
현실은 그렇게 호락호락하지 않아.	現実はそんなに甘いもんじゃないよ。
바쁠수록 돌아가야 하는 법이야.	「急がば回れ」だよ。
그런 식으로 살다간 언젠가 후회할 거다.	そんなことばかりしていたら、今に後悔するよ。[19]
빨리 자. 내일 일찍 일어나야 되잖아.	早く寝なさい。明日早いでしょう。
그런 바보같은 생각하지 마세요.	そんな馬鹿なこと、考えないでください。
충고해 주셔서 감사합니다.	ご忠告、ありがとうございます。
충고는 감사하지만…….	ご忠告は有難いのですが……。

---

[19] 今には '곧, 조만간, 이제', '머지않아, 언젠가'와 같은 뜻이 있다.

권유

같이 갈래?	一緒に行く？	⬇
먹어 봐.	食べてみて。	⬇
뭐 좀 드시겠어요?	何かお召し上がりになりますか。	⬆
콜라 한 잔 드시겠어요?	コーラ一杯飲みますか。	
오렌지 주스 드시겠어요?	オレンジジュースを召し上がりますか。	⬆
물 드시겠어요?	お水、いかがですか。	⬆
(식욕을 돋우기 위해서) 식사 전에 술 한 잔 드시겠어요?	食前酒でも飲みますか。	
휴가를 얻을 것을 권합니다.	休暇を取った方がいいと思いますよ。	
	休暇を取ることをお勧めします。	
택시로 가는 편이 좋을 거예요.	タクシーで行った方がいいですよ。	
제대로 조사하는 게 좋을 거예요.	きちんと調べた方がいいですよ。	
테이프를 몇 번이고 들으면 좋아요.	テープを何度も聞いたらいいですよ。	
사정 얘기를 잘 해보지 그래요.	事情を詳しく話してみたらどうですか。	
비가 내릴 것 같으니까, 우산을 가지고 가세요.	雨が降りそうだから、傘を持っていった方がいいですよ。	
대학원 진학을 생각하는 것도 한 방법일 텐데 자네 생각은 어떤가?	大学院進学を考えるのも一つの方法だと思うが、君の考えはどうかね。	⬇
결정하기 전에 다시 한번 잘 생각해 보세요.	決める前に、もう一度よく考えてみるといいですよ。	

제안

지름길로 가자.	近道しよう。
땡땡이 칠까?	ずる休みしない？
트럼프하자!	トランプしようよ！
좀 생각해 봐.	ちょっと考えてごらん。
머리를 자르는 건 어때?	髪を切ってもらったら？
같이 안 할래?	一緒にやらない？
내기 할래?	賭ける？
걸어 볼래?	賭けてみる？
도배 새로 할까?	壁紙を張り替えようか。
이렇게 하는 쪽이 남 보기 좋아.	この方が体裁がいいよ。
이건 어때?	これはどう？
좋은 생각이 있습니다.	いい考えがあります。
제안이 있는데요.	提案があるんですが。
제안이 있습니다.	ご提案がありますが……。
이렇게 하면 어떨까요?	こういう風にしたらどうでしょうか。
자, 다음과 같이 해봅시다.	さあ、次のようにしてみましょう。
5시 괜찮아요?	5時でいいですか。
차로 가는 게 좋지 않겠어요?	車で行った方がいいと思いませんか。
다음 프로젝트에 대해서 그와 상의하면 어떨까요?	次のプロジェクトについて彼に相談してみたらどうですか。

다음 기회로 미룰까요?	次の機会にしましょうか。
불을 켤까요?	電気をつけましょうか。
버스를 대절해서 가는 건 어때요?	貸しきりバスで行くのはどうですか。
이번엔 온천 여행 해요.	今度は温泉旅行にしませんか。
도시락을 맞추는 것도 좋지 않을까요?	お弁当を頼むのもいいと思いませんか。[20]
각각 담당을 정해서 하는 게 좋을 것 같은데 다들 어떻게 생각하세요?	それぞれ担当を決めてやった方がいいと思うけど、みなさん、どう思いますか？

제안에 대한 응답

좋아요.	いいですね。
굿 아이디어!	グッド・アイディア！
아아, 거기까진 미처 생각을 못했어요.	ああ、そこまでは気がつきませんでした。
다음에 합시다.	この次にしましょう。
그럴 기분이 아닙니다.	そういう気分じゃありません。
좀 생각할 시간을 주십시오.	ちょっと考えさせてください。
제 나름대로의 방법으로 해보겠습니다.	自分なりのやり方でやってみます。
당신 제의를 기꺼이 받아들이겠습니다.	喜んであなたのご提案をお受けします。
제가 당신이라면 그의 제안을 받아들이겠는데요.	私があなたなら彼の提案を受け入れると思いますよ。
괜찮으시다면, 제가 대신 거기에 가겠어요.	よろしかったら、代わりに私がそこに行きます。

---

[20] 일본에서는 자신이 그것이 옳다, 좋다고 생각을 해도 ~思いませんか라는 식으로 상대방의 의견을 묻는 것처럼 말하는 경우가 많다.

7 결심 / 결정

결심

정했어!	決めた!
결심했습니다.	決心しました。
	心に決めました。
	腹を決めました。
결심은 했습니까?	決心はつきましたか。
내일부터 다시 열심히 해야지!	明日からまた頑張るぞ!
다음 번엔 절대 지지 않을 거야.	今度は絶対負けないぞ。
내일부터 하루에 30분씩 조깅을 하기로 했습니다.	明日から一日30分ずつジョギングすることにしました。
주말에는 술을 마시지 않으려고 작정했습니다.	週末は休肝日にしようと思っています。[21]
앞으로는 가능한 술을 삼가려고 합니다.	これからはお酒を控えようと思います。
이번이야말로 작심삼일이 되지 않도록 해야지.	今度こそ三日坊主にならないようにしないと。
(한번 더) 처음부터 다시 시작하려고 합니다.	(もう一度)一からやり直したいと思います。
되든 안 되든 한번 해보겠습니다.	一か八かやってみます。
해 보지도 않고 포기하는 건 옳지 않다고 생각해서요.	やってもみないで諦めるのはよくないと思いましたから。
죽을 각오로 다시 새 출발하겠습니다.	清水の舞台から飛び降りる気持ちでやり直します。[22]

---

21 休肝日란 '간을 쉬게 하는 날' 이므로 결국 '술을 마시지 않는 날' 이라는 뜻이 된다.
22 清水の舞台から飛び降りる気持ちで (기요미즈절 무대에서 뛰어 내릴 마음으로)는 뭔가 죽을 각오를 할 때 쓰이는 관용구. 清水寺는 교토(京都)에 있는 절로 절벽 위에 세워져 있다.

앞으로는 제대로 마음잡고 열심히 하겠습니다.	これからはしっかりと地に足をつけて頑張っていきます。[23]

결정

좋아. 그럼 해 보자.	分かった。じゃ、やってみよう。 ↓
그렇게까지 말한다면 해 보지.	そこまで言うなら、やってみるか。 ↓
당신이 결정하세요.	あなたが決めてください。
제가 정하겠습니다.	自分で決めます。
혼자서 결정하게 해 주세요.	一人で決めさせてください。
아직 결정이 나지 않았습니다.	まだ決まっていません。
결정이 잘 내려지지 않습니다.	なかなか決められません。
어떻게 해야 할지 모르겠어요.	どうすればいいか分かりません。
나 혼자 정할 수는 없습니다.	私一人で決めるわけには行きません。
저 혼자 결정할 수는 없습니다.	私の一存では決めかねます。 ↑
우선은 어떻게 할 것인지를 정하고 나서 합시다.	まずはどうするかを決めてからにしましょう。
이렇다 할 결정적인 뭔가(근거/방법)가 없어요.	これといった決め手がないんですよ。
아직 확정된 건 아니지만 잘 될 것 같아요.	まだ本決まりではないけど、上手く行きそうですよ。
결정되었으니 이젠 하기만 하면 되는 거네요.	そうと決まったら、後はやるだけですね。
빨리 해치웁시다.	さっさとやってしまいましょう。
그쪽 판단(결정)에 맡기겠습니다.	そちらのご判断にお任せいたします。 ↑

---

[23] 地に足をつける는 '땅에 발을 붙이다'라는 뜻으로 착실하게 살아간다는 의미가 된다.

상부에는 보고하지 않기로 했습니다.	上には報告しないことにしました。
이사회는 연기하게 되었습니다.	理事会は延期することになりました。
좋을대로 하세요. 저는 아무래도 괜찮아요.	好きなようにしてください。私はどうでもいいですから。
출발 날짜가 정해지면 연락드릴게요.	出発日が決まったらこちらからご連絡します。

8 주의 / 꾸짖음

주의

조심해!	気をつけて！
조심해야 돼.	気をつけないと駄目よ。
날 꼭 잡아.	しっかり僕につかまって。
살짝(조심 조심) 해.	そっとして〔やって〕ね。
적당히(좀 봐주면서) 해.	手加減してよ。
네 생각은 너무 물러(넌 세상 물정을 몰라).	君の考えは甘すぎるよ。
달리 생각할 순 없어?	外に考えようはないの？
발밑을 조심하세요(조심해서 걸으세요).	足元に気をつけて〔ご注意〕ください。
주의하는 게 좋아요.	注意した方がいいですよ。
좀 주의를 주겠습니다.	ちょっと注意しておきます。
넌 자세가 안 좋으니 고치도록 해라.	君は姿勢が悪いから直すようにしなさい。
무슨 일이든 객관적으로 판단을 해야지.	物事を客観的に判断しないと。

뭐든 지나친 건 좋지 않아요.	何事も行き過ぎはよくありませんよ。
조금 상황을 봅시다.	もう少し様子を見〔窺い〕ましょう。
여기에는 분명히 함정이 있을 거예요.	これには落とし穴があるはずです。
성급하게 구는 건 그만둡시다.	早まるのはよしましょう。
다른 사람들을 헐뜯으면 안 돼요.	人の悪口を言ってはいけません。
남이 없는 곳에서 흉을 보지 말자구요.	当人がいないところで悪口はやめましょうよ。[24]
뒤에서 욕하는 것은 비열한 짓이에요.	人がいないところで悪口を言うのは卑怯です。
매너를 지킵시다.	マナーを守ってください。
주의해 주시기 바랍니다.	ご注意願いたいのですが……。 ↑

타이름 / 꾸짖음 [25]

《《《 타이름 》》》

모든 일에 좀 더 적극적으로 임하길 바란다.	全てのことにもっと積極的になってもらいたい。 ↓
너만 특별 취급할 수는 없어〔너한테만 잘해줄 수는 없어〕.	君だけ特別扱いするわけにはいかないんだ。 ↓
조심에 조심을 하라구.	念には念を入れなさい。 ↓

《《《 꾸짖음 》》》

시끄러워!	うるさい！ ↓
나이를 생각해.	年を考えなさい。 ↓

---

[24] ~ましょうよ는 부드러우면서 실제로는 상대를 종용하는 말투.
[25] 타이름·꾸짖음의 표현은 동등한 상대나 아랫사람에게 주로 많이 쓰여 정중한 표현보다는 반말이 주가 된다.

바보같은 짓 하지 마.	馬鹿な真似はよしなさい。
장소에 맞는 행동을 해라.	場所柄をわきまえなさい。
쓸데없는 잘못을 반복하지 마.	くだらない間違いを繰り返すな！
죽는 소리 하지 마!	弱音を吐くな！
그가 화내는 것도 당연해.	彼が怒るのも当たり前だ。
난 나의 경험을 통해 이렇게 말하는 거다.	私は自分の経験を踏まえてこう言ってるんだ。
투덜거릴 이유는 없어.	ぼやく理由はないよ。
불만을 투덜거릴(투정부리고 있을) 때가 아니야.	不満をたらたら言ってる場合じゃないよ。
투덜투덜 불만만 하지 마라.	ブーブー文句ばかり言うんじゃないよ。
얼굴에 그렇게 쓰여 있어.	顔にそう書いてあるよ。
좀 더 머리를 써라.	もっと頭を使いなさい。
자업자득이다.	自業自得だ。
현실을 인정해.	現実を認めろよ。
너는 태도가 나빠.	君は態度が悪いよ。
태도가 그게 뭐야!	何だ！君のその態度は。
네가 하는 일은 언제나 들쑥날쑥이다.	君の仕事はいつもむらがある。
쓸데없이 돈 낭비하지 마라.	お金の無駄遣いをするんじゃない。
모두 네 책임이다.	全て君の責任だよ。
스스로 부끄럽지 않나?	自分に恥ずかしくないのか。
그러니까 말했잖아.	だから言ったじゃない。

알고 있었던 거지?	知っていたんでしょう？
막판에 겁을 집어먹은 모양이군.	彼は土壇場で臆病風に吹かれたようだな。
	彼は土壇場で臆病神がついたようだな。
빚진 거 갚아!	借りを返せ！
이 보상은 꼭 받아낼 테니, 알았어?	この償いはしてもらうからな。
너, 머리가 어떻게 됐어!	君、どうかしているよ！
그런 말하면 안 돼.	そんなこと言っちゃ駄目だよ。
그건 널 위해서야.	それは自分のためだよ！
날 탓하지 마.	私のせいにしないで。
나한테 화풀이하지 마.	私に八つ当たりしないで。
나를 끌어들이지 말아요.	私を巻き込まないでください。
내 입장이 되어 생각해 봐.	こっちの身になって考えてみてよ。
뭐야? 남의 잘못만 끄집어내구.	何よ〔何だよ〕、人の粗探しばかりして。
그는 언제나 내 일에 트집을 잡아.	彼って、いつも私の仕事にけちをつけるのよ。
내가 무슨 나쁜 짓을 한 것 같잖아.	僕が何か悪いことをしたみたいじゃないか。
철 좀 들어라!	大人になれ！
	大人になりなさい！
주책이야〔나이 값도 못하구〕!	年甲斐もなく！

어떻게 그렇게 분별이 없니?	どうしてそんなに分別がないの？	⬇
너는 왜 항상 그 모양 그 꼴이니?	お前はどうしていつもそうなんだ？	⬇
이 얼간아! 이렇게 쉬운 것도 못 하니?	この馬鹿！こんな易しいこともできないのか。	⬇
똑바로 해.	ちゃんとやれよ。	⬇

9 명령

~해 [26]

맘대로 해!	勝手にしろ！	⬇
그만둬!	やめろ！	⬇
여기서〔당장〕나가!	ここから〔今すぐ〕出て行け！	⬇
빨리 해!	さっさとやれ！	⬇
빨리 빨리 해치워!	てきぱきやれ！	⬇
룰〔규칙〕을 지켜.	ルール〔規則〕を守れ。	⬇
그만해 둬. 좀 조용히 해!	もういいよ。静かにしろよ。	⬇
멈춰!	止まれ！	⬇
손들어!	手を上げろ！	⬇
엎드려!	伏せろ！	⬇
앞으로 나가!	前へ進め！	⬇
무릎 꿇어!	ひざまづけ！	⬇
놔!	放して！	⬇

---

26 しろ、なは 보통 남자말투, 여자들은 して、しないで를 많이 쓴다.

물러나!	下がれ！
그만둬!	よせ〔やめろ〕！
비켜!	どけ！
떨어뜨려!	落とせ！
만지지 마!	触るな！
가까이 오지 마!	近寄らないで！
방해하지 마!	邪魔しないで！
도망 가!	逃げろ！
직접 (보는 앞에서) 말해!	面と向かって言え！
내가 말하는 대로 해!	俺の言う通りにしろ！

~해 : して

조용히 해.	静かにして！
기다려!	待って！
그냥 (혼자 있게) 놔 둬!	ほっといて！
이제 그만 해!	もうやめて！
스스로 해.	自分でやって。
진지하게 해.	まじめにやって。
조금 얌전하라구.	もう少しおとなしくして。
그 남자 잡아!	あの男をつかまえて！

빨리 치워.	早く片付けて。	⬇
흘리지 말고 먹어.	こぼさないで食べて。	⬇

~하지 마 (금지) : な

움직이지 마!	動くな!	⬇
얕보지 말아!	なめるなよ!	⬇
누굴 바보로 알아?	ばかにするな。	⬇
바보 짓 하지마!	馬鹿なことするな。	⬇
불량배들과 어울리지 마라.	不良と仲よくするな。	⬇
까불지 마라.	調子に乗るな。[27]	⬇
변명하지 마!	言い訳をするな!	⬇
무시하지 마.	無視〔しかと〕するな。	⬇
이상한 짓 하지 마.	変な真似するな。	⬇
이기적인 소리하지 마!	自分勝手なことを言うな。	⬇
어정쩡하게 중간에서 그만두지 마.	中途半端でやめるな。	⬇
예의 없게 행동하지 마!	無作法な振る舞いをするな!	⬇
있는 말 없는 말 쫑알거리지 마〔수다 좀 그만 떨어〕!	べらべら〔ぺらぺら〕しゃべるな![28]	⬇

---

[27] 調子に乗る는 '일이 순조롭게 진행되다/본 궤도에 오르다'는 뜻과 '우쭐해지다, 신명이 나다, 까불다' 등의 뜻이 있다.
[28] べらべら는 경솔·경박하게 비밀 등을 이야기하는 것, ぺらぺら는 끊이지 않고 경박하게 얘기하는 것을 말한다. 단, ぺらぺら에는 외국어를 유창하게 한다는 뜻도 있다. 예)英語がぺらぺらですね。(영어를 유창하게 잘 하는군요.)

~ 마세요(금지) : しないで

밀지 말아요!	押さないで！
농담하지 마(세요).	冗談言わないでよ。
장난하지 마세요〔놀리지 마세요〕.	ふざけないでください。
괴롭히지 마세요.	いじめないでください。
나에게 명령하지 마(세요)!	私に命令しないで！
엉망으로 만들지 마(세요).	台無しにしないで。
당신은 안에 들어오지 마(세요)!	あなたは中に入らないで！
그렇게 나한테 붙어 있지 마(세요)!	そんなに私にくっつかないで！
부디 화내지 말아(요).	どうか怒らないで。
경솔하게 지레짐작하지 마(세요)!	早とちりしないで！
내 기대를 배반하지 마(세요).	私の期待を裏切らないで。
이제 당신 자신을 그만 비난하세요.	もうこれ以上自分のことを責めないで。

~하세요 : しなさい[29]

그만해〔그만하세요〕!	もうやめなさい！
	もうよしなさい！
혼자서 해라.	一人でやりなさい。
자기 일은 스스로 해라.	自分のことは自分でしなさい。
즉시 그것을 해라.	すぐにそれをしなさい。

---

[29] ~なさい는 대체로 부모님이나 선생님 말투.

좀 빨리빨리 해!	もうちょっと早くしなさい！
매일 밤 자기 전에 반드시 이를 닦아라.	毎晩寝る前に必ず歯を磨きなさい。
식사하기 전에 손을 씻어라.	食事をする前に手を洗いなさい。
차려준 요리는 남기지 말고 전부 먹어라.	出された料理は残さないで全部食べなさい。
마사유키, 그녀에게 사과해.	雅之、彼女に謝りなさい。
마사유키, 말 들어!	雅之、言うことを聞きなさい！
남자답게 행동해!	男らしくしなさい！
그만 해라. 버릇이 없구나.	やめなさい。お行儀が悪いね。
투덜거리지 말고 하라는 대로 해.	ぐずぐず言わずに言われた通りにしなさい。
교통 신호에 주의해라.	信号に気をつけなさい。
할말이 있거든 똑바로 말해.	言いたいことがあるなら、はっきり言いなさい。
부끄러운 줄 알아라.	恥を知りなさい。
그 곳에 도착하면 바로 편지를 쓰거라.	着いたらすぐに手紙を書きなさい。

~ 하세요 : してください [30]

줄을 서세요.	(列に)並んでください。
조용히 하시오.	静かにしてください。
돌아가세요.	帰ってください。
확실하게 말해 주세요.	はっきり言ってください。

---

[30] ~てください는 대체로 '~해 주세요' 라기보다 '~하세요' 라는 뜻으로 부드러운 말투로 명령할 때 쓰인다.

불평 그만 하세요.	文句はこれまでにしてください。
	文句はもうやめてください。
좀 더 크게 말해 주세요.	もうちょっと大きな声で話してください。
제발 목소리를 낮추세요.	お願いだから声を小さくしてください。
저 차를 따라가 주세요.	あの車について行ってください。
이제 너무 야단법석 떨지 마세요.	もう大騒ぎするのはやめてください。
농땡이 좀 그만 피우세요.	さぼるのもほどほどにしてください。
나를 무시하는 것도 정도껏 하세요.	私を馬鹿にするのもほどほどにしてください。

~ 하지 말아 주세요 : しないでください

그런 말 하지 마세요.	そんなこと言わないでください。
나를 바보 취급하지 마세요.	馬鹿にしないでください。
나를 얕보지 마세요.	私を見くびらないでください。
근무중에 담배 피우지 마세요.	勤務中にたばこを吸わないでください。
어린애 취급하지 마세요.	子供扱いしないでください。
내 일에 참견 마세요.	私のことに口出ししないでください。
시간 낭비하지 말아요.	時間を無駄にしないでください。
소리 지르지 마세요.	怒鳴らないでください。
제발 소리지르지 마세요.	お願いだから大きな声を出さないでください。
쓸데없는(말도 안 되는) 소리 하지 마세요.	くだらないこと、言わないでください。

횡설수설하지 마세요.	訳の分からないこと、言わないでください。
잔디밭에 들어가지 마시오.	芝生に入らないでください。
저를 원망하지 마세요.	私のことを恨まないでください。
잘 알지도 못하면서 참견하지 마세요.	よく知りもしないくせに、口出ししないでください。
얘기를 꾸며내지 마세요. 그 사람 말은 다르던데요.	嘘をつかないでください。あの人と言うことが違いますよ。
사람 무시하지 마세요.	人を無視したような言い方はやめてください。[31]

기타

쉿！조용히.	しっ！静かに。
잘난 척 하지 마.	偉そうなこと言うんじゃない。
위험해！장난하면 안 돼.	危ない！いたずらは駄目よ。
아침밥 꼭 먹고 가라.	朝ご飯、ちゃんと食べて行くのよ。
선생님 말씀 잘 들어야 돼.	先生の言うことをちゃんと聞くのよ。
신호를 건널 때는 좌우를 꼭 확인하고 건너거라.	信号を渡る時は、右左をちゃんと確認してから渡るんだよ。
당신 혼자 보낼 수는 없어요.	あなたを一人で帰らせるわけにはいきません。
미성년자 출입금지.	未成年者出入り禁止。

---

[31] 상대방이 자신을 무시하는 말을 했을 때 쓰는 말.

10 부탁 / 도움 [32]

부탁하려고 할 때 [33]

저기〔있잖아〕.	あのね。
저기요.	あのう。
	すみません。
잠깐만요〔저기요〕.	ちょっといいですか。
	ちょっとよろしいですか。
(만약) 괜찮다면…….	もしよかったら……。
(만약) 괜찮으시다면…….	もしよろしければ……。
죄송합니다만…….	申し訳ないのですが……。
말씀중에 죄송합니다만…….	お話し中、すみませんが……。
방해해서 죄송합니다만.	お邪魔して申し訳ありませんが……。
지금 시간 좀 내 주실 수 있습니까?	今少しお時間空けられますか。
	今、少しお時間いただけますか。

부탁하는 말

부탁해도 돼?	お願いしてもいい？
좀 도와 줄래?	ちょっと手伝ってくれない？
부탁드릴 게 있는데요.	お願いがあるんですけど〔が〕……。
좀 도와 줄래요?	ちょっと手を貸してくれますか。

---

32 일본인의 가정 교육 첫 번째 사항은 남에게 피해를 주지 말라(人様(ひとさま)に迷惑(めいわく)をかけるな)는 것이다. 그러므로 일본인들은 기본적으로 가능한 한 남에게 피해를 주지 않으려 하고, 또 그만큼 자신도 남으로부터 피해를 받기 싫어한다. 이 '피해'의 범주는 '신세·도움·부탁'으로까지 확산되므로 일본 사람이 '피해·폐'라고 생각하는 범주는 한국인보다 훨씬 더 광범위하다는 것에 주의할 필요가 있다.

33 일본인에게 도움을 청하거나 부탁을 할 때는 '해 달라'라고 하기보다는 '해 줄 수 있겠느냐'는 식의 의문문 표현을 사용하여 정중하게 물어보는 것이 좋으며, '혹시 시간이 있다면', '괜찮다면', '형편이 된다면' 하는 식의 말도 곁들여 주는 것이 더욱 효과적이다.

이거 좀 도와 줄래요?	これちょっと手伝ってもらえますか。
좀 도와 주세요.	ちょっと手伝ってください。
도와 주실 수 있는지요.	お力になっていただけますか。
부탁해도 될까요?	お願いしてもいいですか。
부탁 하나 들어주겠습니까?	お願いを一つ聞いてくれますか。
	お願い〔頼み〕が一つあるんですけど、聞いてくれますか。
개인적인 부탁인데요.	個人的なお願いなんですが……。
당신의 도움이 꼭 필요합니다.	ぜひともあなたのお力添え〔ご協力〕が必要なんです。
부탁이니까 거절하지 마.	お願いだから、断らないで。[34]
부탁이 하나 있는데 거절하지 말아 줘.	一つお願いがあるんだけど、断らないでね。
너만 믿을게〔너한테 달려 있는 거야〕.	君にかかっているからね。
저기요, 바쁘지 않으면 잠깐 도와 주겠어요?	あの、手が空いていたら、ちょっと手伝ってもらえませんか。
그 사람에게 우리 좀 도와 달라고 할까요?	その人に力になってくれるようにお願いしてみましょうか。
부탁해.	頼むよ。[35]
이걸 해 주세요.	これをやってください。
평생 소원이야!	一生のお願い！

[34] 거절하지 말아 달라는 얘기는 친한 사이에서만 말한다. 아주 친한 사이가 아니거나 업무 상의 부탁일 경우는 거절하지 말라는 얘기를 하는 것은 실례가 된다. 何（なん）とか〔何卒（なにとぞ）〕、よろしくお願いいたします〔어떻게 좀 잘 부탁드리겠습니다〕 정도의 부탁조로 말하는 게 좋다.
[35] '부탁해', '해 주세요'와 같이 의문문을 쓰지 않는 표현은 상호 간에 당연히 도움을 주고 받는다는 공감대가 형성되어 있을 경우에만 사용한다.

일생에 단 한 번만 하는 부탁이야.	一生に一度のお願い！	⬇
처음이자 마지막 부탁이야.	最初で最後のお願い！	⬇
괜찮겠습니까?	よろしいですか。	
	よろしいでしょうか。	⬆
크게 문제가 안 된다면…….	差し支えなければ……。	⬆
만약 폐가 되지 않는다면.	もしご迷惑でなければ……。	⬆
(정 그러시다면) 염치 불구하고 부탁드려도 될까요?	お言葉に甘えてもよろしいでしょうか。[36]	⬆
달리 부탁할 만한 사람이 없어서…….	外に頼める人がいなくて……。	⬇
무리하지는 마세요.	無理はしないでください。	
무리하게 부탁하지는 않겠어요.	無理にとは言いません。	
비밀로 해 주시면 감사하겠습니다.	内緒にしていただければありがたいです。	

구체적인 도움 요청 [37]

《《《 くれる 》》》

차 태워다 줄래?	車で送ってくれる？	⬇
조금 더운데 창문 좀 열어 줄래?	ちょっと暑いんだけど、窓を開けてくれない？	⬇
은행 가는 길이라면 전기세와 수도세도 좀 내 줄래?	銀行に行くなら電気代と水道代も払ってきてくれない？	⬇

---

36 お言葉に甘える는 상대가 베풀어 주는 호의를 받아들일 때 쓰는 말.
37 뒤 항목으로 갈수록 정중한 도움, 요청 표현이 된다. くれる→もらう→ください→お願いする→いただく

이쪽으로 오시겠어요?	こちらに来てくれますか。
볼펜 좀 빌려 주시겠어요?	ちょっとボールペン、貸してくれますか。
비디오 테이프를 빌려 주시겠습니까?	ビデオテープを貸してくれますか。
오늘 신문 좀 갖다 주겠어요?	今日の新聞を持って来てくれますか。
커피 한 잔 끓여 줄래요?	コーヒー一杯入れてくれますか。
중국어 사전을 사려고 하는데요, 좋은 것을 골라 주지 않으시겠습니까?	中国語の辞書が欲しいんですが、いいのを選んでくれませんか。
제가 일본어를 틀리게 말하면 바로 고쳐 주면 고맙겠습니다.	私の日本語が間違っている時は、その場で直してくれるとありがたいです。

《《《 **もらう** 》》》

문 좀 열어 주겠습니까?	ちょっとドアを開けてもらいますか。[38]
워드프로세서 좀 빌려주세요.	ワープロを貸してもらえますか。
이 서류 좀 타이핑 해 줄래요?	この書類、ワープロで打ってもらえるかな。
축소 복사하고 싶은데, 방법 좀 가르쳐 줄래?	縮小コピーしたいんだけど、やり方を教えてもらえないかな。[39]
종이 한 장 얻을 수 있을까요?	紙一枚もらえますか。
오늘 밤에 전화해 주면 고맙겠습니다만…….	今晩、電話してもらえるとありがたいのですが……。
아이스크림 좀 사다 주시겠어요?	アイスクリームを買って来てもらえますか。
좀 더 조용히 해 줄 수 없습니까?	もう少し静かにしてもらえませんか。

---

[38] 남에게 부탁을 하는 경우에는 もらえますか, もらえませんか를 쓰는 편이 무난하다. もらいますか, もらいませんか는 불손한 느낌을 줄 수도 있기 때문에 상대가 당연히 그것을 해야 할 입장일 경우에만 쓰는 것이 좋다.
[39] 복사는 コピー, 커피는 コーヒー

현관 문 열쇠가 고장이 나서 열리지 않는데 봐 주시겠습니까?	玄関のドアの鍵が壊れて開かないんですが、見てもらえますか。
제 일본어 발음이 틀렸을 때는 언제든지 고쳐 줬으면 합니다.	私の日本語の発音がおかしい時は、いつでも直してもらえたらと思います。

《《《 くださる / ください 》》》

얘기해 주세요〔말씀해 보세요〕.	話してください。
	話を聞かせてください。
한 번 훑어〔읽어〕 봐 주세요.	一度、目を通してください。[40]
나를 두고 가지 마세요.	私を置いて行かないでください。
이제 업무에 임하세요.	そろそろ仕事に取りかかってください。
그 신문 좀 집어 주세요.	ちょっとその新聞取ってください。
신분증 좀 보여 주실까요?	身分証明書を見せてくださいますか。
다치바나 씨가 오면 전해 주시겠습니까, 여기에서 기다려 달라고.	橘さんが来たら伝えてくださいますか、ここで待っていてくださいって。
급한 일이 생겨서 조금 늦는다고 전해 주시겠습니까?	急用ができて少し遅れると伝えてくださいますか。
요령 좀 가르쳐 주세요.	ちょっとこつを教えてくださいませんか。
변변치 않은 것이지만 받아 주세요.	つまらないものですが、お納めください。 ↑
제〔저희〕 마음을 헤아려 주실 수는 없겠습니까?	こちらの気持ちを察してくださるわけにはいきませんでしょうか。 ↑

---

[40] 目を通す는 '한번 대강 훑어보다, 대충 보다' 라는 뜻.

<<< お願いする >>>

회의 준비를 부탁합니다.	会議の準備をお願いします。
여기 좀 치워 주시겠어요?	こちらの(後)片付けをお願いできますか。
검토를 부탁드립니다.	ご検討をお願いします。
꼭 한 번 들려주십사 부탁드렸습니다.	是非一度お立ち寄りくださるようお願い致しました。
커피 한 잔 끓여 주시겠어요?	コーヒー一杯、お願いできますか。
미시마 과장님께 부탁드릴 수는 없을까요?	三島課長にお願いするわけにはいきませんでしょうか。
전화를 건 김에, 부탁 하나 해도 되겠어요?	電話をかけたついでに、一つお願いをしてもいいですか。
당신의 컴퓨터에서 이 자료 좀 인쇄해 주시겠어요?	あなたのパソコンからこの資料のプリントアウトをお願いできますか。
저, 업무에 대한 것은 아닙니다만, 좀 부탁하고 싶은 것이 있어서…….	あのう、仕事のことではないんですが、ちょっとお願いしたいことがありまして……。

<<< いただく >>>

전화해 주시겠어요?	お電話、いただけますか。
펜을 빌려 주실 수 있을까요?	ペンを貸していただけますか。
잠시 시간 좀 내주시겠어요?	ちょっと時間を割いていただけますか。[41]
조금만 더 기다려 주시겠어요?	もう少しお待ちいただけますでしょうか。

---

41 '시간을 내다'는 時間を割く, 時間をつくる. 직역해서 時間を出す라고는 하지 않는다.

모쪼록 꼭 이해해 주시기 바랍니다.	何卒ご理解いただきたく存じます。
	何卒ご理解くださいますよう(に)お願い申し上げます。
	何卒ご理解ほど、よろしくお願い致します〔申し上げます〕。
저한테 전화해 달라고 전해 주십시오.	折り返しお電話いただくようお伝えください。
급한 일이 생겨서 조금 늦는다고 전해 주시겠습니까?	急用ができて少し遅れると伝えていただけますか。
상대방 쪽에 미리 얘기를 해 주실 수는 없으시겠습니까?	先方にお話を通していただくわけにはいきませんでしょうか。
이번만 그렇게 하는 걸로 해 주시기 바랍니다.	今回のみ、ということにしていただきたいと存じます。
수고스럽겠지만 함께 가 주실 수 있을까요?	ご足労をお掛けしますが、一緒に来ていただけますか。[42]
함께 가 주시겠어요?	ご一緒していただけますか。

부탁을 받았을 때

예?	はい？
말하세요.	どうぞ。
뭐든 말하세요.	何でもどうぞ。

---

[42] 一緒に来る는 자신이 안내하며 함께 가 달라고 할 때 쓰는 표현이다. 一緒に行く는 단순히 함께 간다는 뜻이다.

무슨 일이세요?	何でしょうか。
예. 무슨 일이죠?	はい。何でしょうか。
어쩐 일입니까(왜 그러세요/무슨 일 있어요)?	どうしたんですか。
부담 갖지 말고 뭐든 말해요.	気にしないで、何でも言ってください。
어려워하지 말고 언제든지 얘기하세요.	遠慮しないで、いつでも言ってくださいね。
내가 할 수 있는 일이 있으면 뭐든 편하게 얘기하세요.	私にできることがあったら、何でも気軽に言ってくださいね。
뭐든 힘이 되어 드릴게요.	何でも(お)力になりますから。

도움 요청을 수락할 때 [43]

오케이!	OK〔オッケー〕！
알았어.	了解！
그렇게 하세요.	どうぞ。
기꺼이.	喜んで。
좋고말고!	いいとも！
내(제)가 도움이 된다면야 (얼마든지 좋습니다).	私〔わたくし〕でよければ。
너를 위한 일이라면 뭐든 할게.	君のためなら何でもするよ。
좋아, 결정된 거야. 약속했어요.	よし決まった。約束しましたよ。
그런 것 간단해.	そんなの簡単だよ。
네가 원하는 대로 할게.	君の望む通りにするよ。

[43] 좋은 마음으로 이쪽에서 도움을 줄 때는 흔쾌히 승낙하고 상대가 부담을 느끼지 않도록 생색은 내지 않는 것이 좋다. 괜한 생색을 내다보면 상대는 다시는 도움을 청해 오지 않을 것이다.

그런 건 식은 죽 먹기다.	そんなことは朝飯前だ！[44] ↓
네가 상관없다면.	君が構わなければ。 ↓
물론이에요.	もちろんです。
상관없어.	いいですよ。
네, 알겠습니다.	はい、分かりました。
잘 알겠습니다.	かしこまりました。 ↑
	承知いたしました。 ↑
제가 할 수 있는 일이라면요.	私にできることでありましたら。
기꺼이 하겠습니다!	喜んでそうさせていただきます。 ↑
나머지는(뒷일은) 나한테 맡기세요.	あとは私に任せてください。
그거야 별 것 아니죠.	それは大したことじゃないです。
무슨 일이 있어도 하겠습니다.	たとえ何があろうとやります。
꼭 제가 하게 해 주세요.	ぜひ私にやらせてください。
내가 어떻게 당신 부탁을 거절할 수 있겠어?	あなたの頼みだ。断れるもんですか。
당신을 위해서 노력할게요.	あなたのために頑張ります。
좋아요. 생각 좀 해 보겠습니다.	いいですね。ちょっと考えてみます。
서로 상부상조 해야지요.	お互い助け合わないと。
	持ちつ持たれつですよ。[45]
괜찮으시다면, 이 우산을 쓰세요.	よかったら、この傘をどうぞ。
	よろしかったら、これどうぞ。

---

[44] 같은 뜻으로 へのかっぱ와 お茶(ちゃ)の子(こ)さいさい가 있다.
[45] '상부상조'는 직역해서 相扶相助라고는 하지 않는다.

제가 가르쳐 드리죠.	私がお教えしましょう。
좋습니다. 저녁까지 고쳐 두지요.	いいですよ。夜までに直しておきましょう。
물론이죠. 다음 주까지 돌려주기만 한다면 빌려 줄게요.	もちろんです。来週までに返してもらえるんだったらどうぞ。
마음대로 쓰세요(원하는 만큼 가져가세요).	ご自由にどうぞ。

도움을 받았을 때

그래 줄래?	そうしてくれる？
그거 고맙군.	それはありがたい。
예, 부탁합니다.	はい、お願いします。
감사합니다 (살았어요).	ありがとうございます。助かります。
고맙습니다(은혜를 입었습니다).	恩に着ます。
그렇게 해 주시겠어요?	そのようにしていただけますか。
정말 부탁드려도 될까요?	本当にお言葉に甘えてもよろしいでしょうか。
그럼 부탁드립니다. 감사합니다.	それでは、お言葉に甘えさせていただきます。
정말 미안합니다. 그럼, 부탁드리겠습니다.	どうもすみません。じゃ、お願いできますか。
네, 그럼 이것만 부탁합니다.	はい。じゃ、これだけお願いします。
그걸로 됐습니다.	それで結構です。
뭐든 괜찮아.	なんでもいいよ。
아무래도 상관없어.	どうでもいいよ。

어디라도 상관없어.	どこだっていいよ。
그것이면 충분할 겁니다.	それで十分だと思います。[46]
우선은 그 정도면 충분하겠지요.	まずは、そんなところで、十分でしょう。

도움/부탁 요청을 거절할 때 [47]

도움이 되지 못해서 죄송합니다.	お役に立てなくて、申し訳ありません。
그럴 수 있음 좋겠지만…….	そうできればいいんだけど……。
바라시는 대로 해 드릴 수가 없습니다.	ご希望には添えられません。
이번에는 힘이 되어 드릴 수가 없습니다.	今回はお力になれません。
미안하지만 전 힘이 되어 드릴 수가 없습니다.	お気の毒ですが、私はお力になれません。
미안하지만, 그것에 대해서는 아는 바가 전혀 없어요.	悪いけど、それについては何も知らないので……。
미안하지만 지금은 좀 안 될 것 같아.	悪いけど、今はちょっと無理なんだ。
미안하지만 오늘은 시간이 없습니다.	残念ですが、今日は都合が悪いです。
오늘 중으로는 안 되겠는데요.	今日中にはちょっと無理ですね。
기꺼이 하고 싶습니다만, 요즘 너무 바빠서 안 되겠습니다.	喜んでやりたいところですが、最近はあまりにも忙しくて、どうしても無理ですね。
가능하면 그런 일은 하고 싶지 않은데요.	できればそういうことはしたくないのですが……。
다른 일이 있어서……(미안합니다).	ほかに用事があるので……。[48]

[46] 충분하다 는 充分だ, 十二分(じゅうにぶん)だ라고도 한다.
[47] 부탁을 거절할 때는 가급적 어쩔 수 없는 상황이라는 핑계를 대며 도와 주고는 싶은 마음은 있지만 어쩔 수 없이 거절할 수밖에 없다고 얘기하는 것이 좋다. 단정적인 거절 표현은 가족과 같이 허물없이 지내는 사이에서만 사용한다.
[48] '일' 은 '개인적 용무' 일 경우는 用(よう), 用事(ようじ), '업무상의 일' 일 경우는 仕事(しごと)로 나누어 표현한다.

죄송합니다. 지금 바빠서요.	すみません、今急いでいるので……。[49]
지금은 좀 중단하기 어려운 일이 있는데요.	今ちょっと手放せない仕事があるんですが……。
미안하지만 급한 일이 생겼습니다.	残念ながら、急用が入ってしまいました。
당신은 항상 내가 바쁠 때 부탁하는군요.	あなたはいつも私が忙しい時に言ってくるのね。
미안하지만 지금 너무 바빠.	悪いけど、今すごく忙しいんだ。
유감이지만(미안하지만) 안 됩니다.	残念ながら駄目です。
정말 할 수 없는데요.	本当にできないのですが……。
그건 저한테는 무리입니다. 다른 사람을 찾아보세요.	それは私には無理です。他をあたってください。[50]
이 이상은 해 줄 수 없습니다.	これ以上は無理です。
그건 무리한 요구입니다.	それは無理な要求です。
거절하겠습니다.	お断りいたします。
그럴 상황이 아니에요.	それどころじゃないんです。
안 되겠습니다.	駄目ですね。
	できませんね。
	無理ですね。
안 될 거야.	難しい〔駄目だ〕と思うよ。
아직 안 돼.	まだ駄目だ。
여기서는 안 돼.	ここでは駄目だ。

---

49 '바쁘다'는 忙(いそが)しい와 急ぐ(서두르다)가 있다. 急ぐ는 어딘가 바빠 가야할 상황이라고 볼 수 있다. 회사에 업무가 바빠서 못하겠다고 할 경우는 忙しい를 써야 한다.
50 他をあたる는 '다른 곳(사람)을 알아보다'라는 뜻.

지금은 안 돼.	今は駄目。
싫어.	嫌だ。
안 돼！ 정말 싫어！	だめ！絶対いやだ！

도움 요청을 거절당했을 때

역시 안 되겠지?	やっぱ、駄目か。
그렇습니까? 알겠습니다.	そうですか。分かりました。
할 수 없지요, 뭐.	しょうがないですね。
할 수 없지요. 포기할게요.	仕方ないですね。あきらめます。
마음쓰지 마세요.	気にしないでください。
마음 써 주셔서 감사합니다.	気を遣っていただいて、ありがとうございました。
아니에요. 죄송합니다. 저야말로 무리한 부탁을 드려서요.	いいえ、すみません。こちらこそ、無理なお願いをしまして……。
어떻게든 되겠지요.	何とかなるでしょう。
어떻게든 혼자 힘으로 해 볼게요.	何とか一人でやってみます。
이번엔 어쩔 수 없지만 다음 번엔 꼭 부탁드릴게요.	今回はしょうがないけど、次回はぜひお願いします。

도움을 자청할 때

뭐 좀 도와 줄까?	何か手伝おうか。
잔업해야 돼? 같이 해 줄까?	残業なの？付き合おうか。
제가 해 드리겠습니다.	私がやります。
도와 드릴까요?	お手伝いしましょうか。
도움이 필요하세요?	何か、お手伝いしましょうか。
필요하신 게 있으시면 말씀만 하세요.	必要なものがあれば何でも言ってください。
제가 도울 수 있는 일이라도 있습니까?	僕にできること、ありますか。
제가 도움이 될 일은 없습니까?	何か私にできることはありませんか。
도움이 필요하시면 언제든지〔무엇이든〕 부탁하세요.	私にできることがあれば、いつでも〔何でも〕言ってください。
쓰레기를 치워 드릴까요?	ごみを捨てて来ましょうか。
필요하면 언제든지 불러 주세요.	必要であればいつでも呼んでください。
자, 뭘 하면 되죠?	さあ、何をすればいいですか。
예, 기꺼이. 제가 언제라도 도와 드리겠습니다.	はい、喜んで。いつでも（僕／私が）お手伝いします。
이번 일은 그냥〔무료로〕 해 드리겠습니다.	今回の仕事は謝礼なしでやらせていただきます。
그것 빼고는 무엇이든 하겠어요.	それ以外なら何でもやります。
그 밖에 또 무엇이 필요하죠?	その外にまた何が必要ですか。

燃（も）えるゴミ 타는 쓰레기　燃（も）えないゴミ 안 타는 쓰레기　生（なま）ゴミ 음식물 쓰레기　粗大（そだい）ゴミ 대형 쓰레기
ごみの分別収集（ぶんべつしゅうしゅう） 쓰레기 분리수거

당신 혼자서도 그 일을 끝낼 수 있겠어요?	一人でその仕事を終わらせることができそうですか。
사진, 찍어 드릴까요?	写真、お撮りしましょうか。
방석을 붙박이장에 넣을까요?	座布団を押し入れにしまいましょうか。[51]
제가 설거지 해 드릴까요?	僕が後片付けしましょうか。
제가 짐을 맡아 드리겠습니다.	私が荷物をお預かりしましょう。[52]
고바야시 씨, 무거워 보이네요. 들어 드릴까요?	小林さん、重そうですね。一緒に持ちましょうか。
상자 옮기는 것 도와 드릴까요?	その箱運ぶの、手伝いましょうか。
백짓장도 맞들면 낫다잖아요.	一人よりは二人の方が楽じゃないですか。 「三人寄れば文殊の知恵」と言うじゃないですか。[53]
언제라도 또 얘기해요.	いつでもまた言ってくださいね。

상대의 도움을 거절할 때

괜찮아.	大丈夫！
괜찮습니다.	結構です。
이제 충분해요.	もう十分です。
고맙지만 괜찮아요. 다 끝나가요.	せっかくだけど、もう大丈夫。そろそろ終わります。

---

[51] 押し入れ란 일본식 다다미 방에 있는 이른바 붙박이장을 말한다. 이불이나 옷을 수납한다.
[52] '해 주다'는 보통 ～しよう、～しましょう、お～する 문형으로 표현하는 것이 좋다. 직역인 ～てあげる는 매우 생색을 낼 때만 쓰이는 표현이므로 주의를 요한다.
[53] 三人寄れば文殊の知恵는 '세 사람이 모이면 뛰어나게 좋은 지혜가 나온다'는 뜻. 文殊는 부처의 지혜를 상징하는 文殊菩薩(문수보살)의 준말.

감사합니다만, 저 혼자 할 수 있을 것 같아요.	お気持ちはありがたいのですが、私一人でできます。
아니에요, 나중에 제가 치울테니, 그냥 거기에 놔 두세요.	いいえ、後で私が片付けますから、そこに置いといてください。
말씀은 고맙지만, 괜찮습니다.	お言葉はありがたいけど、大丈夫です。

돈을 빌릴 때 / 거절할 때 [54]

《《《 돈을 빌릴 때 》》》

100엔짜리 동전 있어요?	100円玉ありますか。
이따 갚을게 천 엔만 빌려 줄래?	後で返すから1000円だけ貸してくれる?
지금 동전이 조금 모자라는데 빌려줄 수 있어요?	今ちょっと小銭が足りないんだけど、貸してくれますか。
돈 좀 빌려 주지 않을래?	ちょっとお金貸してくれない?
돈 좀 빌릴 수 있을까요?	ちょっとお金を貸してもらえますか。
돈 좀 빌리고 싶은데요.	ちょっとお金を貸してもらえたらと思うのですが……。
급하게 돈이 좀 필요한데, 빌려 주실 수 있어요?	急にお金が要るんですが、貸してもらえませんか。
오천 엔 정도 빌릴 수 있을까요?	五千円ほど貸していただけますか。
다음 주까지 꼭 갚을게요.	来週まで必ず返します。

---

54 일본인과 좋은 관계를 유지하고 싶다면 돈 거래는 안 하는 것이 좋다. 일본 사람들은 가족끼리도 돈을 빌리기 꺼려할 정도이기 때문이다. 가족이라도 돈을 빌릴 때는 必ず返すから(꼭 갚을테니까)라는 말을 할 정도이며 경우에 따라서는 차용장(借用書)까지 쓰기도 한다.

차용증을 쓸까요?	借用書を書きましょうか。

⟪⟪⟪ 거절할 때 ⟫⟫⟫

잔돈이 없어요.	細かいのがないんです。[55]
지금 가진 돈이 없는데.	あいにく今は持ち合わせがないんですけど。[56]
미안하지만, 월급날 전이라 (돈이 없어)…….	悪いけど、給料日前なんで……。
지금 그렇게 큰돈은 없어요.	今はそんな大金はありません。
나도 무지 가난해요.	私もすっごい金欠〔貧乏〕なんです。[57]

⟪⟪⟪ 돈을 갚을 때 ⟫⟫⟫

고맙습니다. 요긴하게 잘 썼어요.	ありがとうございました。助かりました。
이거 지난 번에 빌렸던 돈이에요.	これ、先日お借りしたものです。
미안합니다. 봉투가 없어서요.	すみません。封筒がなくて……。[58]

기타

간다 씨의 도움이 컸습니다.	神田さんが大きな力になってくれました。
저는 물심양면으로 그분의 도움을 받았어요.	私はその方に何かとお世話になりました。
	私は何かとその方のお力添えをいただきました。
그는 내가 곤경에 처했을 때 끝까지 나를 도와 주었습니다. [59]	彼は私が大変だった時、最後まで私のことを助けてくれました。
	彼は僕が苦境に立たされた時、最後まで僕のことを助けてくれました。

---

55 돈을 얘기할 때 細かいのは 잔돈, 大きいのは 큰돈, 즉 지폐.
56 持ち合わせは 현재 소지하고 있는 돈을 말한다.
57 金欠는 돈이 없다는 것을 말하는 金欠病에서 온 말이며, 金欠病는 발음이 비슷한 貧血病(빈혈)에서 나온 말이다.
58 일본에서 돈을 주고받을 때는 봉투에 넣는 것이 예의이다. 일본에서는 돈을 남에게 보이는 것을 꺼려하므로 특히 돈을 갚을 때는 적은 돈이라도 봉투에 넣어 주는 것이 좋으며, 없을 경우에는 흰 종이에라도 싸서 준다.
59 곤경에 처하다'는 大変だ, 苦境に立つ. 직역해서 困境に処する라고는 하지 않는다.

펜 가지고 있어?	ペン持ってる？
시간 있으세요?	時間ありますか。
뜨거운 물 있어요?	お湯はありますか。[60]
좀 지나갑시다.	ちょっと通ります。
이것은 어떻게 사용하는 겁니까?	これはどうやって使うんですか。
이 게임 하는 법(카메라 사용법) 아세요?	このゲームのやり方〔カメラの使い方〕分かりますか。
이 용지의 기입 방법을 모르겠는데요.	この用紙の記入方法が分からないのですが。
당신 노트북 좀 사용할 수 있을까요?	あなたのノート（パソコン）をちょっと拝借できますでしょうか。
표를 좀 사다줬으면 하는데.	ちょっと切手買ってきて欲しいんだけど。

11 허가/양해

허가를 구할 때

전화 좀 써도 돼?	電話、借りてもいい？
좀 봐도 돼?	ちょっと見てもいい？
들어가도 될까요?	入ってもいいですか。
	入ってもいいでしょうか。
여기 앉아도 되겠습니까?	ここに座ってもいいですか。
좀 기다려 주시겠어요?(기다릴 수 있으시겠어요?)	ちょっとお待ちになっていただけますか。

---

[60] '뜨거운 물'은 お湯. 직역해 熱い水라고 하지 않는다. 水는 찬물만을 뜻하며, 미지근한 물은 ぬるま湯라고 한다.

컴퓨터 좀 사용해도 될까요?	パソコンを使ってもいいですか。
TV를 켜도 될까요?	テレビをつけてもいいですか。
여기에서 사진 찍어도 돼요?	ここで写真を撮ってもいいですか。
여기에서 공놀이를 해도 돼요?	ここでボール遊びをしていいですか？
저기에 주차해도 됩니까?	あそこに駐車してもいいですか。
화장실 써도 됩니까?	トイレを借りてもいいですか。[61]
또 만나고 싶은데요(또 데이트 신청해도 될까요?).	今度、また(デートに)誘ってもいいですか。
창문을 열어도 되겠습니까?	窓を開けてもいいでしょうか。
여기에 짐을 놔 둬도 되겠습니까?	ここに荷物を置いてもいいですか。
담배를 피워도 괜찮겠습니까?	たばこを吸ってもいいでしょうか。
전화 드려도 되겠습니까?	お電話させていただいてもよろしいですか。⬆
좀 늦어질 것 같은데 괜찮겠어요?	ちょっと遅くなりますが、よろしいですか。
먼저 일어나도 되겠습니까?	お先に失礼してもよろしいでしょうか。⬆
회의가 끝날 때까지 기다려야 할 것 같은데 괜찮으시겠습니까?	会議が終ってからということになりますが、よろしいでしょうか。⬆
화장실 좀 다녀오겠습니다.	ちょっと失礼します。
	ちょっとお手洗い〔トイレ〕に行ってきます。
	ちょっとお化粧直しして来ますね。

---

[61] 남의 집을 방문했을 때와 같이 화장실이 상대방 소유가 분명할 경우는 '빌리다(借りる)'라고 하지 사용하라는 표현은 잘 쓰지 않는다.

허가할 때

네, 하세요(그러세요).	ええ、どうぞ。
네, 그렇게 하세요.	ええ、いいですよ。
예, 괜찮아요.	はい、構いませんよ。
용서해 줄게.	許してあげる。
마음쓰지 말고 그렇게 하세요.	気にしないで、どうぞ。
속이 시원할 때까지 해 보지 그래?	気が済むまでやれば？
아직 끝나지는 않았지만, 그냥 이 정도로 해 두지 뭐.	まだ終らないけど、まあ、いいか。
이번 만큼은 용서해 주기로 할까?	今度だけは見逃してあげるとするか。
미스즈, 먼저 가도 돼.	ミスズ、もう帰っていいよ。

허가하지 않을 때

그건 좀 곤란합니다.	それはちょっと……。
될 수 있으면 하지 마셨으면(이왕이면 안 하시면) 고맙겠어요.	できれば、遠慮してもらえるとありがたいのですが……。
이거 다 끝난 다음에 해 주겠습니까?	これ、終らせてからにしてくれませんか。
이거 다 끝내고 나서 하자.	これ、終らせてからにしよう。
창문을 열면 벌레가 들어오지 않을까?	窓を開けたら虫が入るんじゃない？[62]
담배 연기를 싫어하거든요.(그러니까 피지 말았으면 좋겠어요)	ちょっとたばこの煙が苦手なんで……。

[62] 실질적으로는 열지 말았으면 좋겠다는 거절의 뜻. 직접적으로 '안 된다'라고 말하기보다 이런 식으로 돌려서 말하는 것이 보다 일본적인 표현 방식이라고 할 수 있다.

2 감정 표현

일본의 평범한 회사원 시마즈 제작소(島津製作所)의 다나카 고이치(田中耕一)씨가 노벨화학상을 수상했다. 수상 결정 후 인터뷰에 답하는 그의 모습을 보면 일본인이 얼마나 자신의 감정을 솔직하게 드러내는 것에 익숙하지 않은지를 알 수 있다. 그는 시종일관 쑥스러움과 겸손으로 자신의 기쁨을 표현할 뿐이었다. 또한 화산 폭발 현장을 촬영하다 사망한 카메라맨의 장례식 소식을 TV에서 전하면서 전혀 눈물을 보이지 않고 침착하고 냉정한 모습으로 장례식을 치르는 부인의 모습을 전국적으로 칭찬했던 일도 있었다. 한국에서는 인정 없는 부인이라고 비난받을 모습이 일본에서는 칭찬 받는 일인 것이다.
일본에서는 희로애락을 솔직하게 드러내서 표현하는 것은 어른이 덜 된 것으로 간주하기도 한다. 그러므로 일본에서는 너무 노골적으로 자신의 감정을 남에게 드러내지 않는 것이 좋다.

1 기쁠 때

즐거움 / 재미

《《《 즐거움 》》》

즐거웠어요.	楽しかったです。
정말 즐거워요!	本当に楽しいですね。
즐겁게 보냅시다(즐거운 마음으로 합시다).	楽しくやりましょう。
즐거운 시간 보내세요.	十分楽しんでくださいね。
진짜 재미는 지금부터예요.	楽しみはこれからですよ。
덕분에 아주 즐거웠습니다.	おかげでとても楽しかったです。 十分楽しませてもらいました。
올 여름이 기대되는데.	この夏が楽しみだ。

《《《 재미 》》》

재미있군요.	面白いですね。
이렇게 재미있으니 어떻게 그만둘 수가 있겠어요.	こんなに面白いんじゃ、やめられませんね。
웃긴다! 웃겨!	笑える！
	うけた！うけた！[1]
웃겨 죽겠네.	おかしくてたまらないね。
	おかしすぎる！
뭐가 그렇게 재밌어〔웃겨〕?	何がそんなにおかしいわけ？
웃으면 복이 온다.	笑う角に福来る。

《《《 기쁨 》》》

와!	わーい！
야호!	ヤッホー！
만세!	万歳！
대단하다〔훌륭하다 / 멋지다〕!	すごい！
해냈어!	やった！
	やったね！
거짓말 같아.	うそみたいだ。
무척 기뻐요!	すごくうれしい！
좋아 죽겠어!	うれしくて死にそう！

---

[1] うける는 ウケる와 같이 가타카나로 표기하는 경우도 있으며 개그나 농담, 행동 등이 웃기거나 호응이 좋을 때 사용된다. ウケがいい라고 하면 '호응이 좋다'는 뜻이 된다.

기분 끝내주는군!	気分、最高!	↓
정말 기분이 좋군!	本当に気分いいな。	↓
기분 좋다!	いい気分だ!	↓
기분 참 좋다.	気持ちいいなあ。[2]	↓
그 말을 들으니 너무 기분 좋은데.	それを聞いてうれしいよ。	↓
그거 좋은 얘기군요.	それはいい話ですね。	
오늘 무슨 좋은 일 있는가 봐요.	今日はうれしそうですね。	
기쁩니다.	うれしいです。	
	うれしく思います。	
너무 기뻐요.	うれしくてたまりません。	
그건 희소식이군요.	それはうれしい知らせですね。	
기뻐서 가슴이 터질 것 같아요.	うれしさに胸が張り裂けそうです。	
이렇게 기쁠 수가 있군요.	こんなうれしいことってあるんですね。	
그 소식을 들으니 정말 기쁩니다.	それを聞いて本当にうれしいです。	
너무 좋아서 날아갈 것 같은 기분이었습니다.	うれしくて、うれしくて、天にも昇る気持ちでした。	
뭐라고 말해야 할지 모르겠어요. 너무 기뻐서 말이 안 나옵니다.	何て言えばいいんだろう。うれしすぎて言葉もありません。	
제 생애에 이보다 기쁜 일은 없었어요.	私の人生の中でこんなにうれしかった日はなかったです。	

---

[2] 気持ちいい는 신선한 공기, 온천욕 등과 같이 정신적·육체적으로 좋은 느낌일 때 쓰인다.

엄마의 소원을 이뤄드려서 정말 기쁩니다.	母の念願をかなえてあげられて本当にうれしいです。
당신이〔○○씨가〕오신다면 매우 기쁘겠어요.	あなた〔○○さん〕が来てくれるなら本当にうれしいです。
어쩐지 희색이 만면하더라니…….	道理で、うれしそうだと思った……. ⬇
콧노래라도 부르고 싶은 기분입니다.	鼻歌でも歌いたい気分です。
그거 반가운 소식이군요.	それはいいお話ですね。
도움이 돼서 저도 기뻐요.	力になれて私〔こちら〕としてもうれしいです。
그거 기쁜 일이군요.	それは喜ばしいことですね。
이보다 더한 기쁨은 없습니다.	これに勝る喜びはありません。
그녀가 들으면 틀림없이 기뻐할 거예요.	彼女が聞いたらきっと喜びますよ。
무슨 좋은 일 있어?	何かいいことあったの？ ⬇
정말 기쁘시겠습니다〔잘 됐네요〕.	本当によかったですね。
어쩐지 즐거워 보이네요.	何だか楽しそうですね。
그 소식을 들으면 그가 얼마나 기뻐할까!	それを聞いたら彼はどんなに喜ぶだろう。
기쁨이 배가 되는군요.	喜びひとしおですね。[3]
목표를 달성할 수 있어서 다행이다!	目標を達成できてよかった！ ⬇
목표를 달성했군요.	目標を達成しましたね。
시험에 합격해서 정말 잘됐다.	合格してよかったね。 ⬇
경기에 우승하셨다구요. 축하드립니다.	優勝されたそうですね。おめでとうございます。

---

[3] ひとしおは '한층 더, 더더욱' 이라는 뜻의 부사. 예) 感慨(かんがい)もひとしおである. (감회도 더욱 크다.)

하느님께서 꼭 힘이 돼 주실 겁니다.	神様がきっと味方になってくださるでしょう。[4]
하느님! 부처님! 꼭 합격하게 해 주세요!	神様、仏様！必ず合格しますように。[5]
그는 일등상을 받고 너무 기쁜 나머지 눈물을 흘렸어요.	彼は一等賞をもらってうれしさのあまり涙を流していました。
매우 좋은 분을 소개해 주셔서 모두들 기뻐하고 있습니다.	大変いい方を紹介していただいてみんな喜んでいます。
오늘 과장님 기분이 아주 좋은 것 같지요?	今日の課長は上機嫌ですね。
저 사람, 요즘 늘 기분이 안 좋은 것 같아요. (그렇게 생각 안 해요?)	あの人、最近いつも不機嫌ですね。
오늘은 기분이 안 좋은 것 같으니까 보고는 내일로 미루는 게 좋을 것 같군요.	今日は機嫌が悪いから、報告は明日にした方がよさそうですね。
오 부장님은 기분이 좋으면 만사 오케이잖아요.	オーさん〔部長〕は機嫌がよければ、全てよし！ですからね。

행운

웬 횡재야!	ラッキー！
대박이다!	大当たりだ！[6]
이거야!	これだよ！
잘 됐다!	よかった！
오늘은 운이 좋은데요.	今日はついてますね。
운이 좋았지 뭐.	ただ運がよかったのさ。

4 일본에서 神는 하느님, 천황, 신사에서 모시는 원령, 천둥·호랑이·늑대·뱀 등 인간에게 해를 끼치는 것, 하나님 등 다양한 의미를 내포하는 말이다.
5 일본인은 종교를 갖고 있는 경우가 적으므로 자신의 소망을 기도할 때 하느님과 부처님을 동시에 부르기도 한다.
6 大当たり는 '(크게) 적중함' 또는 '대성공·대히트하다' 라는 뜻.

꿈은 이루어진다.	夢、かなう。[7]	↓
	夢はかなえられる。	↓
꿈을 이루었어!	夢がかなった！	↓
	夢が実現したよ！	↓

행복

행복해?	幸せかい？	🔖 ↓
행복해지고 싶어.	幸せになりたい。	↓
행복하게 해 줄게.	幸せにするよ。	↓
나는 매우 행복해요.	私はとても幸せです。	
너는 나를 행복하게 해 주었어.	君は僕を幸せにしてくれた。	🔖
이렇게 행복할 수 있다니…….	こんなに幸せな気持ちになれるなんて……。	🔖 ↓
함께 할 수 있어서 행복했어요.	ご一緒できて幸せでした。	
동경하는 선배한테 배울 수 있다니 무엇보다 행복합니다.	憧れの先輩に教えてもらえるなんて、何より幸せです。	
최고야!	もう、最高！	↓
기분 좋~다(극락이 따로 없구먼).	極楽、極楽。	↓
정말 행복한 날이에요(이렇게 행복한 날일 수가).	何てハッピーな日なんでしょう。	

---

[7] 2002년 한·일 월드컵대회시 붉은 악마의 응원 메시지였던 '꿈은 이루어진다'를 한 일본 언론에서는 夢、かなう로 번역한 바 있다. 일상적인 회화체로 쓸 경우는 夢はかなう라는 식으로 조사 は를 넣어 말하는 것이 자연스럽다.

안심

어휴, 십년감수했네〔이제 마음이 놓이네〕.	ああ、ほっとした。
	ああ、よかった。
	ヒュー、助かった。
이제 안심해도 되겠네요.	これで一安心ですね。[8]
그 말을 들으니 안심이 되는군요.	それを聞くとほっとしますね。
참 다행이군요!	本当に何よりですね。[9]
	本当によかったですね。
이제 안심이 돼요.	これで安心できます。
마음이 편해졌습니다.	気が楽になりました。
편안한 마음입니다.	安らかな気持ちです。
그 얘기를 듣고 안심했습니다.	その話を聞いて安心しました。
보험에 들어 놔서 다행이에요.	保険に入っておいてよかったです。
그 점에 대해서는 안심하십시오.	その点はご安心ください。
안심할 수 있는 게 최고야!	安心が一番!
이제 겨우 마음이 놓이네.	これでやっと気が休まるね。
마음이 든든하네요.	心強いですね。
필요할 때 도움이 되어 주었습니다.	いざという時に頼りになってくれました。[10]
그 사람은 믿을 만한 사람이니까 걱정없어요.	彼は信用できる人だから心配は要りません〔ご無用です〕。

---

8 一安心する는 '한시름 놓다, 우선 안심이 되다' 라는 뜻.
9 何より의 원뜻은 '무엇보다도' 이지만, 何よりですら라고 하면 '그 이상은 없습니다' 라는 뜻이 된다.
10 いざという時는 '유사시, 만일의 경우' 라는 뜻.

그 얘기를 들으니 십년 묵은 체증이 싹 가셨습니다.	それを聞いてすっきりしました。
이제 골치 아팠던 문제에서 벗어났어요.	もう頭の痛い問題から解放されました。

설레임

가슴 설레이네!	(胸が)わくわくするね！
진짜 기대된다!	ワクワク、ドキドキだね。
가슴 설레여. 우린 이제 조금 있으면 부모가 되는 거야.	わくわくする。私たち、もうすぐ親になるんだ。
더 이상 못 기다리겠어.	もう、待てないよ。
	もう、待ちきれない。
가슴이 떨려요.	ドキドキして来ました。
이 두근거리는 마음을 어떻게 전해야 좋을지…….	この胸のときめきをどう伝えたらいいのか。
그 사람을 생각하기만 해도 가슴이 설레요.	彼のことを考えるだけで胸がキュンとするんです。
가슴 떨리는 추억을 갖고 싶어.	胸がきゅんとなるような思い出がほしい。[11]
그녀는 나를 당황하게 만드는 구석이 있다.	彼女は僕をどぎまぎさせるところがある。[12]
이제 내일부터 독립해서 살아요. 기대돼요.	いよいよ明日から一人暮らしを始めるんです。楽しみだなあ。

[11] 胸がきゅんとなる의 사전적 의미는 큰 감동을 받아 숨이 막히는 것 같은 순간을 느끼는 것. 우리말로 한다면 '숨이 막히는' 보다 '가슴 떨리는' 느낌에 가깝다. 일본 드라마에서는 이 말을 줄여서 胸キュン의 思い出がほしい라는 식으로 말하는 것도 종종 볼 수 있다.
[12] どぎまぎする는 뜻밖의 일을 당하거나 압도되어 당황하는 것을 말한다. どぎまぎさせる는 그렇게 당황스럽게 만드는 것을 말한다.

2 슬플 때

슬픔

어머, (어떻게 그럴 수 있지)?	あら、まあ！
맙소사!	何てこと！
	信じられない！
아아, 슬퍼.	ああ、悲しい。
너무 슬프다.	とても悲しい。
가슴이 아프다.	胸が痛い。
난 계속 슬픔에 젖어 있어.	僕はずっと悲しみにくれている。
가슴이 찢어질 것 같아요.	胸が張り裂けそうです。
슬픈 이야기 때문에 기분이 울적해졌습니다.	悲しい話で気が沈んでしまいました。
이 무슨 매정한 일이란 말인가!	何と無情な！
그녀는 눈물을 글썽였습니다.	彼女は涙ぐみました。
그녀의 눈에는 눈물이 넘쳐 흘렀어요.	彼女の目には涙があふれました。
그녀는 눈물이 많아요.	彼女は涙もろい人です。
이유도 없이 눈물이 자꾸 나요.	訳もなく涙が出ます。
눈물 닦으세요.	涙を拭いてください。
슬퍼서 울고 싶은 심정이에요.	悲しくて泣きたい気分です。
괜스레 울고 싶은 기분이에요.	何となく泣きたい気分です。
그녀는 흐느껴 울고 있었어요.	彼女はすすり泣いていました。

울어. 실컷 울어.	泣きなさい。気が済むまで泣きなさい。[13]
너무 슬퍼서 모두들 많이 울었어요.	あまりにも悲しくて、みんなで大泣きしました。
정말 슬픈 일이군요!	本当に悲しいことですね。
그는 아내를 잃은 후로 비탄에 잠겨 있어요.	彼は妻を亡くしてから悲嘆にくれています。
그 생각을 하면 아직도 가슴이 아파요.	あのことを思い出すとまだ胸が痛みます。
그는 그 슬픈 소식을 듣고도 의연했어요.	彼は悲しい知らせを聞いても落ち着いていました。

외로움

외롭다〔적적하다〕.	寂しいな。
너무 외롭다〔외롭고 외로워서……〕.	淋しくて、淋しくて……。
혼자서 외롭지 않아요?	一人で寂しくないですか。
혼자 있는 건 정말 싫어.	一人ぼっちは大きらい。
난 혼자라도 좋아.	一人ぼっちでも構わない。
당신이 없어서 외로워.	あなたがいなくて寂しい。
외로워서 미칠 것 같아요.	淋しくて気が狂いそうです。
이제 정말 혼자가 되어 버렸다.	ついに一人になっちゃった。
나는 외로움을 잘 탑니다.	私は寂しがり屋です。
외로움을 잘 타는 건 아닌데 가을이 되면 공연히 외로워질 때가 있지요.	寂しがり屋というわけではないけど、秋になると無性に寂しくなる瞬間がありますよね。
가을이 되면 왠지 감상적으로 됩니다.	秋になると何となくセンチな気分〔感傷的〕になります。[14]

13 気が済むまで는 '마음이 후련해질 때까지' 또는 '납득이 갈 때까지'라는 뜻.
14 センチ는 センチメンタル(sentimental)의 준말.

내 마음은 아무도 몰라.	私の気持ちは誰にも分からない。

우울

우울하다.	ゆううつだ。
정신적으로 힘들어.	気がめいるね。
비 오는 날은 왠지 기분이 가라앉아.	雨の日は気がめいる。
허무하네.	むなしいな。
인생이란 허무한 거야.	人生はむなしいものだ。
그녀는 부친의 죽음으로 상심해 있어요.	彼女は父親が亡くなってから気が沈んでいます。
저를 우울하게 만들지 마세요.	私を憂うつにさせないでください。
그 사람하고 얼굴을 마주해야 한다고 생각하기만 해도 우울해집니다.	その人と顔を合わすことを考えただけで、憂うつになってしまいます。
모든 것이 끝났다고 생각했어요.	全てが終わったと思いました。
내 자신이 비참해져요.	自分が惨めになります。
기분 꽝이야!	気分、最悪!
지금은 웃을 때가 아니에요.	今は笑ってる場合じゃありませんよ。
억지 웃음 짓지 마세요.	作り笑いしないでください。
기쁨과 슬픔이 엇갈리는군요.	喜びと悲しみが交錯しますね。
시원섭섭하군요.	うれしいような、寂しいような、そんな気持ちです。

3 화날 때 [15]

재미없을 때

지루해.	退屈だ。
재미 없군.	つまらないなあ。
시시해.	くだらないよ。
하찮은 일이야.	取るに足らないことだよ。
관심 없어.	興味ないよ。
뻔하잖아.	高が知れてるよ。[16]
만족 못 하겠어요.	満足できません。
별로 내키지 않아.	気が乗らないよ。
그건 시대착오적이야.	それは時代遅れだよ。

짜증

아이, 짜증나!	もう、いらいらする！
방해하지 마!	邪魔しないで！
내버려 둬!	ほっといてよ！
간섭하지 마!	干渉しないでよ！
귀찮아!	面倒くさいな！
왜 이런 것도 못 해?	どうしてこんなこともできないの？
정말 기분 나빠!	全く、気分悪い！

---

[15] 화가 났을 때 쓰이는 표현은 정중한 표현보다는 반말이 주가 되므로 ▶마크를 생략하기로 한다.
[16] 高が知れている는 '뻔한 일이다, 대수롭지 않은 일이다' 라는 뜻.

좀 제대로 할 수 없어요?	もうちょっとちゃんとできないんですか。
그거 아주 신경에 거슬리는군요.	それ、すごく気に障りますね。
같은 말 되풀이하는 것도 이제 질렸어요.	同じ言葉を繰り返すのも、もううんざりです。
그 얘기는 귀에 못이 박히도록 들었어요.	その話は、耳にたこができるくらい聞きました。[17]

화가 났을 때

정말 열받는군!	もう頭(に)来た!
	あったまくる!
	むかつく。
	腹が立つ!
신경질나!	いらいらする!
화가 났습니다.	腹が立ちました。
이제 그만 해.	いい加減にしてくれよ。
이젠 못 참겠어.	もう我慢できない。
이젠 질렸어.	もう沢山だ。
아아, 질렸다구!	ああ、うんざりだよ!
그건 공갈이야!	それは恐喝だ!
뭐 불만 있어?	何か文句ある?
들으면 들을수록 질린다.	聞けば聞くほどうんざりするよ。
그 여자, 또 시작했어.	彼女、また始まったよ。

[17] '귀에 못이 박히다'라는 뜻으로 耳にたこができる라는 표현이 쓰인다.

듣고 싶지 않아.	聞きたくないよ。
이번엔 뭐야?	今度は何？
밥맛없는 놈이야.	むかつく野郎だ。
뻔뻔스럽게 잘도 말하는군!	ぬけぬけとよく言うよ！
넌 해고야!	お前は首だ！
왜 그런 짓을 했어요?	何であんなことを？
왜 이런 식으로 행동하죠?	どうしてこんなことをするんですか。
뭐라고! 그것을 몰라?	何だと！知らないのか？
나를 화나게 하지 마세요!	私を怒らせないでください。
당신 미쳤군요.	気がどうかしてるんじゃないですか。
	気でも狂ったんですか。
머리가 이상한 거 아니야?	頭、おかしいんじゃないですか。
	頭、どうかなっているんじゃないの？
미치겠어요.	頭が変になりそうです。
미칠 것만 같아요.	気が狂いそうです。
이건 너무 심하네요.	これはひどすぎます。
	これはあまりにひどい仕打ちです。[18]
거짓말은 더 이상 듣고 싶지 않아.	嘘はもう聞きたくない。
너는 도대체 무슨 생각하고 있는 거야!	君は一体何を考えているんだ！
잘도 그런 말을 하는군.	よくそんなことが言えるね。

---

[18] 仕打ち는 '(남에 대한) 처사' 라는 뜻이며 주로 나쁜 의미일 경우에 쓰인다.

그의 변명이 비위에 거슬려.	彼の言い訳が気に障るんだ。
복수해 줘야지.	仕返ししてやらなくちゃ〔ては〕。
그런 건 너무도 잘 알고 있어.	そんなことは百も承知だ。
넌 날 바보 취급하고 있는 거지?	お前は僕を馬鹿にしてるんだな。
그건 염치 없는 소리야.	それは虫のいい話だ。[19]
속이려고 해도 그 수법엔 안 넘어가.	騙そうったって、その手には乗らないよ。
일부러 그런 거죠?	わざとだったんでしょう？
세상에 별일이 다 있군요.	世の中にはいろんなことがあるんですね。
당신 방식은 참을 수 없어요.	あなたのやり方には我慢できません。
네 그 태도를 참을 수가 없어.	お前のその態度が我慢ならないんだよ。
이제껏 참아 왔어요. 더 이상 참을 수가 없어요.	これまでずっと我慢して来ました。もうこれ以上は我慢出来ません。
이제껏 참고 참아 왔습니다.	これまで我慢に我慢を重ねてきました。
참는 것도 한도가 있어요.	我慢にも限度があります。
	仏の顔も三度までです。[20]
제가 그 사람한테 화내는 데는 그럴만한 이유가 있어요.	私があの人に怒っているのは、それなりの理由があるんです。
그 사람을 보는 것만으로 열받아요.	あの人を見ただけで腹が立つんです。
꺼져!	出ていけ！

---

19 虫がいい는 자기 생각만 하고 남의 사정을 헤아리지 못하는 것을 말한다.
20 仏の顔も三度まで란 직역하면 '부처님 표정도 세 번까지' 라는 뜻이다. 즉 좋은 얼굴을 해 줄 수 있는 것도 세 번까지라는 뜻이므로 '참는 것도 한도가 있다' 라고 할 때 쓰이는 관용구이다.

제 자신에게 질렸어요.	自分自身に呆れました。
	自分が歯がゆくて……。[21]
그가 나를 방해하기 시작했어요.	彼が私の邪魔をするようになりました。
누가 그런 모욕을 참을 수 있겠어요?	どこの誰がそんな侮辱を受けて我慢できると思いますか。
	誰があのような侮辱を我慢できましょうか。
다 불어버릴 거야!	何もかもぶちまけてやる！

따질 때

당신한테 따질 게 있어요.	あなたに聞きたいことがあります。[22]
	あなたに確認したいことがあります。
어떻게 된 겁니까?	どういうことですか。
어떻게 된 것인지요?	どういうことでしょうか。
그건 무슨 뜻입니까?	それは、どういう意味ですか。
귀가 먹었나요?	耳、悪いんですか？
그래서 어쨌다는 거예요?	だからどうしたって言うんですか。
먼저 말을 꺼낸 건 그 쪽이면서…….	言い出しっぺは自分のくせに……。
그건 말이 안 돼요(그럴 수는 없어요).	それはないでしょう。
나를 믿을 수 없다는 얘기입니까?	私のことが信用できないということですか。
아이하라 씨, 그런 사람이었어요?	相原さんって、そういう人だったんですか。

---

21 歯(は)がゆい는 '스스로 속이 타다·안타깝다·성에 차지 않아 화가 나다'라는 뜻으로 쓰인다.
22 きく는 일반적으로 聞く 라는 한자를 쓰지만 '묻다'라는 뜻을 강조하고 싶은 경우 訊く 라는 한자를 구별해서 쓰기도 한다. 訊きたいことがあります。라고 하면 단순히 뭘 물어본다기보다 '자초지정을 묻다' 또는 '따지다'라는 뉘앙스가 강하다.

전 아무래도 납득을 할 수가 없습니다.	私にはどうしても納得がいきません。
어떻게 된 일인지 설명해 주십시오.	どういうことか(きちんと)ご説明ください。
왜 일이 이렇게 되었는지 설명 좀 해 보시지 그래요.	どうしてこんなことになったのか、説明してもらおうじゃないですか。
어떻게 그런 말을 할 수 있죠?	どうしてそんなことが言えるんですか。
도대체 무슨 생각으로 그러세요?	いったい何を考えているんですか。
어떻게 그렇게 아무 일도 없었던 것처럼 뻔뻔스런 얼굴을 하고 있는 거죠?	どうしてそんなに何事もなかったような平気な顔をしていられるんですか。
이런 짓을 해도 괜찮다고 생각하고 있는 겁니까?	こんなことをしていいと思っているんですか。
일에는 순서라는 게 있는 법이잖아요!	物事には順序というものがあるでしょう！
자기가 실수를 해 놓고 그런 말이 잘도 나오네요.	自分がミスをしておいて、よくそんなことが言えますね。
미안하단 말 한 마디도 안 하고, 자기가 뭐라도 되는 줄 알아요?	「すみません」の一言もないなんて、自分を何様だと思っているんですか。
분명 저희들 쪽에서 잘못한 것은 없었습니다.	こちらに落ち度はなかったはずです。[23]
어쩌면 이렇게 부당한 일이(이치에 맞지 않을 수가)…….	なんて理不尽な。
무례한 사람이군요!	失礼な人ですね！
무슨 거만을 그렇게 떨어요?	何、威張ってんですか。

[23] 落ち度는 '잘못·과실'이라는 뜻.

엿들었어요?	盗み聞きしたんですか。
내가 그렇게 어리석은 줄 아세요?	私がそんなに馬鹿に見えますか。
내가 세상 물정을 전혀 모르는 줄 아세요?	私を世間知らずだと思ってるんですか。
사람을 못살게 굴면 재미있습니까?	人をいじめて楽しいんですか。
그는 내게 얘기조차 하지 않으려고 했어요.	彼は私に口も聞こうとしなかったんです。
당신이 무슨 말을 하든 나는 관심 없어요.	あなたが何を言おうと、私は興味ないですよ。
엉뚱한(말도 안 되는) 소리하지 말아요.	バカ言ってんじゃないよ。
네가 감히 내게 그런 말을 할 수 있는 입장이냐?	お前がそういうことをこの俺に言える立場か？
정말 어처구니가 없군요.	全く言葉がないですね。
난 그런 말 하지 않았어요!	私はそんなこと言ってません！
	私はそんなこと言った覚えはありません。
그게 어때서요?	それが、どうしたって言うんですか。
당신은 그런 말을 할 입장이 아니에요.	あなたはそんなことを言える立場じゃないんですよ。
사람을(나를) 뭘로 보는 겁니까?	人を何だと思っているんですか。
주제 파악 좀 하세요.	自分の立場ってものをわきまえてください。
큰소리 지른다고 되는 게 아니에요.	大声出せばいいってもんじゃないですよ。
확실하게 흑백을 가립시다.	白黒はっきりつけましょう。

상대방이 화나 있을 때

화났어?	怒った？
화나셨어요?	怒らせてしまいましたか。[24]
그는 몹시 화나 있어요.	彼はかんかんに怒っています。
그 사람 완전히 열받아 있어요.	あの人、完璧に怒っていますよ。
그 사람 당신한테 화나 있어요.	あの人、あなたに怒ってるみたいですよ。
그 소식을 듣고 그는 노발대발했어요.	その話を聞いて彼は激怒しました。
그는 몹시 화를 냈어요.	彼はものすごく怒りました。
	彼は怒り狂いました。
그는 지나치게 신경과민이에요.	彼は神経質すぎます。
그녀는 이성을 잃고 화를 냈어요.	彼女は落着きを失って激怒しました。

화가 난 이유를 물을 때

왜 그래?	どうしたの？
뭐가 문제인가요?	何が問題ですか。
왜 그렇게 화가 난 거예요?	どうしてそんなに怒っているんですか。
아직도 화나 있나요?	まだ怒っていますか。
	まだ機嫌直ってませんか。
저한테 화나셨나요?	私に怒っていますか。
그래서 나한테 화가 났어요?	それで私に怒ったんですか。

---

[24] '화나셨어요?'를 직역해서 怒りましたか라고 하면 어른의 화를 더 부채질하는 꼴이 되므로 주의해야 한다.

화를 달랠 때

됐어, 그만해〔그만 하세요〕.	まあ、まあ。[25]
그만하면 됐어요.	まあまあ、いいじゃないですか。
화내지 마.	怒らないで。
화 풀어요.	機嫌直してください。
그 정도로 해 두지 그래?	それくらいにしておいたら？
화내 봤자 소용 없어.	怒ってもしょうがないよ。
이미 엎어진 물이에요.	もうこぼれた水です。
엎지른 물은 다시 담을 수 없다고 하잖아요. 이젠 어쩔 수 없는 일이에요.	「覆水盆に帰らず」って言うでしょう。もう仕方のないことですよ。[26]
너무 신경질부리지 마세요.	あまりヒステリックに怒らないでください。
그렇게까지 화낼 것도 없잖아요.	そこまで怒る〔腹を立てる〕ことはないでしょう。
그렇게 소리지르면 혈압 올라요.	そんなに怒鳴ったら血圧上がりますよ。
당신을 노엽게 할 생각은 없었어요.	あなたを怒らせるつもりはありませんでした。
반성하고 있으니까 그 정도로 해두지 그래.	反省しているんだから、その辺にしておけば……。
이제 좀 용서해 줘요.	そろそろ許してあげてください。

---

25 まあ、まあ는 격양되어 있는 사람을 진정시킬 때 쓰는 말.
26 覆水盆に帰らず는 엎지른 물은 다시 담을 수 없다는 말로 한번 실패하면 다시 돌이킬 수 없다는 뜻이다.

욕

개새끼!	馬鹿(ばか)やろー！
이 자식!	この野郎(やろう)！
이 바보!	このばか！
빌어먹을!	こん畜生(ちくしょう)！[27]
겁쟁이!	臆病者(おくびょうもの)！
말도 안 돼(저질)!	最低(さいてい)！
구두쇠.	けち。
호모!	おかま！
이 호박!	このぶす！
뚱보!	でぶ！
꼬맹이!	ちび！
거짓말쟁이!	うそつき！
이 사기꾼!	いんちき！
	このいかさま野郎(やろう)！
이 짐승같은 놈!	この人(ひと)でなし！
교활한 녀석!	ずるい奴(やつ)(め)！[28]
정말 나쁜 놈!	この最低(さいてい)の奴(やつ)(め)！
은혜도 모르는 놈 같으니라구!	何(なん)て恩知(おんし)らずな奴(やつ)だ！
	この、恩知(おんし)らず(め)！

[27] 실제로 감정이 격양되어 말할 때는 こんちきしょう！라고 하는 경우도 많다.
[28] め(奴)는 앞의 말을 멸시하는 말로 め가 붙으면 나쁜 뜻이 강조된다. 그러나 자신에게 め를 붙일 경우는 겸손의 뜻으로 자신을 낮추는 말이 된다. 예)私奴(わたくしめ)

제기랄(빌어먹을)!	くそ！	⬇
엿 먹어라!	くそくらえ！	⬇
나가!	出て行け！	⬇
여기서 나가!	ここから出て行け！	⬇
관둬!	やめろ！	⬇
입(주둥이) 닥쳐!	うるさい！	⬇
	黙れ！	⬇
	黙ってろ！	⬇
뒈져라!	くたばれ！	⬇
죽어 버려라!	死んでしまえ！	⬇
지옥에나 떨어져라!	地獄にでも落ちろ！	⬇
그만둬!	いい加減にしろ！	🙍 ⬇
	いい加減にして！	🙍 ⬇
그건 거짓말이야!	それは嘘だ！	⬇
바보같은 짓을!	（なんて）ばかなことを！	⬇
이런 꼴뚜기 같은(망신살이 뻗친) 놈!	この恥さらし！	⬇
넌 쓰레기 같은 놈이야!	お前はくずだ！	⬇
너 정말 머리 나쁘구나!	お前、本当に頭悪いな。	⬇

싸움

자, 덤벼! 덤벼!	こら、かかって来い！
자, 내가 너의 상대가 되어 주지.	さあ、俺がお前の相手になってやる。
나한테 싸움 걸고 있는 거야? 좋아, 상대를 해 주지.	俺にけんかを売ってるのか。よし、受けて立とうじゃないか。[29]
싸움을 걸어오면 상대를 해 줘야 하는 법이야.	売られたけんかは買うものだよ。
너 죽고 싶은 모양이구나.	お前、命が惜しくないようだな。
어서 항복해!	早く降参しろよ。
알았어. 내가 졌어.	分かったよ。俺の負けだよ。
그건 너무 지나친 거야.	それはやりすぎだよ。
복수하고 말 거야.	仕返し〔復讐〕してやる。
안 되겠군.	駄目だな。
너 두고 보자!	お前、今に見てろよ！
너하곤 상관없는 일이야.	君には関係ないよ。
아무도 안 불렀어〔끼어들지 마〕.	お呼びじゃないよ。
당신 마음대로 해요!	勝手にして！
장난치지〔약 올리지〕 마세요!	ふざけないでください！
생트집 잡지 마.	言い掛かりつけないでよ。
헛소리하지 마!	でたらめ言うな！
거짓말하지 마.	嘘をつくな。

---

[29] 싸움을 거는 것은 けんかを売る, 반대로 응수하는 것은 けんかを買う라고 한다.

웃기지 마!	ふざけるな!
시치미떼지 마!	とぼけるな!
궁시렁대지 좀 마!	ぶつぶつ言(い)うな!
진짜 열받네!	すっごい頭(あたま)(に)来(き)た!
	チョー、ムカツク!
뚜껑 열렸어!	キレた!
그만 해!	やめろ!
그만 하세요!	もうやめてください。
	もうやめなさい。
그거 그만 좀 할 수 없어요?	それ、いい加減(かげん)やめたらどうですか。
알았어! 이제 됐어.	分(わ)かった、もういい。
싸움은 그만 해라.	けんかはやめなさい。
소리지른다고 해결되는 게 아니에요.	大声(おおごえ)を出(だ)したからっていいってもんじゃありませんよ。
너의 친절은 오히려 성가셔.	君(きみ)の親切(しんせつ)はありがた迷惑(めいわく)だ。
쓸데없는 소리하지 마세요.	くだらないこと言(い)わないでください。
그만 하세요! 더 이상 참을 수가 없어요.	もうやめてください。もう我慢(がまん)できません。
네가 한 말 취소해.	自分(じぶん)の言(い)ったことを取(と)り消(け)しなさい。
그런 헛소리하지 마세요!	そんなばかげたこと〔戯言(たわごと)〕言(い)わないでください。
바보 같은 소리하지 마세요!	ばかなことは言(い)わないでください。

똑같은 소리를 자꾸 되풀이하지 마세요.	同じことを何度も言わないでください。
증거도 없으면서 무책임한 소리하지 마세요.	証拠もないのにいい加減なこと言わないでください。

부부 싸움

안 돼, 안 돼!	だめ、だめ！
그런 짓 하지 마!	そんなことはするな！
어째서 그런 짓을 하는 거야?	どうしてそんなことをするの？
나만 욕하지 마!	私ばかり悪く言わないでよ。
날 좀 놔둬!	ほっといて！
큰소리 내지 마!	大声を出すな！
소리지르지 마!	怒鳴らないでよ！
주저리주저리 참견하지 말아.	ごちゃごちゃ口出ししないでよ。
딱딱거리지 마!	がみがみ言うな！
잔소리 그만 해!	うるさいよ！
말대답하지 마!	口答えをするな！
수다쟁이(입 방정)!	おしゃべり！
농담 그만 해!	冗談はやめてくれ！
농담도 적당히 하라구!	冗談もいいかげんにしろ！
이제 잔소리 좀 그만 해.	もういいかげん小言並べるのはやめろよ。
놀리는 건 그만둬.	からかうのはやめて。

바보 같은 짓 그만 해.	ばかなことはやめろ。
바보 같은 소리하지 마!	ばかを言うな！
그런 생각을 하고 있었다니 너무하군!	そんなことを思っていたなんて、ひどい！
당신은 자기 생각만 하는군요.	あなたは自分のことしか考えないのね。
당신은 너무 이기적이야.	自分勝手すぎるよ。
아는 척 좀 그만 해!	知ったかぶりはもうよして。
	知ったかぶりはもうよせよ。
거봐! 내가 뭐라고 했어?	ほらね！私の言った通りでしょう？
내 말대로 했으면 일이 이렇게 되지는 않았을 거야.	私の言う通りにしてたらこんなことにはならなかったはずよ。
그 사람 말을 믿다니 당신도 바보군요.	あんな人の言うことを信じるなんて、あなたもばかだわ。
어제 부부 싸움했어요.	昨日夫婦げんかしたんです。
그녀와 옥신각신 말타툼을 해버렸어요.	彼女と言い争いをしてしまいました。

다툰 이유

아까 무엇 때문에 옥신각신했니?	さっき何でけんかしてたの？
대수롭지 않은 일이었어요.	大したことじゃないですよ。
두 사람 사이에 무슨 일이 있었어요?	二人の間に何かありましたか。
무엇 때문에 다투셨어요?	何でけんかしたのですか。

술김에 싸웠어요.	酔っぱらった勢いでけんかしたんですよ。
어젯밤에 사소한 일로 아내와 말다툼을 했어요.	昨日の夜、つまらないことで妻と口げんかをしました。
사소한 일로 티격태격했죠.	ちょっとしたことで言い争いになっちゃって……。
싸우다 보니 서로 폭언을 퍼붓게 된 거지요.	売り言葉に買い言葉ってやつですよ。[30]
듣자하니, 그들이 다퉜다더군요.	聞くところによると、あの人達けんかしたそうですね。
나, 인사과 그 자식하고 싸웠어.	俺、人事課のあいつとやり合ったよ。

비난

정말 비겁한 녀석이야.	本当に卑怯な奴だ。
형편 없는 사람이군!	話にならない人だ！
너도 마찬가지야.	お前だって同じことだ。
뻔뻔스럽기가 짝이 없군!	恥知らずもここまで来ると大したものだね。
그들은 늘 말만 앞서는 사람들이야.	彼らはいつも口先だけだ。
하나만 알고 둘은 모르는군요.	分かってないですね。
보기 좋게 당하셨군요.	思いっきりやられましたね。
당신은 너무 순진하군요.	あなたは人が良すぎますよ。
당신이 완전히 틀렸습니다.	あなたが完璧に間違っています。

---

[30] 売り言葉に買い言葉는 상대의 폭언에 대해 이쪽도 같이 폭언을 퍼붓게 되는 것을 말한다.

그건 당신답지 않은 행동이군요.	それはあなたらしくない行動ですね。
비겁한 짓이었어요.	卑怯なやり方でした。
도대체 왜 그렇게 말하지 않았어요?	一体どうしてそういうふうに言わなかったんですか。
누가 그런 바보 같은 소리를 하던가요?	だれがそんな馬鹿なことを言うんですか。
그런 말을 하다니 경솔했군요.	そんなことを言うなんて、軽率でしたね。
도대체 무슨 생각으로 그러세요?	一体どういうつもりなんですか。
이제 더 이상 그 문제로 저를 비난하지 마세요!	もうこれ以上その問題で私を非難しないでください。
당신은 그저 체면 차리기에만 급급한 사람이군요.	あなたは体面ばかり気にする人ですね。
당신 입은 여전히 거칠군요.	あなたは相変わらず言葉遣いが荒いですね。
미친 사람이 아니고선 그런 짓을 하지 않을 거예요.	気違いでもなければ、あんなことするはずないですよ。
자기 부인한테 손찌검을 하다니.	自分の妻に手を上げるなんて。[31]

4 실망스러울 때

실망

너무 실망스럽다!	(あまりに)がっかりだ。
너무 안 됐다!	(あまりに)残念だなあ。

---

[31] 手をあげる는 단순히 손을 든다는 뜻도 있으나 '손찌검을 하다'는 뜻도 있다.

실패〔실수〕했어.	失敗したよ。[32]
실수해 버렸어.	ミスっちゃった。[33]
괜한 고생했군.	骨折り損だったね。[34]
할 수 없지.	仕方がないよ。
없는 것보단 낫지.	ないよりはましだよ。
그렇게 열심히 했는데…….	あんなに頑張ったのに。
너 때문에 정말 실망스러워.	君のお陰でがっかりだよ。[35]
실망했습니다. 마음에 들었었는데…….	がっかりしました。気に入っていたのに……。
남자친구〔여자친구〕랑 헤어져서 풀이 죽어 있어요.	彼氏〔彼女〕と別れて落ち込んでいます。
이제 어쩔 수 없어요.	もうどうしようもないですよ。
달리 방법이 없습니다.	外にどうしようもないんです。 外に方法がないんです。
시간 낭비예요.	時間の無駄です。
포기했습니다.	あきらめました。
전망 없습니다.	見込みなしです。
해결의 실마리가 보이지 않습니다.	解決の糸口が見つかりません。
이제 포기할 수밖에 없습니다.	もう諦めるしかないです。

---

[32] 失敗는 '실패' 라는 뜻도 있으나 '실수' 라는 뜻으로도 많이 쓰인다.
[33] ミス는 영어 'mistake' 에서 온 말. 동사화해서 ミスる라고 하면 '실수하다' 라는 뜻.
[34] 骨折り損은 고생만 하고 아무 이득이 없는 것을 말한다.
[35] せいでがっかり는 상대방에 대해 책임을 추궁하며, 비난 강도가 강하다. おかげでがっかり는 せいでがっかり보다 비난의 강도는 약하지만 약간 비꼬는 듯한 말투.

유감

일이 참 딱하게 됐군요〔유감이군요〕.	残念ですね。
어머, 가엾어라!	あら、かわいそう！[36]
유감으로 생각합니다.	残念に思います。
만나〔찾아〕뵐 수 없어서 정말 유감스럽게 생각하고 있습니다.	お会い〔お伺え〕できなくて本当に残念に思っております。
~라는 것을 알게 되어 유감입니다.	~と知って残念です。
~라고 하는 것은 크게 유감입니다.	~ということは大変残念です。
~의 일을 알려 드리지 않으면 안 되는 것은 유감입니다.	~のことをお知らせしなければならないのは残念です。
~에 대해서 말씀드릴 수밖에 없게 돼서 매우 유감스럽습니다.	~について申し上げなければならないのは大変残念です。
~을 알려 드리게 되어 유감입니다.	~をお知らせするのは残念です。

낙담

이제 다 끝났어.	もうおしまいだ。
앞〔희망〕이 안 보인다.	先が見えない。
저에게는 희망이 없어요.	私には希望がありません。
아무 것도 할 의욕이 안 생깁니다.	何もやる気がおきません。
아무리 열심히 해 본들 결과는 같아요.	いくら頑張っても結果は同じです。

---

36 かわいそう라는 말은 사용할 때 상당히 주의를 요한다. 대체로 본인이 직접 듣지 않는 상황에서 쓰며, 본인이 들을 경우는 본인이 그 말을 듣고 싶어하는 상황에서만 말한다.

그는 사업에 실패해서 완전히 의기소침해 있습니다.	彼は事業に失敗してすっかり落ち込んでいます。
회사가 실망스럽습니다.	会社に失望しています。

5 난처할 때

고민

어떡하지.	どうしよう。	⬇
어떻게 하면 되지?	どうしたらいいんだろう。	⬇
고민이 있습니다.	悩みがあります。	
의논드릴 것이 있는데요.	ご相談がありますが……。[37]	
고민이 있는데 얘기 좀 들어 줄래요?	悩みがあるんですけど、相談に乗ってくれますか。[38]	
혼자서는 결심이 잘 안 섭니다.	一人ではなかなか決心できないんです。	
그 생각이 머리에서 떠나질 않습니다.	その考えが頭から離れないんです。	
어떻게 하면 좋을지 모르겠어요.	どうしたらいいのか途方にくれています。	
가야 할지 말아야 할지 망설이고 있습니다.	行こうか行くまいか迷っています。	

곤란

이거 큰일났는데.	これは困った。	⬇
이거, 귀찮고 성가신데(애물단지네).	いやあ、これは厄介だ。	⬇

---

[37] 相談은 '의논, 상담'이라는 뜻. 비즈니스 상의 상담은 商談.
[38] 相談に乗る는 상대방의 고민을 들어 주고 의논 상대가 되어 주는 것을 말함.

이거 난감하군(곤란한데).	まいったなあ。
많이 어려운 모양이군.	困っているようだね。
어떡하지? 비행기를 놓쳐버렸어.	どうしよう！飛行機に乗り遅れちゃった。
그것이 어려운 점이에요.(그렇죠?)	そこが難しいところですよね。
마음이 찔려. 내가 심술궂게 굴었잖아.	気がとがめるよ。僕が意地悪だったもんね。
걱정할 일이 아닐지도 모르겠지만 그래도 신경이 쓰이네요.	心配するほどのことじゃないかもしれないけど、やっぱり気になりますね。
곤혹스러운 모양이군요.	困惑しているようですね。
갑작스러운 일이라 당혹스럽습니다.	急なことで戸惑っています。
뭐라 말씀을 드려야 할지 모르겠습니다.	何と申し上げていいのやら分かりません。

후회

나중에 후회할 거야.	後で後悔するぞ。
(결과가 그렇게 된 것은) 당연하다.	無理はない。
	少しも不思議でない。[39]
그런 옷차림으로 갔으니 면접에 떨어지는 것도 당연하지.	あの格好で行ったんじゃ面接に落ちるのも無理ないよ。
그런 짓 하지 말걸 그랬다.	あんなこと、しなければよかった。
그런 말 하지 말았어야 되는데.	あんなこと、言うんじゃなかった。
너무 했어(너무 지나쳤어).	やりすぎたよ。

---

[39] 不思議でない는 '이상할 것 없다'이므로 '당연하다'는 뜻으로도 쓰인다.

공부 더 열심히 할 걸.	もっと勉強しておけばよかった。
그에게 물어볼걸 그랬어.	彼に聞いておけばよかったのに。
바보 같은 짓을 해버렸습니다.	ばかなことをしてしまいました。
그런 운명이었던 겁니다.	そういう運命だったんです。
이제 다 끝난 일입니다.	もう終わったことです。
언젠가는 후회할 겁니다.	いつかは後悔することでしょう。
그런 행동을 하다니 (내가) 경솔했습니다.	そんなことをするなんて軽率でした。
행복한 결혼 생활 같은 건 꿈에 불과했어.	幸せな結婚生活なんて夢に過ぎなかった。
나는 불행한 운명을 타고났나 봐.	私〔僕/俺〕は不幸の星の下に生まれたのかな。
다른 방법이 없었습니다.	外に方法がなかったんです。

6 기타

기호 / 호감

피자를 참 좋아해요.	ピザが大好きです。
커피보다 홍차를 더 좋아합니다.	コーヒーより紅茶の方が好きです。
일본 요리를 아주 좋아하게 됐습니다.	日本料理がとても好きになりました。
그거 어때? 마음에 들어?	それどう？気に入った？
맘에 들어.	気に入ってるよ。
난 이쪽이 더 좋아.	私はこっちの方がいい。

이건 내가 아주 마음에 들어하는 것입니다.	これは、私〔僕〕のお気に入りです。
마음에 드세요?	気に入りましたか。
	お気に召しましたか。 ⬆
마음에 드시면 좋겠는데…….	気に入っていただければいいのですが……。 ⬆
점점 그〔그녀〕가 좋아져.	だんだん彼〔彼女〕が好きになってきた。 ⬇
난 취향이 까다로운 데가 있습니다.	僕〔私〕は好みがうるさいところがあります。

혐오감

어휴, 냄새!	臭い! ⬇
징그럽다!	気持ち悪い! ⬇
	ぞっとする![40] ⬇
아니, 엄청 싫어해!	いや、大嫌い! ⬇
이건 너무하다.	これはひどいよ。 ⬇
이렇게 형편없는 음식을 먹어 본 적이 없어.	こんなひどい料理、食べたことないよ。 ⬇
네 그런 태도가 마음에 들지 않아.	君のそういう態度が気に入らないんだ。 ⬇
그 사람을 끝까지 미워할 거야.	彼のことをとことん憎んでやるわ。 ⬇
나는 그를 경멸해.	僕は彼を軽蔑しているんだ。 ⬇
아니, 난 별로야(별로 마음에 안 들어).	いや、僕はあまり好きじゃないな。 ⬇
그 사람 목소리 듣기도 싫어.	彼の声を聞くだけでも嫌だよ。 ⬇
정말 얼굴 보는 것도 싫어.	顔見るのも嫌だ。 ⬇

40 そっとする는 '등골이 오싹하다', '징그럽다' 등의 뜻으로 쓰인다.

이제 정말 질렸어!	もううんざりだ！
정말 무례한 사람이군요.	本当に無礼な人ですね。
노골적으로 혐오감을 나타내더군요.	嫌悪感むき出しでしたね。
완전히 자기 혐오에 빠져 버렸습니다.	すっかり自己嫌悪に陥ってしまいました。
단 것은 별로 좋아하지 않습니다.	甘いものはあまり好きじゃありません。

관심

관심 있어요?	興味ありますか。
일본에 살면서 야구에 관심을 갖게 됐습니다.	日本に来てから野球に関心を持つようになりました。
동아리 활동엔 관심 없어.	サークル活動には興味ないね。
나도 재미있었어.	僕も楽しかったよ。
그거 재미있겠군요.	それ、面白そうですね。
이거 정말 재미있네요.	これは本当に面白いですね。
그 영화는 좋은 영화였습니다.	あの映画はよかったです。
워낙 호기심이 왕성해서 무슨 일이든 관심을 갖게 되고 맙니다.	とにかく好奇心旺盛なものですから、何でも首を突っ込んでしまうんですよね。[41]

두려움

식은 땀 뺐어.	冷や汗出ちゃったよ。
소름이 끼쳤어요.	鳥肌が立ちました。

---

41 首を突っ込む는 어떤 모임의 일원이 된다거나 어떤 일과 관계를 맺게 되는 것을 말한다.
　　예〉実業界(じつぎょうかい)に首(くび)を突(つ)っ込(こ)む. (비즈니스(사업)를 하다.)

그 생각하면 무서워요.	それを思うと怖いです。
생각만 해도 등골이 오싹해져요.	考えただけでぞっとします。
그녀는 피를 보고 몸서리쳤습니다.	彼女は血を見て身震いをしました。
그게 우리가 두려워하고 있는 것입니다.	それが我々が恐れていることです。
그 소식을 듣고 당황했어요.	それを聞いて慌てました。
너무 놀라서 움직일 수가 없었어요.	びっくりして動くことすらできませんでした。
그렇게 하면 제가 무서워할 줄 아세요?	そんなことをしたら私が怖がるとでも思っているんですか。
대단한 담력이군요!	大した度胸ですね。
담력이 좋군요.	度胸がありますね。
배짱이 두둑하군.	いい度胸してるよ。

진정시킬 때

진정해.	落ち着いて。
앉아서 얘기합시다.	座って話しましょう。
진지하게 서로 의논해 봅시다.	まじめに話し合ってみましょう。
당신 무서워하는 것 같은데, 왜 그러죠?	あなた、怖がっているようだけど、どうしたんですか。
무서워하지 마세요. 제가 함께 있잖아요.	怖がらないでください。私がそばにいるじゃないですか。

무서워 하지 않아도 돼요.	怖がらなくていいですよ。
뭐가 무서우세요?	何が怖いんですか。
왜 그렇게 놀라세요?	どうしてそんなに驚くんですか。
그렇게 놀라지 마세요.	そんなにびっくりしないでくださいね。
놀랄 것까지는 없어요.	びっくりするほどのものではありませんよ。
전혀 놀랄 것 없어요.	全然驚くようなことじゃないですよ。
잠깐 쉽시다.	ちょっと休憩しましょう。
잠깐 쉬시면 어떨까요?	ちょっと休憩なさったらいかがでしょう。 ↑
잠깐 쉬셔야겠어요.	ちょっと休んだ方がよさそうです。
	ちょっと休憩を取られた方がよさそうです。 ↑
휴가를 좀 받는 게 좋겠군요.	少しお休みを取った方がいいですね。

긴장이 될 때

굉장히 떨려요.	すごくあがってます。
계속 떨려요.	震えが止まりません。
조금 초조해요.	すこし焦りを感じています。
어쩔 줄 모르겠어요.	どうしたらいいか分かりません。
긴장이 돼서 다리가 후들후들 떨려요.	緊張して足ががくがくします。
다음 주 취업 면접 때문에 긴장이 되요.	来週就職の面接があるので緊張しています。
긴장해서 식은땀이 나요.	緊張して冷や汗が出ます。

나는 연설을 할 때면 몹시 긴장이 되요.	私はスピーチをする時、すごく緊張します。
어제 밤새 초조하고 불안했어요.	昨日は一晩中、焦りと不安でいっぱいでした。
그는 시험에 떨어진 이후 매우 초조해 하고 있어요.	彼は試験に落ちてからすごく焦っています。
긴장한 탓인지 어젯밤 가위에 눌렸어요.	緊張したせいか、昨日の夜金縛りにあいました。
그녀는 안절부절못하고 있어요.	彼女は居ても立ってもいられない様子です。[42]

놀랐을 때

와!	わあ！
정말?	本当？
저런, 세상에.(이거 야단났군！/이런！/아차！)	うそ！
정말이야?	えっ、うっそー、本当？
정말이야(진심이야)?	本気〔まじ〕？
설마!	まさか！
쇼크다!	ショック！
엄청난 쇼크다.	すごいショック。
아뿔사!	しまった！
아, 그럴 수가!	そんな！

---

42 居ても立ってもいられない는 '앉아 있지도 서 있지도 못한다' 는 뜻으로 '안절부절못하다' 라는 뜻이 된다.

저런, 저런!	やれやれ！
어머나 세상에.	おやおや。[43]
아이고, 야단났군!	こりゃあ、大変だ。
아이, 깜짝이야.	ああ、びっくりした。
아니 그럴 수가.	そんなばかな！
대단하다!	大したもんだ！
기가 막혀.	あきれた。
믿을 수 없어.	信じられない。
믿기지 않아!	信じがたいよ！
이거 큰일났군!	これは大変だ。
그 사람이 그런 짓을 하다니!	あの人がそんなことをするなんて！
놀랐잖아!	びっくりするじゃないか。
	もう、びっくりしたじゃない。
놀랍군요!	これは、驚きですね。
굉장한(놀랄 만한) 사건입니다.	すごい〔驚くべき〕事件です。
그건 놀라운 일이군요.	それは驚きですね。
그거 굉장하군요.	それはすごいですね。
이상하군요.	変ですね。
농담이지?	冗談でしょう？
그건 처음 듣는 소리입니다.	それは初耳です。

---

43 おやおやは失望하거나 어이가 없는 경우에 쓰는 말.

그렇게 될 리가 없어요.	そうなるはずがないですよ。
그 소식을 듣고 깜짝 놀랐습니다.	その知らせを聞いてびっくりしました。
	その知らせにびっくりさせられました。
아이쿠! 큰일날 뻔했네.	あら、大変なことになるところだったね。 ⬇
눈이 번쩍 뜨이는 느낌이었요.	目からうろこって感じでした。[44]
어머나, 당신이 그런 일을 하다니!	うそ、あなたがそんなことをするなんて！ ⬇
그 소식을 듣고 깜짝 놀랐어요.	それを聞いてびっくりしました。
그건 정말 놀라운 일이었어요.	それは本当に驚くべきことでした。
그건 정말 뜻밖의 낭패였어요.	それは本当に意外なアクシデントでした。
조금 놀랐을 뿐이에요.	ちょっとびっくりしただけです。
어떻게 그런 일이 일어날 수 있죠?	どうしてあんなことが可能なんでしょうか。
왜 그가 그렇게 엄청나게 변했죠?	彼はどうしてあんなに変わってしまったのでしょう。
나라면 생각도 못 했을 거예요.	私なら考えもつかなかったでしょうね。

재촉

빨리!	早く！ ⬇
뭘 꾸물거리고 있는 거니?	何、たらたらやってるの？ ⬇
빨리 해! 이제 시간이 없어.	早くしなさい！ もう時間がないよ。 ⬇
잠시면 됩니다.	もうちょっとでいいよ。 ⬇

[44] 目からうろこは 目からうろこが落(お)ちる(눈에서 비늘이 떨어지다)의 준말로 어떤 일이 계기가 되어 지금까지 몰랐던 것을 알게 되거나 눈이 번쩍 뜨인다는 뜻이다.

서두르세요!	急いでください。
빨리 좀 해 주세요.	もうちょっと早くしてください。
빨리 나가세요.	早く出てください。
밖에서 기다릴게요.	外で待っています。
서두르지 마세요.	急がないでください。
재촉하지 마세요.	急かさないでください。
서두를 필요 없어요.	急ぐ必要、ありませんよ。
저 몹시 급해요.	私はすごく急いでいるんです。
지체할 시간이 없어요.	ゆっくりしている暇はありません。
그 일을 빨리 처리해 주세요.	それを早く処理してください。
짐 꾸릴 시간이 5분밖에 안 남았어요.	荷作りする時間が五分しかないです。
가능한 한 빨리 하세요.	なるべく早くやってください。
늘 시간에 쫓기고 있습니다.	いつも時間に追われています。
그렇게 조급하게 굴지 마세요.	そんなに慌てないでください。
서두른다고 일이 빨리 되진 않아요.	慌てたからと言って、早く終わるわけじゃありませんよ。
저는 급하지 않아요.	私は急ぎません。

쑥스러움

부끄럽다〔쑥스럽다〕.	恥ずかしい。
그것 참 쑥스럽군.	われながら恥ずかしいなあ。
쑥스러워서 제대로 고백하지 못했어.	照れちゃって、ちゃんと告白できなかった。[45]
나 스스로도 참 멋쩍군.	われながらきまりが悪いなあ。
뭘 그렇게 쑥스러워해요?	何、照れてるんですか。
갑자기 칭찬을 받으니까 쑥스럽네요.	いきなり褒められると照れちゃいますね。
이 나이에 졸업식을 맞이하다니 쑥스럽기 그지없습니다.	この年になって卒業式だなんて、お恥ずかしい限り〔面映ゆいばかり〕です。[46]
두 사람만 있는 게 뭐라 할까 참 쑥스럽네요.	二人っきりでいるのは何か照れますね。

수치

창피한 걸 알아라!	恥を知れ!
	恥を知りなさい!
창피한 일이군요.	恥ずかしいことですね。
당신은 수치심이 없군요.	あなたは恥を知らない人ですね。
그런 짓을 하고도 남부끄럽지 않나요?	あんなことをしておいて、恥ずかしくないんですか。
당신의 행동에 낯이 뜨거워요.	あなたの行動でこっちが恥ずかしくなります。
당신이 뇌물을 받았다니 수치스런 일이군요.	賄賂をもらったなんて、恥ずかしいことですね。

---

45 照れちゃって는 照れてしまって의 가벼운 회화체. 照れる는 '쑥스럽다, 부끄럽다'라는 뜻.
46 おもはゆい는 '쑥스럽다'는 뜻의 고풍스런 말.

그런 수치스런 행동은 이제 그만두세요.	そんな恥ずかしい真似は、もうやめてください。
너무 창피해서 쥐구멍이라도 들어가고 싶은 심정이었습니다.	あまりにも恥ずかしくて、穴があったら入りたいくらいでした。[47]
(얼굴에 불이 난 것처럼) 낯뜨거운 심정이었습니다.	顔から火が出る思いでした。
부모님 얼굴에 먹칠을 하는 결과를 초래하고 말았습니다.	親の顔に泥を塗る結果となってしまいました。[48]

---

[47] '쥐구멍'을 직역해서 ねずみの穴라고는 하지 않는다.
[48] 한국에서는 '먹칠', 일본에서는 '泥(진흙)'.

3 애정 표현

애정 표현은 아주 가까운 사람에게 하는 것이므로 ⬇마크 표현이 중심이 된다. 관계가 가까워지기 전에는 정중한 표현을 쓰고, 관계가 진전되어 서로 가까워졌을 때 ⬇마크 표현들을 쓰는 것이 좋다. 또한 애정 표현은 남녀간의 이야기이므로 🚹🚺마크를 통해 남성과 여성의 말투를 익히는 데도 많은 도움이 될 것이다.

1 데이트 신청

데이트 신청

오늘 밤 시간 있어?	今日の夜〔今晩〕、暇？ ⬇
차라도 마실래?	お茶でも飲もうか。 ⬇
식사라도 함께 어때요?	食事でも一緒にどうですか。
같이 영화보러 가지 않을래요?	一緒に、映画を見に行きませんか。
파티에 초대하고 싶은데요.	パーティーにお招きしたいんですけど……。 ⬆
콘서트 표가 있는데 같이 안 갈래요?	コンサートのチケットがあるんですけど、一緒に行きませんか。
다음에 데이트 신청해도 되겠어요?	今度、デートに誘ってもいいですか。
고민이 있는데 좀 들어 줄래요?	ちょっと悩みがあるんですけど、相談に乗ってくれますか。 ⬇
전화번호라도 좀 알려 주시겠어요?	電話番号、教えてもらえますか。
승마를 하세요? 다음에 같이 가요〔데려가 주세요〕.	乗馬をするんですか。いつか連れて行ってください。

바람맞히지 마세요. 올 때까지 기다릴게요.	すっぽかさないでくださいね。来るまで待ってますから。

데이트 신청을 받고

생각해 볼게.	考えとく！
좋아요.	いいですよ。
친구 관계부터라면 좋아요.	友達からということだったら、いいですよ。
이메일 친구 관계부터 시작하죠.	メル友から始めましょう。[1]
죄송합니다. 다음에 하죠.	すみません。今度にしましょう。
고맙지만 사양하겠습니다.	ありがたいけど、お断りします。

데이트 약속

어디서 만날까?	待ち合わせは、どこにしようか。
이번 주 토요일은 시간 나세요?	今週の土曜日は空いてますか。
몇 시로 할까요?	何時にしますか。
	何時がいいですか。
어디 가고 싶은 데 있어?	どこか行きたいところある？
내가 데리러 갈게요.	迎えに行きますよ。
회사 근처까지 갈게요.	会社の近くまで行きますよ。
그럼 영화관 앞에서 만날까요?	じゃ、映画館の前で待ち合わせましょうか。
영화관이 있는 건물 2층에 커피숍이 있으니까 거기에서 봅시다.	映画館のあるビルの二階に喫茶店があるから、そこにしましょう。

---

[1] メル友란 メール友達의 준말로 이메일 또는 휴대전화 문자메시지를 교환하는 친구를 말한다.

그럼 신주쿠 역 남쪽 출구 개찰구에서……(봅시다).	じゃ、新宿駅南口の改札口のところで。
그럼 수업이 끝나면 전화 해.	じゃ、授業が終わったら電話して。

애프터 신청

오늘 아주 즐거웠어요.	今日はとても楽しかったです。
나도 즐거웠어요.	私も楽しかったです。
이제 어디로 갈까요?	これからどこに行きましょうか。
또 만나 주시겠어요?	また会ってもらえますか。
우리 다시 만날 수 있을까요?	私達、また会えますか。
언제 또 만날 수 있을까요?	いつ、また会えますか。
전화번호만이라도 알려 주시겠어요?	電話番号だけでも教えてもらえませんか。
이메일 주소라도 가르쳐 줄래요?	メールのアドレスでも教えてくれますか。

귀가 시간

어머, 벌써 시간이 이렇게 됐네. 집에 가야 돼요.	あ〔あら〕、もうこんな時間！私帰らなくちゃ。[2]
막차를 탈 수 있을까?	終電に間に合うかなあ。[3]
우리집은 10시까지 집에 들어가야 해.	家は門限が10時なの。[4]
귀가 시간을 제대로 지키다니 대단하구나.	ちゃんと門限守ってるなんてすごいね。

[2] 帰らなくちゃ는 帰らなくては의 가벼운 회화체.
[3] 終電은 전철이나 지하철의 막차, 버스의 막차일 경우는 最終バス.
[4] 門限은 밤에 문을 닫는 시간, 또는 정해진 귀가 시간을 말한다.

오늘은 집에 가고 싶지 않아.	今日は帰りたくない。
오늘은 집에 안 가도 되는데…….	今日は帰らなくてもいいんだけど……。
오늘 (꼭) 집에 가야 해?	今日、(絶対)帰らないと駄目？
집까지 바래다〔데려다〕드릴게요.	お送りしますよ。
집에 태워다 줄까요?	車で送りましょうか。
우리집에 잠깐 들렀다가 갈래?	ちょっと寄って行く？
우리집에 잠깐 들러서 커피 한 잔 하죠?	家でコーヒーでも飲みますか。

데이트하고 나서

그 여자가 바람맞혔어.	彼女にすっぽかされたよ。
그녀는 정말로 재미있었던 걸까?	彼女、本当に楽しかったのかなあ。
그 사람 의외로 내성적이야.	彼って意外とシャイなのよ。
그 사람이 그렇게 쑥스러움을 타는 사람일 줄은 몰랐어.	彼があんなに照れ屋だとは思わなかったわ。
그는 내가 생각했던 것과는 전혀 달랐어요.	彼は私が思っていた感じとは全然違ってたわ。
생각했던 것보다 미인이었어.	思ったよりきれいな人だった。
성격이 밝고 쾌활해서 딱 내 타입이야.	性格が明るくて元気で、まさに僕のタイプ。
같이 간 레스토랑이 아주 근사했어.	一緒に行ったレストランがすごく素敵だった。

다음 데이트 때는 좀 멀리 가 볼까?	今度のデートでは遠出しようかな。
별로 재미 없었어.	なんか、つまらなかった。

2 사랑 고백 / 프로포즈

사귀고 싶다고 말할 때

다카하시 씨! 좀 할 말이 있는데…….	高橋さん！ちょっと話があるんだけど。
네게 할 말이 있는데…….	君に話があるんだけど……。
지금 사귀는 사람 있어요?	今、付き合っている人はいますか。[5]
여자〔남자〕친구 있으세요?	彼女〔彼氏〕、いますか。
누구랑 사귀고 있어?	誰かと付き合ってるの？
날 어떻게 생각해?	私のこと、どう思う？
당신과 사귀고 싶습니다.	僕〔私〕と付き合ってください。
	あなたとお付き合いしたいです。
결혼을 전제로 사귀고 싶습니다.	結婚を前提にお付き合いしてください。
저, 저와 사귀어 주시겠습니까?	あのう、僕と付き合っていただけませんか。
혹시 괜찮으시면, 저와 사귀지 않겠습니까?	もしよろしければ、私とお付き合いしていただけませんか。
네. 저도 잘 부탁드릴게요.	はい。こちらこそよろしくお願いします。
(감사합니다.) 네, 저 같은 사람이 좋으시다면 (얼마든지요).	(ありがとうございます。) ええ、私〔僕〕でよければ……。

---

[5] 付き合うは 〈남녀가〉 사귀다' 라는 뜻과 '〈의리나 사교상〉 행동을 같이 하다' 라는 뜻이 있다. 후자의 예는 残業(ざんぎょう)に付(つ)き合(あ)う(잔업을 같이 하다)

감사합니다만, 그래도 저에게는 좀 (안 어울리는 것 같습니다).	ありがたいんですが、でも私〔僕〕にはちょっと……。
(감사합니다.) 하지만, 저한테는 아까운 분 같아서요.	(ありがとうございます。)でも、私〔僕〕なんかにはもったいない方みたいで……。
죄송합니다만, 좀 (곤란합니다).	申し訳ないんですが、ちょっと……。

사랑 고백

사랑해.	愛してるよ。
	(大)好きだよ。
너를 좋아해.	君〔お前〕のことが好きだよ。[6]
나를 봐!	僕〔私〕を見て！
넌 내꺼야.	君は僕のものだ。
난 네꺼야.	僕は君のものだ。
네가 필요해.	君が必要なんだ。
당신은 제 이상형이에요.	あなたは私の理想のタイプです。
넌 내가 좋아하는 타입이야.	君は僕のタイプなんだ。
첫눈에 반했어요.	一目惚れしたんです。
한눈에 반했던 거야.	一目惚れだったんだ。
너는 내 전부야.	君が全てなんだ。
너의 모든 걸 알고 싶어.	君の全てを知りたいよ。

---

[6] 남녀 관계에서 君, お前를 쓰는 경우는 대체로 남자가 여자에게 쓰는 말이다. 또한 남녀 관계의 경우 인칭 대명사 대신 상대의 이름이나 닉네임을 넣어서 말해도 된다. 예) 隆(たかし)のことが好(す)き。(다카시가 좋아.) みっちゃんのことが好きだよ。(밋짱을 좋아해.)

네 생각으로 머리가 가득해.	君のことで、頭がいっぱいなんだ。
	あなたのことで、頭がいっぱいなの。
너 없이는 살아갈 수 없어.	あなた〔君〕なしでは生きていけない。
영원히 너를 사랑할 거야.	ずっと君だけだよ。
언제까지나 너는 내 마음 속에 있을 거야.	いつまでも君は僕の心の中にいるよ。
난 너밖에 없어.	私にはあなたしかいないの。
	僕には君しかいないよ。
이런 기분 처음이야.	こんな気持ちになったのは初めてだよ。
	こんな気持ち、初めてなの。
너와 알게 되어 행복해.	君に会えて幸せだよ。
츠요시를 만나서 행복해!	剛に出会えて〔めぐり合えて〕幸せ！
자기랑 있으면 행복해질 수 있을 것 같아.	あなたといると幸せ(な気持ち)になれる気がする。
너는 항상 나를 행복하게 해 줘.	君はいつも僕〔私〕を幸せな気持ちにさせてくれるよ。
너를 위해서라면 아무것도 아깝지 않아.	君のためなら何も惜しくないよ。
이 세상에 태어나 줘서 고마워.	この世に生まれてきてくれて、ありがとう。
당신만을 사랑합니다.	あなただけを愛しています。
누구보다도 당신을 사랑해요.	誰よりも君を愛している。
진심으로 당신을 사랑합니다.	心から君が好きだ。

당신을 진심으로 사랑해요.	心からあなたのことが好きです。
당신의 모든 것을 사랑합니다.	あなたの全てが好きです。
당신을 있는 그대로 사랑해요.	ありのままのあなたが好き。
	ありのままの君を愛している。
사랑하지 않을 수 없어.	愛さずにはいられない。
당신은 내가 사는 보람이에요.	君〔あなた〕は僕〔私〕の生きがいです。
당신에 대한 사랑으로 내 마음은 터질 것 같아요.	あなたへの想いで私の心は張り裂けそうなの。[7]
당신에 대한 사랑을 표현할 수 있는 말은 이 세상에 없어요.	あなた〔君〕への想いを言葉で言い表すことなんて、できない。
무슨 일이 있어도 당신 편이 되어 줄게요.	どんなことがあっても私はあなたの味方よ。
	例え何があっても、僕は君〔お前〕の味方だよ。
당신과 함께 있고 싶어요.	あなたと一緒にいたい。
언제나 당신을 생각하고 있어요.	いつもあなたのことを想っています。
당신은 항상 내 마음 속에 있어요.	あなたはいつも私の心の中にいます。
이대로 영원히 함께 있었으면 좋겠어요.	このままいつまでも一緒にいられたらいいな。
내 곁에 있어 줘.	私のそばにいて。

---

7 思う는 '생각하다', 想う는 '사모하다' 라는 뜻으로 많이 쓰인다.

영원히 당신과 함께 있을 거야. 약속할게.	いつまでも君のそばにいるよ。約束するよ。
당신은 내 인생의 전부입니다.	あなたは私の人生の全てです。
기쁨도 슬픔도 함께 나누고 싶어.	喜びも悲しみも分かち合いたいの。
	喜びも悲しみも分かち合いたいんだ。
당신과 있으면 용기가 (솟아)나.	君といると勇気づけられるよ。
당신과 있으면 솔직해질 수 있어요.	あなたといると正直でいられるの。
의지할 사람은 당신뿐이에요.	頼れる人はあなただけです。
당신은 언제나 내게 힘이 되어 주었어요.	あなたはいつも私に力になってくれました。
함께 있으면 행복해지는 사람은 당신뿐이에요.	一緒にいて幸せになれるのはあなただけです。
당신을 좀 일찍 만났더라면 좋았을 텐데.	もっと早く出会えたらよかったのに。
당신은 나에게 무척 소중해요.	あなたは私にとってとても大切な人です。
당신 생각을 하면 가슴이 아려옵니다.	あなたのことを想うとせつなくなります。
당신이 곁에 없으면 불안해져요.	あなたがそばにいないと、不安になります。
당신을 절대로 혼자 두지 않을 거야.	絶対に君を一人にしないよ。

스킨십

손을 잡고 걷자.	手をつないで歩こう。
손 잡아도 돼?	手をつないでもいい？
키스하자.	キスしよう。
뽀뽀해 줘!	チューして！

꽉 안아 줘.	きつく抱きしめて。
부드럽게 대해 줘.	優しくして。
더 사랑해 줘.	もっと愛して。
넌 아름다워.	君はきれいだ。
섹시해.	色っぽい〔セクシーだ〕ね。
좀 더 나한테 다가와 봐.	もっと僕のそばに来てくれ。
아름다운 눈을 가지고 있구나.	きれいな目をしているね。
가지 마.	行かないで。
	行かないでくれ。

프로포즈

결혼을 생각해 본 적이 있습니까?	結婚を考えたこと、ありますか。
결혼해 줘.	結婚してくれ。
우리 결혼할까?	結婚しようか。
결혼해 줄래요?	結婚してくれますか。
저와 결혼해 주세요.	僕と結婚してください。
당신과 결혼하고 싶습니다.	あなたと結婚したいです。
함께 행복해지자.	一緒に幸せになろう。
행복하게 해 줄게.	幸せにするよ。
평생 잘 해 줄게〔소중하게 생각할게〕.	一生大事にするよ。

당신의 아내가 되고 싶어요.	あなたのお嫁さんになりたいです。
당신과 인생을 함께 하고 싶어요.	あなたと人生を共に歩いて行きたいです。
당신과 평생(영원히) 함께 살고 싶어요.	あなたといつまでも一緒にいたい。
나와 행복한 가정을 만들지 않겠습니까?	僕と幸せな家庭を築きませんか。
당신 아이를 갖고 싶어요.	あなたの子供が欲しい。
우리는 천생연분이에요.	私達は赤い糸で結ばれているんです。[8]
부모님을 만나 뵈러 가자.	ご両親に挨拶に行こうか。
그녀에게 청혼을 했어요.	彼女にプロポーズしました。 彼女に結婚を申し込みました。
나도 (결혼해서) 이제 슬슬 안정된 생활을 해야지.	そろそろ僕も身を固めないとね。[9]
(나는) 결혼하고 싶은 여자가 있어.	俺〔僕〕には一緒になりたい女がいるんだ。[10]

거절할 때

아직 결혼하고 싶지 않아.	まだ結婚したくないんだ。
아직 결혼은 생각하고 있지 않아.	まだ結婚なんて考えていないの。
아직은 진지한 관계가 되고 싶지 않아.	まだ真剣になりたくないの。
너를 사랑하지만 결혼은 할 수 없어.	君を愛しているけど結婚はできないんだよ。
너를 만나지 않았다면 좋았을텐데…….	君に会っていなかったらよかったんだが……。

8 천생연분은 赤い糸で結ばれている라고 한다.
9 身を固める는 결혼하여 가정을 이룬다는 뜻이다.
10 一緒になる도 결혼한다는 뜻이다.

청혼을 거절당했습니다.	結婚の申し込みを断られました。
큰마음 먹고 그녀에게 청혼을 했는데, 거절당했어요.	思い切って彼女にプロポーズしたんだけど、断られてしまいました。
그녀와의 결혼을 결심하기가 힘들어.	彼女との結婚になかなか踏みきれないんだ。

결혼 생활

그는 갓 결혼했어.	彼は新婚ほやほやだ。
결혼 생활은 어때요?	結婚生活はどうですか。
우리들은 지금 행복합니다.	私たちは今幸せです。
저는 아내를 사랑해요.	僕は妻を愛している。
우리들은 서로 닮은 부부예요.	私達は似たもの夫婦です。
두 사람은 잘 어울리는 한 쌍입니다.	あの二人は似合いのカップルです。
그녀는 아이를 가지고 싶어해.	彼女は子供を欲しがっている。
임신했어.	妊娠しているの。
아기는 남자야? 여자야?	赤ん坊は男の子か、女の子か。
나는 아내에 대한 배려를 많이 하는 남편이야.	僕は女房想いだ。
부부 싸움은 하지 않아.	夫婦げんかはしないよ。
가정을 갖게 되니 여러모로 힘들어서 말이야.	所帯を持つといろいろ大変でね。

3 사랑 싸움 / 이별

이별을 고할 때

이제 더 이상 안 되겠어.	もう駄目。
너무해.	ひどいわ。
우리 헤어집시다.	別れましょう。
좋아요. 깨끗하게 헤어집시다.	いいよ。きれいに別れましょう。
우리는 이제 끝났어.	私達はもう終った。
당신(너)하고는 이제 끝장이야.	あんたとはもうおしまいよ。[11]
이제 서로 만나지 않는 게 좋겠어.	もう会わない方がいいよ。
더 이상 당신과 살 수 없어요.	もうあなたとは一緒に暮らせないわ。
당장 사라져!	今すぐ出て行って！
또 다시 나를 성가시게 하지 말아요(들러붙지 말아요).	二度と私にまとわりつかないで！
지금까지 우리 사이에 있었던 모든 일은 없었던 걸로 합시다.	今までのことは全てなかったことにしよう。
당신은 나한테 너무 과분한 사람이야.	君は僕にはもったいない人だよ。
더 이상 당신을 행복하게 할 자신이 없어요.	これ以上君を幸せにする自信がないよ。
당분간 떨어져 있는 게 좋을 것 같아요.	当分離れて暮らした方がいいと思うの。
언젠가는 이렇게 될 줄 알았어요.	いつかはこうなるって思ってた。
당신은 나에 대해 몰라도 너무 몰라.	あなたは私のこと、なんにも分かっていない。[12]

---

11 あんたは 2인칭 あなた에서 온 말. あなた보다 상대를 존중하지 않는 느낌이 강한 말이다.
12 なんにも는 なにも의 강조.

이젠 당신하고 있어도 아무런 느낌이 없어.	もうあなたといても何も感じないの。
당신에게 휘둘리는 건 이제 참을 수 없어.	あなたに振り回されるのはもうたくさんよ。[13]
이제 너한테 휘둘리는 건 더 이상 못하겠어〔질렸어〕.	君に振り回されるのはもうこりごりだよ。
당신같이 배려 없는 남자하곤 이제 더 이상 같이 못 있겠어.	あんたみたいに思いやりのない男とはもうやっていけない。
나도 이제 결혼을 생각해야 하거든. 한없이 기다릴 수만은 없어.	そろそろ私も結婚を考えないとね。いつまでも待っているわけにはいかないの。
우리들 이제 더 이상 좋아질 수 없어.	私達はもう上手くやっていけないよ。

변심

넌 변했어.	君は変わった。
마음이 바뀌었어.	気が変わったんだ。
그 남자 마음이 변했어.	彼が心変わりしたの。
이젠 당신에게 싫증났어요.	もう飽きたわ。
좋아하는 사람이 생겼어.	外に好きな人ができたんだ。
당신과 있어도 재미가 없어〔따분해〕.	あなたといてもつまらないの。
나도 마찬가지야.	お互い様よ。
	お互い様だよ。

---

13 もうたくさんだ는 '이제 지겹다, 참을 수 없다'는 뜻.

외도

지금 (다른) 누군가랑 사귀고 있는 거야?	今ほかの誰かと付き合ってるの？
나는 비서하고 연애를 했었어.	僕は秘書と恋愛関係にあったんだ。
내 아내는 바람을 피우고 있어.	僕の妻は浮気しているんだ。
왜 바람을 피웠어?	どうして浮気なんかしたの？
바람 핀 게 들통이 나 버렸어.	浮気がばれちゃったよ。
바람기가 발동을 해서 말이야.	浮気心がうずいてね。
말세군. 불륜이 당연한 세상이라니!	世も末だね。不倫が当たり前の世の中なんて！
설마 당신이 나를 배신하리라고는 생각하지 못했어.	まさかあなたが私を裏切るとは思わなかったわ。
당신은 유부녀야. 애들은 어떻게 할 거야!	お前は人妻だぞ。子供はどうするんだ！
그는 나를 침대에 쓰러뜨렸어요.	彼は私をベッドに押し倒しました。
이런 식으로 노리개감 취급당하는 건 이제 신물이 나.	こんなふうにもて遊ばれるのはもうこりごりよ。
나한테 손대지 마세요.	触らないで！
그럴 기분이 아니에요.	そんな気分じゃない。
당신 거짓말은 더 이상 참을 수가 없어.	あんた〔お前〕の嘘にはもう我慢できない。
그래도 당신이 남자야?	それでも男なの？
남자는 다 그런 거야?	男はみんなそうなの？

헤어지는 이유

이젠 아내를 사랑하지 않아.	もう妻を愛していないんだ。
나는 아내와 대화가 안 돼.	僕は妻と話が合わないんだよ。
그 사람은 재미 없는 남자예요.	彼は面白味のない人なの。
그 사람이 저를 화나게 했어요.	彼は私を怒らせたわ。
그 사람이 그렇게 냉정한 태도를 보이다니 믿기지가 않아.	彼があんな冷たい態度を取るなんて、信じられない。
제멋대로인 데다가 자기한테만 잘 하라는 그녀하고는 더 이상 사귈 수 없어.	自分勝手で我がままな彼女とはもう付き合えないよ。[14]
사람을 업신여기는 말투가 싫은 거야.	人を馬鹿にしたような言い方が気に入らないのよ。
그 사람은 나보다 술을 더 좋아해.	彼は私よりお酒の方が好きなのよ。
그녀는 명품에 푹 빠져서 이젠 감당할 수가 없어.	彼女はブランド物にはまっていて、もう手に負えないんだよ。

헤어지고 싶지 않을 때

당신과 헤어질 수 없어.	あなたと別れられないの。
좀더 생각할 시간을 줘.	もう少し考えさせてくれ。
돌아와 줘.	帰ってきて。
저를 놔 두고 떠나지 마세요.	私を置いて行かないで。
	僕を置いて行かないでくれ。

---

[14] 自分勝手だは 행동이나 사고가 제멋대로인 것을 말하고, 我がままだ는 남에게 떼를 쓰거나 행동이 제멋대로인 것을 말한다.

도저히 당신을 포기할 수 없어요.	どうしてもあなたのことがあきらめられない。
처음부터 다시 시작해요.	初めからやり直しましょう。
이렇게 사랑하고 있는데, 왜 가버리는 거야?	こんなに愛しているのに、どうして行ってしまうの？
헤어지더라도 친구로 지내요.	別れても友達でいましょう。
친구로 있는 편이 마음이 편할 것 같아요.	友達でいた方が気が楽かもしれない。

헤어짐

그와는 헤어질 거야.	彼とは、別れるわ。
실연했어.	失恋した。
이혼하자.	離婚しよう。
우리는 절교 상태입니다.	私達は絶交中です。
미안해. 용서해 줘.	ごめん。許して。
우리들은 자주 싸운다.	私達はよくけんかをするんだ。
우리들은 몇 시간에 걸쳐 말싸움을 했어.	僕らは何時間にも渡って言い争ったんだ。
우리들 사이는 금이 가기 시작했어.	僕らは仲違いし始めた。
우리들은 이제 서로 잘 해 나갈 수가 없어.	私達はもう上手くやっていけないんだ。
나는 지금 아내와 별거중이야.	僕は今、妻と別居中なんだ。
애들은 누가 기르기로 했어?	子供はどっちが引き取ることにしたの？[15]

15 引き取る는 '인수하다' 는 뜻으로 아이를 맡아 키우기로 하는 경우에 쓰인다.

난 너를 이해한다고 생각했는데…….	私は、あなたを理解していると思ったのに……。
너는 나를 이해하고 있을 거라고 생각했는데…….	君は僕を理解しているものと思っていたんだが……。
5년씩이나 사귀고 헤어졌다니 사귀는 기간이 너무 길었군요.	五年も付き合って別れちゃったとは、春が長すぎたんですね。[16]
헤어진다는 건 괴로운 일이야.	別れるってことは辛いことだよ。

4 사랑에 관한 수다

이상형에 대한 얘기

남자(여자)친구가 생겼으면 좋겠다.	男〔女〕がほしい。
	彼氏〔彼女〕がほしい。
좋은 사람 있으면 소개해 주세요.	誰かいい人、紹介してください。
어떤 타입을 좋아해?	どんなタイプが好き？
이상형은 어떤 타입이에요?	好きな〔好みの〕タイプは？
	理想のタイプはどんなタイプですか。
자상한 사람이 좋아.	優しい人がいいなあ。
귀엽고 발랄한 여자가 좋지.	かわいくて、元気な子がいいなあ。
능력 있고 자기 세계를 가지고 있는 사람을 좋아해요.	仕事ができて、自分の世界を持っている人が好きです。

---

16 여기서 春는 남녀가 사귀는 기간을 봄에 비유한 것. 결혼하기 전 사귀는 기간이 길 경우 春が長すぎた라는 표현을 쓴다. 너무 빨리 끝나버린 사랑, 청춘은 短(みじか)すぎた春(はる)라고도 한다.

몸매가 좋고 머리 좋은 여성을 좋아해.	スタイルがよくて、頭のいい女性が好きだな。
유타카는 정말 멋있어.	豊は本当にかっこいい。
그 여자는 어떤가요?	彼女はどうですか。
그 남자 마음에 드세요?	彼は好きなタイプですか。
저는 저런 타입에는 관심이 없어요.	ああいうタイプには興味ないです。
유부남은 관심 없어.	結婚している男には興味ないわ。
이 놈은 유부녀랑 사귀어 보고 싶다네.	こいつは人妻と付き合ってみたいなんて言ってるよ。
그 사람 내게 마음이 있는 것 같아.	彼、私に気があるみたいなの。[17]
그녀에게 데이트를 신청하고 싶었는데, 그럴 용기가 없었어.	彼女にデートを申し込みたかったけど、勇気が出なくて。
누군가 따로 마음에 두고 있는 사람이라도 있어요?	誰か密かに好きな人でもいるんですか。
그는 정말 바람둥이일까?	彼って、本当にプレーボーイ〔浮気者〕かしら。
그는 바람둥이니까 조심하는 게 좋아.	彼は、手が早いから気をつけた方がいいよ。[18]
그는 너를 좋아하는 것 같아.	彼はあなたが好きみたいよ。
나라는 나를 좋아하는 것 같아.	ナラは僕のことが好きみたいだ。
유리는 다카시한테 마음이 있다.	ユリは貴史に気がある。

17 気がある는 '마음(관심)이 있다'라는 뜻.
18 手が早い는 여자와 쉽게 관계를 맺는 것을 말한다.

나는 다케노우치 씨한테 빠졌어.	私、竹之内さんに夢中なの。
그 사람 쿨한 데가 좋아요.	彼のクールなところが好きなんです。
그녀 같은 여자는 어떻게 손을 쓸 수가 없어.	彼女みたいな女には手も足も出ないんだ。
내가 먼저 사귀자고 말해 볼까?	私から告白してみようかな。
그는 그녀에게 마음을 두고 있는 것 같습니다.	彼は、彼女に心を寄せているようです。
그는 짝사랑으로 고민하고 있습니다.	彼は、片想いで悩んでいます。

기타

콩깍지가 씌었다고나 할까요.	「あばたもえくぼ」っていうことですね。[19]
두 사람이 친해진 사연을 들려 주세요.	二人のなれそめを聞かせてください。[20]
관심(흥미) 없어요.	興味ないです〔ありません〕。
여자에게 관심이 없는 것 같군요.	女性に興味がないみたいですね。
그는 삼각관계에 빠졌대.	彼は三角関係になったそうよ。
그건 짝사랑이군요.	それは片思いですね。
그는 여자를 밝히니까…….	彼は女好きだからね。
그 사람 킹카라서…….	彼って、モテモテだから……。
그녀는 남자들에게 인기가 있어요.	彼女はすごくもてるんですよ。
그 사람 차인지 얼마 안 되니까 지금이 기회일지도 몰라〔해 볼만 할 거야〕.	彼はふられたばかりだから、チャンスかもよ。
저 두 사람 그렇고 그런 사이래.	あの二人は、そういう仲だって。

---

[19] あばたは '곰보', えくぼ는 '보조개'라는 뜻. 즉 사랑하면 결점까지도 좋게 보인다는 뜻으로 쓰인다.
[20] なれそめ는 두 남녀가 인연을 맺게 된 사연을 말한다. 요즘은 애인 이외에도 쓰는 경우가 있다.

그들은 아무리 봐도 안 어울리는 것 같지 않아?	あの二人ってどう見ても似合わないと思わない？
그들은 진짜 어울리는 한 쌍이지요?	あの二人は本当にお似合いのカップルですよね。
그들은 엇갈린 사랑만 하고 있어요.	あの二人は擦れ違ってばかりです。
빨리 좋은 사람을 만나면 좋겠다.	早くいい人に出会えたらいいなあ。
왜 가슴이 이렇게 두근거리지?	どうしてこんなにドキドキするんだろう。
사랑에 빠졌다.	恋に落ちた。
마리코를 깊이 사랑하고 있어.	真理子を深く愛している。
그녀는 내 애인이에요.	彼女は僕の彼女です。[21]
우리들은 사귀고 있습니다.	私達は付き合っています。
그녀와 친구가 되고 싶습니다.	彼女と友達になりたいです。
우리는 친구 사이입니다.	私達は友達同士です。
우리는 그저 친구 사이예요.	私達はただの友達です。
그녀는 나의 오랜 친구입니다.	彼女は僕の古い友達です。
그녀는 결혼하더니 아줌마가 다 됐어.	彼女は結婚してから何だか所帯染みて来たね。[22]
결혼하고 살찐 거 아냐?	結婚して太り出したんじゃない？

[21] 彼女, 彼는 각각 '그 여자, 그 남자' 라는 뜻과 함께 '여자 친구, 남자 친구' 라는 뜻도 있다. 애인을 직역해서 愛人이라고 하면 정부라는 뜻이 되므로 주의를 요한다.
[22] 所帯染みる는 '살림꾼 티가 나다, 살림에 찌들어 보이다' 라는 뜻.

제3부 일상 생활

1 개인 전화

일본은 전화나 편지에서 쓰는 표현이 정형화되어 있으므로 그런 표현들을 익혀 상황에 맞게 사용하면 수준 높은 일본어를 구사할 수 있게 된다. 한국의 경우는 전화를 거는 사람 입장이 우선되는 경향이 있는 반면, 일본은 전화를 받는 사람 입장이 절대적으로 우선된다. 그러므로 상대방이 전화를 받을 수 있는 상황인가를 물어보는 것이 예의이며, 자신의 전화가 상대에게 폐가 되지 않도록 배려해야 한다. 또한 휴대폰 매너는 한국보다 훨씬 엄격하여 공공 장소, 특히 버스나 기차 안에서 통화하는 모습을 거의 볼 수 없다. 이 또한 남에게 피해를 주어서는 안 되는 일본 사회를 나타내는 단면이라 할 수 있다.

1 전화를 걸 때 [1]

여보세요. もしもし。[2]

상대를 물을 때

가노 씨 댁입니까? 加納さんのお宅でしょうか。

기무라 선생님 댁입니까? 木村先生のお宅ですか。

자신을 밝힐 때

미즈하라입니다. 水原と言いますが……。

정민영이라고 합니다. チョンと申しますが……。

메구미의 친구 노다인데요. めぐみさんの友達の野田ですけど……。[3]

죄송합니다. 사토라고 합니다. 恐れ入ります、佐藤と申しますが……。[4]

---

[1] 일본 사람에게 전화를 걸 때는 아무리 친한 사이라도 처음에는 정중한 말투로 예의를 갖추어 말하는 것이 좋다.
[2] もしもし는 전화가 처음 나와 전화 성능이 좋지 않았을 때 もしもし、聞こえますか。(여보세요, 들리세요?)라고 묻던 것에서 비롯된 말이다. 요즘은 성능이 좋아 다시 되물을 필요가 없어 もしもし라는 말은 점점 사용하지 않고 있는 추세이다. 특히 회사에서는 사용하지 않는 것이 상식이다.
[3] 친한 친구일 경우라도 집에 전화를 걸 경우는 가족이 받을 가능성이 많으므로 친구 이름에 さん을 붙여서 말하는 것이 좋으며 예의를 갖추어 정중한 말투로 이야기하는 것이 좋다.

전화 상대를 바꿔 달라고 할때

유지 씨 집에 계세요?	雄二さんは、ご在宅でしょうか。
유지 씨 계세요?	雄二さん、いらっしゃいますか。
유지 씨 부탁합니다.	雄二さん、お願いします。
유지 씨 부탁드립니다.	雄二さん、お願い致します。
저는 한성은이라고 하는데요, 유코 집에 있어요?	私、ハンと申しますが、優子さんいらっしゃいますか。
규슈 대학 문학부의 한성은이라고 하는데요, 이마니시 교수님 계십니까?	九州大学文学部のハンと申しますが、今西先生はご在宅でしょうか。 ↑
영업부의 가노입니다만, 우에키 과장님 댁에 계십니까?	営業部でお世話になっている加納と申しますが、植木課長はご在宅でしょうか。 ↑

상대가 전화를 받았을 때

미안해. 아침부터.	ごめん。朝早く。 ↓
미안해. 늦은 밤에.	ごめんね。夜遅くに。 ↓
이른 아침부터 죄송합니다.	朝早くから申し訳ございません。 ↑
밤늦게 죄송합니다.	夜分遅く申し訳ございません。 ↑
밤늦게 죄송합니다만…….	夜分申し訳ありませんが……。
지금 통화할 수 있어요?	今、いいですか。[5]
지금 통화하실 수 있습니까?	今、よろしいですか。

4　恐れ入ります는 주로 '죄송합니다, 감사합니다' 라는 뜻으로 쓰이는 말. 굳이 恐れ入ります라고 하지 않아도 무관하지만 恐れ入ります라고 자신의 이름을 밝히기 전에 말함으로써 상당히 예의바른 사람으로 인식될 수 있다.
5　유선 전화든 휴대폰이든 상대가 전화를 받을 수 있는 상황인지 물어보는 것이 예의이다.

지금 통화할 수 있어요?	今、お電話よろしいですか。
	今、お電話よろしいでしょうか。
깨운 게 아니었으면 좋겠는데…….	起こしたのでなければいいのですが……。

2 전화를 받을 때

전화를 받을 때

여보세요.	はい。
	もしもし。
네, 가토입니다.	はい、加藤です。
네, 스즈키입니다.	はい、鈴木でございます。
예, 그렇습니다만…….	はい、そうですが……。
어디시죠〔누구시라고 전해 드릴까요〕?	どちら様ですか。

기다려 달라고 할 때

잠깐 기다려.	ちょっと待ってね。
잠깐 기다려요.	ちょっと待ってくださいね。
잠시 기다려 주세요.	少々お待ちください。
	しばらくお待ちください。
잠깐 기다려 주세요. 지금 바꿀게요.	ちょっとお待ちください。今、代わりますから……。

다른 전화가 온 것 같거든요. 잠깐만 기다려요.	キャッチが入ったので、ちょっと待ってくださいね。

전화 받으라고 할 때

전화 왔다.	電話だよ。	⬇
마코토, 전화 받아라.	誠、電話よ。	⬇
여보, 전화 받아요.	あなた、電話ですよ。	🚹
전화 받으세요.	(お)電話です。	

부재중일 때

지금은 외출중입니다만…….	あいにく外出しておりますが……。
지금 잠깐 외출중입니다만…….	今ちょっと出掛けておりますが……。
아직 안 돌아왔는데요.	まだ帰ってませんが……。
그렇습니까? 몇 시쯤에 돌아오십니까?	そうですか。何時頃お帰りになりますか。
오늘은 늦는다고 연락이 왔었습니다.	今日は遅くなると連絡がありました。
	今日は遅くなるとのことでした。

3 전화를 끊을 때

이제 전화 끊어야겠다.	そろそろ切らないと。	⬇
그럼, 안녕.	じゃ、またね〔な 🚹〕。	⬇
또 전화할게.	また電話するね〔な 🚹〕。	⬇

1 개인 전화 293

그럼, 이만 실례하겠습니다.	それでは、どうも。
	それでは、失礼いたします。
그만 실례하겠습니다.	そろそろ失礼いたします。
그럼 부탁드립니다.	それでは、よろしくお願い致します。
그럼 이따 다시 전화 드리겠습니다.	それでは、後ほどまた掛け直させていただきます。
그럼 (안부) 전해 주세요.	それでは、よろしくお伝えください。
그럼 메시지 잘 전해 주세요.	それでは、メッセージの方、よろしくお願いします。

4 메모를 남길 때

메모를 전해 주시겠습니까?	伝言、お願いできますか。
메모 좀 부탁합니다.	伝言、お願いします。
급한 일은 아닙니다.	急ぐ用ではありません。
안부 전화 왔었다고 전해 주세요.	よろしくとお伝えください。
하시모토가 전화했다고 전해 주세요.	橋本から電話があったとお伝えください。
전화가 왔었다고만 전해 주시겠습니까?	電話があったことだけお伝えくださいますか。
지난번에는 신세 많이 졌다고 전해 주세요.	先日はお世話になりましたとお伝えください。
어제 즐거웠다고 전해 주세요.	昨日は楽しかったとお伝えください。
어제 고마웠다고 전해 주시겠습니까?	昨日はありがとうございましたとお伝えくださいますか。

돌아오면 전화해 달라고 전해 주세요.	じゃあ、お帰りになったら、電話をくれるように伝えてください。
들어오는 대로 저한테 전화해 달라고 전해 주십시오.	お帰りになったら、お電話くださるようお伝えくださいますか。
알겠습니다. 반드시 전화 드리라고 전하도록 하겠습니다.	分かりました。必ず電話をするように伝えておきます。
(돌아오면) 이쪽에서 전화 드리라고 전할까요?	折り返しお電話差し上げるように伝えましょうか。

5 전화가 잘못 걸려왔을 때

몇 번으로 거셨습니까?	何番にお掛けですか。
785-1229 아닙니까?	７８５-１２２９ではありませんか。[6]
저희는 785-1129입니다.	こちらは、７８５-１１２９です。
죄송합니다. 제가 번호를 잘못 누른 모양이군요.	どうも失礼しました。番号を間違って押したようです。
미안합니다. 잘못 걸었네요.	すみません。間違えました。
시나 씨 댁〔휴대폰〕이 아닌가요?	椎名さんのお宅〔ケータイ〕じゃありませんか。
미안합니다. 번호를 틀린〔잘못 안〕 것 같아요.	失礼しました。番号を間違えたようです。
전화 번호가 바뀐 지 얼마 되지 않았습니까?	電話番号が変わって間もないですか。
아뇨, 오래 전부터 이 전화 번호인데요.	いいえ、ずいぶん前からこの番号ですが……。

---

[6] 전화 번호 숫자를 읽을 때는 2나 5처럼 발음이 하나일 경우 ニ-, ゴ-처럼 장음 발음을 한다.

6 휴대폰

잘 안 들리는데요.	よく聞こえませんが……。
잘 들리세요?	聞こえますか。
큰소리로 말씀해 주시겠어요.	大きな声で話してもらいますか。
통화 상태가 안 좋은 곳 같군요.	電波が届かない所のようです。
잠깐만요. 바깥에 나가서 받을게요.	ちょっと待ってください。外に出ます。
지금 통화할 수 있습니까?	今、(電話)いいですか。
휴대폰을 진동으로 해 놔서 전화 온 걸 몰랐습니다.	携帯電話をマナーモードにしておいたので、電話があったことを知りませんでした。
늦게 전화해서 미안해요. 이제야 회의가 끝났어요.	遅くなりました。やっと会議が終わったので……。
메시지 들었습니다. 몇 번씩이나 전화하셨다구요. 정말 미안합니다.	伝言聞きました。何度も電話もらったようですね。どうもすみません。
지금 전화 받기 곤란하거든. 내가 나중에 걸게.	今ちょっと電話できないので、後で掛けるね。
죄송합니다. 나중에 다시 걸겠습니다.	すみません。後で掛け直します。
지금 운전중이니까 나중에 걸겠습니다.	今、運転中なので、後で掛けます。
	申し訳ありません。いま、運転中なので、後でこちらからお電話いたします。
배터리가 다 된 것 같아요.	バッテリーがなくなりそうです。

지하라서 통화 상태가 안 좋은 것 같습니다.	地下にいるので、電波が届いてないのかも知れません。
휴대폰 전원이 꺼져 있는데요.	携帯の電源が切れていますが……。
오전에 전화를 드렸었는데 전원이 꺼져 있어서요.	午前中にお電話差し上げたのですが、電源が切れていたので……。
일하는 데 전화해서 미안해.	ごめんね、仕事中に電話して。[7]
죄송해요. 업무중에 (전화 드려서요).	すみません、仕事中に。
그럼 문자 메시지 보낼게요.	じゃ、メールを送ります。[8]
지금 거신 전화 번호는 현재 통화권 이탈 지역에 있거나 전원이 꺼져 있어 연결이 안 됩니다. 나중에 다시 걸어 주십시오.	お掛けになった電話番号は、現在電波の届かない所にあるか、電源が切れているため掛かりません。後ほどお掛け直しください。
지금 거신 전화 번호는 현재 사용되고 있지 않습니다. 번호를 확인하신 후에 다시 걸어 주십시오.	お掛けになった電話番号は、現在使われておりません。番号をお確かめの上、お掛け直しください。

7 자동 응답기 녹음

응답기 녹음

지금은 외출중입니다. 삐 소리가 나면 성함과 전화 번호, 메시지를 말씀해 주세요. 나중에 제가 연락드리겠습니다.	ただ今留守にしております。発信音〔ピーという音〕の後に、お名前とお電話番号、メッセージをお話しください。折り返しお電話いたします。
지금은 전화를 받을 수가 없습니다. 나중에 다시 걸어 주십시오.	ただ今、電話に出ることができません。後ほどお掛け直しください。

---

7 일본에서는 개인 소유 휴대폰일지라도 회사에서 사적인 전화를 하는 것은 예의에 어긋나는 일이다. 따라서 상대가 업무중에 전화를 할 경우는 업무중에 전화해서 미안하다는 말을 하는 것이 좋다.
8 휴대폰 문자 메시지도 メール라고 한다.

스즈키의 자동 응답 전화입니다. 지금은 외출 중이오니 성함과 메시지를 남겨주세요.	こちらは鈴木の留守番電話です。あいにく留守にしておりますので、お名前とメッセージをお残しください。
넥서스 컴퍼니입니다. 죄송합니다만 오늘 업무 시간은 종료되었습니다. 저희 회사의 업무 시간은 오전 아홉 시에서 오후 다섯 시까지입니다. 내일 업무 시간 내에 다시 걸어 주시거나 삐 소리가 나면 성함과 전화 번호, 메시지를 남겨 주시기 바랍니다. 전화주셔서 감사합니다.	こちらはネクサスカンパニーでございます。申し訳ございませんが、本日の業務は終了いたしました。当社の業務時間は、午前9時から午後5時まででございます。明日の業務時間内におかけ直しいただくか、発信音の後にお名前とお電話番号、ご用件をお話しください。本日はお電話ありがとうございました。

메시지 녹음

안녕하세요. 사토루입니다. 다시 걸겠습니다.	どうも。さとるです。また掛けます。
안영철입니다. 좀 말씀드릴 게 있는데, 나중에 또 전화하겠습니다. 그럼.	アンです。ちょっとお話ししたいことがあるんですが、後でまたかけます。どうも。[9]
안녕! 미카예요. 내일 회식 일로 전화했어요. 늦어도 좋으니까 전화 줘요. 기다릴게요. 그럼 이만 끊을게요.	こんにちは。美加です。明日の宴会のことで電話しました。遅くても構わないから電話くださいね。待ってます。それでは。[10]
총무부 나카이입니다. 내일 회의 때문에 전화 드렸습니다. 이따가 다시 전화 드리겠습니다. 그럼 안녕히 계십시오.	総務部の中井です。明日の会議の件でお電話いたしました。また後ほどお電話いたします。それでは、失礼いたします。

9 자신의 용무로 전화를 하는 경우는 상대에게 걸어달라고 하지 않고 자신이 다시 거는 것이 예의이다. 또한 상대에게 걸려 온 전화로 자신의 용무를 길게 얘기하는 것도 예의에 어긋나는 일이다.
10 宴会는 술자리 회식을 말하며 모임의 규모가 크거나 공식적인 모임일 경우에 많이 쓰인다. 사적이거나 소규모의 회식자리는 술자리일 경우 飲(の)み会(かい), 술자리가 아닌 식사가 주가 되는 모임일 경우는 食事会(しょくじかい)라고 한다.

2 업무 전화

업무 전화일 경우 전화 예절에 각별히 신경을 써야 한다. 일본에서 상식이 되어 있는 전화 예절의 4대 원칙은 다음과 같다.
1) 바른 자세 : 명확한 의사 전달을 위해서 항상 바른 자세와 몸가짐을 유지해야 한다.
2) 또박또박한 말투 : 전화상으로 대화를 해야 하므로 말투와 발음에 더욱 주의해야 한다. 발음이 부정확한 사람은 각별히 신경 써서 또박또박 말한다.
3) 처음에는 특히 천천히 : 빠른 말투는 전화상에서 매우 알아듣기 어려우므로 처음 전화를 받을 때는 특히 천천히 말한다.
4) 메모를 하면서 : 전화 내용을 정확하게 메모해서 전달한다.

1 업무 전화 상황별 예시 [1]

| 감사합니다. 코리아나 여행사입니다. | お世話になっております。コリアナ旅行社でございます。 |

| 안녕하세요. 저는 넥서스 편집부의 최민경이라고 합니다만 인바운드의 가노 님 계세요? | こちらこそお世話になっております。私、ネクサス社編集部のチェーと申しますが、インバウンドの加納様はいらっしゃいますでしょうか。[2] |

《《《 자리에 있을 때 》》》

| 잠시 기다려 주십시오. 연결해 드리겠습니다. | 少々お待ちください。おつなぎいたします。 |

《《《 부재중일 때 》》》

| 잠시만 기다려 주십시오.(부재중인지 확인) 죄송합니다. 지금 가노 씨는 외출중이십니다. | 少々お待ちください。(不在中か確認)申し訳ございません。あいにく加納は外出しております。 |

| 그렇습니까? 몇 시쯤 돌아오십니까? | そう〔左様〕ですか。お帰りは何時ごろになりますか。 |

---

[1] 업무 전화는 상대 직위의 높낮음에 관계없이 반드시 정중한 말투를 써야 하므로 모든 대화를 존대 표현으로 해야 한다. 설사 가까운 사이일 지라도 업무상의 이야기를 할 때는 정중하게 이야기한다.
[2] ~でしょうか의 경우 'か'를 올리지 말고 내려서 발음한다.

오후 3시쯤 돌아올 예정입니다.	午後3時ごろ戻る予定になっております。

* 패턴1 *

메시지를 남겨달라고 부탁할 때(메모 : 전화가 온 시간, 메시지 내용, 상대방 회사명, 이름)

그럼 메모를 부탁해도 될까요?	それでは、伝言をお願いしたいのですが、よろしいでしょうか。
예, 말씀하세요.	はい、承ります。[3]
내일 미팅 시간을 오후 3시 반으로 변경해 주십사 전해 주시겠습니까?	明日の打ち合わせの時間を午後3時半に変更させていただきたい、とお伝え願えますでしょうか。
내일 미팅 시간을 오후 3시 반으로 변경하고 싶으시다는 말씀이시지요?	明日の打ち合わせの時間を午後3時半に変更されたい、ということですね。
예, 그렇습니다.	はい、そうです。

* 패턴2 *

돌아오면 전화해 달라고 부탁할 때(메모 : 전화 온 시간, 상대방 회사명과 이름, 전화 번호)

자리에 돌아오면 전화를 부탁한다고 전해 주시겠습니까?	よろしければ、お帰りになりましたらお電話いただくようお伝え願えませんでしょうか。

* 패턴3 *

다시 전화하겠다고 말할 때(메모 : 전화 온 시간, 상대방 회사명과 이름)

---

[3] 承る는 受ける의 겸양어. 여기서는 메모할 내용을 받아 적을 준비가 되었다는 뜻이다.

[4] 일본에서는 업무 전화의 경우 전화를 받을 때 전화벨은 3번까지가 한도라고 인식되고 있으므로 3번 울리기 전에 받아야 한다. 또한 少々お待ちください。(잠시 기다려 주십시오.)의 한도는 30초 정도이다. 30초가 지나면 다시 한 번 수화기를 들고 申し訳ございません。もう少しお時間がかかりそうです。このままお待ちいただくか、それともこちらから折り返しお電話させていただきますが、いかがいたしましょうか。(죄송합니다. 좀 더 오래 걸릴 것 같습니다. 이대로 기다리시겠어요? 아니면 끝나는대로 저희 쪽에서 다시 전화를 드리도록 할까요?)라고 상대방에게 선택권을 준다.

그럼 그 때쯤에 다시 전화드린다고 전해 주십시오.	では、そのころもう一度お電話いたします、とお伝えください。 ↑
예, 알겠습니다.	はい、承知いたしました。 ↑
저는 최민경인데요, 실례지만 (전화 받으시는 분) 성함이 어떻게 되십니까?	私、チェーと申しますが、失礼ですが、お名前は……。 ↑
인바운드의 후지이라고 합니다.	インバウンドの藤井と申します。 ↑
후지이 님이군요. 수고스럽지만 잘 부탁드립니다.	藤井様ですね。お手数ですがよろしくお願いいたします。 ↑
예, 알겠습니다.	はい、かしこまりました。 ↑
그럼, 실례합니다.	それでは、失礼いたします。 ↑

2 전화를 받을 때 [4]

회사/자신을 밝힐 때

한국상사입니다.	はい、韓国商事でございます。 ↑
한국상사 영업부입니다.(외부 전화일 경우)	はい、韓国商事営業部でございます。 ↑
감사합니다. 동서상사입니다.	(いつも)お世話になっております。東西商事でございます。[5] ↑
영업부 가시마입니다.(내선 전화일 경우)	はい、営業部の鹿島でございます。 ↑
많이 기다리셨습니다.	はい、お待たせしました。 ↑
많이 기다리셨습니다. 기무라입니다.	(大変)お待たせいたしました。木村でございます。[6] ↑

[5] 한국에서도 '감사합니다. 한국산업입니다.'와 같이 직접적으로 감사할 일이 없어도 '감사합니다'라는 표현을 사용한다. 일본의 お世話になっております。도 같은 의미의 표현이라고 할 수 있다. 직접적으로 신세를 지거나 폐를 끼친 일이 없더라도 전화로 말문을 열 때 お世話になっております。라는 인사를 주고받는다.

[6] 전화를 돌려 받을 때는 상대방이 잠시나마 기다린 것에 대해 お待たせいたしました。라고 말해 주는 것이 좋다. 전화를 금방 받지 못하고 조금이라도 시간을 지체했다면 大変お待たせいたしました。라고 말한다.

상대를 물을 때

누구십니까?	恐れ入りますが、どちら様でしょうか。
죄송합니다만, 성함을 다시 한번 말씀해 주시겠습니까?	申し訳ありませんが、お名前をもう一度お願いできますか。
성함이 어떻게 되십니까?	どちら様とお伝えしましょうか。
	失礼ですが、どちら様でしょうか。
	お名前を頂戴できますか。
아오키 씨이십니까?	青木様でいらっしゃいますか。
다카야마 씨이시지요? (확인할 때)	高山様ですね。
	高山様でいらっしゃいますね。
한자는 어떻게 쓰시는지요?	漢字はどのようにお書きしますか。
나가시마 유카 님이시라구요. 죄송하지만 한자는 어떻게 쓰십니까?	ナガシマユウカ様ですね。恐れ入りますが、漢字はどのようにお書きしますか。
나가시마는 길 「장」 자에 뫼 산 변에 새 조 자를 쓰는 「도」이고요, 유카는 뛰어날 「우」에 향기 「향」자를 씁니다.	ナガシマは、長いの「長」に、山偏に鳥の「嶋」で、ユウカは、優しいの「優」に香りの「香」と書きます。
예. 잘 알겠습니다.	はい、かしこまりました。
나가시마 님이시지요? 한자는 길 「장」자에 시마는 섬 「도」자가 맞습니까?	ナガシマ様ですね。漢字は長いの「長」に、島はアイランドの「島」でよろしいでしょうか。
아뇨, 시마는 뫼 산 변에 새 조자를 쓰는 「도」입니다.	いいえ、シマは山偏に鳥と書く「嶋」です。

그렇습니까? 그럼 길 「장」자에 뫼 산 변에 새 조 자를 쓰는 「도」가 맞겠군요.	そうですか。それでは、長いの「長」に、山偏に鳥と書く「嶋」でよろしいですね。
예. 그렇습니다.	はい。そうです。

기다려 달라고 할 때

잠시 기다려 주세요.[7]	少々お待ちください。
	しばらくお待ちください。
잠시 기다려 주시면 감사하겠습니다.	少々お待ちくださいませ。
	しばらくお待ちくださいませ。
기다리게 해서 죄송합니다.	お待たせして申し訳ありません。
이대로 기다리시겠습니까?	このまま、お待ちになりますか。
지금 통화중인데 기다리시겠습니까?	ただ今、外の電話に出ておりますが、お待ちになりますか。
(많이) 기다리게 해서 죄송합니다.	(大変)お待たせいたしました。

전화 받으라고 할 때

마츠모토 씨, 1번 전화 받으세요.	松本さん、1番にお電話です。
과장님, 노다 사무소의 가시노 씨 전화인데요. 돌려드릴까요?	課長、野田事務所の樫野さんですが、おつなぎしましょうか。
용건만 듣고 나중에 전해 줘.	用件だけ聞いておいて。

---

[7] 업무 상 전화일 때는 ちょっと待ってください라는 표현은 쓰지 않는 것이 좋다.

부장님, 사모님 전화입니다.	部長、奥様からお電話です。
지금 좀 바쁘니까 나중에 전화한다고 해.	今ちょっと手が離せないから後で掛けると言ってくれ。
한 시간 후에 전화하라고 전해 주세요.	一時間後に電話するようお伝えください。
회의중이라고 해 줘요.	会議中ということにしてください。
나 없다고 해 줘.	居ないことにしといて。
지금은 전화 받기가 조금 곤란합니다.	あいにく只今は、電話に出ることができません。
세 시까지는 전화 연결하지 마.	3時までは電話、取り次がないようにね。
회의중에는 전화 연결하지 마세요.	会議中には電話を取り次がないでください。
지금 통화중이신데요.	只今、外の電話に出ておりますが……。
통화가 좀 길어지실 것 같은데요.	少しお話が長くなりそうですが……。
곧 끝날 것 같은데 기다리시겠습니까?	すぐ終わるかと思いますが、お待ちになりますか。
죄송합니다. 통화가 길어질 것 같은데요. 통화가 끝나면 전화 드리라고 전할까요?	申し訳ありません。お話が長くなるようです。終わり次第お電話差し上げるようお伝えいたしましょうか。
지금 손님이 오셔서 말씀을 나누고 계십니다.	只今、接客中です。
계장님께서는 지금 손님이 오셔서 전화를 받을 수 없습니다만, 다른 분을 바꿔 드리면 안 될까요?	係長は、只今接客中で電話に出られませんが、外の者が代わりにお伺いいたしましょうか。[8]

---

[8] 중요한 상대일수록 그냥 바쁘다고 하기보다는 손님이 와 있다거나 회의중이라든가 구체적인 이유를 말하는 것이(설사 사실과 다르다 할지라도) 상대방에게 실례가 안 된다.

부재중일 때

사장님은 지금 외출중이십니다만…….	社長は、ただいま外出しておりますが……。[9]
지금은 외출중입니다만…….	あいにく外出しておりますが……。
죄송합니다만 지금 외출중입니다.	恐れ入りますが、あいにく外出しております。
지금 잠시 자리를 비운 것 같은데요.	只今、ちょっと席を外しておりますが……。
회사 안에는 있을텐데요.	社内には居ると思いますが……。
아직 안 나오셨는데요.	まだ出社しておりませんが……。
오늘은 외근이라서 회사에는 안 돌아올텐데요.	本日は外回りで、会社には戻りませんが……。
마츠다 씨는 오늘 감기 때문에 결근했는데요.	松田は本日風邪で休んでおりますが……。
구사노 씨는 오늘과 내일 휴가인데요.	草野は、今日と明日、休みをとっています。
사카이 씨는 출장으로 부산에 갔습니다.	坂井は出張でプサンに行っております。
가토리 씨는 퇴사하셨습니다.	香取は、退社いたしました。
에가와 씨는 지금 외출중인데요, 급하신 용무십니까?	江川はあいにく外出しておりますが、お急ぎのご用件でしょうか。
에가와 씨는 지금 회의중입니다만, 괜찮으시다면 제가 대신 용건을 전해 드리겠습니다.	江川はあいにく会議中ですので、よろしければ代わりにご用件をお伺いいたしますが……。
담당자가 지금 출장중입니다만 제가 대신 용건을 전해 드릴까요?	担当者はあいにく出張しております。代わりにご用件をお伺いいたしましょうか。
무슨 용건이십니까?	どういう〔どういった〕ご用件でしょうか。

---

[9] 자신의 상사인 경우일지라도 외부인에 대해서 外出していらっしゃいますが라는 식으로 존칭을 쓰는 것은 예의에 어긋나므로 주의를 요한다.

언제쯤 돌아오시나요?	いつ頃、お戻りになりますか。 ⬆
몇 시경에 돌아오시는지 모르십니까?	いつ頃お帰りになるかは、お分かりになりませんか。 ⬆
금방 돌아오실 겁니다.	すぐ戻ると思いますが……。
2시에 돌아오는 것으로 되어 있습니다.	2時戻りとなっております。 ⬆
오전 중에는 못 돌아오실 텐데요.	午前中には戻らないと思いますが……。
4시경이 될 것 같은데요.	4時頃になるかと思いますが……。
그럼 나중에 다시 전화 드리겠습니다.	では、後ほどまたお電話差し上げます。 ⬆
그럼 그 시간에 다시 전화 드리겠습니다.	それでは、その頃またお電話いたします。 ⬆
그 시간 정도에 제가 전화 드려도 될까요?	その頃こちらからお電話差し上げてよろしいでしょうか。 ⬆
그럼 그 시간 정도에 제가 전화 드리도록 하겠습니다.	それでは、その頃こちらからお電話差し上げるようにいたします。 ⬆
언제쯤 다시 걸면 되겠습니까?	いつごろまたお電話すればよろしいでしょうか。 ⬆
그럼 내일은 계실까요?	それでは、明日はいらっしゃいますでしょうか。 ⬆
나중에 다시 걸어 주시겠습니까?	後で掛け直していただけますか。 ⬆
돌아오면 전화하라고 전하겠습니다.	戻りましたら、お電話するようにお伝えいたします。[10] ⬆

---

[10] 회사에서 자리에 돌아오는 것은 帰る가 아니라 戻る를 쓴다.

돌아오는 대로 전화 드리라고 전해 드리겠습니다.	戻り次第、折り返しお電話差し上げるようお伝えいたします。 ↑
전화 번호를 알려 주시겠습니까?	お電話番号、お願いできますか。 ↑
	お電話番号を教えていただけますか。 ↑
지금 점심 식사하러 나갔습니다.	ただ今、昼食に出ています。
10분 후에 다시 걸어 주시겠습니까?	10分後に、掛け直していただけますか。 ↑
10분 정도면 돌아옵니다.	10分ほどで戻ります。

3 전화를 걸 때

교환을 통할 때

영업부 부탁합니다.	営業部、お願いします。
내선 22번 부탁합니다.	内線22番、お願いいたします。 ↑
내선 38로 돌려주세요.	内線38をお願いします。
유학생 담당 부서는 내선 번호가 몇 번입니까?	留学生係は内線で何番になりますか。
총무과 마에다 씨 부탁합니다.	総務課の前田さん、お願いします。
죄송합니다, 총무과에는 마에다라는 직원이 없습니다만…….	申し訳ありませんが、総務課に前田という者はおりませんが……。 ↑
청구서에 대해 문의가 있는데요, 담당자를 연결해 주십시오.	請求書についてお伺いしたいことがあるのですが、担当の方をお願いします。

제품에 대한 문의가 있는데요. 담당 부서가 어디입니까?	製品についてお伺いしたいことがありますが、担当部署はどちらになりますか。
부서는 모르겠습니다만 고노 씨와 통화하고 싶은데요.	部署は分からないのですが、河野さんにおつなぎいただけますか。
죄송합니다만 부서를 모르시면 연결해 드릴 수가 없습니다.	申し訳ありませんが、部署がお分かりになりませんと、おつなぎすることができません。
그럼, 인사부로 연결해 주십시오.	それでは、人事部をお願いします。
전화를 돌리겠습니다.	電話をお回しいたします。
담당자를 바꿔 드리겠습니다.	担当の者にかわります。

자신을 밝힐 때

⟪⟪⟪ 전화를 건 경우 ⟫⟫⟫

야마시타라고 합니다만…….	山下と申しますが……。
저는 무라카미라고 합니다만…….	私、村上と申しますが……。
도쿄보험의 안승환이라고 합니다.	東京保険の安と申します。
저는 영업부 김 과장입니다.	営業部(課長)のキムと申しますが……。
저는 노나카 씨의 후배인 이와사키입니다만…….	私、野中さんの後輩の岩崎ですが……。
안녕하십니까? (감사합니다.) 넥서스 편집부의 박미연이라고 합니다.	お世話になっております。ネクサス編集部のパクと申します。
아까 전화 드렸던 넥서스 편집부의 박미연입니다.	先ほどお電話させていただきましたネクサス編集部のパクでございます。

저희야말로 감사합니다. 히라오카라고 합니다만 나카지마 과장님 계십니까?	こちらこそお世話になっております。平岡と申しますが、中島課長はいらっしゃいます(でしょう)か。
지난 번 판촉 프로젝트를 담당했던 미시마라고 합니다만…….	先日、販売促進プロジェクトでお世話になりました三島と申しますが……。[11]
어제 홈페이지 디자인 건으로 전화 드렸던 디자인 클럽의 강수연이라고 합니다.	昨日、ホームページのデザインの件でお電話いたしましたデザインクラブのカンと申します。
아까 전화 드렸던 히라오카인데요, 나카지마 과장님 들어오셨습니까?	先ほどお電話いたしました平岡ですが、中島課長はお帰りでしょうか。

《《《 전화를 받는 경우 》》》

감사합니다〔안녕하세요〕. 한국산업입니다.	お世話になっております。韓国産業でございます。
감사합니다.	いつもお世話になっております。
예, 기무라입니다.	はい、木村でございます。
예, 전화 바꿨습니다. 영업 3과의 스에마츠입니다.	はい、お電話代わりました。営業3課の末松でございます。
국제교류협회의 아오키입니다.	国際交流協会の青木です。

전화 상대를 바꿔 달라고 할 때

영업부 마루야마 님 계십니까?	営業部の丸山様はいらっしゃいます(でしょう)か。

---

[11] 외주를 받거나 프리랜서로 프로젝트에 합류하여 업무를 담당했을 경우 발주사에 대해서는 담당했다보다 お世話になりました라는 표현을 사용하는 것이 좋다.

서무과 우에다 님 계십니까?	庶務課の上田様、おいでになります(でしょう)か。
급한 일이라서 그러는데요. 달리 연락할 방법이 없을까요?	急ぎの用事ですが、外に連絡する方法はないでしょうか。
그럼 성함과 연락처를 말씀해 주세요. 제가 연락을 취해서 전화하도록 하겠습니다.	それでは、お名前とご連絡先をお願い致します。こちらから連絡を取り、お電話させます〔ので〕。
저희 쪽으로 연락이 오는 대로 전화 드리겠습니다.	こちらに連絡が入り次第ご連絡〔お電話〕差し上げます。
아마 총무부에 계실 겁니다. 그리로 연결해 드릴 테니 잠시 기다리세요.	恐らく総務部に居ると思います。そちらにおつなぎしますので、少々お待ちください。
휴대폰 번호는 모르십니까?	携帯の番号はご存じありませんか。
죄송합니다만, 휴대폰 번호는 알려 드리지 못하도록 되어 있습니다.	恐れ入りますが、携帯の番号はお教えできないことになっております。
그럼 휴대폰 번호를 알려드리겠습니다. 메모하실 수 있습니까?	それでは、携帯の番号を申し上げます。メモのご用意はよろしいですか。
자꾸 전화해서 미안합니다.	何度もすみません。
사이키 씨를 다시 바꿔 주세요.	もう一度斎木さんをお願いします。
한국어 할 수 있는 분 부탁합니다.	韓国語のできる方をお願いします。
일본어 할 수 있는 분 계십니까?	日本語のできる方はいらっしゃいますか。

김 씨에게 급히 연락을 취하고 싶은데요.	金(キム)さんに至急(しきゅう)連絡(れんらく)をとりたいのですが……。
죄송합니다만, 좀 더 천천히 말씀해 주세요.	申(もう)し訳(わけ)ありませんが、もう少(すこ)しゆっくりお話(はな)しください。
	恐(おそ)れ入(い)りますが、もう少(すこ)しゆっくりお話(はな)していただけますか。 ↑

4 전화를 끊을 때 [12]

그럼 잘 부탁합니다.	それでは、よろしくお願(ねが)いします。
	それでは、よろしくお願(ねが)い致(いた)します。 ↑
그럼 메시지 꼭 전해 주세요.	それでは、メッセージの方(ほう)、よろしくお願(ねが)いします。
그럼, 이만 실례하겠습니다.	それでは、どうも。
	それでは、失礼(しつれい)いたします。
그럼 이따가 다시 전화 드리겠습니다.	それでは、後(のち)ほどまたお掛(か)け直(なお)しいたします。 ↑
그럼 안부 전해 주세요.	それでは、よろしくお伝(つた)えください。 ↑
친절하게 대응해 주셔서 감사합니다.	ご親切(しんせつ)に、ありがとうございました。

5 메모를 남길 때

메모 부탁할 수 있습니까?	伝言(でんごん)〔メッセージ〕、お願(ねが)いできますか。
	伝言(でんごん)、お願(ねが)いします。

---

12 전화를 마칠 때는 어른이나 전화를 건 쪽에서 먼저 수화기를 내려 놓는 것이 예의이다. 특히 업무 상의 전화를 하는 경우 같이 매너에 주의해야 할 상황에서는 수화기를 놓기 전에 먼저 손으로 통화를 끊은 다음에 수화기를 조용히 내려놓음으로써 상대방에게 불쾌한 소음이 전달되지 않도록 한다.

그럼 전화 왔었다고만 전해 주세요.	それでは、電話があったことだけお伝えください〔お伝え願えますか〕。
돌아오시면 전화 주십사 전해 주십시오.	お帰りになりましたら、お電話くださいとお伝えください。
	折り返しお電話をいただきたいとお伝えください。
돌아오시면 되도록 빨리 저한테 전화해 달라고 해 주십시오.	お帰りになったらなるべく早くお電話くださるようお伝えください。
하시모토가 전화했었다고 전해주세요.	橋本から電話があったとお伝えください。
제 사무실로 전화해 달라고 전해 주시기 바랍니다.	こちらの事務所の方にお電話くださりますようお伝えください。
연락 기다린다고 전해 주시겠습니까?	ご連絡をお待ちしているとお伝え願えますか。
점심시간 후에 제가 전화하겠다고 말씀해 주세요.	お昼休み以降、こちらからお電話いたしますとお伝えください。
제 핸드폰으로 연락해 달라고 전해 주십시오.	(私の)携帯にお電話いただきたい、とお伝えください。
내일 약속 시간이 10시로 변경되었다고 전해 주십시오.	明日の約束時間が10時に変更になったとお伝えください。
지금은 핸드폰이 안 되므로 결과를 메일로 보내달라고 전해 주시겠어요?	今は携帯が通じないので、結果をメールで送ってくださるように伝えてもらえますか。

안부 전화 왔었다고 전해 주세요.	よろしくお伝えください。 ↑
급한 일은 아닙니다.	急ぐ用ではありません。
지난번에 신세 많이 졌다고 전해 주세요.	先日はお世話になりましたとお伝えください。 ↑
어제 즐거웠다고 전해 주세요.	昨日は楽しかった、とお伝えください。
뭔가 전하실 말씀이 있습니까?	何かご伝言はございますでしょうか。 ↑
어제 고마웠다고 전해 주시겠습니까?	昨日はありがとうございました、とお伝えくださいますか。 ↑

6 전화가 잘못 걸려왔을 때

아닙니다. 여기는 드림월드입니다.	いいえ、こちらはドリームワールドでございます。 ↑
몇 번으로 거셨습니까?	何番にお掛けですか。 ↑
785-1229 아닙니까?	785-1229 じゃないですか。
저희는 785-1299입니다.	こちらは、785-1299 です。
죄송합니다. 제가 번호를 잘못 누른 모양이군요.	どうも失礼しました。番号を間違って押したようです。
미안합니다. 잘못 걸었네요.	すみません。間違えました。
미안합니다. 번호가 잘못된 것 같습니다.	失礼しました。番号を間違えたようです。
전화 번호는 맞는데 식당은 아닙니다.	番号は合っていますが、食堂ではありません。
전화 번호 바뀐 지 얼마 되지 않았습니까?	電話番号が変わって間もないですか。

아뇨, 오래 전부터 이 전화 번호인데요.	いいえ、ずいぶん前からこの番号ですが……。
그런 이름을 가진 사람은 안 계신데요.	そのような名前の者は、こちらにはおりませんが……。
나카지마라는 사람은 있지만 나가시마라는 사람은 없습니다.	中島という者はおりますが、長島という者はおりません。
다른 부서인 것 같은데요.	部署が違うようですが……。

3 식당에서

일본의 식사 예절 중 한국과 크게 차이가 나는 것은 밥을 먹을 때 밥공기를 들고 먹는다는 것이다. 한국처럼 상에 공기를 둔 채 사람이 밥공기 쪽으로 숙이며 밥을 먹는 것은 일본에서는 예의에 어긋나는 행동이다. 또한 일본에서는 보통 젓가락만으로 식사를 하기 때문에 국물을 먹을 때도 그릇을 들고 들이마신다. 숟가락은 외국 요리, 즉 카레라이스, 중국 요리, 한국 요리, 서양 요리가 나올 때만 나온다. 그리고 일본은 더치페이가 기본이므로 무슨 특별한 이유가 있는 경우가 아니면 식사를 대접하거나 대접받지 않는 것이 보통이다. 또한 이번 장에서는 ⬆마크 표현을 통해 서비스업에 종사하는 사람들의 말투를 다양하게 익힐 수 있도록 배려했다.

1 식사 제의 및 결정

식사 제의

이제 밥 먹으러 갈까?	そろそろご飯〔食事〕にしようか。	⬇
점심 같이 먹을래?	お昼、付き合ってくれる?	⬇
언제 식사나 같이 합시다.	いつか食事でもご一緒しましょう。	
점심 먹으러 갑시다.	お昼、食べに行きましょう。	
	お昼、食べに行きませんか。	
우리 점심 식사나 같이 할래요?	お昼でも一緒に食べますか。	
내일 저와 점심 식사 하는 것 어때요?	明日のお昼、一緒にどうですか。	
저녁 식사 하러 같이 나가실래요?	夕飯、一緒に食べに行きませんか。	
오늘 밤 외식할까?(외식하지 않을래?)	今夜は外食にしようか。	⬇
저녁 식사 같이 하시겠어요?	夕食、ご一緒にいかがですか。	⬆

내일 저녁 식사 같이 하러 가실래요?	明日、夕食でも一緒に行きましょうか。
지금 막 뭘 좀 먹으러 나갈 참인데 같이 안 갈래요?	今ちょうど何か食べに行こうとしたところですが、一緒に行きませんか。
뭐 좀 간단히 먹으러 나갑시다.	何か軽く食べに行きましょう。
저는 벌써 먹었어요.	私はもう食べました。
	私はもう済ませました。
고맙지만 오늘은 도시락을 가져왔어.	せっかくだけど、今日はお弁当なんだ。[1] ↑
기획안도 통과됐으니, 오늘 회식하는 거죠, 과장님?	企画も通ったし、今日は打ち上げですね、課長。
어디 들러서 점심이나 먹읍시다.	どこか寄ってお昼でも食べましょう。
여기서 뭐 좀 먹읍시다.	ここで何か食べましょう。
맛있는 이태리 식당을 알고 있는데요, 같이 가지 않으실래요?	おいしいイタメシ屋を知ってるんだけど、一緒に行きませんか。[2]

한턱 낼 때

선배! 밥 좀 사 줘요.	先輩！ご飯おごってください。
오늘은 나카야마가 한턱 낸대.	今日は中山のおごりだって。 ↓
자 갑시다! 제가 살게요.	さあ、行きましょう。私がごちそうします。
아니에요, 미안하니까…… (됐어요).	いいえ、悪いですから……。
오늘 월급 받았으니까 맛있는 거 먹으러 가자.	今日は給料日だったから、何かうまい〔おいしい〕ものでも食べに行こう。 ↓

1 せっかくだけど, 혹은 せっかくですが는 '호의는 고맙지만, 모처럼 제안해 줬는데' 등의 의미로 제의를 거절할 때 자주 쓰는 말이다.
2 イタメシ는 イタリア(이태리)와 飯(밥)의 신조어이다. 프랑스 요리보다 서민적이고 친근감이 있어 이렇게 부른다. 프랑스 요리는 フランス料理(りょうり). 물론 이태리 요리는 イタリア料理라고 해도 무관하다.
3 보통 '여긴 내가 낼게요'라고 할 때 ここは私が……。라는 식으로 出(だ)します 또는 支払(しはら)います라는 구체적인 언급을 피하는 경우가 많다.

월급 받았으니까 오늘 저녁 맛있는 거 사줄게.	給料もらったんだ。今日の夕食、おいしいものごちそうするよ。
여긴 내가 낼게.	ここは僕が持つよ。
여긴 내가 낼게요.	ここは私が……。³
네? 그래도 괜찮아요?	ええ？いいんですか。
응, 괜찮아. 어제 월급도 받았고, 늘 나한테 잘 해 주니까…… (고마워서 말이야).	うん、いいよ。昨日が給料日だったし、いつもいろいろとお世話になってるし。
여긴 한국이니까 한국식으로 합시다.	ここは韓国だから、韓国式で行きましょう。
모처럼 한국에 오셨잖아요 (제가 대접해 드려야지요). 신경 쓰지 마세요.	せっかく韓国にいらしたんだから、まあ、気にしないでください。
(지난번 일로 감사해서요,) 제가 점심을 대접하겠습니다.	先日のお礼にお昼をご招待〔ごちそう〕したいのですが……。⁴
부장님, 오늘 저녁 식사 같이 하시겠습니까?	部長、今日の夕飯ご一緒できますか。⁵
잘 먹었습니다 〔맛있게 먹었습니다/감사히 먹었습니다〕.	ごちそうさまでした。⁶
선배님, 다음에 또 크게 한턱 내세요.	先輩、また今度、豪勢におごってください。

음식점을 정할 때

뭐 먹을까?	何食べようか。
어디로 갈까요?	どこに行きましょうか。

---

4 일본에서는 아주 가까운 (가족 또는 연인) 사이가 아닌 경우 아무 이유 없이 밥을 사는 일이 거의 없으므로, 식사를 대접할 때는 보답이나 감사의 뜻이라는 등 이유를 밝힘으로써 상대가 대접을 받을 이유가 있다는 사실을 확인해 주는 것이 좋다. 그렇지 않으면 오히려 대접을 받는 상대가 부담스러워할 수 있다.
5 예의를 갖추어야 할 상대일 경우 설사 자신이 대접을 하는 경우라도 식사 제의를 할 때부터 자신이 낸다는 얘기를 하기보다는 함께 식사를 할 수 있는지를 묻고 나중에 식사가 끝난 뒤에 자연스럽게 내는 편이 좋다.
6 상대방이 밥을 샀을 경우는 상대가 돈을 내고 나올 때 반드시 잘 먹었다는 인사를 한다.

뭘 먹으러 갈까요?	何食べに行きましょうか。
딱히 먹고 싶은 게 없군요.	これと言ってないですね。
고기 먹으러 가자.	焼肉食べに行こう。
추우니까 일본식 전골요리를 먹을까?	寒いから鍋料理にしましょうか。
원고료도 받았으니까 거하게 초밥이나 먹으러 갈까?	稿料ももらったし、豪勢にお寿司でも食べに行こうか。
이탈리아 요리가 좋겠네요.	イタリア料理がいいですね。
이 근처에 있는 맛있는 레스토랑을 가르쳐 주시겠습니까?	この近くの、おいしいレストランを教えていただけますか。
이 근처에 일본 정식 요리집이 있나요?	この近くに会席のお店がありますか。
가장 가까운 한정식집은 어디입니까?	一番近い韓定食のお店はどこですか。
이 근처에 아직 하는 레스토랑은 있나요?	この近くで、まだ開いているレストランはありますか。

2 예약 및 좌석

예약할 때

감사합니다. 파크 레스토랑입니다.	ありがとうございます。パークレストランでございます。
예약이 필요합니까?	予約は必要ですか。
손님이 많기 때문에 예약하시는 게 좋습니다.	お客様が多いので予約された方が確実かと思いますが……。

韓国(かんこく)料理 한국 요리　日本(にほん)料理〔和食(わしょく)〕 일본 요리　中華(ちゅうか)料理 중국 요리　エスニック料理 에스닉 요리　タイ料理 태국 요리　ベトナム料理 베트남 요리　メキシコ料理 멕시코 요리　フランス料理 프랑스 요리

오늘 저녁 6시에 예약하고 싶은데요.	今夜の6時に予約したいのですが……。
내일 밤 8시에 예약을 부탁합니다.	明日の夜8時に予約をお願いします。
이번 주 토요일 오후 7시에 네 명 자리 예약하고 싶은데요.	今週の土曜日の午後7時に、4人、予約をお願いしたいのですが……。
2명입니다.	2人です。
몇 시에 예약이 가능합니까?	何時に予約できますか。
몇 시까지 영업하지요?	何時まで開いていますか。
오늘 저녁 7시에 예약하고 싶습니다.	今日の夜7時に予約をしたいのですが……。
카드를 사용할 수 있나요?	カードは使えますか。
디너 코스는 얼마입니까?	ディナーコースはいくらですか。
복장에 제한이 있습니까?	服装に制限はありますか。
정장을 해야 합니까?	正装の必要がありますか。
그 곳에는 어떻게 가면 되지요?	そこへはどう行けばいいですか。

예약을 받을 때

몇 분이십니까?	何名様でいらっしゃいますか。 ↑
몇 시로 하시겠습니까?	何時がよろしいでしょうか。 ↑
성함을 말씀해 주시겠습니까?	お名前をちょうだいできますか。 ↑
	お名前をお願い致します。 ↑
죄송하지만, 그 날은 예약이 꽉 차 있습니다.	申し訳ございませんが、その日は予約でいっぱいでございます。

죄송합니다만, 그 시간에는 예약이 다 차 있습니다.	あいにくその時間には満席となっております。 ↑
죄송합니다만, 7시와 9시라면 가능합니다.	申し訳ありませんが、7時と9時でしたらご用意できますが……。 ↑
8시 이후에는 자리를 마련해 드릴 수 있습니다.	8時以降でしたらお席をご用意できますが……。
12시에 두 자리를 예약해 두겠습니다.	12時にお二人様で予約を入れておきます。
알겠습니다. 7시에 기다리겠습니다.	かしこまりました。7時にお待ちしております。 ↑
알겠습니다. 7시로 예약해 놓겠습니다.	かしこまりました。それでは7時にお待ち申し上げております。 ↑
알겠습니다. 그럼 내일 7시에 두 분 예약하신 거지요?	かしこまりました。明日の7時に2名様のご予約ですね。 ↑

예약을 변경 / 취소할 때

⟨⟨⟨ 예약 변경 ⟩⟩⟩

예약을 바꾸고 싶은데요.	予約を変更したいのですが……。
다음 주 화요일 예약을 그 다음 주 화요일로 바꾸고 싶은데요.	来週の火曜日の予約を再来週の火曜日にしていただければと思いますが……。
죄송하지만 (마침) 그 날은 예약이 꽉 차 있습니다.	あいにくその日は予約がいっぱいでございます。 ↑

예약이 취소되거나 하는 일은 없습니까?	予約のキャンセルが入ったりすることはありませんか。
그럼 예약 취소가 들어오는 대로 저희가 연락을 드리겠습니다.	それでは、キャンセルが入り次第こちらからご連絡を差し上げます。

⟪⟪⟪ 예약 취소 ⟫⟫⟫

죄송합니다. 예약을 취소하고 싶은데요.	すみません、予約を取消したいのですが……。
내일 밤 7시 예약을 취소하고 싶습니다.	明晩7時の予約をキャンセルしたいのですが……。
다른 기회에 또 찾아주시길 기다리겠습니다.	またの機会にご来店されますようお待ち申し上げております。

기타

전망이 좋은 곳으로 부탁합니다.	眺めのいい所をお願いします。
야경이 아름다운 자리로 해 주세요.	夜景がきれいに見える席にしてください。
생일 축하 모임인데요, 케이크를 준비해 주실 수 있으세요?	お誕生日のお祝いなんですが、ケーキの用意もお願いできますか。
죄송합니다. 케이크 준비는 할 수 없습니다.	申し訳ございません。ケーキのご用意はできかねますが……。
샴페인이라면 준비할 수 있습니다만…….	シャンパンならご用意できますが……。
그럼 그렇게(그걸로) 해 주세요.	では、それでお願いします。
예약 손님께는 디저트를 서비스해 드립니다.	予約された方には、デザートがサービスとなっております。

미리 예약을 해두는 게 좋을 것 같네요.	あらかじめ予約しておいた方がよさそうですね。
그 곳에 가려면 미리 예약을 해야 할 거예요.	そこに行くんだったら、あらかじめ予約しないと駄目だと思いますよ。
거기에서 식사할 계획이라면 예약을 해두세요.	そこで食事をする予定なら、予約を入れておいた方がいいですよ。
제가 자리를 예약해 둘게요.	私が予約を入れておきますね。
거기는 예약이 필요 없습니다.	そこは予約の必要はありません。

3 식당 입구에서

예약을 확인할 때

예약은 하셨습니까?	ご予約はされていらっしゃいますか。
	ご予約はお済みでしょうか。
7시에 예약한 노미야마입니다.	7時に予約した野見山です。
오늘 저녁 6시 반으로 예약했습니다.	今夜6時半で予約しました。
어제 예약한 이민수입니다.	昨日予約したイーですが……。
나카무라라는 이름으로 예약했습니다.	中村で予約してあります。
관광협회의 사와다라는 이름으로 예약이 되어 있을텐데요.	観光協会の沢田で予約が入っているはずですが……。
그런 이름으로 예약을 하신 분은 없으신데요.	そのようなお名前では予約を承っておりませんが……。

예약 명단에는 손님의 이름이 없습니다.	予約リストにはお客様のお名前がございませんが……。 ⬆
무슨 착오가 있는 게 아닐까요? 예약 명단을 다시 한 번 확인해 주시겠습니까?	何か手違いがあったんじゃないでしょうか。予約リストをもう一度確認してもらえますか。

예약을 안 했을 때

자리 있습니까?	席、空いていますか。
우리 모두가 함께 앉을 만한 큰 방이 있어요?	私達が全員座れるような大きな部屋はありますか。
일행이 몇 분이십니까?	ご一行様は何名様でいらっしゃいますか。 ⬆
혼자세요?	お一人様でいらっしゃいますか。 ⬆
흡연석으로 부탁합니다.	喫煙席にしてください。
금연석으로 해 주세요.	禁煙席にしてください。
조용한 자리로 부탁합니다.	静かな席でお願いします。
창가 좌석이 좋은데요.	窓際の席がいいのですが……。
두 사람인데 자리 있습니까?	二人ですが、席は空いていますか。
예, 있습니다.	はい、ございます。 ⬆
자리가 날 때까지 얼마나 걸릴까요?	席が空くまでどれくらい掛かりそうですか。
지배인(책임자)을 불러 주십시오.	支配人〔責任者〕を呼んでください。

자리가 없어서 기다릴 때

죄송합니다. 오늘 저녁은 예약이 많아 자리가 없습니다.	申し訳ございません。あいにく今夜は予約でいっぱいですが……。
죄송하지만 지금은 자리가 없습니다.	申し訳ありませんが、今はお席がございません。
어느 정도 기다려야 되지요?	どのくらい待ちますか。
얼마나 기다려야 합니까?	どれくらい待たないといけませんか。
	あとどれくらい待たなければなりませんか。
언제쯤 자리가 날까요?	いつごろ席が空きそうですか。
자리가 날 때까지 기다려도 되겠습니까?	席が空くまで待ってもいいですか。
20분 정도 기다리셔야 할 것 같은데 기다리시겠습니까?	20分ぐらいお待ちいただくことになると思いますが、お待ちになりますか。
예, 기다리겠습니다.	はい、待ちます。
여기 앉아서 기다리세요.	こちらにお座りになってお待ちください。
테이블이 준비될 때까지 여기서 기다려 주시겠습니까?	テーブルの準備ができるまでこちらでお待ちいただけますか。
아직 우리 차례가 안 됐습니까?	まだ私達の番じゃないですか。
실례합니다, 우리가 먼저 왔는데요.	すみませんが、私達が先に来たんですが……。
웨이터, 우리가 먼저인 것 같은데요.	ウェーターさん、私達が先に来たと思うんですが……。

박용석 손님! 자리가 준비됐습니다.	パク様、お席がご用意できました。
이쪽으로 오세요. 안내해 드리겠습니다.	こちらへどうぞ。ご案内いたします。
죄송하지만 지금 당장 자리가 없습니다.	申し訳ありませんが、今すぐお席を準備することはできません。
그럼 다음에 오겠습니다.	それじゃ、また今度来ます。

좌석을 잡았을 때

동행이 계십니까?	お連れ様はいらっしゃいますか。
나중에 한 사람이 더 올 겁니다.	後でもう一人来ます。
원하시는 자리가 있으십니까?	ご希望の席はございますか。
위층에 앉고 싶은데요.	上の階に座りたいですが……。
창가가 좋습니다.	窓際がいいです。
그럼, 창 쪽에 자리가 나면 옮길 수 있게 해 주세요.	じゃ、窓側の席が空いたら移れるようにしてください。
어느 쪽이든 좋습니다.	どちらでもかまいません。
이 자리가 마음에 들지 않는데요.	この席はあまり……。
미안하지만 이 자리가 마음에 안 드는데요.	すみませんが、この席はちょっと……。
다른 자리로 옮기고 싶군요.	外の席に移りたいです。
저기로 옮겨도 될까요?	あっちに移ってもいいですか。
좀더 조용한 곳으로(방으로) 옮기고 싶습니다.	もっと静かな所〔部屋〕に移りたいのですが……。

다른 테이블로 옮기고 싶습니다만…….	外のテーブルに移りたいのですが……。

4 메뉴 관련 문의 및 주문

메뉴 문의

<<< 메뉴에 대한 문의 >>>

오늘의 수프는 뭡니까?	今日のスープは何ですか。
오늘의 수프는 시금치 크림수프와 콘소메입니다.	本日のスープは、ほうれん草のクリームスープとコンソメでございます。
오늘의 특별 요리는 뭐죠?	今日のスペシャルメニューは何ですか。
점심 메뉴는 무엇이 있습니까?	ランチは何がありますか。
이건 어떤 요리죠?	これはどんな料理ですか。
이것과 저것은 뭐가 다르죠?	これとあれは何が違うんですか。
가벼운 걸로 뭐 없습니까?	軽めので、何かありませんか。
어떤 파스타가 있습니까?	どんなパスタがありますか。
오늘의 추천 요리는 무엇입니까?	今日のお勧めは何ですか。
(이 식당에서) 잘하는 게 뭐죠?	お勧めの料理は何ですか。
이 가게의 명물 요리는 있습니까?	この店の名物料理はありますか。
그 밖에 다른 것으로 뭐가 없습니까?	その外に何かありませんか。
커피는 코스에 포함되어 있습니까?	コーヒーはコースに含まれているのですか。
마실 것을 포함해서 6,000엔으로 식사를 하고 싶은데요.	飲み物を含めて6000円で食事をしたいのですが。

이 요리와 가장 잘 어울리는 와인은 어느 것입니까?	この料理に合うワインはどれでしょうか。
와인을 주문해도 될까요?	ワインを注文してもいいですか。
그 밖에 또 있습니까?	外に何かございますか。
이 요리는 어떻게 먹는 거죠?	この料理はどういう風に食べるんですか。

《《《 시간/양에 관한 문의 》》》

가장 빨리 되는 요리가 뭐죠?	一番早くできる料理は何ですか。
빨리 되는 걸로 뭐가 있죠? 한 시간밖에 시간이 없거든요.	早くできるもので、何がありますか。一時間しかないんですよ。
(주문한 것이) 금방 됩니까?	すぐできますか。
'스페셜A'는 얼마나 걸립니까?	スペシャルAはどれくらいかかりますか。
정식 중에 어떤 게 제일 빨리 됩니까?	定食の中でどれが一番早くできますか。
이건 양이 많나요?	これは量が多いですか。
이 메뉴는 양이 어느 정도입니까?	このメニューは量がどれくらいですか。
둘이서 넉넉히 먹을 수 있는 양입니까?	二人で十分食べられる量ですか。
두 분이시면 '중'으로 시키는 것이 좋을 겁니다.	お二人だと「中」を注文された方がよろしいと思います。
여기는 음식 맛은 있는데 양이 적어요.	ここは、料理はおいしいけど量が少ないんですよね。

메뉴 결정

그걸로 하겠습니다.	それにします。
같은 걸로 둘 주세요.	同じものを二人前ください。
이걸로 주세요.(메뉴를 가리키면서)	これ、ください。
이것과 이것을 주십시오.	これとこれをください。
(옆 테이블을 가리키며) 저것과 같은 것으로 주십시오.	あれと同じのをください。
저도 같은 걸로 하겠습니다.	私も同じものにします。
스테이크 부탁합니다.	ステーキをお願いします。
오늘의 정식을 먹겠습니다.	今日の定食にします。
점심 정식 B로 하겠습니다.	ランチBにします。
저는 아무 거나 괜찮습니다.	私は何でもいいです。
저는 잘 모르니까, 알아서 적당히 주문해 주세요.	私はよく分かりませんから、適当に注文してください。
한국 요리를 먹고 싶어요.	韓国料理が食べたいです。
두 가지 다 먹어 보죠.	2つとも食べてみましょう。
피자 어때요?	ピザ〔ピッツァ〕はどうですか。

주문할 때

〈〈〈 주문 〉〉〉

주문하시겠어요?	(ご注文は)お決まりですか。
뭘 드시겠습니까?	何になさいますか。
주문하셨습니까?	ご注文はお済みですか。
여기 주문 좀 받으세요.	すみません、注文お願いします。
주문을 바꿔도 되겠습니까?	注文を変えてもいいですか。
전채는 뭘로 드시겠습니까?	前菜は何になさいますか。
아직 결정을 못했습니다. 잠깐만 있다가 와 주세요.	まだ決めてません。もうちょっと後でお願いします。
메뉴를 보여 주세요.	メニューをお願いします。
	メニューを見せてください。
영어로 된 메뉴가 있습니까?	英語のメニューはありますか。
샐러드 하나 주세요.	サラダを一つください。
그린 샐러드를 추가해 주세요.	グリーンサラダを追加でお願いします。
(커피는) 식사와 함께 하시겠습니까, 식후에 드시겠습니까?	コーヒーはお食事とご一緒にお持ちいたしましょうか。それとも食後になさいますか。
커피는 식사와 함께 주세요.	コーヒーは食事の後にお願いします。
더 필요한 것 있으세요?	ほかに何か、ございませんか。

《《《 요리에 대한 주문 》》》

(스테이크를) 어떻게 익혀 드릴까요?	(ステーキの)焼き加減はどういたしましょうか。

잘 익혀 주십시오.	よく焼いてください。
	ウェルダンでお願いします。[7]
너무 맵지 않게 해 주십시오.	あまり辛くしないでください。
드레싱을 어떤 걸로 하시겠습니까?	ドレッシングは何になさいますか。 ↑
프렌치 드레싱으로 주세요.	フレンチ・ドレッシングにします。
일본식 드레싱으로 할게요.	和風ドレッシングでお願いします。[8]
디저트 준비해 드릴까요?	デザートのご用意をいたしましょうか。 ↑
지금 디저트를 주문하시겠어요?	今、デザートのご注文をなさいますか。 ↑
디저트는 나중에 주문하겠습니다.	デザートは後で注文します。
디저트는 바닐라 아이스크림으로 하겠습니다.	デザートはバニラアイスクリームにします。
디저트로 케이크와 커피를 주세요.	デザートはケーキとコーヒーをください。
디저트는 생략하겠습니다.	デザートはいいです。
와인 리스트를 보여 주시겠습니까?	ワインリストを見せてもらえますか。
어떤 종류의 와인이 있습니까?	どんな種類のワインがありますか。
백(적)포도주를 주시겠습니까?	白〔赤〕ワインをもらえますか。

음료를 주문할 때

마실 것은 뭘로 하시겠습니까?	お飲み物は何になさいますか。 ↑
마실 것을 드릴까요?	お飲み物をご用意いたしましょうか。 ↑
물 좀 주시겠어요?	お水お願いします。[9]

---

[7] 웰던은 ウェルダン, よく焼(や)く, 미디엄은 ミディアム, 中(ちゅう)くらいに焼(や)く, 레어는 レア, さっと焼(や)く 등으로 표현한다.
[8] 일본 메뉴에서 많이 볼 수 있는 것이 和風이다. 和風은 '일본식' 이라는 뜻. 和風ドレッシング는 간장을 베이스로 만든 드레싱을 말한다.
[9] お水, お冷やは '찬물' 이라는 뜻. 뜨거운 물은 お湯(ゆ), 미지근한 물은 ぬるま湯(ゆ).

	(お)冷やください。 ↑
얼음을 더 드릴까요?	氷をもっとお持ちいたしましょうか。
커피만 마셔도 됩니까?	コーヒーだけ飲んでもいいですか。 ↑
커피 한 잔 주세요.	コーヒー(一つ)ください。
커피를 한 잔 더 주시겠습니까?[10]	コーヒーのお代わりをお願いします。
아이스 커피 있나요?	アイスコーヒー、ありますか。
마실 건 어떤 게 있습니까?	飲み物はどういうのがありますか。
알코올이 들어가 있지 않은 음료는 있습니까?	ノンアルコール飲料はありますか。
술은 어떤 게 있습니까?	お酒はどういうのがありますか。
식사 전에 술 한 잔 하고 싶은데요.	食前酒を一杯飲みたいのですが……。
포도주 한 병 주세요.	ワインを1本ください。
이 집의 하우스 와인을 맛보고 싶습니다.	ハウスワインを味わってみたいです。
하우스 와인을 레드 와인으로 주세요.	ハウスワインを赤で、お願いします。

패스트푸드점에서 주문할 때

여기서 드실 거예요?	こちらでお召し上がりですか。 ↑
여기에서 드시겠습니까, 아니면 가지고 가시겠습니까?	こちらで召し上がりますか、それともお持ち帰りになりますか。 ↑
가지고 가시겠습니까?	お持ち帰りでいらっしゃいますか。 ↑
가져가게 포장해 주세요.	持ち帰りでお願いします。

---

10 お代わりは 리필할 때, もう一杯(いっぱい)는 한 잔 값을 더 내고 새로 주문할 때 쓴다.

여기에서 먹겠습니다.	ここで食べます。
햄버거와 아이스티를 주세요.	ハンバーガーとアイスティーをください。
핫도그 두 개 주세요.	ホットドッグ(を)2つください。
핫도그랑 콜라 작은 걸로 주세요.	ホットドッグとコーラーのSをください。
치즈 버거 세트 주세요.	チーズバーガーセット(を)ください。
그리고 치즈 버거에는 피클을 넣지 말아 주세요.	それとチーズバーガーには、ピクルスは入れないでください。
	それとチーズバーガーは、ピクルス抜きでお願いします。
케첩과 머스터드 소스를 넣어 주세요.	ケチャップとマスタードをつけてください。
초콜릿 아이스크림 하나 주세요.	チョコレートアイスクリーム(を)一つください。

음식이 안 나올 때

주문한 것 아직 안 됐나요?	まだですか。
주문한 음식이 아직 안 나왔습니다.	注文した料理がまだなんですが……。
스테이크가 아직 안 나왔습니다.	ステーキがまだ来ていません。
어떻게 된 겁니까?	どうなっているんですか。
30분 전에 주문했습니다.	30分前に注文しました。
꽤 오래 전에 주문했습니다.	ずいぶん前に注文しましたが……。
주문한 거 빨리 좀 갖다 주세요. 제가 바빠서 그래요.	注文したの、早く持って来てくれませんか。急いでいるので……。

즉시 갖다 드리겠습니다.	すぐにお持ちいたします。

주문한 음식이 아닐 때

이것은 주문하지 않았습니다.	これは注文していません。
이건 제가 주문한 게 아닌데요.	これは私が注文したものではないんですが……。
다른 테이블에서 주문한 걸 가지고 오셨군요.	外のテーブルで注文したのをこっちに持ってきたんですね。
다시 가져가 줄래요?	持っていってくれますか。

서비스를 원할 때

물수건 주세요.	おしぼりください。
포크를 떨어뜨렸습니다.	フォークを落としました。
식탁 좀 치워 주시겠습니까?	テーブルをかたづけてもらいますか。
테이블 위에 물을 쏟았으니 좀 닦아주세요.	お水をこぼしてしまったので、テーブルを拭いてください。
접시들 좀 치워 주시겠습니까?	お皿をかたづけてくれますか。
	お皿を下げてもらいますか。
우유 좀 데워 주세요.	ミルクを温めてください。
좀 연하군요. 진하게 해 주시겠어요.	ちょっと薄いですね。もっと濃くしてください。
조심하세요. 커피가 아주 뜨겁습니다.	お気をつけください。コーヒーがとても熱いです。

필요한 게 있으시면 벨을 눌러 주세요.	ご用の際は、ベルを押してください。

주문한 요리가 나온 후

미트소스(스파게티)를 주문하신 분은 어느 분이십니까?	ミートソースをご注文の方は。
제가 주문했습니다.	私です。
맛있게 드세요.	ごゆっくりどうぞ。[11]
손님, (여기) 돈가스 정식입니다.	お客様、こちらとんかつ定食でございます。
이걸로 주문하신 음식은 다 나왔습니까?	これでご注文の品はおそろいでしょうか。
음식 맛이 어떻습니까?	お料理はいかがでございますか。
먼저 드세요.	お先にどうぞ。

식사에 만족할 때

정말 맛있게 먹었어요.	本当においしくいただきました。[12]
굉장히 맛있었어요.	すごくおいしかったです。
감사합니다.	ありがとうございます。
맛있게 드셨습니까?/요리가 입맛에 맞으셨나요?	お口に合いましたか。
아주 맛있었습니다.	とてもおいしかったです。

[11] 음식점에서 '맛있게 드세요' 또는 숙박업에서 '편히 쉬세요'는 모두 ごゆっくりどうぞ라는 표현을 쓴다.
[12] いただく는 '먹다'라는 뜻으로도 많이 쓰인다.

음식을 싸 가고 싶을 때

너무 푸짐해서 조금 남겼습니다. 이 음식을 싸 주시겠습니까?	あまりにもごちそうが多くて残してしまいました。これ、包んでもらえますか。
다 못 먹었으니까 포장해 주세요.	全部食べられなかったので、持ち帰り用に包んでください。[13]
집에 가져가도록 포장해 주시겠습니까?	持ち帰り用に包んでくれますか。

5 요리에 대한 평가

맛

짜다.	塩辛い。
	しょっぱい。
달다.	甘い。
너무 달군요.	ちょっと甘すぎますね。
(매운 조미료가 배어 있어서) 맵다.	(スパイスが効いていて)辛い。
이 음식은 너무 맵군요.	これはすごく辛いですね。
(매워서) 입이 얼얼해.	(辛くて)口がぴりぴりしてる。
이 요리는 너무 맵다.	この料理は辛すぎる。
우유가 시큼하다.	ミルクが酸っぱい。
이 커피 쓰다.	このコーヒー、苦い。
이 신맛이 좋단 말이야.	この酸っぱさがいいんだよね。

---

[13] 집에 가져가기 위해 싸 달라고 할 때는 持ち帰り라고 한다. '포장하다' 라는 뜻의 包装(ほうそう)する는 겉포장을 할 때 쓰는 말.

이 쓴맛이 몸에 좋을 것 같네요.	この苦味が体にいいって感じですね。
좀더 소금기가 있는 게 더 맛있을 것 같아요.	もうちょっと塩気があった方がおいしいかも知れないですね。
이 매콤한 맛이 끝내 주게 좋아요.	このピリッとした辛さがたまらなく好きです。
매운 음식은 좋아하지만 별로 많이 먹지는 못해요.	辛いのは好きだけど、あまりたくさんは食べられないんです。
묘한 맛이 나네요.	妙な味がしますね。
이건 비린내가 나요.	生臭いにおいがします。

맛있을 때

맛이 어떠십니까?	お味はいかがですか。
맛있겠다!	おいしそう！
맛있다.	おいしい。
맛없다.	おいしくない。
다 맛있을 것 같다. 그렇지?	どれもおいしそうだね。
참 맛있겠는데요.	とてもおいしそうですね。
참 맛있어요!	本当においしいです。
	とってもおいしいです。
맛있었다.	ああ、おいしかった。
	ああ、うまかった。[14]

---

[14] '맛있다'라는 뜻의 うまい는 한자로는 旨い, 美味い라고 쓰며 주로 남자들이 많이 쓴다.

이 음식은 정말 맛있군요.	これは、本当においしい〔美味〕ですね。
	これはなかなかいけますね。
이 음식은 진미군요.	これは、珍味ですね。
먹음직스러운데요.	うまそうですね。
와, 좋은 냄새네.	わあ、いいにおい。
군침이 도는군요.	よだれが出ますね。
생각만 해도 군침이 돌아요.	考えただけでもよだれが出ますね。
맵지만 맛있네요.	辛いけど、おいしいですね。
이 케이크 정말 맛있군요.	このケーキ、本当においしいですね。
맛있는 냄새가 나는데요.	おいしそうな〔いい〕においがしますね。
갈비가 정말 맛있군요!	カルビが本当においしいですね。
고기가 연해서 정말 맛있어요.	(お)肉が柔らかくて本当においしいですね。
비린내가 나지 않아 맛있어요.	臭みがなくておいしいですね。
생각보다 맛있군요.	意外とおいしいですね。
보는 것과는 달리 맛있네요.	見た目と違っておいしい〔美味〕ですね。
난 기름진 음식은 잘 못 먹는데 이건 맛이 있어서 먹을 수가 있어요.	私は油っこいのは苦手なのですが、これはおいしくて食べられます。
이렇게 맛있는 닭고기는 정말 오래간만에 먹어 보는데요.	こんなにおいしい鶏肉は、本当に久しぶりに食べます。
감칠맛이 나고 맛있습니다.	旨みがあって、おいしいです。

국물이 끝내 줘요!	だしが効いてて、すごくおいしい。
	だしが効いてて、これはうまい！

맛없을 때

이건 맛이 별로 없군요.	これはあまりおいしくないですね。
이 음식은 형편 없군요.	この料理は最悪です。
이건 생각보다 맛이 없어요.	これは思ったよりおいしくないですね。
이 수프는 미지근하고 맛이 없어요.	このスープはぬるくてまずいです。
벌써 식어 버려서 맛이 없어요.	もう冷めてしまっておいしくないです。
먹기는 했지만 맛없었어요.	食べるには食べましたが、おいしくなかったです。
이 닭고기는 푸석푸석한 게 정말 맛이 없네요.	この鶏肉はぱさぱさして、本当においしくないですね。
이건 제 입맛에 안 맞아요.	これは私の口には合いませんね。
	これは私の好きな味ではありません。
이건 잘못 시켰네.	こりゃ、失敗したね。[15]

맛에 대한 느낌

맛이 진하다.	味が濃い。
(이 고기는) 질기다.	(この肉は)固い。

---

15 こりゃ는 これは라는 뜻. 주로 회화체에서 많이 쓰인다.

이 고기 꽤나 질기군.	このお肉はすごく固いですね。
고기가 아주 연하군요.	肉が大変柔らかいですね。
이 빵은 (젖어서) 불어 있다.	このパンはふやけている。
이 포테이토칩은 눅눅해서 맛없다.	このポテトチップスは湿気っていておいしくない。
이거 먹을 수 있는 거야?	これ食べられるの?
못 먹겠어.	食べられないよ。
날것은 잘 못 먹어요〔좋아하지 않아요〕.	生物はちょっと苦手です。
이 사각사각 씹히는 맛이 끝내 준단 말이야.	さくさくしたこの歯ごたえが、たまらないんだよね。
나는 감자를 무지 좋아해요.	私はじゃがいもが大好きです。

음식에 이상이 있을 때

감자가 덜 익었는데요.	じゃがいもがまだ固いですが……。
좀더 구워 주시겠습니까?	もう少し焼いてもらえますか。
수프가 너무 짜요.	スープがしょっぱすぎます。
아주 매워요〔짜요〕.	とても辛い〔塩辛い〕です。
웰던을 시켰는데 미디엄이 나왔습니다.	ウェルダンでお願いしたのですが、ミディアムで出てきました。
고기가 충분히 익지 않았는데요.	まだお肉に十分火が通っていないのですが……。

커피가 식었습니다.	コーヒーが冷めてしまいました。
요리가 많았습니까?	お料理が多かったですか。
예. 특히 스테이크가 너무 커서 다 먹을 수 없었습니다.	はい。特にステーキが大きすぎて、食べきれませんでした。

불순물이 들어 있을 때

된장국에 파리(머리카락/바퀴벌레)가 들어 있어요.	(お)みそ汁にハエ〔髪の毛/ゴキブリ〕が入っています。
음식에 이상한 게 들어 있어요.	料理に変なものが入っています。
바꿔 주시겠습니까?	かえてもらいますか。
우유 맛이 이상합니다.	ミルクの味がちょっと変です。
우유가 맛이 갔는데요.	ミルクが腐っています。
고기가 고약한 냄새가 나요.	この肉、変な臭いがします。
생선이 상한 것 같습니다.	お魚が腐ってるみたいですよ。

6 식사하며 하는 이야기

음식을 권할 때

사양하지 말고 어서 드세요.	どうぞ、遠慮なく召し上がってください。
좀 출출하지 않아?	ちょっと小腹が空いたね。
이것은 일본식 맑은 장국입니다.	これはお吸物です。

초밥은 어떻게 먹는 거야?	おすしはどうやって食(た)べるの。
이렇게 간장에 찍어 먹는 거야.	こういう風(ふう)にしょうゆにつけて食(た)べるんだよ。
젓가락을 사용할 수 있습니까?	お箸(はし)、使(つか)えますか。
생선회를 먹은 적 있습니까?	刺身(さしみ)を食(た)べたことがありますか。
이 생선은 무엇입니까?	この魚(さかな)は何(なん)ですか。
술은 드십니까?	お酒(さけ)は飲(の)まれますか。
한 잔 더 드시겠습니까?	もう一杯(いっぱい)いかがですか。
후춧가루 좀 건네주시겠어요?	コショウを取(と)ってくれますか。
정말 잘 먹었습니다.	本当(ほんとう)に(どうも)ごちそうさまでした。

식당에 대해서

여기 자주 오세요?	ここはよく来(こ)られますか。
이 식당은 항상 (사람들로) 붐벼요.	このお店(みせ)はいつもにぎわっています。
이 식당은 음식을 잘 해요.	このお店(みせ)は料理(りょうり)がおいしいです。
이 식당은 한국 사람들로 늘 붐벼요.	この食堂(しょくどう)はいつも韓国人(かんこくじん)でいっぱいです。
여긴 오늘이 처음이에요.	ここは今日(きょう)が初(はじ)めてです。
여기 분위기를 좋아해요.	ここの雰囲気(ふんいき)が好(す)きです。
이 곳은 메뉴가 상당히 다양하군요.	ここはメニューが豊富(ほうふ)ですね。
이 식당은 생선 요리를 잘 해요.	このお店(みせ)は魚料理(さかなりょうり)が旨(うま)いです。
이 집은 게 요리가 일품이에요.	このお店(みせ)はカニ料理(りょうり)が逸品(いっぴん)です。

塩 소금 しょうゆ 간장 ソース 소스 たれ 일본식 소스 七味唐辛子(しちみとうがらし) 칠미 고춧가루: 일본 사람들이 우동 등에 뿌려 먹는 일곱 가지 향신료를 섞은 고춧가루 一味唐辛子(いちみとうがらし) 일미 고춧가루: 일본 고춧가루. 한국 고춧가루보다 맵고 맛과 향이 풍부하지 못하다.

지난번에 여기서 그걸 먹었는데 정말 맛있었어요.	この前ここでそれを食べたのですが、本当においしかったです。
여기서는 5,000원 이하로 맛있는 식사를 할 수 있어요.	ここでは5千ウォン以下でおいしい食事ができます。
여기는 음식은 잘 하는데 서비스가 나쁘네요.	ここはおいしいけど、サービスが悪いですね。

식성에 대해서

전 음식을 별로 가리지 않습니다.	私はあまり好き嫌いがありません。
저는 무엇이든 잘 먹어요.	私は何でもよく食べます。
저에게 신경 쓰지 마세요. 뭐든지 잘 먹으니까요.	私のことは気にしないでください。何でもよく食べられますから……。
그는 식성이 아주 까다로워요.	彼は好き嫌いが激しいです。
그녀는 채식주의자랍니다.	彼女はベジタリアンだそうです。
기름진 음식은 더 이상 속에서 받질 않아요.	油っこい料理はもう受け付けません。
저는 아이스크림을 먹으면 여드름이 나요.	私はアイスクリームを食べたらニキビができます。
저는 돼지고기를 못 먹습니다.	私は豚肉が苦手です。
죄송합니다. 돼지고기는 못 먹습니다.	すみません。豚肉は食べられないんです。
저는 돼지고기를 먹으면 알레르기가 생겨요.	私は豚肉を食べたらアレルギーが出ます。
이 음식은 소화가 잘 안 돼요.	この料理はあまり消化によくないです。

이 음식은 소화가 잘 돼요.	この料理は消化にいいです。
저는 매운 음식을 좋아합니다.	私は辛いのが好きです。
저는 단 것을 아주 좋아합니다.	私は甘いものが大好きです。
뜨거울수록 좋아요.	熱いほどいいです。
이건 별로 좋아하지 않아요.	これはあまり好きじゃありません。
외국 음식은 별로 안 좋아해요.	外国の食べ物はあまり好きじゃありません。
저는 기름기 있는 음식을 안 좋아해요.	私は油っこい料理は好きじゃありません。
이제 이 음식에는 질렸어요.	もうこの料理には飽きました。
매일 컵라면 먹는 것도 이제 지겨워요.	毎日カップラーメンを食べるのも、もうこりごりです。

식욕에 대해서

점심은 주로 뭘 드십니까?	お昼は主に何を食べますか。
일본 음식을 드신 적이 있습니까?	日本料理を食べたことがありますか。
진짜 배고프다.	おなか(が)ペコペコだ。
배가 고파요.	おなかが空きました。
배고파 죽겠어요.	おなかが空いて死にそうです。
회의가 길어져서 너무 배고프지요?	会議が延びておなかぺこぺこでしょう。
배가 부르지 않는 것 같아요.	なかなかおなか一杯にならないみたいです。
오늘 하루 종일 아무것도 안 먹었어요.	今日は一日中何も食べませんでした。
오늘 점심을 안 먹었습니다.	今日はお昼を抜きました。

어젯밤 이후로 아무것도 못 먹었어요.	昨日の夜から何も食べられませんでした。
케이크 먹으면 살쪄.	ケーキは太るよ。
디저트 들어가는 배는 따로 있다고 하잖아요.	デザート腹って、別にあるっていいますから。[16]
저는 식욕이 좋은 편은 아니에요.	私は食欲がいい方ではないです。
먹고 싶은 생각이 없어요.	あまり食べる気がしません。
항상 그렇게 빨리 먹어요?	いつもそんなに早く食べるんですか。
1시인데도, 배가 전혀 안 고파요.	1時になったのに、まだ全然おなかがすきません。
와, 식욕이 절로 나네.	わあ、食欲をそそるね。
요즘 식욕이 왕성해서 말이야.	最近なんか食欲出ちゃって。
가을에는 누구나 식욕이 좋아져요.	秋には誰もが食欲旺盛になります。
저는 엄청 많이 먹었어요.	私はものすごくたくさん食べました。
너무 배가 고파서 덮밥 2인분을 먹어 치웠어요.	あまりにもおなかが空いて、丼二人前をたいらげて〔食べて〕しまいました。
배가 부릅니다.	おなかいっぱいです。
엄청난 대식가군요.	すごい大食漢ですね。
저는 아침 식사를 꼭 챙겨 먹어요.	私は朝ご飯をしっかり食べます。
아직 뭔가 허전한데.	何か、もの足りないな。
과식을 했나 봐요.	食べ過ぎたみたいです。
과식하지 마.	食べ過ぎるなよ。

---

[16] デザート腹는 '디저트가 들어가는 배'라는 뜻으로 많이 쓰이는 속어. デザートの入(はい)るおなか라고 해도 된다.

나이 생각하면 너무 많이 먹지 않는 게 좋을 거예요.	歳のこと考えたら、あまり食べ過ぎない方がいいですよ。
어젯밤 파티에서 정말 포식했어요.	昨日のパーティーでは、本当によく食べました。
지금 다이어트 중입니다.	今ダイエット中です。
균형잡힌 식사를 하는 게 좋지요.	バランスの取れた食事を摂った方がいいですよ。
이걸 먹으면 식욕이 생겨요.	これを食べると食欲が出るんです。
시장이 반찬인 법입니다.	おなかが空いてれば、何でもおいしいものです。
저는 조금밖에 안 먹어요.	私は、小食です。
그는 정말 잘 먹는 사람이야.	彼は実によく食べる男だ。 ⬇
아무것도 먹고 싶지 않아.	何も食べたくない。 ⬇

요리 비교

한국 음식은 이번에 처음 먹어 봐요.	韓国料理は今回が初めてです。
일본 음식과 비교해서 한국 음식은 어떻습니까?	日本料理に比べて韓国料理はいかがですか。 ⬆
일본 음식은 전체적으로 채소가 적은 것 같아요.(그렇지요?)	日本の食べ物は全体的に野菜が少ないですよね。
일본 요리는 재료의 맛을 살리는 요리가 많은 것 같아요.	日本料理は素材の味を生かす料理が多いですね。
한국 요리에는 채소가 많이 있어 균형이 잘 잡히네요.(그렇지요?)	韓国料理には野菜がたくさん入っているから、バランスがいいですよね。

한국에도 두부는 있지만 이건 씹히는 맛이 미묘하게 달라요.	豆腐は韓国にもありますけど、これは微妙に歯ごたえが違いますね。
한국에서 먹었던 팥빙수 맛을 잊을 수가 없어요.	韓国で食べたあずきのかき氷の味が忘れられません。
일본에서는 주식이 뭐죠?	日本の主食は何ですか。
한국에서는 쌀이 주식이에요.	韓国ではお米が主食です。
일본도 쌀이 주식이지요?	日本もお米が主食ですよね。
하지만 아침에는 빵을 먹는 사람도 많습니다.	でも朝はパンを食べる人も多いです。
빵과 밥 가운데 무엇이 좋습니까?	パンとご飯とどっちが好きですか。
나는 면 종류를 좋아해요.	私は麺類が好きですね。
점심때는 면을 먹는 경우가 많지요.	お昼には麺類を食べることが多いです。
비타민이 풍부한 음식을 드세요.	ビタミン豊富なものを食べてください。
겉보기로 요리 맛을 판단하면 손해보는 경우가 있습니다.	見かけで料理の味を判断したら損することがあります。

기타

저희는 일요일에 외식을 합니다.	私たちは日曜日に外食をします。
코가 예민하시군요.	鼻がいいですね。
후각이 좋으시군요.	いい嗅覚をしていますね。
맛에 민감한 사람이 요리도 잘하는 법이에요.	味覚に敏感な人が料理も上手いものです。

버터를 좀더 주시겠어요?	バターをもう少しもらえますか。
먹는 법을 가르쳐 주십시오.	食べ方を教えてください。
젓가락을 떨어뜨렸어요.	箸を落としました。
새 것을 갖다 주세요.	新しい物を持って来てください。
담배를 피워도 됩니까?	たばこを吸ってもいいですか。

7 계산

계산할 때

계산해 주십시오.	お勘定をお願いします。[17]
	お会計をお願いします。
잘 먹었습니다. 얼마입니까?	ごちそう様でした。いくらになりますか。
지난 번에도 얻어먹었으니 오늘은 제가 사겠습니다.	この前もごちそうになったので、今日は私にごちそうさせてください。
아, 됐어요. 오늘은 내가 낼게요.	あ、いいですよ。今日は、私〔僕〕が……。
회사에서 지불하는 거니까 부담 갖지 마세요.	会社持ちですから、ご心配なく。
오늘은 내가 쏠게!	今日は僕のおごり(だ)!
벌써 계산했습니다.	もう済ませました。
이모토 씨가 벌써 계산했어요.	井本さんがもうお支払いになりました。
(지불해도) 괜찮겠어요?	え? いいですか。
잘 먹었어요.	ごちそうさま。

---

[17] 단, 勘定는 서양식 레스토랑에서는 사용하지 않는다.

잘 먹었습니다.	ごちそうさまでした。
오늘 고맙습니다. 잘 먹었습니다.	今日はどうもありがとうございます。ごちそうさまでした。
거스름돈은 필요 없습니다.	(お)つりはいりません。
영수증을 주십시오.	レシートをください。
이것은 무슨 요금입니까?	これは何の料金ですか。
미안하지만 제 음식값도 내줄래요? 내일 회사에서 갚을게요.	悪いけど、私の分も出してもらえますか。明日会社でお返しします。

각자 계산할 때

각자 부담합시다.	割り勘にしましょう。
반반씩 냅시다.	半分ずつ出しましょう。
제 몫은 제가 낼게요.	私の分は自分で出します。
제가 낼 돈이 얼마죠?	私の分はいくらですか。
같이 내시는 건가요(다 계산하시는 건가요)?	ご一緒でよろしいですか。 ↑
계산을 같이 하시겠습니까, 아니면 따로따로 하시겠습니까?	お勘定はご一緒になさいますか、別々になさいますか。 ↑
각자 계산해 주세요.	別々にお願いします。
영수증도 따로 써 주세요.	領収書も別々にお願いします。
영수증은 한 장으로 해 주세요.	領収書は一枚でお願いします。

계산서 확인

거스름돈이 모자라네요.	おつりが足りません。
아직 거스름돈을 안 받았습니다.	まだおつりをもらっていません。
계산이 틀린 것 같습니다.	計算が間違っているようです。
다시 확인해 주시겠습니까?	もう一度確認してもらえますか。
주스는 주문하지 않았는데요.	ジュースは頼んでませんが……。
우리는 이렇게 많은 음식을 주문하지 않았는데요.	私たちは、こんなにたくさん料理を注文してはいないんですが……。
계산에는 봉사료까지 포함되어 있습니까?	これはサービス料込みですか。
이건 팁이 포함된 요금인가요?	これはチップが含まれた料金ですか。
감사합니다. 또 오세요.	ありがとうございました。またのご来店をお待ちしております。

4 술자리에서

일본에서는 한국처럼 어른 앞에서 고개를 돌려 술을 마실 필요는 없으며 어른이 담배를 피우는 경우 앞에서 담배를 피워도 무관하다. 이번 장에서는 일본에서 술자리를 하게 될 경우의 여러 상황들을 종합했다. 술자리에서 할 수 있는 대화, 술집에서 주문하기, 술에 관한 이야기 등 사전이나 다른 회화 책에서는 배울 수 없는 표현들을 엄선했으므로 특히 업무상 일본인과 술자리를 같이 해야 하는 비즈니스맨에게 많은 도움이 될 것이다. 또한 풍부한 주를 통해 일본의 식사 문화, 술 문화에 대해서도 익힐 수 있도록 했으며 어휘력 향상에도 도움이 될 수 있도록 했다.

1 술자리 제의

한잔 어때?	一杯、どう？
술 한잔 하시겠습니까?	一杯、やりますか。
한잔 합시다.	一杯、やりましょう。
오늘 밤 한잔 하는 게 어떻습니까?	今夜、一杯どうですか〔飲みに行きませんか〕。
자기 전에 한잔 할래?	寝る前に一杯やる？
한잔 마시고 싶어.	一杯飲みたいなあ。
속상해서 술이나 마시러 가려고 하는데 같이 가자.	やけ酒に付き合ってくれないか。[1]
고맙지만 지금 막 한잔 들고 왔습니다.	せっかくだけど、今、一杯飲んできたところです。
오늘은 왠지 술 마시고 싶네.	今日は何となくお酒が飲みたい気分だな。
술 한잔 마시면서 얘기 나눕시다.	一杯飲みながら話しましょう。

[1] 속상한 일이 있어서 그것을 풀기 위해, 술을 마시는 것을 やけ酒, 많이 먹는 것을 やけ食(ぐ)い라고 한다.

빨리 일 끝내고 한잔하러 안 가실래요?	早く仕事を片づけて一杯飲みに行きませんか。
이 근처에 자주 가는 바가 있는데 가시겠어요?	この近くに行きつけのバーがあるんですが、(よかったら)行きませんか。
일은 잊어버리고 오늘은 끝까지 마셔 보죠.	仕事のことは忘れて、とことん飲みましょう。
일 능률도 안 오르고, 술이라도 마시러 갈래.	仕事もはかどらないし、お酒でも飲みに行こうか。
이 근처에 혼자서 갈 만한 술집이 있습니까?	この近くに一人でも行けそうな飲み屋はありますか。
제 단골 술집으로 갑시다.	(私の)行きつけの飲み屋に行きましょう。
뭘 마시고 있어?	何、飲んでいるの?
이게 최고야!	これに限るよ!
오늘은 내가 사겠습니다.	今日は、私のおごりということで。
오늘은 좀 내키지 않는데…….	今日はちょっと気が進まないね。

2 술집별 메뉴 관련 문의 및 주문

술집(居酒屋)

《《《 맥주 》》》

맥주로 할까요?	ビールにしますか。
맥주는 무슨 맥주가 있습니까?	ビールは何がありますか。
	ビールは何を置いていますか。

맥주 있습니까?	ビール、ありますか。
우선 맥주 두 병 주세요.	とりあえず、ビールを2本ください。[2]
우선 맥주로 시작할까요?	とりあえず、ビールから行きますか。
생맥주 두 잔 주세요.	生、二つ。[3]
	生のジョッキを2つください。[4]
생맥주는 중간 거랑 큰 게 있는데요.	生は、中と大がありますが……。
중간 걸로 주세요.	中でお願いします。
맥주 한 병 더 주세요.	ビール、もう一本(ください)。
흑생맥주 한 잔 더 할까요?	黒生(ビール)をもう一杯やりますか。
맥주는 시원합니까?	ビールはよく冷えていますか。
맥주가 시원하지 않군요.	ビールがぬるいですね。
시원한 것으로 좀 바꿔 주시겠습니까?	冷たいのに代えてもらいますか。

<<< 일본 청주 >>>

일본 청주를 마셔보시겠어요?	日本酒はどうですか。
	日本酒を飲んでみますか。
향토 일본 청주는 어떤 술이 있습니까?	地酒は何がありますか。[5]
'니시노세키' 가 있습니까?	「西の関」はありますか。[6]
드라이한 맛과 좀 단맛이 도는 술이 있는데 어느 것으로 하시겠습니까?	辛口と甘口がありますが、どちらがよろしいでしょうか。[7]
'오니고로시' 는 드라이한 맛입니까?	「鬼ごろし」は辛口ですか。[8]

---

2 술자리에 앉자마자 とりあえず、ビール！라는 주문 방식은 일본 술집에서 가장 많이 볼 수 있는 주문 방식이다. 대부분 먼저 시원한 맥주를 들이키고 나서 그 다음에 주문할 때 다른 술 종류로 바꾸는 경향이 있다.
3 생맥주는 生ビール라고 하기 보다 줄여서 ナマ라고 하는 경우가 많다.
4 생맥주 잔 중 ジョッキ는 손잡이 있는 유리잔(보통 500cc), グラス는 손잡이 없는 유리잔을 말하며 보통 ジョッキ가 더 양이 많다.
5 일본에는 地酒라고 하여 각 지방을 대표하는 술이 전국적으로 유통되는 대기업 일본 청주보다 오히려 고가이며 종류도 상당히 다양하다. 청주를 즐기는 사람들은 地酒를 더 선호하며 대부분 자신이 좋아하는 地酒브랜드가 있다.

단맛이 도는 일본 청주는 어떤 것이 있습니까?	甘口の日本酒はどんなのがありますか。
'데와자쿠라'는 (맛이 순해서) 정말 잘 넘어가네요.	「出羽桜」は、本当に飲みやすいですね。[9]
따뜻한 일본 청주 세 병.	熱燗、三本。[10]
일본 청주를 냉장 보관하지 않은 걸로 주세요.	お酒を冷やでお願いします。[11]
차가운 일본 청주로 줘요.	冷酒の方をもらおうかな。

⟪⟪⟪ 소주 ⟫⟫⟫

소주로 할까. 얼음하고 물을 타서 한잔 (줘요).	焼酎にするかなあ。水割りで一杯。[12]
추우니까 소주를 뜨거운 물에 타서 줘요.	寒いから焼酎のお湯割りちょうだい。[13]
오늘은 스트레이트로 마셔 볼까?	今日は生で飲もうかな。[14]
보리소주를 뜨거운 물에 타서 줘요.	麦焼酎をお湯割りで。[15]

⟪⟪⟪ 안주 ⟫⟫⟫

안주는 뭘로 할까?	つまみは何にする？
안주는 뭘로 하시겠어요?	おつまみは、何にしますか。
안주는 무엇이 있습니까?	つまみには何がありますか。
금방 나오는 안주는 뭐가 있죠?	すぐできるおつまみには、何がありますか。
따뜻한 게 좋겠어.	あったかいのがいいね。
샐러드로 할까요?	サラダにしましょうか。
모듬회를 주세요.	お刺身の盛り合わせをください。
난 쇠고기 감자 조림으로 하겠어요.	私は、肉じゃがにします。[16]

---

6 西の関는 일본 청주 상표명.
7 보통 일본 청주는 辛口(드라이한 맛)와 甘口(단맛 도는 맛)로 나뉘어져 있으며 사람마다 좋아하는 맛이 있다.
8 鬼ごろし는 일본 청주의 상표명.
9 '술을 마시다'의 경우 飲む와 함께 呑む라는 한자도 많이 쓰인다. 出羽桜란 일본 청주의 상표명.
10 일본 청주는 보통 기호 또는 술에 따라 あつかん(일본 청주를 도자기로 빚은 작은 술병이나 알미늄 그릇에 넣어 중탕한 것), 冷や(상온에 그냥 둔 것), 冷酒(냉장고에서 차게 한 것)의 세 종류로 온도를 달리해 마신다.

육포 있어요?	ビーフジャーキー、ありますか。
술안주가 다 떨어졌네요.	もうおつまみがなくなっちゃいましたね。
이 술에 맞는 안주로 뭐가 좋을까요?	このお酒に合うおつまみはどんなのがいいでしょうね。
저도 같은 걸로 하겠습니다.	私も同じのにします。
이게 술안주로는 최고예요.	これがつまみには最高です。

bar

‹‹‹ 양주 ›››

양주는 어떤 종류가 있지요?	洋酒はどんなのがありますか。
먹다 남은 술을 맡길 수 있습니까?	ボトルキープはできますか。
그럼 병(잔)으로 주세요.	じゃ、ボトル〔グラス〕でください。
이 위스키는 독하단 말이야.	このウィスキーは強いんだよね。[17]
언더록으로 주십시오.	(オンザ)ロックでください。
스트레이트로 주시고, 따로 물도 주세요.	ストレートで、それにチェーサーをお願いします。
위스키에 얼음과 물을 타서 주세요.	ウィスキーを水割りで。[18]
얼음과 물을 섞어 한 잔 더 주세요.	水割りをもう一杯、ください。
코냑을 스트레이트로 줘요.	コニャックをストレートで。[19]
버번을 언더록으로 한 잔 (줘요).	バーボンをロックで一杯。

11 お酒는 '술' 이라는 뜻과 함께 '일본 청주' 라는 뜻도 된다.
12 일본에서는 소주나 양주를 水割り(술에 얼음과 물을 탄 것)로 많이 마신다.
13 お湯割り는 소주를 뜨거운 물에 탄 것을 말한다.
14 生では '스트레이트로' 라는 뜻. 일본에서는 소주나 양주를 스트레이트로 마시는 사람은 술이 상당히 센 사람으로 간주한다. 통상적으로 소주는 生로, 양주는 스트레이트로라고 하는 경우가 많다.
15 일본 소주의 종류는 대표적으로 麦(보리), 芋(고구마), そば(메밀)가 있다.

얼음을 넣어 주세요.	氷を入れてください。
이 술은 독한가요?	このお酒は強いですか。

《《《 칵테일 》》》

저는 데킬라 선 라이즈로 마시겠습니다.	私はテキーラサンライズを飲んでみます。
마티니는 어떤 맛이에요?	マティーニはどんな味ですか。
진을 베이스로 한 칵테일을 만들어주세요.	ジンベースで何か作ってください。
보드카를 베이스로 한 칵테일에는 어떤 것이 있습니까?	ウォッカベースのカクテルは、どういうのがありますか。
내 이미지에 맞는 칵테일을 만들어 주실 수 있어요?	私をイメージしたカクテルを作ってもらえますか。
생과일즙이 들어간 게 좋겠는데요.	フレッシュジュースが入ったのがいいんですが。
단맛을 좋아하십니까?	甘いのがお好みですか。
단 건 별로 좋아하지 않아요. 오히려 약간 새콤한 맛이 도는 게 좋아요.	甘いのはあまり好きじゃないですね。どちらかと言うと、酸っぱめがいいです。
이 칵테일은 (맛있어서/별로 독하지 않아서) 마시기 좋네요.	このカクテルは飲みやすいですね。
이 칵테일 이름이 뭐예요?	このカクテルの名前は何ですか。

《《《 와인 》》》

와인은 어떠세요?	ワインはいかがですか。
와인은 어떤 것이 있습니까?	ワインはどういったのがありますか。

16 일본은 술집에서도 각자 계산하는 경우가 많으므로 자신이 주문한 것을 기억해 두었다가 계산할 때 안주 값을 내는 게 예의이다.
17 일본에서 양주는 ウィスキー (위스키), コニャック (꼬냑), バーボン (버번), ウォッカ (보드카), ラム (럼) 등으로 표기된다.
18 앞의 주 12참조
19 앞의 주 14참조

와인 리스트를 보여 주시겠습니까?	ワインリストを見せてもらいますか。
어떤 종류의 와인이 있습니까?	どんな種類のワインがありますか。
난 적(백)포도주로 하겠어요.	私は赤〔白〕にします。
단맛이 도는 와인은 어떤 것이 있습니까?	甘い感じのワインは、どういったのがありますか。
떫은 맛이 돌면서 깊은 맛이 나는 와인으로 추천해 주실 게 있습니까?	渋めのワインで、何かお勧めはありますか。
와인은 과일 향이 나는 달콤한 맛이 좋아요.	ワインはフルーティーな味が好きです。
가격은 어느 정도 생각하고 계십니까?	ご予算は……。
블루 치즈는 있어요?	ブルーチーズはありますか。

초밥집 [20]

주인장! 오늘은 뭐가 좋은가?	大将！今日のお勧めは何かね。[21]
안주로는 우선 광어와 방어를 줘요.	つまみは、とりあえず平目とはまちをください。
달걀부침을 안주로 먹을 수 있게 주세요.	玉子焼きを、つまみでお願いします。
광어랑 연어를 안주로 줘요.	ひらめとしゃけをつまみで。
모듬 생선회 주세요.	刺身を盛り合わせで。
안주를 알아서 적당히 주세요.	つまみを適当に見繕ってください。
등푸른 생선은 있나?	青物はある？

---

[20] 일본에서는 저녁 때 초밥집에 갈 경우는 세트 메뉴로 초밥만 먹기보다는 대체로 술과 함께 회나 생선 요리를 안주로 시켜 먹고 마무리로 자신이 좋아하는 초밥을 몇 개 더 시켜 먹는다. 이런 식으로 초밥집을 이용하는 사람들을 通(뭘 아는(정통한) 사람)라고 하기도 한다. 다만 일본의 초밥집은 가게에 따라 가격 차이가 심하므로 가격대를 아는 가게로 가야 실수가 없다.

[21] 보통 술과 안주를 파는 일본식 요리집 남자 요리사를 大将라고 부르며, 주인 또는 매니저격 여성의 경우는 女将(おかみ)さん이라고 한다. 한편 술만 파는 술집의 남자주인 내지 지배인격은 マスター, 여자의 경우는 ママ라고 부른다.

손님, 오늘은 게가 좋아요.	お客さん、今日は蟹がいいですよ。
그럼 그걸로 줘.	じゃ、それをもらおうかな。
아구 간하고 생굴 초무침을 하나씩 주세요.	あんきもと酢かきを一つずつください。
새우 소금구이도 좋겠네.	えびの塩焼きもいいな。
전복하고 성게를 초밥으로 주세요.	鮑とうにを握ってください。
술은 무엇으로 하시겠습니까?	お飲み物は何になさいますか。
녹차면 돼요.	お茶でいいです。[22]
초밥을 (아무거나) 적당히 만들어 줘요.	適当に握って。
생선머리 간장조림 줘요.	あら焚きもらおうかな。
생선 된장국 하나하고 맑은장국 하나 주세요.	赤出汁一つとお吸い物一つください。[23]
생강절임을 더 주세요.	がりをもう少しください。[24]
계산 부탁하네.	お勘定〔お愛想〕、よろしく。[25]

3 술 마시며 하는 이야기

건배

여러분, 모두 잔을 드십시다.	皆さん、グラス〔杯〕を手に取ってください。[26]
건배합시다!	乾杯しましょう。
건배!	乾杯!
그럼 건배를 제의하겠습니다.	それでは、乾杯の音頭をとらせていただきます。
사장님의 건강을 위하여 축배를 듭시다.	社長のご健康をお祈りして、祝杯をあげましょう。

---

[22] 초밥집에서는 녹차를 上(あ)がり라고도 한다. 녹차를 더 달라고 하면 초밥 요리사가 上(あ)がり一丁(いっちょう)라고 큰소리로 말하는 것을 볼 수 있다.
[23] 赤出汁는 赤味噌(あかみそ), 즉 적갈색 일본 된장으로 만든 국. 보통 생선을 넣어 끓인다.
[24] がり는 초밥과 함께 나오는 생강절임. 생강을 얇게 저며서 살짝 데친 다음 단 식초물에 절인 것.
[25] お勘定, お愛想는 대체로 일본풍 음식점, 술집에서 쓰는 말이다. 양식 레스토랑 같은 곳에서는 쓰지 않는다.
[26] 杯는 일본 전통식 술잔일 경우에 쓰인다.

이 교류회가 더욱 더 발전해 나가길 바라며!	この交流会のさらなる発展を祈って！
여러분 모두의 행복을 위하여!	ここにいる皆さんの幸せを祈って！
우리들의 건강을 위하여!	私たちみんなの健康を祈って！
사와키의 상경을 축하하며, 건배!	沢木の上京を祝して乾杯！
자, 모두들 잔을 비웁시다!	さあ、みんなで飲み干しましょう。
원샷! 원샷!	一気！一気！
죽 비우세요.	さあ、一気に飲み干して。
(술) 한잔 더 합시다.	もう一杯飲みましょう。
그럼 한 병만 더.	じゃ、あと一本だけ。
자, 한잔하게.	さあ、一杯やりなさい。
제가 한잔 따라 드리겠습니다.	(私が)お注ぎいたします。
과장님께 맥주 좀 따라 드려.	課長にビールをお注ぎして。
자, 드세요(잔을 더 채워 드리겠습니다).	お注ぎしましょう。[27]

술 취향

어떤 술을 좋아하십니까?	どんなお酒が好きですか。
이 맥주 맛이 끝내주는데요.	このビール、すごくおいしいですね。
바로 이런 게 맥주 맛이에요.	この味こそ、ビールですよ。
저는 신맛이 도는 레드와인을 좋아합니다.	私は酸味のある赤ワインが好きです。
이 술은 뒷맛이 안 좋아요.	このお酒は後味が悪いですね。

---

[27] 일본은 술잔에 술이 반 이상으로 줄어들었을 정도에 첨잔을 한다. 따라서 상대가 술을 권한다고 해서 서둘러 술잔을 비울 필요는 없다.

이 술은 정말 독한데요.	このお酒は本当に強いですね。
저는 독한 술을 좋아합니다.	私は強いお酒が好きです。
이건 좋은 술이니 음미하면서 드세요.	これはいいお酒ですから、吟味しながら飲んでください。
저는 생맥주가 더 좋아요.	私は生ビールの方が好きです。
얼음과 물을 섞어서 진로소주를 마시는 것은 처음이에요.	水割りで真露を飲むのは初めてです。[28]
일본에서 진로소주를 마시게 되다니…….	日本で真露が飲めるなんて……。
한국에서는 술에 얼음과 물을 섞어서 마시는 일은 별로 없어요.	韓国では、水割りはあまり飲みません。
일본 청주는 좋아하는데 다음 날 머리가 아파서 잘 안 마셔요.	日本酒はとても好きなんですが、次の日頭が痛くなるのであまり飲みません。
난 술 자체를 즐긴다기보다 술 마시는 왁자지껄한 분위기가 좋은 거예요.	私はお酒が好きというより、わいわい飲む雰囲気が好きなんです。
난 이 술집 저 술집 돌아다니며 마시는 걸 좋아해.	僕はあっちこっち飲み歩くのが好きだ。
술이라면 뭐든 좋아.	酒なら何でもいい。
숙취는 힘들어요.	二日酔いはしんどいですね。

---

[28] 일본에서는 한국 술이라고 하면 '진로소주' 라고 할 정도로 진로소주가 많이 유통되고 있다. 일본어로는 ジンロ라고도 하고 チンロ라고도 한다. 또한 일본에서는 소주를 그냥 마시는 경우가 거의 없어서 보통 水割り, 즉 물과 얼음을 넣어서 마신다.

주량

술 마시는 걸 좋아하세요?	お酒は好きですか。
평소에 어느 정도 마십니까?	普段どのぐらい飲みますか。
네, 뭐 조금은요.	まあ、ちょっとくらいでしたら……。
술을 즐기는 정도는요…….	嗜む程度は……。[29]
가끔 한잔 하는 정도입니다.	たまに一杯飲む〔やる🇯〕くらいです。
주로 분위기를 즐기는 쪽이지요.	もっぱら雰囲気を楽しむ方ですね。
별로 술을 못하기 때문에 독하지 않은 술을 좋아합니다.	あまり飲めないので軽めのお酒が好きです。
상당히 좋아합니다. 매일 반주로 들고 있습니다.	けっこう好きですね。毎日晩酌をしています。

⟨⟨⟨ 술을 잘 마심 ⟩⟩⟩

그는 술꾼이야.	彼は大酒飲みだ。 ⬇
완전히 밑 빠진 독이구먼.	完璧にざるだね。 ⬇
그 사람은 술고래입니다.	あの人は飲兵衛です。
그 사람은 술이 세서 같이 마시면 상대가 안 돼요.	あの人はお酒が強くてついていけませんよ。
그는 거의 알코올 중독자예요.	彼はほとんどアルコール中毒です。
남들 마시는 만큼은 마십니다.	人並みに飲めます。
저는 맥주로는 안 취해요.	私はビールでは酔いません。
넌 술을 아주 좋아하는구나.	君は本当に酒好きなんだなあ。 🇯 ⬇

---

[29] 嗜む는 '즐기다, 소양을 쌓다'라는 뜻이 있다. お酒を嗜む라고 하면 '술을 즐기다', 芸能を嗜む하면 '예능(주로 전통적인 예능을 말함)의 소양을 쌓으며 즐기다'라는 뜻이 된다.

⟪⟪⟪ 술을 못 마심 ⟫⟫⟫

난 술을 잘 못해.	僕は酒には弱いんだ。
저는 술을 별로 못 마십니다.	私はお酒をあまり飲めません。
저는 술을 별로 좋아하지 않습니다.	私はお酒を好んで飲む方ではありません。
	私はお酒があまり好きではありません。
술은 영 (몸에) 받질 않는 것 같습니다.	お酒はどうも受けつけないみたいです。
한 모금만 마셔도 금방 술이 취해 버립니다.	一口飲んだだけですぐ酔っぱらってしまいます。
저는 맥주 한 잔만 마셔도 취해요.	私はビール一杯ですぐ酔っぱらってしまいます。
한 잔만 마셔도 얼굴이 빨개져요.	一杯飲んだだけで顔が赤くなってしまいます。
저는 술을 한 방울도 못 마십니다.	私はお酒を全然飲めません。
술은 끊었습니다.	お酒はやめました。
전에는 상당히 많이 마셨는데 위장이 안 좋아져서요, 요즘은 삼가고 있습니다.	前はけっこう飲んでましたが、胃をやられましてね、最近は控えています。
간장이 안 좋아져서 의사가 술을 마시지 말라고 하는군요.	肝臓を悪くして、ドクターストップがかかってしまったんですよ。[30]

술집을 옮길 때

그런 의미에서 한잔 더 하러 갑시다.	そういうことで、もう一杯飲みに行きましょう。
한잔 더 어때?	もう一杯どう？
한잔 더 해도 탈은 없을 겁니다.	もう一杯飲んでもだいじょうぶですよ。

---

[30] ドクターストップ의 원뜻은 권투 경기 중 의사가 경기를 계속하는 것이 불가능하다고 인정하여 상대편 선수가 승리하게 되는 것을 말하지만 일본에서는 병을 치유하기 위해 삼가라고 하는 것을 말하기도 한다.

술집을 옮길까요?	場所を移りましょうか。
좀더 떠들썩한 술집으로 갈까요?	もっとにぎやかな店に行きますか。
좀더 조용한 곳으로 옮길까?	もうちょっと静かな所に移りましょうか。
2차 갑시다!	2次会に行きましょう!
자, 술 더 합시다.	さあ、もっと飲みましょう。
아뇨, 의사가 술을 마시면 안 된다고 했어요.	いやあ、ドクターストップがかかっていますから……。
아닙니다. 오늘은 그만 가보겠습니다.	いやあ、今日はそろそろ失礼します。

취했을 때

≪≪ 취기 ≫≫

오늘은 코가 삐뚤어지게 한번 마셔 봅시다.	今日は酔いつぶれるまで飲んでみましょう。
기분좋게 취했어.	ほろ酔いだ。
벌써 취해 버렸어.	もう酔っぱらっちゃったよ。
취했군요.	酔っぱらいましたね。
나 벌써 상당히 취한 것 같아요.	私、もうけっこう酔っぱらっちゃったみたい。
취기가 도는 것 같아요.	酔っぱらってきました。
	お酒が回ってきたみたいです。
스즈키 씨는 취했습니다.	鈴木さんは酔っぱらってしまいました。
그 사람 내버려 두세요.	その人は放っておいてください。

이대로 자게 내버려 두세요.	このまま寝かせておきましょう。
이거, 몇 개로 보여요?	これ、いくつに見えますか。[31]
취해서 물건이 둘로 보입니다.	酔っぱらって物が二重に見えます。
똑바로 걷지 못하겠어요.	まっすぐ歩けません。
다리가 풀린 것 같아.	腰が抜けちゃったみたい。
눈이 풀렸네.	目がとろんとしてるよ。

《《《 술버릇 》》》

그 사람은 취하면 딴 사람이 되요.	あの人は酔っぱらったら人が変わったようになります。
그는 술만 들어가면 옷을 벗어요.	彼は酔っぱらったら(服を)脱ぎ出すんですよ。
그는 술만 취하면 말이 많아져서 시끄러워요.	彼は酔っぱらうとよくしゃべるので、うるさいです。
그녀는 술만 취하면 잔소리(군소리)가 많아져요.	彼女は酔っぱらうと小言〔愚痴〕が多くなります。[32]
사람은 술을 마시면 본성이 드러나는 법이에요.	人間はお酒を飲んだら本性が現れるものです。
그녀는 취했다 하면 우는 버릇이 있어요.	彼女は酔っぱらったら泣き出す癖があります。

《《《 속이 불편할 때 》》》

속이 불편합니다.	気分が悪いです。
토할 것 같아요.	吐きそうです。

---

[31] 일본에서는 술자리에서 술이 취한 사람에게 손가락 하나를 내 보이며 몇 개로 보이냐고 물어보기도 한다.
[32] 小言는 '잔소리, 꾸중' 이라는 뜻. 愚痴는 '군소리, 푸념' 이라는 뜻이다.

먼저 가겠습니다. 몸이 안 좋아서요.	お先に失礼します。ちょっと具合が悪いので。[33]
토해 버리세요. 토하면 기분이 나아질 거예요.	吐いてしまった方がいいですよ。吐いてしまったら気分がよくなると思いますよ。
이젠 좀 나아졌어요.	少しよくなりました。

《《《 기타 》》》

빈 속에 술을 마시는 건 좋지 않아요.	何も食べないでお酒を飲むのは、よくないですよ。
이제 그만 마시는 게 어때요?	そろそろやめた方がいいんじゃないですか。
난 아직 취하지 않았어요.	私はまだ酔っぱらってません。
저는 조금 밖에 안 마셨어요.	私はあまり飲んでいません。
술 깬 다음에 얘기합시다.	酔いが覚めてから話しましょう。
운전하려면 술이 깨야 해요.	運転しようと思ったら酔いを覚まさないといけませんよ。
음주 운전은 절대 안돼요.	飲酒運転は絶対だめですよ。
운전하려면 술을 마시지 말라, 술을 마시려면 운전을 하지 말라.	乗るなら飲むな、飲むなら乗るな。[34]

과음했을 때

너무 마셨어.	飲み過ぎた。
나도 모르게 과음을 했어요.	ついつい飲み過ぎました。

---

33 '몸이 안 좋다' 는 具合が悪い. 직역해서 体(からだ)がよくない라고는 하지 않는다.
34 일본에서 음주 운전에 대한 경고로 자주 쓰이는 표현이다.

과음했군요.	飲み過ぎたんですね。
어젯밤에 과음을 했어요.	昨日の夜、飲み過ぎてしまいました。
어젠 정말 떡이 되도록 마셨어.	昨日はもう、べろんべろんに酔っぱらっちゃったよ。
숙취는 괜찮았어요?	二日酔いは大丈夫でしたか。
네, 그럭저럭.	はい、なんとか。
지독한 숙취군! 머리가 지끈지끈해.	ひどい二日酔いだ！頭ががんがんするよ。
그렇게 마시는 게 아니었어.	あんなに飲むんじゃなかった。
술 마시는 것도 좋지만 지나치게 마시면 좋지 않아요.	お酒を飲むのもいいけど、飲み過ぎるのはよくないですね。
술도 적당히 마셔라.	お酒もほどほどにしなさい。

기타

오늘 기분에는 샴페인이 맞는 것 같아.	今日はシャンペンって感じかしら。
오늘 같이 푹푹 찌는 날은 뭐니뭐니해도 맥주예요.(그렇죠?)	今日のように蒸し暑い日には、何と言ってもビールですよね。
추운 겨울에는 따근한 물에 탄 소주가 제일이야.	寒い冬には、焼酎のお湯割りに限るね。35
일본 청주는 잘 넘어가서 나도 모르게 과음을 하게 되요.	日本酒は飲みやすくて、ついつい飲み過ぎるんです。

---

35 〜に限る라고 하면 '〜가 최고다, 제일이다'라는 뜻이 된다.

그는 술이 들어가면 영어가 유창해져요.	彼はお酒が入ると、英語がペラペラになるんですよね。
알코올이 조금 들어가면 긴장도 풀어질 거야.	アルコールが少し入ったら緊張もほぐれますよ。
오늘은 위 아래 관계없이 편하게 마시자.	今日は無礼講で行こう。[36]
술에 못 이겨선 안 되지.	酒に飲まれるようでは駄目だ。
진짜 술버릇이 나쁘다니까…….	全く酒癖が悪いんだから……。

---

[36] 無礼講는 귀천・상하 관계의 차별 없이 예의를 갖추지 않아도 되는 술자리를 말한다. 보통 윗사람이 아랫사람들에게 말하는 경우가 많다. 그러나 윗사람이 無礼講 즉 '야자타임'을 하자고 한다 해도 아랫사람이 곧이곧대로 알아듣고 말을 놓거나 예의를 갖추지 않으면 절대 안 되는 것이 일본 사회이다. 그저 술자리 분위기를 좋게 하기 위한 립서비스 정도로 생각하는 것이 좋다.

5 학교 생활

　이번 장에서는 대학생들이 쓸 수 있는 표현을 중심으로 대학 관련 및 어학 연수 관련 표현을 정리했다. 일본은 학기가 4월부터 시작하고 고등학교까지는 一学期(1학기), 二学期(2학기)로 나뉘고 대학은 前期(전기) / 夏学期와 後期(후기) / 冬学期로 나뉜다. 대학 수업은 通年(1년)이라 하여 한 과목을 1년 동안 수강하는 수업과 半期(반 학기)라 하여 한국과 같이 한 과목을 한 학기에 수강하는 경우가 있다. 시험은 학기가 끝날 때 (1년에 두 번) 실시한다. 방학은 夏休み(여름 방학), 冬休み(겨울 방학), 春休み(봄 방학)가 있다. 겨울 방학은 학교에 따라 다를 수 있지만 보통 12월 26일부터 1월 7일까지로 상당히 짧다. 개학 후 한 달 정도 수업을 한 다음에 2월 중순 경 봄 방학으로 들어간다.

1 수강 신청 및 학점 / 시험 / 장학금

수강 신청 및 학점

수강 신청 기간은 언제까지입니까?	履修届はいつまでですか。
몇 학점을 수강할 수 있습니까?	単位はいくつまで取れますか。[1]
이번 학기에 몇 학점을 듣습니까?	今学期は何単位、取りますか。
졸업 가능 학점은 몇 학점입니까?	卒業するには、何単位を取得しないといけないんですか。
이 과목은 몇 학점입니까?	この科目は何単位ですか。
시간표를 보여 주십시오.	時間割を見せてください。
수강 신청은 어떻게 합니까?	履修届はどのようにすればいいですか。
수강 신청은 홈 페이지에 접속해서 합니다.	履修届はホームページにアクセスしてします。
그 과목은 이미 정원이 다 찼습니다.	その科目はすでに定員がいっぱいになりました。

[1] 일본 대학에서는 학점이라는 말 대신 単位라는 말을 쓴다. '학점을 따다'는 単位を取(と)る.

어떤 과목들이 있습니까?	どんな科目がありますか。
전공은 몇 과목입니까?	専攻科目は何科目ですか。
몇 학점까지 신청할 수 있습니까?	何単位まで取れますか。
최하 몇 학점을 이수해야 합니까?	最低、何単位取らないといけませんか。
다른 학과 수업을 들을 수 있습니까?	外の学科の授業を取ることができますか。
그 과목은 인기가 많습니다.	その科目は人気があります。
담당 교수님의 성함은 무엇입니까?	担当の先生のお名前は何ですか。[2]
학점이 모자라면 어떻게 됩니까?	単位が足りないと、どうなりますか。
저는 그 과목에서 A를 받았습니다.	私はその科目でAを取りました。[3]
그 과목은 작년에 이수했습니다.	その科目は去年履修しました。

시험

이번에야말로 A를 받을 거야!	今度こそAを取ってやる!
꼭 올 A 받을 거다! 열심히 해야지!	絶対オールAを取るんだ!頑張ろう!
시험공부 해야지.	試験勉強しなくちゃ。
도서관에서 공부할까?	図書館で勉強しようかな。
취직할 때는 역시 성적이 중요하게 작용하니까 시험 공부 열심히 해야지.	就職するにはやっぱり成績が物を言うから、試験勉強頑張らないとね。[4]
시험 기간 중에는 집중해서 공부하자(해야지).	試験期間中は集中して勉強しよう。

---

2 '교수'는 직함을 이야기할 때만 教授(きょうじゅ)라고 한다. 보통은 先生라고 한다.
3 일본 대학에서는 주로 優(ゆう) - 良(りょう) - 可(か) / 不可 또는 A-B-C / D로 평가한다. 不可, D는 낙제 점수.
4 物を言う는 문자 그대로 '말하다'라는 뜻도 있지만 '힘(소용)이 되다, 효과(효력)를 나타내다'라는 뜻도 있다. 예문의 경우는 후자로 経験が物を言う(경험이 소용이 되다, 효력을 발휘하다) 등과 같은 용법이다.

다음 주에 쪽지 시험이 있대.	来週、小テストがあるんだって。
교수님, 이번 시험 범위는 어디에서 어디까지예요?	先生、今度の試験範囲はどこからどこまでですか。
(노트나 사전 따위를) 가지고 들어가도 됩니까?	持込み可能ですか。
열심히 공부했는데 시험 결과는 나빴어.	頑張って勉強したのに、結果は悪かった。
아무리 외워도 금방 잊어버립니다.	いくら覚えても、すぐ忘れてしまいます。
이거 어떡하지? 히라가나밖에 안 외웠어.	どうしよう。ひらがなしか覚えていない。
한국은 1학기와 2학기가 있어서 학기마다 중간 시험과 기말 시험이 있습니다.	韓国は1学期と2学期があって、それぞれ中間テストと期末テストがあります。
무슨 고등학교 같군요.	何だか高校みたいですね。
시험이 많아서 힘들어요.	テストが多くて大変です。
일본은 전기와 후기로 나뉘어서 일년에 두 번 시험이 있습니다.	日本は前期と後期に分けて、一年に2回試験があります。

장학금

올해는 장학금을 받을 수 있으면 좋으련만…….	今年は奨学金もらえるといいな……。
지도 교수님 소견서를 받아 오세요.	指導教官の所見をもらってきてください。[5]
외부 장학금을 받고 싶은 학생은 학생처로 문의하세요.	外部の奨学金をもらいたい学生は、学生係に相談に行ってください。
장학금은 못 받아도 등록금 면제나 감면 혜택이라도 받으면 어떻게든 꾸려갈 수 있는데 말이야.	奨学金はもらえなくても、授業料免除や減免にでもなれば、何とかなるんだけどな。

---

[5] 教官은 보통 국립 대학 교수를 가리킨다.

우리 과에서 장학금을 받게 된 학생은 모두 10명입니다.	うちの学科で奨学金をもらうことになった学生は、全部で10人です。
성적이 가장 좋은 학생은 1년간 수업료가 면제됩니다.	成績が最もいい学生は、1年間授業料が免除されます。
집에서 돈을 못 보내게 됐기 때문에 장학금을 못 받으면 학교 생활을 해 나갈 수가 없습니다.	仕送りがストップされたから、奨学金をもらえないとやっていけません。[6]
유학생은 장학금을 받는 게 어렵습니다.	留学生は奨学金をもらうのが大変なんです。
유학생은 장학금을 못 받으면 생활할 수가 없습니다.	留学生は奨学金をもらわないと生活(が)できないんです。
로터리클럽 장학금은 국비 장학생에게는 신청 자격이 없습니다.	ロータリークラブの奨学金は、国費の人には申請の資格がありません。[7]
사비 유학생을 위한 장학금 신청이 곧 있습니다.	私費留学生のための奨学金の申し込みがもうすぐです。
국비 장학생이 부럽다.	国費留学生がうらやましい。
국비 장학생이 되려면 어떻게 하면 됩니까?	国費留学生になるにはどうすればいいでしょうか。
일본에서 국비 장학생이 될 수도 있습니까?	日本で国費留学生になることもできますか。
국내 채용 국비 장학생 제도도 있습니다.	国内採用の国費留学生枠もあります。
선발되려면 어떻게 하면 됩니까?	採用されるにはどうすればいいですか。
신청 공지가 나오면 서류를 갖추어서 제출하세요.	申し込みのお知らせが出たら、書類をそろえて出してください。

[6] 仕送りは 집에서 생활비나 학비 등을 보내 주는 것을 말한다.
[7] 国費の人이란 国費留学生을 말하는 말로서 일본 문부과학성에서 소정의 시험에 패스한 유학생에게 주는 장학금 혜택을 받는 사람을 말한다.

교수님들의 면접도 있습니다.	先生方による面接もあります。
면접에서는 주로 어떤 연구를 하고 있는가, 아르바이트를 하고 있는가 등의 질문을 받는다고 합니다.	面接では主にどういう研究をしているか、アルバイトをしているかなどを聞かれるそうです。
경제적으로 여유가 없는 사람이 우선되는 것 같습니다.	経済的に余裕のない人が優先されるようですよ。
다만 신청자가 많아서 경쟁이 심하다고 할 수 있지요.	ただ、申込者が多いですから競争が激しいと言えますね。

2 도서관 / 기숙사 / 유학생 센터

도서관

책에 관해서 여쭤 보고 싶은 게 있는데요.	ちょっと本のことでお伺いしたいことがあるんですが……。
언제쯤 들어옵니까?	いつごろ戻りますか。
며칠 동안 빌릴 수 있습니까?	何日ぐらい借りられますか。
언제까지 빌릴 수 있습니까?	いつまでお借りできますか。
다음 주 수요일까지 반납해 주세요.	来週の水曜日までに返却してください。
그리고, 의학 진단 시스템 책도 아마(있지 않았나요?/빌려가지 않으셨나요?)…….	あと、医学の診断システムの本も確か……。
언제나 여기에 놔 두는데.	いつもはここに置いてあるんだけど……。
누가 빌려간 것 아닐까?	誰かが借りてってるんじゃないかな。[8]

---

[8] 借りてってる는 借りて行っている의 준말로, 회화체에서 많이 쓰인다.

이 책만 하겠습니다(빌리겠습니다/사겠습니다).	この本だけにします。
이 도서 차용증을 써서 내면 됩니까?	この図書借用証を書いて出せばいいんですか。
도서 차용증에는 청구 번호와 서명, 저자명을 반드시 쓰세요.	図書借用証には請求番号と書名、著者名を必ず書いてくださいね。
대출중인 경우에 예약을 할 수는 있습니까?	貸出し中の場合、予約することはできますか。
이 예약표를 써서 제출하세요.	この予約票を書いて出してください。
이름과 학번을 잊지 말고 쓰세요.	名前と学籍番号を忘れないで書いてください。
반납일을 꼭 지켜 주세요.	返却期限をきちんと守ってください。
반납이 지연되면 연체 요금을 내야 합니다.	返却が遅れると延滞料金を払ってもらいます。
유학생도 도서관에서 책을 빌릴 수 있습니까?	留学生も図書館で本を借りることができますか。
도서관 이용 카드를 만들면 도서관을 이용할 수 있어요.	図書館利用カードをつくれば図書館を利用できますよ。
검색을 하고 싶은데 어디서 하면 됩니까?	検索をしたいんですが、どこですればいいですか。
검색은 1층에 검색용 컴퓨터가 있으니까 거기서 하세요.	検索は一階のフロアに検索用のパソコンが置いてありますから、そこでしてください。

유학생 센터

외국인(일본인)과 친구가 되고 싶은데 어디로 가야 하지요?	外国人〔日本人〕と友達になりたいんですけど、どこに行けばいいでしょうか。

유학생 센터에 가면 유학생들과 만날 수 있을 겁니다.	留学生センターに行けば、留学生に会えます。
이번 주 토요일 유학생과 일본 학생들 간의 교류회가 있습니다.	今週の土曜日に留学生と日本人学生との交流会があります。
유학생 센터는 어디에 있습니까?	留学生センターはどこにありますか。
저쪽에 있는 3층 건물의 2층에 있습니다.	あそこに見える3階建ての2階にあります。
유학생 숙소를 소개해 주시겠습니까?	留学生の宿舎を紹介してもらえますか。
유학생 회관은 이제 입주가 불가능합니다. 하지만 목조 아파트는 소개해 줄 수 있습니다.	留学生会館はもう入れません。でもアパートを紹介することはできますが……。
유학생들을 위한 프로그램은 어떤 것이 있습니까?	留学生のためのプログラムにはどういうのがありますか。
아르바이트는 유학생 센터에 신청해 주십시오.	アルバイトは留学生センターで申し込んでください。
유학생을 위한 장학금이나 아르바이트 정보는 게시판을 보세요.	留学生のための奨学金やアルバイト情報は掲示板を見てください。
유학생 센터에서 유학생을 위한 수업 시간표를 확인할 수 있습니다.	留学生センターで留学生のための授業の時間割を確認することができます。

기숙사

기숙사는 있습니까?	学生寮はありますか。
신청은 언제부터입니까?	申し込みはいつからですか。

유학생 회관에 들어가고 싶습니다.	留学生会館に入りたいです。
유학생 회관에는 독방과 가족방이 있습니다.	留学生会館には一人部屋と家族部屋があります。
공동 부엌도 있으니까 요리를 해 먹을 수도 있습니다.	共同の台所もあるから料理もできます。
목욕탕과 화장실도 공동으로 씁니까?	お風呂とトイレも共同ですか。
샤워실은 공동이고, 화장실은 방에 있습니다.	シャワー室は共同で、トイレは各部屋にあります。
더운 물은 나옵니까?	お湯は出ますか。
새로 지은 유학생 회관이 꽤 좋대.	新しく建てられた留学生会館は、けっこういいらしいよ。 ⬇
기숙사는 싸지만 너무 더럽단 말이야.	学生寮は安いけど、ちょっと汚すぎるんだよね。 ⬇
하지만 생활비를 아끼려면 참을 수밖에 없지.	でも、生活費を切り詰めるためには我慢するしかないな。 ⬇
이제 자취할까 생각중이야.	そろそろ自炊しようかと思ってるんだ。 ⬇
기숙사에는 2층 침대가 비치되어 있습니다.	学生寮には二段ベッドが置かれています。
기숙사에서 아침과 저녁은 나오지만 점심은 안 나와서 불편해.	(学生)寮は朝と夕飯は出るけど、お昼が出ないから不便(だ)。[9] ⬇
기숙사 안에서는 전열 기구 사용이 금지되어 있습니다.	寮内では電化製品の使用が禁止されています。

[9] 学生寮는 보통 寮라고 말하는 경우가 더 많다.

기숙사에서는 음주 행위가 금지되어 있습니다.	寮内での飲酒行為は禁止されています。
룸메이트와 성격이 안 맞아서 기숙사 들어가기가 싫어요.	ルームメートと気が合わなくて、寮に帰るのが嫌です。[10]
룸메이트가 코를 심하게 곯아 견디기 어려워. 방을 바꿔 달라고 할 수는 없는 걸까.	ルームメートのいびきがひどくて、大変だよ。部屋を替えてもらうことはできないのかなあ。
기숙사의 규율은 꼭 지켜 주시기 바랍니다.	寮の規則は必ず守ってください。

3 수업/발표/과제/질문

수업

그럼 수업을 시작하겠습니다.	それでは、授業を始めます。
출석을 부르겠습니다.	出席を取ります。
알겠습니까?	分かりましたか。
수업 시간에는 영어로 말하도록 하세요.	授業中は英語で話してください。
이것은 영어로 뭐라고 합니까?	これを英語で言うと、どうなりますか。
이것은 일본어로 뭐라고 합니까?	これは日本語で何と言いますか。
이 단어는 어떻게 발음하죠?	この単語はどのように発音しますか。
그 한자는 어떻게 쓰지요?	その漢字はどのように書きますか。
이게 무슨 기호죠?	これは何の記号ですか。
한번 더 설명해 주시겠습니까?	もう一度説明していただけますか。

---

[10] 気が合う는 '성격이 맞다, 말이나 마음이 통하다'라는 뜻이고 반대로 気が合わない는 '성격이 안 맞다, 말이나 마음이 안 통하다'라는 뜻이다.

'예' 또는 '아니오'로 대답하세요.	「はい」、または「いいえ」で答えてください。
좀더 구체적으로 말씀해 주십시오.	もう少し具体的に話してください。
그건 상식이죠.	それは常識でしょう。
머리를 써 봐요.	頭を使ってみてください。
계속 생각해 보세요. 점점 정답에 가까워지고 있으니까요.	引き続き考えてみてください。だんだん正解に近づいてきています。
노트를 보세요. 어제 공부한 것입니다.	ノートを見てください。昨日、勉強したはずです。
그것은 내 전문 분야가 아니지만…….	それは私の専門分野ではないんですが……。
이것으로 수업을 마치겠습니다.	これで授業を終ります。
다음 시간까지 예습과 복습을 해 두세요.	次の時間まで、予習と復習をしておいてくださいね。

발표

다음 발표 담당자는 누구지요? 백선경 학생인가요?	今度の発表の担当者は誰ですか。ペクさんですか。
아뇨, 백선경 학생은 아닐 겁니다. 지난 주에 발표했습니다.	いいえ、ペクさんではないはずです。彼女は先週発表したばかりです。
내일이 발표인데도 그는 태평하게 술만 마시고 있어.	明日が発表なのに、彼はのんきにお酒ばかり飲んでるよ。
그녀는 발표 준비 때문에 도서관에서 밤을 새우고 있을지도 몰라.	彼女は発表の準備のために図書館で徹夜してるかもしれないよ。

컴퓨터에 입력해 두었던 발표 자료가 모두 날아가 버렸어.	パソコンに打ち込んでおいた発表レジュメが吹っ飛んじゃった。[11]
디스켓에 저장해 두지 않았단 말이야?	フロッピーに保存してなかったわけ？
메일로 보내 두지 그랬어.	メールで送っておけばよかったのに。
어떡해, 전부 다시 쳐야 돼.	どうしよう、全部打ち直さないといけない。
그럼 발표를 시작하겠습니다.	それでは発表を始めさせていただきます。
저희 조에서는 일본의 생활 문화에 대해 발표하도록 하겠습니다.	私たちは、日本の生活文化について発表します。
자료를 보시기 바랍니다.	レジュメを見てください。[12]
	資料をご覧ください。
그럼 이것으로 발표를 모두 마치겠습니다.	これで発表を終ります。

과제

이번 주 중에 리포트를 쓰지 않으면 안 됩니다.	今週中にレポートを書かなければなりません。
과제는 기말 시험 기간 중에 제출해 주세요.	レポートは期末テスト期間中に提出してください。
이 과목은 시험을 리포트로 대체합니다.	この科目は試験のかわりにレポートを提出してもらいます。
다음 주까지 제출하세요.	来週までに出してください。
리포트는 이메일로 보내도 괜찮습니다.	レポートは(電子)メールで送ってもいいです。

---

11 打ち込む는 '뭔가에 열중하다' 라는 뜻도 있으나 '컴퓨터 자판을 두드려 입력하다' 라는 뜻도 있다.
12 レジュメ(résumé)는 불어로, 일본에서는 발표를 위해 작성한 자료를 말한다.

리포트는 반드시 손으로 써서 내도록 하세요.	レポートは必ず手書きで出すようにしてください。
리포트는 한국어로 쓰는 거예요? 아니면 일본어로 쓰는 거예요?	レポートは、韓国語で書くんですか、それとも日本語で書くんですか。
리포트가 많아서 정말 죽겠어.	レポートが多くてたまんないよ。
문장력이 없어서 리포트는 어려워.	文章力がないからレポートは苦手だな。
리포트보다 시험 보는 게 더 나은데…….	レポートより試験の方がいいのにな……。
그래도 안 외워도 되니까 리포트가 더 편해.	でも覚えなくていいから、レポートの方が楽だよ。

질문

<<< 수업 시간에 하는 질문 >>>

질문 없으세요?	何か質問ありませんか。
또 다른 질문은 없으세요?	外に質問ありませんか。
질문이 있는 사람은 손을 드세요.	質問のある人は手を挙げてください。
좋은 질문입니다.	いい質問ですね。
누가 내 질문에 대답할 수 있는 사람 있어요?	誰か、私の質問に答えられる人(は)いますか。
간단하게 대답해 주세요.	手短に答えてください。
학생의 답변은 거의 정확하군요.	あなたの答えはほぼ正確ですね。
핵심을 제대로 이해한〔요점을 제대로 파악한〕대답이에요.	的を射た答えですね。

좀 엉뚱한 답일지도 모르겠습니다만…….	ちょっと的外れな答えかもしれませんが……。[13]
질문의 뜻을 잘못 이해한 것 같군요.	質問の意味を取り違えているようですね。
선생님, 이 단어 뜻을 모르겠습니다.	先生、この単語の意味が分かりません。
다시 한 번 설명해 주세요.	もう一度説明してください。

《《《 일반적 질문 및 답변 》》》

물어 볼 게 있습니다.	質問があります。
	お聞きしたいことがありますが……。
물어 볼 게 한 가지 더 있습니다.	お聞きしたいことがもうひとつあります。
사적인 질문을 해도 됩니까?	プライベートな質問をしてもいいでしょうか。
구체적인 질문 몇 가지 드리겠습니다.	具体的な質問をいくつかしたいと思います。
단도직입적으로 질문을 해도 됩니까?	単刀直入に質問してもよろしいでしょうか。
연세를 여쭤 봐도 됩니까?	お年を伺ってもよろしいですか。
가메야마 씨의 주소를 아시는지요?	亀山さんの住所をご存じですか。
회비에 대해 질문하겠습니다.	会費のことについてお聞きしたいんですが……。
도대체 어찌된 일이에요? 말씀해 주세요.	一体どうなってるんですか。話してください。
내 질문에 아직 답변을 하지 않았습니다.	私の質問にまだ答えてもらっていないのですが……。
한 번 더 설명해 주시겠어요?	もう一度説明してくださいますか。
무슨 일인지 자세히 말씀해 주세요.	何があったのか詳しく話してください。
그건 이렇게 하는 거예요. 알겠어요?	それはこういう風にするんです。分かりましたか。

---

[13] 的外れ는 화살이 과녁을 빗나간다는 뜻으로 요점을 벗어나거나 빗나간 말을 할 때 쓰인다. 비슷한 말로 見当(けんとう)違(ちが)い라는 표현도 있다.

저는 모릅니다.	私は分かりません。
정말 모르겠습니다.	本当に分かりません。
그 일에 대해서는 저도 어떻게 된 건지 몰라요.	その件については私もどうなったのか分かりません。
말하고 싶지 않습니다.	話したくありません。
이유를 말씀드릴 수 없습니다.	理由〔わけ〕は申し上げられません。
더 이상 묻지 마세요.	もうこれ以上聞かないでください。
말로는 다 설명할 수 없어요.	言葉では説明しきれません。
말로는 표현하기 힘들어요.	言葉では表現しにくいです。
이 밖에 달리 설명할 방법이 없어요.	これ以外に説明する方法がありません。
뭐라고 대답해야 좋을지 모르겠군요.	何とお答えすればよいのか分かりませんね。
저는 그 질문에 대해 답변할 입장이 아니에요.	私はその質問に答えられるような立場ではありません。
더 이상 구체적으로 말씀드릴 수 없어요.	これ以上具体的にお話申し上げることはできません。
이상이 그 사건의 개요입니다.	以上がその事件の概要です。
음, 그러니까 이런 거예요.	うん、だからこういうことなんです。
개요를 말씀드리겠습니다.	概要をお話します。

4 면담 / 상담

교수님과의 면담

교수님, 실은 의논드리고 싶은 일이 있습니다.	先生、実はご相談があるんですが……。
교수님 의논드릴 일이 있는데 언제 찾아뵈면 되겠습니까?	先生、ご相談があるのですが、いつお伺いすればよろしいでしょうか。
수업 마치고 연구실로 찾아뵈도 되겠습니까?	授業が終って研究室の方にお伺いしてもよろしいでしょうか。
언제가 제일 시간이 괜찮으신지요?	いつが一番ご都合がよろしいでしょうか。
실례하겠습니다.(연구실에 들어갈 때)	失礼します。
논문 테마에 대해서 의논드리고 싶어서요.	論文のテーマのことで、ご相談したいと思いまして……。
대학원 입학 시험에 대해서 말씀 여쭙고 싶어서요.	大学院の入学試験のことでお話を伺えればと思いまして……。
장학금 추천 문제로 부탁드릴 일이 있어서요.	奨学金の推薦の件でお願いがありまして……。
졸업 논문은 무엇에 대해서 쓸지 정했습니까?	卒業論文は何について書くか決めましたか。
예. 일본의 전후 외교 정책에 대해서 쓰기로 했습니다.	はい。日本の戦後の外交政策について書くことにしました。
일본어를 좀 체크해 주셨으면 하는데요.	ちょっと日本語をチェックしていただきたいんですが……。

교수님, 일본어 공부에 관심이 있는 학생들이 모여서 스터디 그룹을 만들고 싶은데요. 지도 교수님이 돼 주실 수 있으시겠습니까?	先生、日本語の勉強に興味のある学生が集まって勉強会をしようと思いますが、指導教授になっていただけますか。 ↑
다음 주에 신입생 환영회를 하는데요. 교수님도 오실 수 있으세요?	来週、新歓コンパがあるんですが、先生も出席していただけますか。[14] ↑
이번 졸업 여행에 대해서 의논하고 싶은데 지금 시간 괜찮으시겠습니까?	今度、卒業旅行を計画しているので、それについてご相談したいのですが、今よろしいでしょうか。 ↑
이제 곧 군대에 가야 할 걸 생각하면 요즘 공부가 전혀 안 됩니다.	もうすぐ軍隊に行かなければならないと思うと、最近勉強に身が入りません。
죄송합니다. 긴장을 하면 말을 더듬는 버릇이 있어서요.	すみません。緊張すると、つい口ごもってしまうところがありまして……。
교수님 앞에서는 너무 긴장해서 아무 생각이 나지 않습니다.	先生の前に出ると、緊張して頭が真っ白になってしまいます。
경제적으로 무척 힘든데 아르바이트를 소개해 주는 곳은 없을까요?	経済的に大変苦しいのですが、アルバイトを紹介してもらえる所はないでしょうか。
교수님께 의논해 보지 그래?	先生にご相談してみたら。 ↓

어학 연수

<<< 어학 연수 경험에 대해서 >>>

---

[14] 일본의 대학에서는 학기 초에 新歓コンパ(신입생 환영회)를, 학기 말에 追(お)い出(だ)しコンパ(졸업생 환송회)를 한다. 개강 파티, 종강 파티는 하지 않는다.

어학 연수를 갔다 온 경험이 있습니까?	語学研修の経験がありますか。
언제 어학 연수를 갔다 왔습니까?	語学研修に行ったのは、いつですか。
어디에서 어학 연수를 했습니까?	どこで勉強しましたか。
도쿄에서 어학 연수를 했습니다.	日本の東京で勉強しました。
1년 동안 일본어를 공부하러 어학 연수를 다녀 왔습니다.	一年間日本語を勉強しに語学研修に行ってきました。

《《《 어학 연수의 필요성에 대해서 》》》

어학 연수 상담은 어디서 합니까?	語学研修についての相談はどこでできますか。
학생 회관 2층, 상담실에서 하고 있습니다.	学生会館の2階にある相談室で行っています。
어학 연수는 꼭 필요한 것인가요?	語学研修は必ず行くべきと思いますか。
어학 관련 전공이라면 가는 편이 좋지요.	専攻が語学関連なら行った方がいいでしょう。
영어 어학 연수는 미국, 캐나다 중 어디가 좋습니까?	英語の語学研修に行くならアメリカとカナダと、どっちがいいと思いますか。
미국(캐나다)이 좋을 겁니다.	アメリカ〔カナダ〕の方がいいと思います。
일본으로 어학 연수를 가려 하는데 어디로 가는 것이 좋을까요?	日本の語学研修先はどこがいいと思いますか。
역시 뭐니뭐니해도 수도인 도쿄가 좋다고 생각합니다.	やっぱり何といっても首都である東京がいいと思います。
도쿄도 좋지만 지방 도시도 좋아요.	東京もいいけど、地方都市もいいですよ。
너무 도쿄를 고집하지 않는 게 좋을 수도 있어요.	あまり東京に固執しない方がいいかも知れません。

지방은 도쿄에 비해 물가가 싸니까요.	地方は東京に比べて物価が安いですから。

⟨⟨⟨ 어학 연수 기간 및 비용에 대해서 ⟩⟩⟩

일본에서 1년 동안 어학 연수를 하려면 비용이 얼마나 들까요?	日本で1年間語学研修をするとしたら、どれくらいの費用がかかるでしょうか。
1,400만 원 안팎 정도가 되겠지요.	1,400万ウォン前後でしょう。[15]
시기는 언제 가는 게 좋을까요?	時期は、いつがいいでしょうか。
1년이라는 시간은 눈 깜짝할 사이입니다.	1年というのはあっという間です。

⟨⟨⟨ 어학 연수 전 공부에 대해서 ⟩⟩⟩

어느 정도 기본적인 문법을 공부하고 가는 게 좋을 거예요.	ある程度、基本的な文法を勉強してから行った方がいいと思いますよ。
일본에 갔다고 해서 그냥 일본어를 잘하게 되는 것은 아니니까요.	日本に行ったからと言って、自然と日本語が上手くなるわけではありませんから。
어학 연수를 가더라도 열심히 공부 안 하면 늘지 않아요.	語学研修に行っても、一生懸命勉強しないとなかなか上達しませんよ。

⟨⟨⟨ 어학 연수 학원을 다닐 때 상담 ⟩⟩⟩

제 반이 저와 수준이 안 맞는 것 같습니다.	クラスが私のレベルと合わないと思います。
일본에 온 지 벌써 한 달이나 지났는데 일본어가 전혀 안 돼요.	日本に来てもう一ヶ月が過ぎたのに、日本語が全然話せません。
어떻게 하면 일본어를 더 잘 할 수 있을까요?	どうしたら日本語がもっと上手くなるでしょうか。

---

15 어학 연수 비용은 학교와 연수 기간, 숙소 형태, 현지 물가 등에 따라 차이가 나므로 사전에 확인을 요한다.

가능하다면 반을 바꿔 주시면 좋겠습니다.	できれば、クラスを換えていただけたらと思います。
좀더 문법적인 설명을 부탁합니다.	もっと文法的な説明をしてくださいませんか。
발음을 제대로 고쳐 주세요.	発音をちゃんと直してください。
어떻게 하면 발음이 좋아질까요?	どうしたら発音が上手くなるでしょうか。
존대말에 대해서도 가르쳐 주십시오.	敬語についても教えてください。
좀더 일본 문화를 접할 수 있는 기회가 많아지면 좋겠습니다.	もっと日本の文化に触れられるような機会が多くなればと思います。
일본어 능력 시험 1급을 꼭 따고 싶습니다.	日本語能力試験の１級を必ず取りたいです。
수업에서도 시험 대비에 더 중점을 두시기 바랍니다.	授業でも試験対策にもっと力を入れてくださるようにお願いします。
어학 연수를 마치고 일본 대학으로 진학하고 싶은데 어떤 대학이 좋을까요?	語学研修が終ったら日本の大学に進学したいんですが、どういう大学がいいでしょうか。
기숙사 룸메이트와 문화 차이가 너무 심해서 힘이 많이 드는데 어떻게 하면 좋겠습니까?	寮のルームメートとカルチャーギャップがひどくて大変なんですが、どうすればいいでしょうか。[16]
친구가 없어서 외롭습니다.	友達ができなくて寂しいです。[17]
집 생각이 나서 많이 힘듭니다.	ホームシックにかかって、とてもつらいです。[18]
일본 생활에 여간해서 익숙해지지가 않습니다.	日本の生活になかなか慣れません。

---

[16] カルチャーギャップ는 'culture gap'으로 문화 차이를 말한다.
[17] 友達がいなくて라고 할 수도 있지만 いなくて라고 하면 아예 친구가 없다는 뜻으로 전달될 수도 있다.
[18] ホームシック는 'homesick'로 향수병이라는 뜻. 동사 かかる와 함께 쓴다.

6 아플 때

약국이나 병원에 가서 자신의 증상을 정확하게 표현한다는 것이 그리 쉬운 일은 아니다. 하물며 외국어로 자신의 증상을 정확하게 말한다는 것은 더욱 어려운 일이다. 또한 우리말에서 흔히 쓰는 '몸살이 나다' 라는 증상이 일본어로 딱 들어맞는 표현이 없는 것처럼 언어 문화의 차이 때문에 정확한 증상을 표현하기 어려운 경우도 있다. 따라서 이번 장에서는 아플 때 쓰이는 표현들을 약국과 병원으로 나누고, 병원의 경우는 각 진료과목에 따라 자주 쓰이는 표현들을 정리했다. 아플 때 쓰는 표현으로 가장 주의해야 할 점은 우리말에서 '아프다' 라는 말이 일본어로는 두 가지로 나뉘어 쓰인다는 것이다. 두통이나 복통 등 통증을 말할 때는 痛い 라는 표현을 쓰고, '몸이 아프다' 와 같이 특정한 통증을 호소하는 경우가 아닌 경우에는 具合が悪い, 体の調子がよくない 등의 표현을 쓴다. '몸이 아프다' 를 직역해서 体が痛い 라고 하면 온몸이 통증으로 아프다는 말이 되므로 적절하지 않다.

1 기본적인 증상

증세를 물을 때

기분은 어때?	気分はどう？
무슨 일 있어?	どうかしたの？
안색이 안 좋구나.	顔色が悪いよ。
몸이 안 좋은 것 같네요.	具合が悪そうですね。
어디가 아프십니까?	どうしましたか。
어디가 편찮으십니까?[1]	どこがお悪いですか。
어디가 아프십니까? (통증)	どこが痛いですか。
	どこか痛みますか。
그 밖에 또 아픈 곳이 있습니까?	その外に痛いところはありますか。

---

[1] 痛い는 통증을 말할 때, 悪い는 통증 이외에 몸이 안 좋을 때(몸살, 속이 아플 때 등) 쓰는 표현이다.

열은 있습니까?	熱はありますか。
언제부터 그랬습니까?	いつからですか。
언제부터 아프기 시작하셨습니까? (통증)	いつから痛み出しましたか。
통증이 있었던 게 언제부터입니까?	痛みを感じたのは、いつごろからですか。
전에도 그렇게 머리가 아픈 적이 있습니까?	前にもそんなに頭が痛かったことがありますか。
그 밖에 다른 증세는 없나요?	(その)外の症状はありませんか。

증세를 말할 때

《《《 감기 몸살 》》》

에취!	はくしょん！
감기 기운이 있어요.	風邪気味なんです。
감기 들었어요.	風邪を引きました。
감기가 심하게 걸렸어요.	風邪がひどいです。
독감에 걸린 것 같습니다.	インフルエンザにかかったようです。
기침이 심합니다.	咳がひどいです。
코가 막히고 기침이 심합니다.	鼻が詰まって、咳がひどいです。
기침이 멎지 않습니다.	咳が止まりません。
목이 아파요.	のどが痛いです。
코가 막힙니다.	鼻が詰まっています。
콧물이 멎지 않습니다.	鼻水が止まりません。

두통이 심하고 으슬으슬 춥습니다.	頭痛がひどくて、寒気がします。
열이 나고 오한이 드네요.	熱が出て悪寒がします。
몸에서 열이 납니다.	体が熱っぽいです。
열이 있는 것 같아요.	熱があるみたいです。
열이 많습니다.	熱が高いです。
몸살인 것 같아요.[2]	体がだるくて悪寒がします。
온몸이 쑤십니다.	体の節々が痛いです。
팔다리에 힘이 없습니다.	腕や足に力がありません。
너한테서 감기가 옮았어.	君の風邪が移ったよ。

《《《 피로/과음 》》》

요즘 금방 피로해집니다.	最近疲れやすいんです。
피로를 느낍니다.	疲れを感じます。
쓰러질 것 같아요.	倒れそうです。
어지럽습니다.	目まいがします。
몸이 나른합니다.	体がだるいです。
식욕이 없습니다.	食欲がありません。
아무리 잠을 많이 자도 졸음이 옵니다.	寝ても寝ても眠いです。
식은땀을 흘립니다.	冷汗が出ます。
그녀는 기절했습니다.	彼女は気絶しました。
숙취가 심합니다.	二日酔いがひどいです。

---

2 '몸살'은 일본어로 딱 맞는 말이 없다. 따라서 몸살이 났을 경우에는 体がだるい (몸이 나른하다), 悪寒がする (오한이 나다), 体の節々が痛い (온몸이 쑤시다) 등 증상을 조목조목 이야기해야 한다.

숙취 때문에 머리가 지끈지끈 아픕니다.	二日酔いで頭ががんがんします。

《《《 두통 / 치통 / 위장 장애 》》》

이가 아픕니다.	歯が痛いです。
머리가 아픕니다.	頭が痛いです。
	頭痛がします。
이가 욱신욱신 아픕니다.	歯がずきずきします。
속이 메스껍습니다.	むかむかします。
아랫배가 쿡쿡 쑤십니다.	下っ腹がきりきりします。
배가 아파요.	おなかが痛いです。
토할 것 같습니다.	吐き気がします。
설사입니다.	下痢です。
소화 불량 같습니다.	消化不良のようです。
식중독입니다.	食中毒です。

《《《 기타 통증 》》》

아야! 아파요!	あ、いたっ！
아픕니다.	痛いです。
만지면 아픕니다.	触ったら痛いです。
부어올라서 아픕니다.	腫れあがって痛いです。
움직이면 몹시 아픕니다.	動くとすごく痛いです。
이 주변이 아픕니다.	この辺が痛いです。

통증을 멎게 해 주세요.	痛みを止めてください。
통증을 완화시킬 방법은 없습니까?	痛みを和らげる方法はありませんか。
둔통입니다.	鈍い痛みです。
날카롭게 느껴지는 통증입니다.	鋭い痛みです。
쿡쿡 쑤시는 통증입니다.	ずきずきする痛みです。
칼로 찌르는 듯이 아픕니다.	刺すような痛みです。
발목을 삐었습니다.	足首をひねりました。
	足首を捻挫しました。
다리 뼈가 부러졌어요.	足の骨を折りました。
벌에 쏘였습니다.	ハチに刺されました。
손을 데었습니다.	手をやけどしました。
화상을 입다.	やけどをする。
가려워!	かゆい！

2 약국

증상을 말하며 약을 달라고 할 때

감기약(기침약) 주세요.	風邪薬〔咳止め〕をください。
감기에 좋은 약 있어요?	風邪によく効く薬はありますか。
숙취 푸는 약 주세요.	二日酔いに効く薬をください。
숙취가 심해서 머리가 아픕니다.	二日酔いがひどくて頭が痛いです。

변비약[설사약] 주세요.	便秘薬〔下痢止め〕をください。
이 처방대로 약 좀 지어 주세요.	この処方箋通りに薬を調剤してください。
감기약에도 처방전이 필요한가요?	風邪薬も処方箋が必要ですか。
콘돔 있습니까?	コンドームありますか。
수면제 좀 주세요.	睡眠薬もらえますか。

약의 효능 및 복용 방법

이 약이 감기에 좋습니다.	この薬は風邪によく効きます。
이 약은 두통에 효과적이에요.	この薬は頭痛に効果的です。
진통제를 드리겠습니다.	痛み止めを差し上げましょう。
이 약이 위에 부담을 덜 주는 진통제입니다.	これが胃に優しい鎮痛剤です。
기침약을 드셔야겠어요.	咳止めを飲んだ方がよさそうですね。
그 약을 먹으면 좋아질 겁니다.	この薬を飲めばよくなるでしょう。
이 약을 드시면 통증이 가라앉을 겁니다.	このお薬をお飲みになれば痛みが和らぐでしょう。
이 약을 드시면 편히 잘 수 있을 겁니다.	この薬を飲めばぐっすりお休みになれると思います。
이 약은 한 번에 몇 알을 먹어야 합니까?	これは一回何錠を飲めばいいですか。
이 약은 언제 몇 번 먹습니까?	この薬は、いつ、何回飲みますか。
한 번에 한 알씩 드세요.	一回1錠お飲みください。

하루 세 번 식후 30분에 드십시오.	一日に3回、食後30分後にお飲みください。
이 약은 식사 전이나 식사와 식사 사이에 드세요.	この薬は、食事の前か、食事と食事の間にお飲みください。
약은 규칙적으로 시간을 지켜서 드세요.	薬はきちんと時間を守ってお飲みください。
이 약은 식전에 먹는다는 것을 잊지 마세요.	この薬は、食前にお飲みになることをお忘れにならないでください。
원하시는 약을 한꺼번에 다 드릴 수는 없습니다.	お望みのお薬を一度に全部差し上げることはできません。
부작용은 없을까요?	副作用の心配はないでしょうか。
죄송합니다. 그 약이 지금 없습니다.	申し訳ありません。その薬は只今切らしておりますが……。
의사의 진단 없이는 피임약을 살 수가 없습니다.	医者の診断なく避妊薬をお求めになることはできません。
마시거나 냄새를 맡지 말 것.	飲んだり、においを嗅がないように。
건조한 곳에 보관할 것.	湿気のない所に保管すること。

기타

약국에 가서 감기약 좀 사 오세요.	薬局に行って風邪薬を買ってきてください。
병원에 가 봐야 되겠습니까?	病院に行った方がいいでしょうか。
더 큰 병원을 소개해 드리겠습니다.	もっと大きな病院をご紹介します。

검사를 받아 보세요.	検査を受けてみられてください。
어느 약국에서나 이 처방전에 따라 약을 조제해 줄 겁니다.	どこの薬局でもこの処方箋通りに薬を調剤してくれるはずです。
여보, 오늘 약 먹었어요?	あなた、今日お薬飲みました？
이런, 약 먹는 걸 잊어버렸군.	あらら、薬飲むのを忘れてしまった。
그 효과는 신기했어요.	その効果たるや、不思議なほどすごかったですよ。
잊지 말고 약을 드세요.	忘れないで薬をお飲みください。
'좋은 약은 입에 쓰다' 라고 하잖아요.	「良薬口に苦し」と言うじゃないですか。

3 병원 I

의사 소개

몸이 아파요. 괜찮은 의사를 소개해 주시겠어요?	体の具合が悪いんですが、いい医者を紹介してくれますか。
좋은 치과 의사 아세요?	いい歯医者さん、知ってますか。
좋은 의사를 추천해 주시겠습니까?	いいお医者さんを推薦してくださいますか。
단골 의사의 전화 번호를 가르쳐 주시겠습니까?	かかりつけのお医者さんの電話番号を教えてもらえますか。
한국말을 하는 의사를 알고 계세요?	韓国語のできる医者をご存じですか。
가능하면 영어를 할 수 있는 의사에게 진료를 받고 싶습니다.	できれば英語ができる医者の診療を受けたいのですが……。

예약은 하지 않았지만, 굉장히 급해요.	予約はしていないんですが、すごく急いでいるんです。
의사를 부를까요?	医者を呼びましょうか。
구급차를 불러 주십시오.	救急車を呼んでください。
위급한 환자입니다.	救患です。
의사를 불러 주실 수 있을까요?	医者を呼んでいただけるでしょうか。
진찰을 받고 싶습니까?	診察を受けたいんですか。

접수 창구에서

접수는 어디서 합니까?	受付はどちらですか。
전화로 예약한 양미숙입니다.	電話で予約したヤンと申しますが……。
종합 검진을 받으려고 하는데요.	健康診断を受けたいのですが……。
진찰실은 저쪽입니까?	診察室はあっちですか。
언제 진료를 받을 수 있습니까?	いつ診てもらえるんですか。[3]
부를 때까지 기다리세요.	お名前をお呼びしますので、お待ちください。

예진

어디가 안 좋으시죠?	どうしましたか。
어떤 증상입니까?	どんな症状ですか。
현재 복용하고 있는 약은 있습니까?	常用している薬はありますか。

---

3 '진찰하다'는 통상적으로 診察する 보다 診る를 더 많이 쓴다.

술을 자주 드시나요?	お酒をよく飲まれますか。
담배를 피우십니까?	たばこはお吸いになりますか。
식욕은 어떠세요?	食欲はどうですか。
지병이 있습니까?	何か持病はありますか。
약에 대한 알레르기가 있습니까?	薬にアレルギー反応を起こすことがありますか。
예전에 입원한 적이 있습니까?	前に入院したことはありますか。
다른 의사한테 가 본 적이 있습니까?	外の医者に診てもらったことがありますか。
체온〔혈압〕을 재 봅시다.	体温〔血圧〕を測りましょう。
몸 상태가 이상합니다.	体調がおかしいんです。
먹으면 구토가 나려고 해요.	食べると吐き気がするんです。
열을 재 주세요.	検温、お願いします。
미열이 있네요. 37도 8분입니다.	微熱がありますね。３７度８分です。
혈압을 재겠습니다. 팔을 걷어 주세요.	血圧を測ります。腕を出してください。

진찰

《《《 진찰 》》》

상의만 벗으세요.	上だけ脱いでください。
돌아앉으세요.	後を向いてください。
입을 크게 벌려요.	口を大きく開けて(ください)。
숨을 들이 쉬세요.	息を吸って(ください)。

숨을 내쉬세요.	息を吐いて(ください)。
숨을 멈추세요.	息を止めて(ください)。
엎드리세요.	うつ伏せになってください。
누우세요.	横になってください。
	仰向けに寝てください。
오른쪽으로 돌아누우세요.	右の方を向いて横になってください。
혀를 내밀고 '아아' 해 보세요.	舌を出して、「ああ」してみてください。
아픈 곳을 딱 꼬집어서 말하기는 곤란하군요.	どこがどう痛いのか、なかなか言葉では説明できませんね。
원인이 뭔가요?	原因は何ですか。
엑스레이 결과가 어떻게 나왔습니까?	レントゲンの結果はどう出ましたか。
더 나빠지지는 않겠습니까?	もっと悪くはならないでしょうか。
치료될 수 있을까요?	治りますか。
어디에 이상이 있는 겁니까?	どこが悪いんでしょうか。
어디가 나쁜지 정확하게 알고 싶습니다.	どこが悪いのかはっきりと知りたいです。
회복하려면 얼마나 걸리겠습니까?	回復するまでどれくらいかかりそうですか。
식이 요법은 어떻게 하면 될까요?	食事療法はどうすればいいですか。
걱정하지 마세요.	心配ないですよ。
걱정하실 건 없습니다.	心配には及びません。
곧 좋아질 겁니다.	すぐよくなりますよ。

푹 쉬면 나을 겁니다.	ゆっくり休めば治ります。
단, 식사량은 줄이세요.	ただ、食事の量は減らしてください。
가능한 한 수분을 많이 섭취하세요.	できるだけ水分をたくさん摂ってください。
안정을 취해야 합니다.	安静にしていなくてはなりません。
얼음찜질을 하면 좋을 겁니다.	氷で冷やすといいでしょう。
상태가 상당히 심각합니까?	かなり深刻な状態ですか。
아뇨, 심각하지 않습니다.	いいえ、深刻ではありません。
다른 의사한테도 한번 알아보시죠?	ほかの医者にも診てもらったらいかがですか。
매일 병원에 와야 합니까?	毎日病院に来ないと駄目ですか。

《《《 처방전 》》》

여기, 처방전입니다.	こちら、処方箋です。
이틀치 약을 처방해 드리겠습니다.	薬を二日分出しましょう。
이 처방전을 가지고 약사에게 가십시오.	この処方箋を薬剤師のところに持って行ってください。
공복에 이 약을 드시면 안 됩니다.	空腹時にこの薬を飲んではいけません。
부작용이 있으면 전화 주십시오.	副作用があればお電話ください。

《《《 입원 / 수술에 관해 》》》

입원하지 않아도 되겠습니까?	入院しなくてもいいですか。
입원해야만 합니까?	入院しなければなりませんか。
오래 걸릴 것 같습니까?	長くかかりますか。

수술을 해야 합니까?	手術が必要ですか。
수술하지 않아도 되겠습니까?	手術をしなくてもいいでしょうか。
수술로 치료가 될까요?	手術で治りますか。
곧 회복이 될 수 있을까요?	すぐ快復するでしょうか。

검사

혈압을 재야 하니까 팔(소매)을 좀 걷어 주세요.	血圧を測りますので腕をまくってください。
주먹을 꽉 쥐세요.	こぶしを強く握ってください。
힘을 빼세요.	力を抜いてください。
엑스레이를 찍겠습니다.	レントゲンを撮ります。
흉부 엑스레이 촬영을 하겠습니다.	胸部のレントゲンを撮ります。
숨을 쉬지 마세요.	息を吸い込まないでください。
체중계 위에 올라가십시오.	体重計の上に上がってください。
팔을 위로 올려 주세요.	腕を上に上げてください。
무릎을 구부리세요.	ひざを曲げてください。
만지면 아픈가요?	触ったら痛いですか。
통증이 심한가요?	痛みがひどいですか。
체온을 재 봅시다.	体温を測ってみましょう。
알레르기 검사를 해 봅시다.	アレルギー検査をしてみましょう。
정밀 검사를 받으셔야겠습니다.	精密検査を受けた方がいいと思います。

기타

그가 언제 퇴원하게 될까요?	彼はいつ退院できるでしょうか。
그는 매일 조금씩 좋아지고 있어요.	彼は毎日少しずつよくなっています。
의사는 당신이 언제 다시 일할 수 있다고 말하던가요?	医者はいつまた仕事に復帰できると言ってましたか。
이젠 아주 좋아졌습니다.	もうすっかりよくなりました。
그는 곧 퇴원할 거랍니다.	彼はもうすぐ退院するそうです。
하루 푹 쉬면 될 것 같습니다.	一日ゆっくり休めばいいと思います。
내일이면 집에 갈 수 있을 거예요.	明日には家に帰れると思います。
환자의 상태는 좋습니다.	患者の状態はいいです。
그는 위독해요.	彼は危篤状態です。
그는 한 시간 동안이나 의식이 없었어요.	彼は一時間も意識がありませんでした。
그는 회복할 가망이 없답니다.	彼は快復する見込みがないそうです。
그가 회복될 한 가닥의 희망은 아직 있어요.	彼が快復する一筋の希望はまだあります。

4 병원 Ⅱ (과목별)

내과

《《《 감기 몸살 》》》

감기에 걸렸습니다.	風邪を引きました。
오한이 납니다.	寒気がします。

감기 기운이 있습니다.	風邪みたいです。
감기에 걸릴 것 같습니다.	風邪を引きそうです。
감기가 떨어지지 않습니다.	風邪がなかなか治りません。
감기 때문에 기침을 많이 합니다.	風邪を引いて咳がひどいです。
기침을 하기 시작하면 멈추질 않습니다.	咳込んだら止まりません。[4]
	いったん咳が出始めると、なかなか止まりません。
재채기가 계속 나옵니다.	くしゃみが止まりません。
열이 있습니다.	熱があります。
열이 안 내립니다.	熱が下がりません。
열이 내렸습니다.	熱が下がりました。
머리가 아픕니다.	頭が痛いです。
	頭痛がします。
머리가 띵합니다.	頭がじーんと痛い感じです。
머리가 지끈지끈 아픕니다.	頭ががんがんします。

⟨⟨⟨ 위장 장애 ⟩⟩⟩

원래 위장이 약합니다.	もともと胃腸が弱いです。
공복시에 위가 아픕니다.	空腹時に胃が痛みます。
배가 좀 불편합니다.	おなかに不快感があります。
위에 압박감이 있습니다.	胃に圧迫感を感じます。

---

4 咳込む는 기침을 연달아 하는 것.

위 전체가 다 아픕니다.	胃全体が痛いです。
토할 것 같습니다.	吐きそうです。
	吐き気がします。
트림이 많이 납니다.	げっぷがよく出ます。
배탈이 났습니다.	おなかを壊しました。
아랫배가 아픕니다.	下っ腹が痛いです。
배에 가스가 찼습니다.	おなかが張っています。
뱃속에서 소리가 납니다.	おなかから音がします。
속이 메스껍습니다.	むかむかします。
식욕이 별로 없습니다.	あまり食欲がありません。
양식을 먹으면 항상 배탈이 납니다.	洋食を食べるといつもおなかを壊します。
위에서 음식을 받지 않습니다.	胃が食べ物を受け付けません。
요즘 소화가 잘 안 됩니다.	最近、消化不良気味です。
어제 술을 많이 마셔서 속이 메스껍습니다.	二日酔いで胸がむかむかします。
폭음 폭식을 하면 안 됩니다.	暴飲暴食はいけませんよ。

《《《 기타 》》》

걸을 때 숨이 찹니다.	歩くと息が切れます。
저는 심장병을 앓고 있습니다.	私は心臓病を患っています。
약한 심장 발작이 있었습니다.	弱い心臓発作がありました。
딸꾹질이 멈추질 않습니다.	しゃっくりが止まりません。

결핵에 걸렸던 적이 있습니다.	結核にかかったことがあります。
저는 당뇨병 환자입니다.	私は糖尿病です。
인슐린을 하루에 얼마나 드십니까?	インシュリンを一日どれくらい服用していますか。
주사를 맞고 있습니까, 아니면 알약을 복용하십니까?	注射をしていますか、錠剤で服用していますか。
어떤 약을 드시고 계셨습니까?	どんな薬を服用していましたか。
이것이 제가 평상시 먹는 약입니다.	これが私が普段飲んでいる薬です。

소아과

<<< 내과 >>>

아이가 감기에 걸린 것 같습니다.	子供が風邪を引いたようです。
아이가 뭘 먹으면 토합니다.	子供が何かを食べたらすぐ戻します。
아이에게 젖을 먹입니까, 유동식을 먹입니까?	お子さんに母乳をあげていますか、流動食を食べさせていますか。
아이가 별로 먹지를 않습니다.	子供があまり食欲がないようです。

<<< 이비인후과 >>>

숨쉬기 힘들어하는 것 같습니다.	息が苦しいようです。
귀에 염증이 생겼습니다.	耳に炎症を起こしています。
아이의 편도선이 부었습니다.	子供の扁桃腺が腫れています。

코가 막혔습니다.	鼻が詰まっています。
콧물을 흘립니다.	鼻水を垂らしています。
코피를 자주 흘립니다.	鼻血がよく出ます。

⋘ 안과/피부과 ⋙

아이가 몹시 가려워하는 것 같습니다.	子供がすごくかゆいみたいです。
아이에게 땀띠가 났습니다.	子供にあせもができました。
아이의 목과 가슴이 발진투성이입니다.	子供の首と胸に発疹がひどいです。[5]

⋘ 기타 ⋙

아이가 뚜렷한 이유 없이 웁니다.	子供がこれといった理由もなく泣きます。
아기가 발작을 일으킨 적이 있습니까?	お子さんが発作を起こしたことがありますか。
아이가 가끔 경련을 일으킵니다.	子供が時々痙攣を起こします。
제 아이가 갑자기 의식을 잃었습니다.	家の子供が急に意識をなくしました。
온몸을 떱니다.	体がふるえています。
몸을 따뜻하게 해 주는 게 좋을까요?	体を温かくしてあげた方がいいですか。
음식은 평소대로 먹어도 될까요?	食べるのはいつも通りでいいですか。
그 아기는 생후 2개월입니다.	その子は生まれて2ヶ月になります。
아이는 괜찮을까요?	子供は大丈夫でしょうか。
아이가 벌써 15개월이나 됐는데, 아직도 서지를 못합니다.	子供がもう15ヶ月になるのにまだ立てません。
아이에게 해열제를 먹여도 될까요?	子供に解熱剤を飲ませてもいいですか。

---

[5] 発疹은 はっしん이라고도 읽는다.

아이의 몸무게가 정상보다 훨씬 적게 나가요.	子供の体重が正常よりずっと少ないです。

외과에서

⟨⟨⟨ 상처 / 화상 ⟩⟩⟩

상처가 곪아갑니다.	傷口が化膿しています。
상처가 부었습니다.	傷口が腫れあがっています。
상처를 만지지 마세요, 감염되니까요.	傷口を触らないでください、感染しますから。
염증은 없군요.	炎症は起こしてないですね。
할퀸 상처가 아직도 쓰립니다.	引っかけ傷がまだ痛いです。
흉터가 안 생겼으면 합니다.	傷跡が残らないといいんですが……。
피가 멈추지 않습니다.	血が止まりません。
어쩌다가 이렇게 됐어요?	どうしたんですか。
유리 조각에 베었습니다.	ガラスの破片で手を切りました。
심하게 베지는 않았군요.	そんなに深く切れたわけではないですね。
이 물집 좀 봐 주세요.	この水膨れを診てください。
끓는 물에 데었습니다.	沸騰しているお湯にやけどしました。
요리를 하다가 손에 화상을 입었습니다.	料理をしてて手をやけどしました。
난로에 데어서 물집이 생겼습니다.	暖炉でやけどして水膨れができました。

⟨⟨⟨ 타박상 ⟩⟩⟩

온몸에 멍이 들었습니다.	体中青あざだらけです。

계단에서 떨어지면서 타박상을 입었습니다.	階段から落ちて打撲傷を負いました。
계단에서 굴러 다리가 부러진 것 같습니다.	階段からころげ落ちて足が折れたようです。
스키를 타다가 오른쪽 다리가 부러졌습니다.	スキーをしてて右足を骨折しました。
미끄러져서 발목을 삐었습니다.	すべって足首を捻挫しました。
발을 헛디뎌서 발목을 삐었어요.	足を踏み外して足首をくじいたんです。
3주간 깁스를 하셔야 합니다.	3週間ギブスをしてないといけないです。

《《《 요통 》》》

요통이 심합니다.	腰痛がひどいです。
허리가 아파서 아무것도 할 수가 없습니다.	腰が痛くて何もできません。
허리가 약해서 평소부터 조심하고 있습니다.	腰が弱いので普段気をつけています。
헤르니아라고 합니다.	ヘルニアだそうです。
증상을 봐서 수술을 하게 될지도 모릅니다.	様子を見て、手術することになるかもしれません。
선천적으로 뼈가 굽어 있어서 평생 안 낫는다고 합니다.	先天的に骨が曲がっていて、一生治らないそうです。
허리가 아플 때는 화장실 갈 때도 기어서 갈 정도였습니다.	腰が痛い時は、トイレも這って行ったほどでした。
체중을 줄이는 것이 좋다고 합니다.	体重を減らした方がいいと言われました。
무거운 물건을 들지 마세요.	重いものを持たないようにしてください。

≪≪≪ 기타 ≫≫≫

모기에 물렸습니다.	蚊に刺されました。
벌레에 쏘였습니다.	虫にかまれました。
간단한 수술을 받으셔야겠습니다.	簡単な手術をしましょう。
손에 심한 동상이 걸렸습니다.	手がひどい凍傷になりました。
그녀는 성형 수술을 했어요.	彼女は整形手術をしたんです。
그녀는 얼굴 주름살을 없애는 수술을 했어요.	彼女は顔の皺をのばす手術をしました。
등이 굽은 것 같습니다.	背中が曲がっているようです。

안과에서

≪≪≪ 시력 ≫≫≫

시력이 나쁩니다.	視力がよくないです。
난시(근시/원시)입니다.	乱視〔近視/遠視〕です。
가까이 있는 것들이 잘 안 보입니다.	近くにあるものがよく見えません。
작은 활자를 알아보기 힘듭니다.	小さな字が読みにくいです。
사물이 이중으로 보입니다.	物が二重に見えます。
사물이 일그러져 보입니다.	物が歪んで見えます。
시력이 얼마나 됩니까?	視力はどれくらいですか。
시력이 나빠지고 있는 것 같습니다.	視力が落ちているような気がします。
조금만 책을 읽어도 눈이 피로합니다.	ちょっと本を読んでもすぐ目が疲れます。

가까운 사물을 볼 때 눈이 피로합니다.	近い物を見てると、目が疲れます。
시력 검사를 해 봐야 할 것 같습니다.	視力検査をしてみた方がよさそうですね。
안경을 쓰면 머리가 아픕니다.	めがねをかけると頭が痛くなります。
안경의 도수가 맞지 않는 것 같아요.	めがねの度数が合わないようです。
콘택트렌즈로 하시는 게 어떻습니까?	コンタクトレンズにされたらいかがですか。
한쪽 콘택트렌즈를 잃어버렸어요.	コンタクトレンズの片方をなくしました。

《《《 기타 》》》

눈이 피로합니다.	疲れ目です。
눈이 충혈됐습니다.	目が充血しています。
눈물이 납니다.	涙が出ます。
눈곱이 낍니다.	目やにが出ます。
눈이 가렵습니다.	目がかゆいです。
눈이 따끔거립니다.	目がちくちくします。
눈이 침침합니다.	目がかすんで見えます。
왼쪽 눈에 뭐가 들어갔습니다.	左の目に何か入りました。
눈 밑이 경련이 일어나곤 합니다.	目の下が痙攣を起こしたりします。
색을 구별할 수가 없습니다.	色を区別することができません。
색맹입니다.	色盲です。

이비인후과에서

《《 귀 》》

귀가 잘 안 들립니다.	耳がよく聞こえません。
귀에 뭐가 들어간 것 같습니다.	耳に何か入ったようです。
귀에 물이 들어갔습니다.	耳に水が入りました。
귀에서 윙 하는 소리가 납니다.	耳鳴りがします。
귀에 작은 벌레가 들어갔습니다.	耳に小さな虫が入りました。
귀에서 고름이 나옵니다.	耳から膿が出ています。
귀에 귀지가 가득 차 있습니다.	耳垢がいっぱいたまっています。

《《 코 》》

코를 풀면 귀가 울립니다.	鼻をかむと耳鳴りがします。
코가 간지럽고 콧물이 납니다.	鼻がむずむずして鼻水が出ます。
코가 간질거리고 재채기가 납니다.	鼻がむずむずしてくしゃみが出ます。
코가 막혀서 숨쉬기가 곤란합니다.	鼻が詰まって息も大変です。
코가 막혀서 잠을 잘 수가 없을 정도입니다.	鼻が詰まって眠れないくらいです。
콧물에 코피가 섞여 나옵니다.	鼻水に血が混ざっています。
콧물이 나옵니다.	鼻水が出ます。
코를 가볍게 풀어 보세요.	鼻を軽くかんでみてください。
코를 너무 많이 풀어서 코가 쓰라립니다.	鼻をかみすぎて、鼻がひりひりして痛いです。
비염〔축농증〕입니까?	鼻炎〔蓄膿症〕ですか。

《《《 목 》》》

목이 따끔거립니다.	喉が痛いです。
목 안쪽이 간질간질합니다.	喉の奥がかゆいです。
목이 부었습니다.	喉が腫れています。
기침이 나고 목이 아픕니다.	咳が出て喉が痛いです。
물을 마시기도 힘듭니다.	水を飲むのも大変です。
음식을 삼킬 때 목이 아픕니다.	食べ物を飲み込むと喉が痛いです。
가래가 나옵니다.	痰が出ます。
가래가 목에 잠깁니다.	痰が喉に詰まります。
피가 섞인 가래가 나옵니다.	血が混ざった痰が出ます。
목에 딱딱한 혹이 생겼습니다.	喉に固いこぶができました。
목에 불편한 감이 있습니다.	喉に違和感があります。
목에 걸린 생선뼈를 빼낼 수가 없습니다.	喉に刺さった魚の骨が取れません。
목에 뭔가 걸린 것 같습니다.	喉に何かひっかかっているようです。
목이 쉬었습니다.	声がかれました。
목이 너무 건조합니다.	喉がからからです。
말을 많이 하거나 큰소리로 말하면 목이 쉽니다.	話をたくさんしたり、大きな声で話すと声がかれます。

피부과에서

온몸이 가렵습니다.	体中（からだじゅう）がかゆいです。
습진이 생겼습니다.	湿疹（しっしん）ができました。
여드름이 낫질 않습니다.	にきびが治（なお）りません。
뽀루지가 났습니다.	吹（ふ）き出物（でもの）ができました。
두피가 가렵고 비듬이 심하게 나옵니다.	頭皮（とうひ）がかゆくて、ふけがひどいです。
심한 민감성 피부예요.	すごく敏感肌（びんかんはだ）なんです。
자외선을 받으면 피부가 빨개지고 가려워집니다.	紫外線（しがいせん）を浴（あ）びると皮膚（ひふ）が真（ま）っ赤（か）になってかゆくなります。
저는 화장품에 따라 알레르기 반응을 일으키는 일이 있습니다.	私（わたし）は化粧品（けしょうひん）によってはアレルギー反応（はんのう）を起（お）こすことがあります。
살갗에 발진이 생겼습니다.	肌（はだ）に発疹（ほっしん）ができました。

신경외과에서

다리가 저립니다.	足（あし）がしびれます。
다리가 부었습니다.	足（あし）が腫（は）れています。
팔을 펼 수가 없습니다.	腕（うで）をのばすことができません。
팔을 들 수가 없습니다.	腕（うで）を上（あ）げられません。
오십견（사십견）입니다.	五十肩（ごじゅうかた）〔四十肩（しじゅうかた）〕です。
어깨가 뻐근합니다.	肩（かた）が凝（こ）っています。

근육통이 심합니다.	筋肉痛がひどいです。
관절이 쑤십니다.	関節がずきずき痛みます。
관절이 아픕니다.	関節が痛いです。
손이 마비되어 따끔따끔 아픕니다.	手が麻痺してちくちく痛いです。
류마티스성 관절염입니다.	リウマチ性関節炎です。
자주 팔다리 감각이 없어지는 것 같습니다.	よく腕や足に感覚がなくなります。
팔다리가 자주 마비됩니다.	腕や足がよく麻痺します。

치과에서

《《《 치통 》》》

이가 아픕니다.	歯が痛いです。
치통이 심해서 죽을 것 같아요.	歯痛がひどくて死にそうです。
두드리면 이가 아픕니다.	たたくと歯が痛いです。
사랑니가 아픕니다.	親知らずが痛みます。
술을 마시면 치아에 통증이 있습니다.	お酒を飲むと歯が痛みます。
찬 음식을 먹으면 이가 시큰거립니다.	冷たい物を食べると歯がずきずきします。
치통 때문에 음식을 잘 씹을 수가 없습니다.	歯が痛くてよく噛めません。

《《《 충치 》》》

충치가 두 개 있습니다.	虫歯が二つあります。
제대로 이를 안 닦으니까 충치가 느는 거예요.	ちゃんと歯磨きをしないから虫歯が多くなるんですよ。

충치를 치료해 주세요.	虫歯を治療してください。

⟪ 발치 ⟫

이를 빼고 싶습니다.	歯を抜きたいです。
이를 뽑으실 건가요?	歯を抜くんですか。
가능하면 이를 빼지 않았으면 합니다.	できれば抜歯は避けたいのですが……。
사랑니를 뺐습니다.	親知らずを抜きました。
어금니 하나가 부러졌습니다.	奥歯一つが折れました。
방금 전에 이를 빼서 아직 마취가 풀리지 않았어요.	歯を抜いたばかりで、まだ麻酔がとれていません。

⟪ 잇몸 ⟫

잇몸이 아픕니다.	歯茎が痛いです。
잇몸에서 피가 나옵니다.	歯茎から血が出ます。
잇몸이 너무 부어서 아무 것도 먹을 수가 없습니다.	歯を磨く時、歯茎から血が出ます。
이를 닦을 때 잇몸에서 피가 납니다.	歯茎が腫れて、何も食べられません。

⟪ 기타 ⟫

입에서 냄새가 나는 것 같습니다.	口臭があるみたいなんです。
담뱃진 좀 제거해 주세요.	やにを取ってください。
치석을 제거하러 왔습니다.	歯石を取りにきました。
입을 크게 벌리고 '아-' 하세요.	口を大きく開いて、「ああ」してください。

너무 단 것을 먹으면 이가 썩어요.	甘い物を食べ過ぎると虫歯になりますよ。
이가 고르지 않습니다.	歯並びがよくありません。
이제 의치 신세를 져야 할 나이가 됐구나.	もう入れ歯の世話になる歳になったか。
아플 때는 오른손을 들어주세요.(들어서 알려 주세요)	痛い時は、右手をあげてくださいね。

산부인과에서

⟨⟨⟨ 생리 ⟩⟩⟩

생리가 1주 늦습니다.	生理が一週間遅れています。
생리가 있다 말았다 합니다.	生理があったりなかったりします。
생리 기간이 아닌데도 출혈이 있습니다.	生理期間じゃないのに出血があります。
이 달에 아직도 생리가 시작되질 않습니다.	今月はまだ生理がありません。
28일 주기로 규칙적으로 생리를 하고 있습니다.	２８日周期で、生理は規則正しい方です。
생리량이 많습니다.	生理の量が多いです。
생리통이 심합니다.	生理痛がひどいです。

⟨⟨⟨ 임신 ⟩⟩⟩

임신했는지 알고 싶습니다.	妊娠しているのか知りたいです。
저는 지금 임신중이에요.	私は今妊娠中です。
입덧이 심합니다.	つわりがひどいです。
임신 3개월입니다.	妊娠３ヶ月です。
분만 예정일은 언제입니까?	出産予定日はいつですか。

모자 수첩은 늘 갖고 다니세요.	母子手帳は常に持ち歩くようにしてください。
진통이 시작됐습니다.	陣痛が始まりました。
진통이 15분 간격으로 있습니다.	陣痛が15分ごとにあります。
분만 후에 출혈이 심했습니다.	分娩後に出血がひどかったです。
꿰맨 자리가 매우 아픕니다.	縫ったところがすごく痛いです。
아이를 갖고 싶은데, 임신이 안 됩니다.	子供がほしいんですが、できません。
인공 수정을 하고 싶습니다.	人工受精をしたいです。
피임약을 복용하고 싶습니다.	ピルを服用したいです。

《《《 기타 》》》

분비물이 많습니다.	おりものの量が多いです。
저는 불감증입니다.	私は不感症です。
성욕이 없습니다.	性欲がありません。
음부에 가려움증이 있습니다.	陰部にかゆみがあります。
음부에 염증이 생겼습니다.	陰部に炎症を起こしています。
음부에 종기가 났습니다.	陰部にできものができました。
성교를 할 때 아픕니다.	性交する時、痛いです。
성병에 걸렸을까봐 걱정입니다.	性病にかかったんじゃないかと心配です。

비뇨기과에서

《《《 소변 》》》

배뇨 후 시원하지가 않습니다.	排尿後もすっきりしません。
소변 색깔이 진합니다.	尿の色が濃いです。
소변을 보통 때보다 자주 보는 것 같습니다.	普段よりトイレに行く回数が多いように思います。
소변을 보려고 할 때 아픕니다.	尿が出る時、痛みを感じます。

《《《 대변 》》》

아직도 설사가 멈추질 않습니다.	まだ下痢が治りません。
우유를 마시면 설사를 합니다.	牛乳を飲んだら下痢をします。
된변을 봅니다.	便が固いです。
혈변이 나옵니다.	血便が出ます。
변비가 심합니다.	便秘がひどいです。
변비에 걸렸습니다.	便秘になってしまいました。
변비와 설사가 번갈아서 계속됩니다.	便秘と下痢が交代で来るんですよ。
이틀이나 변을 보지 못했습니다.	二日も便が出ませんでした。
치질에 걸린 것 같습니다.	痔になったようです。
관장해 주십시오.	浣腸してください。

정신과에서

《《《 불면증 》》》

밤에 잠을 잘 수가 없습니다.	夜、なかなか眠れません。

잠을 깊이 못 잡니다.	深く眠れません。
밤중에 자주 깨곤 합니다.	夜中によく目を覚まします。
신경이 예민해져서 잠을 이룰 수가 없습니다.	神経が高ぶってなかなか眠れません。
매일 밤 악몽을 꿉니다.	毎晩、悪夢をみます。
잠 잘 수 있게 수면제를 처방해 주세요.	眠れるように睡眠剤を処方してください。

《《《 신경증 》》》

쉽게 화가 납니다.	すぐ怒ります。
겁쟁이가 되었습니다.	臆病者になりました。
항상 긴장해 있습니다.	いつも緊張してしまいます。
아무런 의욕도 생기지 않습니다.	何もする気になりません。
살아가기가 힘듭니다.	生きていくのが辛いです。
죽고 싶습니다.	死んでしまいたいです。
	自殺したいです。
어느 것도 열중할 수가 없습니다.	何に対しても一生懸命になれません。
사람들과 말하는 게 두렵습니다.	人と話すのが怖いです。
대인공포증이 심해졌습니다.	対人恐怖症がひどくなりました。
참을성이 없어졌습니다.	忍耐力がなくなりました。
하찮은 일에 지나치게 신경을 씁니다.	どうってことないことがすごく気になります。
언제나 불안에 떨게 됩니다.	いつも不安に駆られます。
조울증이 아닌가 합니다.	躁鬱病ではないかと思います。

저는 제 자신을 신뢰하지 못합니다.	私は自分自身を信じることができません。
모든 게 무의미하고 쓸모 없는 것 같습니다.	全てが無意味で、何の価値もないように思われるんです。

임상 병리과에서

여기가 혈액 검사를 하는 곳 맞습니까?	ここが血液検査をする所ですか。
겉옷을 벗고 소매를 걷어 주십시오.	上着を脱いで腕をまくってください。
주사를 놓을 테니 소매를 걷어 주세요.	注射をしますから腕をまくってください。
약간 따끔할 겁니다.	少しちくっと痛いと思いますよ。
많이 부었군요.	けっこう腫れましたね。
주사 부위를 긁지 마세요.(아셨죠?)	注射した所をかかないでくださいね。
피가 멎을 때까지 이걸로 누르세요.	血が止まるまでこれで押さえてください。
독감 예방 주사 좀 놔 주시겠습니까?	インフルエンザの予防注射をしてもらいますか。
이 컵에 소변을 담아서 가지고 오세요.	このコップに尿を採ってきてください。
소변을 얼마나 받아야 합니까?	尿をどれくらい採ってくればいいですか。
조금이면 됩니다. 반 컵 정도.	少しでいいです、半分くらいで。
컵 옆에다 이 라벨을 붙여 주세요.	コップにこのラベルを貼ってください。
다 끝났습니다.	はい、終わりました。
목요일쯤 결과를 알 수 있을 겁니다.	木曜日くらいに結果が出ます。

5 병문안

오늘 기분이 어때요?	今日の気分はいかがですか。
기분이 좋지 않아요?	気分がよくないですか。
증세가 어떠세요?	症状はいかがですか。
피곤하시면 좀 누워서 쉬세요.	疲れたら少し横になって休んでください。
뭐 필요한 것이 있으면 어려워 말고 말씀하세요.	何か必要なものがあれば遠慮なく言ってください。
수술이 잘 돼서 무엇보다 잘됐어요.	手術が上手く行って何よりです。
곧 회복될 거예요.	すぐよくなりますよ。
회복이 빨라서 다행이에요.	回復が早くてよかったですね。[6]
예전보다 안색이 좋아져서 정말 기뻐요.	前よりも顔色がよくなってほんとうによかったですね。
퇴원은 언제쯤 할 수 있을 것 같아요?	退院はいつごろになりそうですか。
몸조리 잘 하세요.	お大事に。
빨리 회복하시기 바랍니다.	早く元気になってくださいね。
	早くご回復なさいますように。
이왕 이렇게 됐으니까 휴식이라고 생각하고 편하게 쉬시기 바랍니다.	この際、骨休みと思ってゆっくり休んでください。
병문안 와 줘서 고맙습니다.	お見舞い、ありがとうございました。
일부러 와 줘서 고맙습니다.	わざわざありがとうございました。
퇴원 축하드려요.	ご退院おめでとうございます。

---

[6] 이런 경우 다행이라는 말로 うれしい, 幸(さいわ)い를 쓰기보다는 よかったですね와 같이 상대방에게 좋겠다고 얘기하는 편이 좋다.

7 일본 생활 정착

본 장은 일본 현지 생활에서 맞닥뜨릴 수 있는 상황을 종합했으므로 일본에서 1년 이상 거주하게 될 사람에게 실질적으로 많은 도움이 될 것이다. 또한 일본의 생활 문화를 이해하는 데에도 큰 도움이 될 것이다.

1 이사 Ⅰ- 집 구하기

부동산에서 물건을 보여 달라고 할 때

어서 오세요.	いらっしゃいませ。
아파트를 구하고 있는데요.	アパートを借りたいのですが……。[1]
월세 아파트를 빌리려고 하는데요.	賃貸アパートを探しているのですが……。
지금 차를 내오겠습니다.	今お茶をいれますから……。
앉으셔서 여기 물건들을 보세요.	お座りになって、こちらの物件をご覧ください。 ↑
여기 물건 일람표가 있으니까 보세요.	こちらに物件一覧がありますので、ご覧になってください。 ↑
애완동물을 키울 수 있는 물건을 보여 주십시오.	ペット可能の物件を見せてください。
독신자용 물건을 찾고 있습니다.	単身者向けの物件を探しています。
신축 물건은 있습니까?	新築の物件はありますか。
먼저 여기 방 구조도를 보세요.	まず、こちらの間取り図を見てください。[2]

---

1 일본 주거 형태는 크게 一戸(いっこ)建(だ)て(단독주택), マンション(철근 아파트), 団地(아파트 단지), アパート(주로 2층짜리 목조 건물, 서민 주택) 등으로 나뉜다. 団地(아파트 단지)는 社宅(사원 주택)의 아파트 단지를 말하는 경우가 많다. 또한 アパート는 한국의 아파트와는 수준이 상당히 다르므로 주의를 요한다. 굳이 말하자면 マンション이 한국의 아파트에 해당하는 주거 형태라고 할 수 있다.
2 間取り図란 집의 구조가 그려진 단면도.

방 구조 도면을 보고 마음에 드시는 집을 정하신 다음 보러 갑시다.	間取り図を見てお気に入りの部屋を決めていただいてから、見に行きましょう。 ↑
이 방, 지금 볼 수 있습니까?	この部屋、今から見ることができますか。
계약 전에 실제로 집안을 볼 수는 없습니다. 방 구조도로 확인해 주십시오.	契約前に実際に部屋の中を見ることはできません。間取り図でご確認ください。 ↑
네, 그렇게 하시죠. 안내해 드리겠습니다.	はい、どうぞ。ご案内いたしましょう。 ↑
외관은 사진을 보시면 됩니다.	外観は写真を見ていただいたらいいと思います。 ↑
외관만 보실 거라면 여기 주소가 있으니까 직접 가셔서 확인하실 수 있습니다.	外観だけでしたら、こちらに住所がありますから、ご確認できます。 ↑

집을 고를 때

어떤 방을 찾으십니까?	どんな部屋をお探しですか。 ↑

《《《 집크기 》》》

2LDK로 괜찮습니까(를 찾는 거 맞으시죠)?	2LDKでよろしいですか。[3] 어휘 ↑
육조짜리 방 하나라도 좋습니다.	六畳一間でもいいです。[4]
이 아파트는 방이 몇 개죠?	このマンションは部屋がいくつですか。
방은 두 개를 원해요.	部屋は二つほしいですね。
육조짜리 방과 사조 반짜리 방이 하나씩입니다.	六畳と四畳半の部屋が一つずつです。
육조짜리 방은 마루방입니다.	六畳は洋間です。[5]

---

[3] '2LDK'의 '2'는 방의 개수, 'L'은 마루, 'D'는 식탁을 놓을 만한 부엌 공간, 'K'는 부엌(부엌 공간이 넓지 않고 싱크대만 있는 경우)을 말한다. 일본에서는 집 구조를 이야기할 때 이와 같은 방식으로 말한다.
　　1K(완케ー) 방 하나, 부엌 1DK(완디ー케ー) 방 하나, 넓은 부엌 1LDK(완엘디ー케ー) 방 하나, 마루와 넓은 부엌
　　2DK(니ー디ー케ー) 방 둘, 넓은 부엌 3LDK(산엘디ー케ー) 방 셋, 마루와 넓은 부엌
[4] 일본 주택의 방은 크기가 규격화되어 있어 다다미 숫자로 방의 크기를 말한다. 六畳은 다다미가 6장, 四畳半은 다다미가 4장 반 크기의 방이라는 뜻.

둘이서 살 수 있는 방을 생각하고 있는데요.	二人で住める部屋を考えているんですが……。
아이가 하나 있어서 방이 두 개 있는 아파트가 필요합니다.	子供が一人いるので部屋が二つあるマンションがいいです。
방 세 개짜리를 구하고 있는데요.	３ＬＤＫを探しているのですが……。[6]
단독주택이 좋으십니까, 아니면 아파트가 좋으십니까?	一戸建てがいいですか、それともマンションがいいですか。
역에서 조금 멀어도, 방이 넓은 곳으로 하시는 게 좋을 것 같은데 어떻습니까?	駅から少し遠くても、部屋が広いところになさったらいかがですか。

《《《 월세금 》》》

월세금은 얼마입니까?	家賃はいくらですか。
집세는 어느 정도를 생각하고 계십니까?	家賃はどの程度を考えていらっしゃいますか。
8만 엔 정도라면 좋겠는데요.	８万円ぐらいまでだとありがたいんですが……。
더 싼 곳은 없습니까?	もっと安い所はありませんか。
싸면 쌀수록 좋겠습니다.	安ければ安いほどいいです。
목욕탕이 없어도 되겠습니까?	風呂なしでもいいですか。[7]
	風呂付きじゃなくてもいいですか。
목욕탕은 없어도 되니까 아무튼 싼 데가 좋습니다.	お風呂はなくてもいいですから、とにかく安いところがいいです。
보증금과 답례금은 어떻게 됩니까?	敷金、礼金はどうなりますか。
이 물건이 좋은데 보증금이 5개월이나 돼서 좀 어렵겠어요.	この物件がいいんだけど、敷金が５ヶ月もあるからちょっと厳しいですね。

---

5 洋間은 다다미방이 아닌 방을 말한다. 다다미방은 和室(わしつ)라고도 한다.
6 앞의 주 3 참조
7 집에 목욕탕이 없이 방만 있는 집은 アパート라고 볼 수 있다. 목욕탕이 없는 목조 아파트 집은 집세가 상당히 싸며 화장실이 공동인 경우도 있고 집안에 있는 경우도 있는데, 매우 낙후된 환경이라 요즘에는 점점 없어져 가는 추세이다. 물론 화장실과 목욕탕이 갖추어져 있는 アパート도 있다.

가능한 한 보증금과 답례금(중개 수수료)이 싼 곳이 좋겠습니다.	なるべく敷金礼金が安い所がいいです。[8]
보증금이 월세 3개월분, 답례금이 2개월분입니다.	敷金３ヶ月、礼金２ヶ月です。
관리비가 없다는 점이 좋군요.	「共益費なし」というのがいいですね。[9]
관리비는 집세에 포함되어 있는 게 아닙니까?	共益費は家賃に含まれているんではありませんか。
집세(월세)는 어떻게 지불합니까?	家賃はどのようにお支払いすればいいですか。
은행 계좌 이체를 하시면 됩니다.	銀行振込でお願いします。
자동 이체로 해 두면 편해요.	自動振替にしておくと便利ですよ。

≪≪≪ 입주시기 ≫≫≫

이 집은 당장 입주할 수 있습니까?	この家はすぐに入居できますか。
빠르면 빠를수록 좋습니다.	早ければ早いほどいいです。
이사는 언제라도 할 수 있습니다.	引っ越しはいつでもできます。
입주는 한 달 후가 되겠습니다.	入居は一ヶ月後になります。

≪≪≪ 위치 및 교통 ≫≫≫

장소는 어느 부근이 좋습니까?	場所はどの辺がよろしいですか。
아무래도 교통이 편리한 곳이 좋지요.	やっぱり、交通の便利な所がいいですね。
근처에 철길 건널목이 있으면 곤란합니다.	近くに踏み切りがあったら困ります。
30분이면 시내에 나갈 수 있을 거예요.	３０分あれば市内に行けます。

---

[8] 일본에서는 집을 빌릴 때 敷金과 礼金을 지불해야 한다. 敷金이 5개월이라는 것은 월세 5개월 분을 말한다. 敷金은 보증금과 같은 것으로 임대 종료시 수리비 등 제반 비용을 제외한 금액을 돌려받도록 되어 있다. 礼金은 집주인에게 이른바 집을 빌려 줘서 고맙다는 뜻으로 지불하는 것인데 여기에는 우리나라로 말하면 부동산 중개 수수료가 포함되어 있다. 그러므로 礼金은 임대 종료 후에도 돌려받지 못한다.

[9] 共益費란 복도 및 계단 등의 청소, 전구 교체 등을 위한 비용으로 매달 정해진 돈을 낸다.

교통편은 어떻습니까?	交通の便はどうですか。
근처에 전철역이 있습니까?	近くに駅はありますか。
집에서 가장 가까운 역은 어디입니까?	最寄りの駅はどこですか。
역까지 가는 데는 조금 시간이 걸리지만 버스 정류장이 가까워서 교통이 꽤 편리합니다.	駅まではちょっと時間がかかりますが、バス停が近くにあるので結構便利ですよ。
버스 정류장까지 걸어서 3분이라 교통이 아주 편리합니다.	バス停まで徒歩3分で、交通の便がとてもいいです。
역까지 걸어서 20분 거리입니다.	駅まで徒歩20分です。

《《《 집 상태 및 내부 시설 》》》

언제 지은 거죠?	いつ建てられたものですか。
이 건물은 지은 지 몇 년이나 됐죠?	この建物は築何年ですか。
아주 튼튼한 집입니다.	とても丈夫な家です。
꽤 오래 돼서 수리가 좀 필요합니다.	古びているので修理が必要です。
집이 겉보기에는 좋은데, 내부는 보잘것 없군요.	外から見た感じはいいけど、中はみすぼらしいですね。
내부 시설은 어떤가요?	設備はどうですか。
중앙 난방과 에어컨 장치가 완비돼 있어요.	セントラルヒーティングとエアコンが完備されています。
이 아파트 부엌에는 필요한 것이 모두 갖추어져 있어요.	このマンションの台所は必要な物は全て備えています。

가스 온수기와 샤워기, 샤워기가 있는 세면기, 그리고 에어컨이 완비되어 있습니다.	ガス給湯器とシャワー、シャンプードレッサーとエアコンが完備されております。
가스레인지도 있습니까?	ガスコンロもついていますか。[10]
엘리베이터에 현관 자동 잠금 장치, 위성 방송 안테나까지 있어요.	エレベーターに、オートロック、ＢＳアンテナまであるんですよ。
부엌에 카운터 바까지는 필요 없는데 말이야.	カウンター付きキッチンまでは要らないんだけどな。[11]
베란다도 아주 널찍합니다.	ベランダ〔バルコニー〕も広々としています。

《《《 편의 시설과 주변 환경에 대하여 》》》

학교는 가깝나요?	学校は近くにありますか。
파출소는 근처에 있습니까?	交番は近くにありますか。
이 지역은 안전합니까?	この地域は、治安はいいですか。
근처에 철길이 있습니까?	線路が近くにありますか。
조용한 주택가입니다.	静かな住宅街です。
근처에 쇼핑센터〔편의점〕가 있습니까?	近くにショッピングセンター〔コンビニ〕はありますか。
주차는 가능합니까?	駐車はできますか。
거주자용 주차장이 있습니까?	居住者用の駐車場はありますか。
주차장이 다 찼으므로 근처 주차장을 이용해 주십시오.	駐車場は空きがないので、近くの駐車場を利用してください。

---

10 ガスコンロ는 한자로 쓰면 ガス塩炉. ガスレンジ라고 해도 무방하다.
11 カウンター付きキッチン이란 카운터 바가 달린 부엌을 말한다.

비상 계단은 어디에 있습니까?	非常階段はどこにありますか。

≪≪≪ 기타 ≫≫≫

목욕탕이 있는 방을 구하고 있습니다.	お風呂付きの部屋を探しています。
햇볕이 잘 드는 방을 원합니다.	日当たりのいい部屋がいいです。
원목 마룻바닥이 좋습니다.	フローリングがいいです。
글쎄요, 채광도 좋고, 이쪽이 좋네요.	そうですね、日当たりもいいし、こちらの方がいいと思いますよ。
이 아파트로 하시면 어떻습니까? 근처에 슈퍼마켓이 있어서 편리해요.	いかがでしょう、こちら（のアパート）になさっては。近くにスーパーがあって便利ですよ。
이 아파트는 애완동물을 길러도 상관 없습니까?	このマンション、ペットを飼っても構いませんか。
그렇다면, 이 맨션(아파트)으로 하시지요. 애완동물을 기르고 있는 사람도 많아요.	それなら、このマンションになさったらいかがですか。ペットを飼っている人も多いですよ。
아파트의 끝집이 좋습니다.	一番端の部屋がいいのですが……。[12]

집을 확인할 때

오셔서 한번 보시겠습니까?	一度お越しになってご覧になりますか。
이것이 당신에게 말씀드린 바로 그 집입니다.	これが申し上げたその物件です。
집주인이 안 계시지만, 제가 열쇠를 가지고 있습니다.	大家さんはいらっしゃらないですが、私が鍵を持っています。

---

[12] 部屋는 원래 '방'이라는 뜻이지만 공동주택의 경우 '집'이라는 뜻으로 쓰이기도 한다.

집은 아주 좋은데, 위치가 별로 좋지 않군요.	いい物件だけど、ロケーションがあまりよくないですね。
마음에 안 드시는 부분이라도 있습니까?	気に入らないところでもありますか。
괜찮아 보이는데요.	なかなかよさそうですね。
앞에 있는 아파트 때문에 햇빛이 잘 안 들어오는군요.	前のマンションのせいで、日当たりが悪いですね。
이 방은 햇빛이 잘 들어요.	この部屋は日当たりがとてもいいです。

계약할 때

여기로 계약하고 싶은데 계약은 다음 주에 해도 괜찮습니까?	ここ、契約したいんですが、契約は来週でもいいですか。
네, 상관 없어요.	ええ、構いませんよ。
네, 좋습니다. 오늘 계약 보증금을 주신다면…….	ええ、結構です。今日手付け金を入れていただければ……。[13]
여기로 하겠습니다.	ここにします。
보증금은 (나중에) 되돌려받을 수 있습니까?	敷金は後で返してもらえるんですか。
임대 여부는 내일 알려 드리겠습니다.	結果は明日お知らせいたします。
아파트를 집주인 허락 없이 다른 사람에게 재임대할 수 없습니다.	アパートを第三者に又貸してはいけません。[14]
보증인이 최하 두 명 필요합니다.	保証人が最低二人必要です。

---

[13] 手付け金은 '계약 보증금, 계약금, 착수금' 등의 뜻이 있다. 직역해서 契約保証金이라고는 하지 않는다.
[14] 又貸し는 남에게 빌려 온 것을 다시 남에게 빌려 주는 것을 말한다. 반대로 남이 빌린 것을 다시 빌리는 것을 又借り라고 한다.

보증인은 제대로 된 직업을 가진 사람이어야 합니다.	保証人はちゃんとした職業を持っている人じゃないといけません。
집주인이 외국인에게는 임대하지 않겠다고 합니다.	大家さんが外国人には貸せないと言っています。
다시 한 번 부탁해 봐 주시겠어요?	もう一度頼んでもらえませんか。
꼭 여기로 하고 싶은데요.	どうしてもここにしたいんですが……。
그걸 좀 어떻게 설득시킬 방안이 없을까요?	そこのところを何とか説得する方法はないでしょうか。
집주인에게 폐를 끼치는 일은 절대 없을 겁니다.	大家さんにご迷惑をおかけすることは決してないと思います。
일본어를 할 수 있기 때문에 커뮤니케이션에는 문제 없다고 집주인한테 말해 주시겠어요?	日本語が話せるので、コミュニケーションには問題ないと大家さんに言ってもらえませんか。
우리들은 일본 법무성으로부터 제대로 된 비자를 받아서 일본에 와 있는 거구요.	私達は日本の法務省からちゃんとしたビザをもらって日本に来ているわけですし……。
일본어도 어느 정도는 할 수 있으니까 집주인하고 의사소통하는 데는 문제 없을 거라 생각하는데요.	日本語もある程度できますし、大家さんとのコミュニケーションには問題ないと思いますが……。

기타

부동산 중개소를 돌아다녀 봐야겠어요.	不動産屋を回ってみようと思います。
여러 부동산 중개소를 돌아보는 편이 좋아요.	いろんな不動産屋を回ってみた方がいいですよ。

히비야에 있는 작은 사무실을 임대하려고 해요.	日比谷にある小さな事務所を借りようと思います。[15]
시나가와에 있는 아파트 한 채를 샀어요.	品川にあるマンションを買いました。[16]
집 계약금으로 500만 엔을 지불했어요.	頭金として5百万円を払いました。
집을 이 달 말까지 비워 주세요.	今月末までに空けてください。
임대 기간이 만료되면 다시 갱신할 거예요.	賃貸期間が満期になれば、また更新するつもりです。
집세가 밀리면 안 됩니다.	家賃が滞ってはいけません。
집을 팔려고 내놓았어요.	家は売りに出しています。

2 이사 Ⅱ - 이사짐 센터 / 이사 후

이삿짐 센터

《《《 요금 문의 》》》

이사 대행업체에 의뢰하는 게 편할 것 같아요.	引っ越し屋さんに頼んだ方が楽だと思いますよ。
이사를 부탁드리고 싶은데요.	引っ越しをお願いしたいのですが……。
이사는 언제 하십니까?	お引っ越しはいつですか。
짐이 많은 편입니까?	荷物は多い方ですか。
그쪽 요금 체계는 어떻게 되어 있습니까?	そちらの料金システムはどうなっていますか。
가장 저렴한 것은 반출과 운송만 하는 이코노미 타입입니다.	一番安いのは搬出と運送だけのエコノミータイプです。

---

15 日比谷는 도쿄의 구(区) 이름이며 오피스 빌딩이 모여 있는 곳.
16 品川도 도쿄의 구 이름. 여기에서 말하는 マンション은 한국의 아파트처럼 철근으로 된 아파트를 말한다.

다만 이 이코노미 타입은 모든 짐꾸리기를 손님께서 다 하셔야 합니다.	ただ、このエコノミータイプは荷作りと箱詰め、梱包などはお客様にしていただきます。 ⬆
저는 짐만 꾸리고 운송과 이사간 집에 짐을 배치하는 것까지 해 주시면 얼마입니까?	荷作りと箱詰めだけして、後は配置までお願いすると、どれくらいになりますか。
짐꾸리기에서 배치까지 모두 다 해 주셨으면 하는데요.	荷作りから箱詰め、配置まで全部お願いしたいんですけど……。
말씀만 주십시오. 이사가기 전과 똑같은 상태로 해 드리겠습니다.	お任せください。引っ越す前と同じ状態になるようにできますので……。
그럼 담당자가 방문해서 견적을 내보도록 할까요?	それでは、担当者が訪問して見積もりを出してみましょうか。

《《《 서비스 문의 》》》

박스는 그냥 주십니까?	箱はサービスでいただけますか。 ⬆
이사용 테이프는요?	ガムテープは？
현재 이삿짐용 박스를 최고 50개까지 무료로 드리고 있습니다.	現在荷作り用ダンボール箱を、最高50箱まで無料でサービスしております。 ⬆
특별 캠페인으로 이번 달까지 쌀 1kg을 서비스로 드립니다.	特別キャンペーンとして今月まで、お米1kgをサービスさせていただいております。 ⬆
짐이 나간 후 청소까지 해 주시나요?	荷物を運び終えてから、部屋の掃除もしてもらえるんですか。
그럼 3월 24일 오전 10시까지 가겠습니다.	それでは、3月24日の午前10時までにお伺いします。 ⬆

시간을 꼭 지켜 주세요.	時間厳守でお願いします。

이사 전

《《《 짐 꾸리기 》》》

여보, 짐 싸는 것 꼭 도와줘야 돼요.	あなた、荷作りちゃんと手伝ってね。
박스에 넣는 건 내가 해 줄게.	箱詰めは俺がやってやるよ。
여기에 있는 것은 전부 버려도 되는 거야?	ここにあるものは全部捨てちゃっていいのか。
아, 그 맨 위에 있는 잡지만 버리지 마.	あ、その一番上の雑誌だけ捨てないでくれ。
책은 무거우니까 작은 박스에 넣어야 돼.	本は重いから小さい箱に詰めないと駄目よ。
이건 너무 무겁다.	これ、重すぎるよ。
박스에는 내용물을 알 수 있도록 번호를 붙여서 메모를 해 둬야 해요.	箱には中身が分かるように番号付けをして、メモをしておかないと駄目ですよ。
'깨지는 물건 주의', '물에 젖지 않도록 주의', '상단' 과 같은 표시도 해 두십시오.	「壊れ物注意」「水濡れ注意」「上」のような表示もしておいてください。
혼자 사는데도 짐이 꽤 많네.	一人暮らしなのに結構荷物が多いなあ。
언제 이렇게 짐이 많아졌지?	いつの間にこんなに荷物が増えたんだろう。

《《《 행정 수속 등 이사 전 준비 》》》

이사를 알리는 인사장도 만들어야지.	お引っ越しの挨拶状を作らなきゃ。

주소록 정리도 해야 되네.	住所録(じゅうしょろく)の整理(せいり)もしないといけないな。
이사하면 구청에 가서 수속을 해야 합니다.	引(ひ)っ越(こ)したら区役所(くやくしょ)に行(い)って手続(てつづ)きをしなければなりません。
일본인은 전입 증명서와 인감등록 수속을 해야 합니다.	日本人(にほんじん)は、転入証明書(てんにゅうしょうめいしょ)と印鑑登録(いんかんとうろく)の手続(てつづ)きをします。
외국인은 구청에 외국인 등록증을 가지고 가서 수속을 합니다.	外国人(がいこくじん)は外国人登録証明書(がいこくじんとうろくしょうめいしょ)を持(も)って行(い)って、区役所(くやくしょ)で手続(てつづ)きをします。
이사한 후에 편지가 오면 어떡하지요?	引(ひ)っ越(こ)した後(あと)、手紙(てがみ)が来(き)たらどうなるんですか。
우체국에 가서 이사 통지 수속을 하면 옛 주소로 온 우편물을 일 년 간 자동적으로 새 주소지로 배달해 줍니다.	郵便局(ゆうびんきょく)に行(い)って転居通知(てんきょつうち)の手続(てつづ)きをしたら、旧住所(きゅうじゅうしょ)宛(あ)てにくる郵便物(ゆうびんぶつ)を一年間(いちねんかん)自動的(じどうてき)に転送(てんそう)してもらえます。
4월 23일에 이사하려고 합니다.	4月(しがつ)23日(にじゅうさんにち)に引(ひ)っ越(こ)そうと思(おも)います。
신문 구독을 중단하고 싶은데요.	新聞購読(しんぶんこうどく)をやめたいのですが……。
3월 8일에 이사하니까 전화를 끊어주세요.	3月(さんがつ)8日(ようか)に引越(ひっこ)しをするので、電話(でんわ)を切(き)ってください。 예뮈
9월 9일부로 저희 아파트 전기와 가스를 끊어주세요.	9月(くがつ)9日(ここのか)付(づ)けでうちのマンションの電気(でんき)とガスを切(き)ってください。[17]
한국으로 아주 가십니까?	韓国(かんこく)には完全(かんぜん)に帰国(きこく)されるんですか。

ガス 가스　電気(でんき) 전기　水道(すいどう) 수도　新聞(しんぶん) 신문
[17] 틀리기 쉬운 날짜 읽기 : 1日(ついたち)　2日(ふつか)　3日(みっか)　4日(よっか)　5日(いつか)　6日(むいか)　7日(なのか)　8日(ようか)　9日(ここのか)　10日(とおか)　14日(じゅうよっか)　20日(はつか)　24日(にじゅうよっか)

이삿날

먼저 이쪽부터 날라 주세요.	まずこちらから運んでください。
레이아웃(가구 배치)은 다 정하셨어요?	レイアウトはもう考えていますか。
다음은 이 방에 있는 짐들을 정리해 주세요.	次はこの部屋にある荷物を整理してください。
식기는 깨지지 않게 하나씩 싸 주세요.	食器は割れないように一つずつ包んでくださいね。
그건 깨지는 물건이니까 각별히 주의해 주세요.	それは壊れ物ですから、特に気をつけてください。
여기에 깨지는 물건이라는 스티커를 붙여 주세요.	ここに壊れ物のシールを貼ってください。
책은 작은 상자에 넣어 주세요.	本は小さな箱に詰めてください。
이건 밑에 놓으면 안 되는 거예요.	これは下に置いたらいけないものです。
짐은 다 싸셨어요?	荷作りは終わりましたか。
짐이 많아서 차에 다 안 들어가면 어떡하지?	荷物が多くて乗せきれなかったらどうしよう。⬇
다 실었는지 마지막으로 한 번 더 확인해 주세요.	積み残しがないか最後にもう一度確認してください。
짐이 다 나가면 깨끗하게 청소하고 갈게요.	荷物が出たらきれいに掃除してから行きますから。

입주 후 생활

⟪⟪⟪ 이웃과의 인사 ⟫⟫⟫

새로 이사온 사람입니다. 잘 부탁드립니다.	新しく引っ越してきた者です。どうぞよろしくお願いします。
방금 이사 왔습니다.	引っ越してきたばかりです。
어디서 오셨어요?	どちらからいらしたんですか。
한국에서 왔습니다. 일본어를 공부하러 왔습니다.	韓国から来ました。日本語を勉強しに来ました。
한국에서 온 유학생입니다. 잘 부탁드립니다.	韓国からの留学生です。よろしくお願いします。
한국관광공사 도쿄 지사에 근무하고 있습니다.	韓国観光公社の東京支社に勤務しています。
일본은 처음이라 아내와 아이들이 일본어를 못하거든요, 모쪼록 잘 부탁드립니다.	日本は初めてで、妻と子供が日本語ができないので、なにとぞよろしくお願いいたします。
쓰레기 버리는 날은 무슨 요일이에요?	ゴミの日は何曜日ですか。
타는 쓰레기는 월요일과 목요일 이틀입니다.	燃えるゴミは、月曜日と木曜日の二回です。
안 타는 쓰레기는 매주 금요일입니다.	燃えないゴミは毎週金曜日です。
두 달 전에 이사했습니다.	二ヶ月前に引っ越しました。

⟪⟪⟪ 트러블 ⟫⟫⟫

퓨즈가 나갔습니다.	ヒューズが切れました。
수리할 사람을 보내 주시겠습니까?	修理のできる方に来てもらえますか。
알겠습니다. 제가 가서 보겠습니다.	分かりました。私が行ってみましょう。

연결이 잘 안 돼 있어요.	接続が悪いようです。
수도꼭지가 계속 샙니다.	蛇口から水が漏れます。
물이 전혀 안 나옵니다.	水が全然出ません。
부엌 싱크대가 막혀서 물이 역류합니다.	台所の流し台が詰まって水が逆流しています。
세탁기가 고장났습니다.	洗濯機が故障しました〔壊れました〕。
전화가 안 됩니다.	電話がかかりません。
신호음이 들리지 않습니다.	信号音が聞こえません。
지난달 전화요금 청구서에 오류가 있었던 것 같습니다.	先月の電話料金の請求書に誤りがあるようです。
국제 전화는 두 번밖에 안 한 것 같은데요.	国際電話は二回しかかけてないと思いますが……。

≪≪≪ 배달 부탁 ≫≫≫

아사히 신문을 구독하려고 하는데요.	朝日新聞を購読したいのですが……。
언제부터 배달이 가능합니까?	いつから配達が可能ですか。
내일부터 배달해 주시겠습니까?	明日から配達をお願いできますか。
어제 배달이 되지 않았습니다.	昨日、配達が来てませんが……。

음식 배달

배달 부탁드릴게요.	出前をお願いしたいのですが……。
콤비네이션 피자를 레귤러 사이즈로 하나 부탁합니다.	コンビネーションピザをレギュラーで 1つお願いします。

読売新聞(よみうりしんぶん) 요미우리 신문 毎日新聞(まいにちしんぶん) 마이니치 신문 日本経済新聞(にほんけいざいしんぶん) 니혼케자이 신문

새우튀김우동 하나하고, 메밀국수 두 개, 카레우동 하나 보내주세요.	えび天うどん1つと、ざるそば2つ、カレーうどん1つ、お願いします。
죄송합니다만 시간이 좀 걸릴 것 같은데요.	あいにくちょっとお時間がかかりますけれども。
어느 정도 걸려야 되죠?	どれくらいかかりそうですか。
50분 정도 걸릴 것 같습니다.	50分ほど、かかりそうですが……。
그럼 다음에 할게요. 미안해요.	それじゃ、またにします。すみません。
배달 예약을 할 수 있을까요?	出前の予約はできますか。
초밥을 마츠(제일 좋은 것)로 3인분 부탁합니다.	おすしを松で3人前、お願いします。[18]
계란찜도 배달되나요?	茶碗蒸しも出前できますか。
12시까지 마쿠노우치 도시락 5개 갖다 주세요.	12時までに幕の内弁当を五つ持って来てください。[19]
저기, 아까 배달을 부탁했는데 아직 안 오는데요.	すみません。先ほど出前を頼みましたがまだ来ないんですけど……。
그럼 그것도 3인분 주세요.	じゃ、それも3人前ください。

3 관공서

구청 [20]

외국인 등록을 하러 왔습니다.	外国人登録をしに来ました。
일본에 온 후 90일 이내에 외국인 등록을 해야 합니다.	日本に来て90日以内に、外国人登録をしなければなりません。

---

[18] 초밥집에는 모듬초밥 메뉴가 있는데, 초밥집에 따라 이름이 다를 수 있지만 일반적으로 松(まつ), 竹(たけ), 梅(うめ) 와 같은 식으로 이름을 붙이는 경우가 많다.
[19] 幕の内弁当은 원래 가부키(歌舞伎)를 보는 도중에 먹는 도시락이라는 뜻에서 이름이 지어진 것이었다. 요즘은 도시락 종류 중에서 가장 보편적인 도시락이 되었다.
[20] 본 항목은 일본의 외국인 등록 제도를 바탕으로 내용을 구성하여 일본에 1년 이상 체재할 경우 실질적인 수속에 많은 도움이 되도록 했다.

아이 것까지 제가 할 수 있습니까?	子供の分まで私ができますか。
자제분이 16세 미만일 경우에는 대리인도 가능합니다만 16세 이상일 경우에는 본인이 신청하셔야 합니다.	お子さんが16歳未満でしたら代理人でもできますが、16歳以上の場合は本人が申請しなければなりません。
외국인 등록에 필요한 서류는 무엇입니까?	外国人登録に必要な書類は何ですか。
여권에 있는 사진과 동일한 사진 두 장, 그리고 명함같이 근무지나 소재지를 알 수 있는 것을 가져 오십시오.	パスポートと同じ写真2枚と名刺など勤務先や所在地が分かるものを持って来てください。
국민건강보험에도 가입하고 싶은데요.	国民健康保険にも加入しておきたいのですが……。
외국인 등록증은 2주일 후에 가지러 오세요.	外国人登録証明書は2週間後に取りに来てください。
외국인 등록증을 잃어버렸는데요. 어떻게 하면 됩니까?	外国人登録証明書を無くしてしまったのですが、どうすればいいですか。
잃어버린 경우는 처음부터 등록 수속을 다시 해야 합니다.	無くした場合は、初めから登録手続きをしなければなりません。
유효기한이 다가오면 다시 한 번 등록 수속을 밟도록 하세요.	有効期限が来たらもう一度登録手続きを踏んでください。
일시 귀국할 때는 반드시 재입국 허가를 받아야 합니다.	一時帰国する時は、必ず再入国許可を取らなければなりませんよ。
완전 귀국할 때는 출국심사관에게 외국인 등록증을 반납하세요.	完全に帰国する時は、出国審査官に外国人登録証明書を返納してください。

출입국 관리소 [21]

재입국 허가 서류를 주십시오.	再入国許可の書類をください。
인지를 사 오세요.	印紙を買ってきてください。
재류 자격이란 무엇입니까?	在留資格とは何ですか。
유학 비자일 경우 일년마다 재류 기간 갱신 수속을 해야 합니다.	留学ビザの場合、一年ごとに在留期間更新の手続きをしなければなりません。
기한 전에 반드시 수속을 하도록 하세요.	期限前に必ず手続きを済ませてください。
사비 유학생의 경우 은행 잔고 확인이 필요하므로 통장을 가져오세요.	私費留学生の場合、銀行残高の確認が必要ですので通帳を持って来てください。
재류 기간 갱신을 하기 위해서는 지도 교수의 소견서가 필요합니다.	在留期間の更新をするには、学校の指導教授の所見書が必要です。
보증인과는 자주 만납니까?	保証人とはよく会いますか。
유학 비자로 아르바이트를 할 수 있습니까?	留学ビザでアルバイトはできますか。
유학 비자를 취득한 경우는 정해진 시간 내라면 아르바이트를 해도 됩니다.	留学ビザを取得している場合、決められた時間内だったらアルバイトをしてもいいです。
하지만 정해진 시간을 초과하는 아르바이트를 해서는 안 되는 걸로 되어 있습니다.	でも決められた時間を越えるアルバイトはしてはならないことになっています。
일본에서 일을 하려면 어떻게 하면 됩니까?	日本で働くにはどうすればいいですか。
일본 회사에 취직하면 취업 비자가 나옵니다.	日本の会社に就職したらワーキング〔就業〕ビザが出ます。

---

[21] 본 항목은 일본의 사증(査証) 제도를 바탕으로 내용을 구성하여 비자에 관해 많은 참고가 되도록 했다.

회사에서 필요한 인재라는 것을 증명해 줄 필요가 있습니다.	会社から必要な人材であるということを証明してもらう必要があります。
관광 비자는 단기 비자이기 때문에 일을 할 수 없습니다.	観光ビザは短期ビザですから働くことはできません。
관광 비자로 일을 할 수 있습니까?	観光ビザで働けますか。

4 은행

환전 / 여행자수표

《《《 환전 》》》

환전해 주세요.	両替してください。
1,000엔을 잔돈으로 바꿔 주시겠습니까?	千円札を細かいのに両替してもらえますか。
이 지폐를 잔돈으로 바꿔 주세요.	これを細かいのに崩してください。
얼마짜리로 드릴까요?	いくらのがよろしいですか。
1,000엔짜리 아홉 장과 100엔짜리 열 개로요.	千円札9枚と、百円玉を10個でお願いします。

《《《 외화 환전 》》》

원을 엔으로 바꾸고 싶습니다.	ウォンを円に換えたいのですが……。
이것을 달러로 교환해 주시겠습니까?	これをドルに換えてもらえますか。
오늘 환율이 얼마입니까?	今日のレートはどのようになっていますか。
1000엔에 대한 한국 돈의 환율은 얼마입니까?	千円当たり韓国ウォンのレートはいくらですか。
여권이 필요합니다.	パスポートが必要です。

---

22 본 항목은 일본의 은행 서비스를 바탕으로 구성된 내용이므로 일본의 생활 문화를 이해하는 데도 큰 도움이 될 것이다.

환전 수수료가 얼마입니까?	両替手数料はいくらですか。

《《《 수표 》》》

이 수표를 현금으로 바꿀 수 있을까요?	この小切手を現金に換えられますか。
이 현금을 수표로 바꿀 수 있을까요?	この現金を小切手に換えてもらえますか。[23]
현금으로 바꾸려는 수표가 얼마입니까?	現金に換えたい小切手はいくらのものですか。
수표를 얼마짜리로 바꿔 드릴까요?	小切手をどのように換金いたしましょうか。↑
저희 은행 계좌를 가지고 계신가요?	私どもの銀行の口座をお持ちですか。↑
1,000달러치 여행자수표를 사고 싶습니다.	千ドル分のトラベラーズチェックを買いたいのですか……。
수표 뒤에 이서해 주세요.	小切手の裏面に必要事項をご記入ください。↑
신분증을 주시겠어요?	身分証明書をお願いできますか。
신분증을 보여 드려야 합니까?	身分証明書をお見せしないといけないですか。
지금 안 갖고 있는데요, 꼭 신분증이 필요합니까?	今、持ってないんですが、必ず身分証明書が必要ですか。[24]
수표로 내도 괜찮겠습니까?	小切手でも払えますか。
수수료는 얼마예요?	手数料はいくらですか。

금융업무

《《《 계좌 개설 》》》

새로 계좌를 개설하고 싶은데, 어떻게 하면 됩니까?	口座を開きたいんですけど、どうすればいいですか。

---

[23] 한국에서는 10만 원권 수표가 일상적으로 쓰이지만 일본에서는 일상생활에서 수표가 쓰여지는 일은 거의 없다.
[24] 신분증은 身分証明書. 한국처럼 줄여서 身分証라고는 하지 않는다.

아내와 공동 명의로 계좌를 만들고 싶은데요.	妻と共同名義で口座を作りたいのですが……。
보통 예금 계좌를 개설해 주십시오.	普通預金口座の開設をお願いします。
계좌는 우편으로도 신청할 수 있습니다.	口座は郵便での申し込みもできます。
이율은 얼마입니까?	利率はどのぐらいですか。
이 서식을 작성해 주세요.	この書式にご記入ください。
인감(신분증)은 가져오셨습니까?	印鑑〔身分証明書〕はお持ちですか。
현금 카드를 만드시겠습니까?	キャッシュカードはお作りになりますか。
현금 카드 비밀번호를 여기에 기입해 주십시오.	キャッシュカードの暗証番号をこちらにご記入ください。
외화 예금은 어떻게 하는 것이지요?	外貨預金はどのようにするんですか。
(새 예금통장을 건네 주면서) 새 예금통장 여기 있습니다.	新しい通帳はこちらでございます。
예금 구좌에 5만 엔을 넣어야지.	預金口座に5万円預けなくては……。
예금 구좌에서 5만 엔 꺼내야지.	預金口座から5万円(を)引き出さなくちゃ。

《《《 계좌 해약 및 통장 분실 》》》

통장을 분실했을 때는 어떻게 하면 됩니까?	通帳を無くしてしまった時は、どうすればいいですか。
도장을 잃어버렸는데요.	印鑑を無くしてしまったのですが……。
즉시 거래하시는 은행이나 ATM 서비스 센터로 연락하십시오.	すぐにお取引店、またはＡＴＭサービスセンターへご連絡ください。[25]

---

[25] 일본에서는 현금인출기 코너를 ATM코ー너ー라고 한다.

그 다음에 정식으로 서면 신고를 해야 합니다.	その後、書面での正式なお届けが必要になります。
도장과 본인을 확인할 수 있는 자료를 가지고 근처 지점으로 나와 주십시오.	お届け印と本人確認資料をお持ちになって、お近くの支店へお越しください。[26]
본인 확인 자료라는 것은 무엇입니까?	本人確認資料とは何ですか。
본인 확인 자료란 손님께서 본인이라는 것을 확인하기 위한 것으로, 운전면허증이나 여권 같은 것을 가져오시면 됩니다.	本人確認資料とはお客様がご本人であることを確認するためのもので、運転免許証やパスポートなどをお持ちいただければ結構です。
주소가 변경되었을 때는 통장과 도장을 가지고 근처 지점으로 와 주십시오.	住所が変わった時はご通帳とお届け印をご持参の上、近くの支店へお越しください。
계좌를 해지하려고 합니다.	口座の解約をしたいのですが……。
정기예금을 해약하고 싶습니다.	定期預金を解約したいのですが……。
계좌를 해약하실 때는 현금 카드도 반드시 가져오셔야 합니다.	口座をご解約される場合は、キャッシュカードも必ずお持ちください。
계좌를 해약하고 싶습니다.	口座の解約をお願いしたいのですが……。

《《《 기타 》》》

통장정리해 주세요.	通帳記入をお願いします。
제 잔고를 확인하고 싶은데요?	私の残高の確認をしていただきたいのですが……。
잔고가 얼마나 있는지 확인하는 데에 얼마나 걸립니까?	残高の確認にどれくらいの時間がかかりますか。

---

[26] 일본에는 주민등록증이 없으므로 본인 확인이 필요할 경우는 운전면허증이나 여권, 학생증 등이 사용된다.

현재는 잔고가 충분합니다.	現在の時点では、残高は十分です。
한국으로부터 송금을 기다리고 있는데 돈이 들어왔습니까? 확인할 수 있을까요?	韓国からの送金を待っているのですが、お金が入って来ているのか、確認をお願いしたいのですが……。
공과금은 어디서 냅니까?	公共料金はどこで支払いますか。[27]

인터넷/텔레뱅킹/모바일뱅킹

텔레뱅킹은 전화 한 통화로 은행 업무거래를 할 수 있는 서비스입니다.	テレバンクは、電話1本で銀行取引ができるサービスです。
평일 저녁, 토·일·공휴일에도 이용하실 수 있기 때문에 매우 편리합니다.	平日の夜、土・日・祝日もご利用いただけますので、大変便利です。
텔레뱅킹 및 인터넷뱅킹을 이용하시면 여러 가지 수속을 간단하게 하실 수 있습니다.	テレバンク及びインターネットバンキングをご利用の方は、いろんなお手続きが簡単にできます。
모바일뱅킹은 휴대폰을 이용해서 24시간 어디에서든 은행 업무를 할 수 있도록 되어 있습니다.	モバイルバンキングは、携帯電話を利用して24時間どこからでも銀行取引ができるようになっております。
보안면에서는 걱정 없습니까?	セキュリティーの面では心配ありませんか。
회원이 되지 않으면 이용할 수 없는 겁니까?	会員にならないと利用できないんですか。
우편으로도 신청하실 수 있습니다 (우편 신청도 받고 있습니다).	郵便でのお申し込みも受け付けております。

---

[27] '공과금'은 公共料金. 직역해서 公課金이라고는 하지 않는다.

인터넷뱅킹은 정말로 편리해요.	インターネットバンキングって本当に便利ですよ。
일부러 은행에 가지 않아도 집에서 잔고 확인이나 계좌 이체를 할 수 있다니, 그것 참 편리한 세상이 되었어요.	わざわざ銀行に行かなくても自宅で残高確認や振込みができるなんて、便利な世の中になったものです。

현금 자동 지급기

카드를 넣으십시오.	カードをお入れください。
비밀번호를 입력하십시오.	暗証番号をご入力ください。[28]
비밀번호가 틀렸습니다.	暗証番号が違います。
비밀번호를 다시 입력해 주십시오.	暗証番号をもう一度入力してください。
현금을 꺼내십시오.	現金をお取りください。
다시 시작해 주십시오.	もう一度最初からやり直してください。
입금액을 넣으십시오.	入金額をご入力ください。
입금시킬 계좌의 종류를 선택하십시오.	入金する口座をお選びください。
송금하실 계좌번호를 입력하십시오.	振込先の口座番号をご入力ください。
다시 선택하려면 취소를 누르세요.	もう一度やり直すには、取り消しボタンを押してください。
거래가 종료되었습니다.	取引が終了いたしました。
카드와 명세서를 받으십시오.	カードと明細書をお取りください。
처음부터 다시 시작하세요.	初めからもう一度やり直してください。

---

28 '비밀번호'는 暗証番号. 직역해서 秘密番号라고는 하지 않는다.

미안하지만, 손님 카드는 기한이 만료됐습니다.	申し訳ございませんが、お客様のカードは期限切れでございます。
인터넷에서 ATM 검색을 이용하시면 이용할 수 있는 ATM코너를 금방 찾을 수 있습니다.	インターネットでＡＴＭ検索をご利用いただければ、ご利用できるＡＴＭコーナーがすぐに見つかります。

신용카드

신용카드를 만들고 싶습니다.	クレジットカードを申し込みたいのですが。
새 카드는 언제 받게 됩니까?	新しいカードは、いつもらえるんですか。
카드를 받으려면 얼마나 걸립니까?	カードを受け取るまでどれくらいかかりますか。
카드는 나중에 우송해 드리겠습니다.	カードは後日郵便でお届けいたします。
어디에 사인을 해야 하나요?	どこにサインをすればよろしいですか。
카드 신청은 우편으로도 접수하고 있습니다.	カードの申し込みは郵便でも受け付けております。
비밀번호를 바꾸고 싶은데요.	暗証番号を変更したいのですが……。
카드 분실을 신고하려고 합니다.	カードを無くしたので届け出をしたいのですが。
누군가가 그것을 벌써 사용했으면 어떻게 되죠?	誰かが既にそのカードを使っていたらどうなるのでしょうか。
분실한 카드를 신고하지 않았기 때문에 부채를 다 책임지셔야 합니다.	無くしたカードの届け出をしなかったので、お客様が負債の責任を負わなければなりません。

기타

무일푼입니다.	無一文です。
내 돈으로 했어.	自腹を切ったんだ。[29]
그는 빌린 돈을 떼어먹고 행방을 감췄습니다.	彼は借金を踏み倒して行方をくらました。[30]
그 여자, 카드를 너무 써서 파산했대.	彼女、カードの使いすぎで自己破産したらしいよ。
카드는 조심하지 않으면 자기도 모르게 돈 낭비를 하게 돼요. (그렇죠?)	カードは気を付けないと、つい無駄遣いをしてしまうんですよね。
지금, 현금이 별로 없습니다.	今、あまり現金を持っていないんです。

5 우체국 [31]

우체국을 찾을 때

우체국은 어디 있습니까?	郵便局はどこにありますか。
여기에서 가장 가까운 우체국은 어디입니까?	ここから一番近い郵便局はどこですか。

우표를 살 때

어디서 우표를 살 수 있죠?	切手はどこで買えますか。
우표를 좀 사고 싶은데요.	切手を買いたいのですが……。
기념 우표를 사고 싶습니다.	記念切手を買いたいです。
해외로 보내는 엽서에 붙이는 우표는 얼마예요?	海外に送るはがきの切手はおいくらですか。

---

29 自腹を切る는 꼭 자신이 내야 하는 것은 아닌 상황에서 자신이 개인 돈으로 지불하는 것을 말한다.
30 踏み倒す는 '밟아 쓰러뜨리다'라는 뜻도 있지만 '(대금이나 빚을) 떼어먹다'라는 뜻으로도 많이 쓰인다.
31 본 항목은 일본의 우체국 서비스를 바탕으로 구성된 내용이므로 일본의 생활 문화를 이해하는 데도 큰 도움이 될 것이다.

항공편으로 엽서를 보내려고 하는데요. 얼마짜리 우표를 붙이면 되지요?	はがきをエアメールで送りたいのですが、いくらの切手を貼ればいいですか。
미안합니다. 여기서는 우표를 팔지 않습니다. 옆 창구로 가셔야 합니다.	申し訳ございません。こちらでは切手の販売はいたしておりません。隣の窓口の方になっております。

편지를 부칠 때

⟪⟪⟪ 엽서 및 편지 ⟫⟫⟫

이 편지에는 얼마짜리 우표를 붙입니까?	この手紙には、いくらの切手を貼ればいいですか。
우편번호는 230-760입니다.	郵便番号は、230-760です。
보통으로 보내면 됩니다.	普通でいいです。
빠른 우편으로 보내 주세요.	速達でお願いします。
이 편지를 속달로 부치고 싶습니다.	この手紙を速達で送りたいのですが……。
이 편지를 속달로 보내는 데 비용이 얼마입니까?	この手紙を速達で送るといくらになりますか。
이 편지를 등기로 부쳐 주세요.	この手紙を書留で送ってください。

⟪⟪⟪ 항공편 / 배편 ⟫⟫⟫

한국으로 엽서를 보내려고 하는데요.	韓国にはがきを送りたいのですが……。
한국까지 항공 우편 요금이 얼마입니까?	韓国までエアメールはいくらですか。
어떤 방법으로 보내는 것이 제일 쌉니까?	どういう方法で送るのが一番安いですか。
항공편보다는 배편이 더 쌉니다.	航空便よりは船便の方が安いです。

한국까지 며칠이면 도착합니까?	韓国まで何日ぐらいで着きますか。

소포를 부칠 때

여기서 소포 우편물을 취급합니까?	小包はこちらでしょうか。
비용은 소포의 무게와 크기에 따라 다릅니다.	料金は小包の重さと大きさによって違います。
이 소포를 한국으로 보내고 싶습니다.	この小包を韓国に送りたいのですが……。
이 소포를 항공 우편으로 부치고 싶습니다.	この小包を航空便で送りたいのですが……。
먼저 세관 신고서를 작성하셔야 합니다.	まず税金申告書にご記入いただかなくてはなりません。
이 소포가 도착하는 데 얼마나 걸립니까?	この小包が着くのにどれくらいかかりますか。
소포는 내일 아침이면 도착할 거예요.	小包は明日の朝には届くと思います。
소포의 내용물은 책입니다.	小包の中身は本です。
이것은 깨지기 쉬운 물건입니다. 조심해서 다루어 주세요.	これは壊れやすい物です。取り扱いに気をつけてください。
여기에 보험을 들어 주시겠습니까?	これに保険をかけてもらえますか。
이 소포는 보험에 들어 있습니다.	この小包は保険に入っています。

택배

우체국 택배를 이용할 수 있습니까?	郵便局の宅配便を利用できますか。
〈유팩〉을 이용하세요.	「ゆうパック」をご利用ください。[32]

[32] 일본 우체국에서 실시하고 있는 ゆうパック는 한국 우체국에서 말하는 우체국 택배와 같은 것.

유팩 규격 상자도 있으니까 다른 상자에 넣지 않아도 됩니다.	ゆうパックの箱もありますから、別の箱に入れなくてもいいですよ。
배달은 어느 정도 걸립니까?	配達までどれくらいかかりますか。
배달일이나 시간을 지정할 수 있습니까?	配達日や時間を指定することもできますか。
배달 시간대 서비스는 무료지만 배달일 지정 서비스는 유료입니다.	配達時間帯のサービスは無料ですが、配達日指定サービスは有料となっております。
수취인이 바빠서 집을 자주 비우는데요, 무슨 방법이 없을까요?	受け取る人が忙しくて留守がちなんですけど、何か方法はありませんか。
배달 갔을 때 안 계시면 저녁 때 이후에 다시 한번 찾아가도록 되어 있습니다.	配達に伺った際にお留守の場合は、夕方以降にもう一度伺うことになっております。
그래도 집에 안 계시면 부재통지서를 남겨 두고 옵니다.	それでもお留守の場合は、ご不在通知書を残します。
그 통지서를 보신 손님께서 우체국에 배달 희망 연락을 하시면 배달하게 됩니다.	その通知書をご覧になってお客様から郵便局に配達希望のご連絡があれば配達いたします。
만약에 연락이 없으면 어떡합니까?	もし連絡がなかったらどうしますか。
연락이 없으실 경우는 보관 5일째에 보관중이라는 것을 알리는 엽서를 보내드립니다.	ご連絡がない場合は、保管開始から五日目に保管中であることをお知らせするはがきをお届けします。
하지만 이거 날것인데 괜찮을까요?	でも、これ生物なんですけど、大丈夫でしょうか。[33]
날것인 경우는 매일 전화드리니까 걱정 안 하셔도 됩니다.	生物の場合は毎日お電話しますので、ご心配ありません。

---

[33] 生物(なまもの)는 익히지 않은 것을 말한다. 같은 한자를 せいぶつ라고 읽으면 '생물'이라는 뜻이 된다.

수취인이 요금을 낼 수도 있습니까?	着払いもできますか。[34]

하이브리드 메일 서비스

바쁠 때는 우체국의 〈하이브리드 메일 서비스〉가 편해요.	忙しい時は、郵便局の「ハイブリッドメールサービス」が便利です。[35]
컴퓨터로 작성한 문자를 인터넷으로 보내면 우체국에서 인쇄해서 보내 줘요.	コンピュータで作成した文章をインターネットで送ると、郵便局で印刷して送ってくれるんですよ。
인쇄는 컬러로도 가능합니다.	印刷はカラーもできます。
집에 프린터가 없어도 컴퓨터로 쓴 편지를 보낼 수 있는 거군요.	自宅にプリンターがなくてもパソコンで書いた手紙が送れるんですね。[36]
이용 시간은 우체국 영업 시간 내입니까?	利用できる時間は郵便局の営業時間内ですか。
컴퓨터가 보급이 돼서 정말 편리해졌어요.	コンピューターが普及して本当に便利になりましたね。
아뇨, 24시간 언제든지 보낼 수 있습니다.	いいえ、24時間いつでも出すことができます。

경조 카드

신세를 지고 있는(도움을 주고 계시는) 분이 창업을 하게 돼서 축하 전보를 보내고 싶은데 어떻게 하면 될까요?	お世話になっている方が起業するので、お祝いに電報を打ちたいんだけど、どうすればいいですか。

---

[34] 우편물이나 배달물 요금 따위를 수취인이 지불하는 것을 着払い라고 한다.
[35] ハイブリッドメールサービス는 일본 우체국에서 실시하고 있는 서비스로, 컴퓨터로 작성한 문서를 메일로 보내면 그 파일 내용을 인쇄하여 지정한 주소로 보내 준다.
[36] パソコン은 パーソナル・コンピューター(personal computer)의 준말. 일본에서는 개인용 컴퓨터를 말할 경우 コンピュータ보다 パソコン이라는 말을 더 즐겨 쓴다.

그리고 뭐라고 써야 할지, 문장을 생각하는 게 어려워요.	それに、何て書けばいいのか、文章を考えるのが難しいですね。
그럼 〈레탁스〉를 이용하면 좋아요.	だったら、「レタックス」を利用したらいいですよ。[37]
인터넷이나 전화번호부에 예시문과 번호가 있으니까 그걸 참고로 하면 쉬워요.	インターネットや電話帳に文例と番号があるから、それを参考にすればいいですよ。
마음에 드는 예시문 번호를 전화로 얘기하면 보내 준대요.	お気に入りの文例の番号を電話で言えば、送ってくれるそうですよ。
그것 참 편리하네요.	それは、便利ですね。
요금 지불은 계좌 이체나 신용카드로 가능합니다.	料金のお支払いは、振込みやクレジットカードでもできます。
요금은 다음 전화 요금에 합산되어 청구될 겁니다.	料金は、次の電話料金に合算され請求されます。

우편 확인

우편물, 아직 안 왔어요?	郵便物、まだですか。
저한테 우편물 온 것 없어요?	私宛の郵便物はありませんか。
이 소포 누구에게 부칠 거죠?	この小包は誰宛のものですか。
소포가 왔어요. 책상 위에 올려 놓았습니다 〔(당신) 책상 위에 소포가 하나 와 있어요〕.	(あなた宛に)小包が来ています。机の上に置いてあります。

---

[37] 일본 우체국에서 실시하고 있는 レタックス는 한국 우체국에서 말하는 경조카드와 같은 것.

한국에서 보낸 물건을 받으러 왔습니다.	韓国からの小包を取りに来ました。
한국에서 배편으로 보낸 소포 중 하나가 없어졌어요.	韓国から船便で送った小包が一つなくなりました。
어머니가 약 두 달 전에 배편으로 제게 소포를 보내셨다는데 아직 못 받았어요.	母が約2ヶ月前に船便で小包を送ったそうですが、私のところにはまだ届いていません。
어디로 갔는지 알아봐 주세요.	どこに行ったのか調べてください。

기타

그건 어제 우편물로 보냈습니다.	それは昨日郵便で送りました。
제대로 봉하지 않으면 우체국에서 안 받아줄 거예요.	ちゃんと封をしないと郵便局で受け付けてもらえないと思いますよ。
가능한 한 빠른 회신 부탁드립니다.	なるべく早くご返答ください。
	なるべく早くご返答いただきますようよろしくお願い申し上げます。
여기에 야마오카 씨의 편지를 동봉합니다.	ここに山岡さんのお手紙を同封します。
이 편지를 우체통에 넣어 주시겠습니까?	この手紙をポストに入れてもらえますか。
제 편지를 받으셨습니까?	私の手紙は着きましたか。
정성 어린 편지 잘 받았습니다.	心のこもったお手紙をありがとうございました。

6 미용실 / 이발소

예약 및 카운터에서

<<< 예약 >>>

헤어 살롱 이데아입니다.	ヘアサロン、イデアでございます。[38]
저희 미장원은 예약하신 손님을 우선적으로 받고 있습니다.	当店はご予約のお客様を優先させていただいております。
접수 시간은 파마나 염색은 저녁 7시 반까지입니다.	受付時間は、パーマやカラーは夜の7時半まででございます。[39]
커트는 8시 반까지 받습니다.	カットは8時半まで受け付けております。
오늘 저녁으로 예약할 수 있습니까?	今日の夕方で予約できますか。
6시에 비어 있습니다.	6時に空いております。
그럼 6시에 가겠습니다.	それでは、6時に(そちらに)伺います。
원하시는 (헤어)디자이너는 있으세요?	ご希望のデザイナーはいらっしゃいますか。
네. 후지타 씨한테 부탁하고 싶은데요.	はい。藤田さんにお願いしたいのですが……。
토요일 12시경 다카미야 씨는 시간이 나시나요?	土曜の12時ごろ、高宮さんは空いていらっしゃいますか。
12시는 시간이 안 되시구요, 1시면 예약하실 수 있습니다.	12時はふさがっておりまして、1時でしたらご予約いただけますが……。
그럼 1시에 부탁합니다.	じゃ、1時にお願いします。
이번에는 뭐 하실 거예요?	今回はどのようになさいますか。

---

[38] 일본에서 미용실은 美容院(びよういん)이라고 하지만 ヘアサロン이라고도 한다.
[39] '머리 염색'은 ヘアカラー 또는 カラーリング라고 한다.

예, 알겠습니다. 그럼 토요일 1시에 기다리고 있겠습니다.	はい、かしこまりました。それでは土曜日の1時にお待ちしております。
커트와 파마를 부탁합니다.	カットとパーマをお願いします。

《《《 카운터에서 》》》

처음이세요?	初めてでいらっしゃいますか。
예. 하마다 씨 소개로 왔어요.	はい。浜田さんの紹介で来ました。
멤버스 카드를 갖고 계십니까?	メンバーズカードをお持ちですか。
아뇨, 없는데요.	いいえ、持ってないですが……。
짐하고 상의를 이리 주세요.	お荷物と上着をお預かりいたします。
이쪽에 앉아서 기다려 주세요.	こちらの方でお掛けになってお待ちください。
곧 담당자가 올 거니까 여기서 잡지라도 보시면서 기다려 주세요.	もうすぐ担当者が参りますので、こちらで雑誌でもご覧になってお待ちください。
여기에 스타일 북도 있습니다.	こちらにスタイルブックもございます。

스타일에 관한 상담

오늘 담당하게 된 후지타라고 합니다.	本日担当させていただきます藤田と申します。
잘 부탁드립니다.	よろしくお願いいたします。
어떻게 해 드릴까요?	どのようにいたしましょうか。
어떤 스타일로 해 드릴까요?	どんなスタイルにいたしましょうか。
어떤 스타일이 좋으시겠어요?	どんなスタイルがお望みですか。

오늘은 어떤 스타일로 하시고 싶으세요?	今日はどんな感じになさりたいですか。
헤어스타일을 바꾸고 싶은데, 저한테 어떤 스타일이 가장 좋을 것 같습니까?	ヘアスタイルを変えたいのですが、私にはどのようなスタイルが一番いいと思いますか。
가르마는 어느 쪽으로 타 드릴까요?	髪の分け目はどのようにしましょうか。
귀여운 스타일과 여성스런 스타일 중 어떤 이미지를 좋아하세요?	キュート、フェミニンだったらどのイメージがお好きですか。
귀여운 스타일이 좋은데 너무 어려보이지 않을 정도로 해 주세요.	キュートがいいけど、あまり子供っぽくないくらいで……。
머리 길이는 이대로가 좋으세요?	長さはこのままの方がよろしいですか。
네, 하지만 어울리는 헤어스타일이 있다면 잘라도 돼요.	はい、でも似合うならば切ってもいいです。
직장에서 모자를 착용하니까 거기에 잘 어울리도록 해 주세요.	職場で帽子をかぶるんですけど、それに似合うようにお願いします。
집에서 아침에 머리하는 시간이 어느 정도세요?	お宅で朝、髪にかけるお時間はどのくらいですか。
지금까지 가장 마음에 들었던 헤어스타일은 어떤 스타일이었어요?	今までで一番気に入ったヘアスタイルはどんな感じでしたか。
사실은 짧은 머리를 좋아하는데 좀 싫증이 나서요…….	ショートが本当は好きなんですけど、ちょっと飽きてきたので……。
전에 파마하다 두피에 염증이 생긴 일이 있으세요?	今までパーマで頭皮がかぶれた事がありますか。

멋있는 스타일과 귀여운 스타일이라면 어느 쪽이 좋으세요?	「かっこいい」と「かわいい」だったら、どちらがお好きですか。
이미지를 바꾸는 건 약간만 바꾸는 게 좋으세요, 아니면 많이 바꾸는 게 좋으세요?	イメチェン〔イメージチェンジ〕は少しがいいですか、それともかなり変えた方がいいですか。
지금 스타일이 마음에 들기 때문에 조금만 바꿔주면 돼요.	今の髪型が気に入っているので少し変えるくらいでいいです。
제 생각엔 앞머리는 바꾸는 게 좋을 것 같은데요.	前髪は変えた方がいいと、私は思いますが……。
머리는 기르고 계시는 중이세요?	髪は伸ばされているのですか。
해 보고 싶은 헤어 스타일이 있으세요?	やってみたい髪型がありますか。
아주 짧은 머리!! 하지만 안 어울리겠죠?	ヴェリーショート！でも似合わないですよね。[40]
평상시에는 바지와 치마 중 어느 쪽을 많이 입으세요?	普段はパンツとスカートのどちらをお召しになることが多いですか。
반반이에요.	半々ですね。
그렇다면 이 헤어스타일이 딱이에요!	じゃあ、この髪型がバッチリですよ！
이런 스타일로 해 주세요.	こんな感じにしてください。
자연스럽게 해 주세요.	自然な感じでお願いします。
이 모델 헤어스타일로 해 주세요.	このモデルの髪型にしてください。
지금 유행하는 스타일로 해 주세요.	今、流行っているスタイルにしてください。
손질하기 쉬운 스타일로 해 주세요.	スタイリングしやすい髪型にしてください。

---

[40] ヴェリーショート는 영어 'very short' 로 아주 짧게 커트 친 머리를 말한다.

커트에 대해서

커트를 부탁합니다.	カットをお願いします。
짧게 잘라 주세요.	短く切って〔カットして〕ください。
너무 짧게 자르지 마세요.	短すぎないように切ってください。
다듬기만 하세요.	そろえるだけでいいです。
지금 상태에서 다듬어 주세요.	今のままで、そろえてください。
양 옆머리를 좀 더 잘라 주세요.	両方の横髪をもうちょっと切ってください。
옆머리는 이만큼 잘라 주세요.	横髪は、これくらい切ってください。
앞머리는 자르지 않아도 돼요.	前髪は切らなくていいです。
앞머리는 좀 길게〔짧게〕해 주세요.	前髪はすこし長め〔短め〕にしてください。
어깨 길이만큼 잘라 주세요.	肩につくくらいの長さに切ってください。
이만큼 길게 해 주세요.	このくらいの長さにしてください。

파마 / 염색

《《《 파마 》》》

파마를 하실 거예요, 커트를 하실 거예요?	パーマですか、カットですか。
파마를 하시는 게 어떠세요?	パーマをかけられたらいかがですか。
파마를 해 주세요.	パーマをお願いします。
(너무 강하지 않게) 살짝만 파마를 해 주세요.	軽くパーマをお願いします。
포인트 파마를 할까?	ポイントパーマにしようかな。[41]

---

41 ポイントパーマ는 머리 전체를 파마하는 것이 아니라 앞머리만 하는 등 포인트가 되는 곳만 파마를 하는 것을 말한다. 물론 가격은 전체 파마보다 저렴하다.

머리숱이 많아서 파마를 하면 볼륨감이 너무 많아서 안 좋아요.	髪の毛が多いので、パーマをするとボリュームが出すぎて困るんですよね。
볼륨을 다운시켜 주는 파마도 있어요.	ボリュームダウンできるパーマもありますよ。
컬이 세게 나오도록 파마를 할까요?	カールが強めに出るようにかけましょうか。
머리카락 끝이 삐칠 정도로 파마해 주세요.	ちょっと毛先がはねるぐらいにかけてください。
위쪽은 볼륨감을 살리고 옆은 볼륨이 없게 할까요?	上はボリュームが出るようにして、横は抑えた感じにしましょうか。
스트레이트 파마를 하려고 합니다.	ストレートパーマにしようと思います。

《《《 염색 》》》

머리 염색을 하고 싶습니다.	髪を染めたいです。
	カラーリングしたいです。
	ヘアカラーをお願いします。
매니큐어란 어떤 거예요?	マニキュアって何ですか。
매니큐어는 코팅을 함으로써 윤기가 나고 부드러운(연한) 컬러를 즐기실 수 있습니다.	マニキュアは、コーティングすることで、ツヤとほんのりとしたカラーを楽しめます。
머리 염색 좀 해 주시겠습니까?	髪を染めてもらえますか。
흰머리를 염색해 주세요.	白髪染めをしてください。

《《《 기타 》》》

샴푸하고 드라이해 주세요.	シャンプーブローをお願いします。
샴푸하고 커트하시는 것 맞지요?	シャンプーカットでよろしいですか。

머리는 안 감아도 돼요.	シャンプーはしなくていいです。
손톱 손질도 해 주시겠습니까?	ネイルもお願いできますか。
화장도 해 줘요?	メイクもしてもらえるんですか。
화장은 (눈화장 같은) 포인트 메이크 업만 합니다.	メイクはポイントメークとなっております。
눈썹 손질도 해 드립니다.	眉カットもできます。[42]
성인식 때 기모노 입혀 주는 것도 부탁할게요.	成人式の時に着付けもお願いしますね。[43]
언제까지 예약하지 않으면 안 되죠?	いつまで予約しないと駄目ですか。

머리하면서 하는 이야기

차는 따뜻한 것과 찬 것 중 어느 쪽으로 하시겠어요?	お茶は、ホットとアイスのどちらがよろしいですか。
비에 젖지 않으셨어요?	雨に濡れませんでしたか。
괜찮았어요.	大丈夫でした。
휴일은 늘 어떻게 보내세요?	お休みの日は、いつもどう過ごされるのですか。
그냥 집에서 편히 쉬어요.	ゆっくり休んでいます。
일은 많이 바쁘세요?	お仕事、お忙しいですか。
네. 오늘은 오랜만에 빨리 끝났어요.	はい。今日はひさしぶりに早く終わりました。
최근에 무슨 영화 보셨어요?	最近映画、何か見られました?
어떤 영화를 좋아하세요?	どんな映画がお好きですか。

---

[42] 우리 나라는 눈썹 손질은 서비스로 해 주는 경우가 대부분이지만 일본의 경우 대부분 별도 요금을 내야 한다.
[43] 일본에서는 성인식 때 기모노를 입는데 기모노는 한복과 달라서 특별히 배운 사람이 아니면 혼자 입지 못한다. 그래서 대부분 미용실에서 요금을 지불하고 입혀 달라고 한다.

배우는 누구를 좋아하세요?	俳優は誰が好きですか。
이 근처에 자주 가는 가게는 있으세요?	この辺でよく行かれるお店はありますか。 ↑
술은 좋아하세요? 잘 하시는 편이세요?	お酒はお好きですか。お強い方ですか。 ↑

요금에 대해서

학생은 모든 메뉴를 500엔 할인해 드립니다.[44]	学生の方は全メニュー、500円オフになっております。
초등학생 커트는 더 싸게 해 드립니다.	小学生のカットはさらにお安くしております。 ↑
회원이 되시면 포인트가 적립됩니다.	会員の方はポイントがつきます。
포인트가 누적되면 서비스로 파마를 무료로 해 드립니다.	ポイントがたまりますと、パーマを無料でサービスいたします。 ↑
포인트 카드를 만드시겠습니까?	ポイントカードをお作りになりますか。 ↑
이번에는 머리카락이 많이 손상됐다고 하셔서 아까 말씀드린대로 파마약을 한 등급 좋은 것으로 했습니다.	今回は髪の毛が大分痛んでいるということでしたので、さきほど申し上げたように、パーマ液を一つ上のランクのものにいたしました。 ↑
그래서 지난 번보다 조금 비쌉니다만 괜찮으시겠습니까?	それで前回よりちょっと高めになりますけど、よろしいでしょうか。 ↑

---

[44] 미용실에서 학생이라 함은 보통 고등학생까지를 말한다.

이발

머리를 잘라 주세요.	カットをお願いします。
알아서 잘라 주세요.	適当に切ってください。
이발과 면도를 부탁합니다.	カットとひげ剃りをお願いします。
귀 주변을 좀 더 깍아 주세요.	耳のところをもうちょっと切ってください。
귀가 보이게 해 주세요.	耳が見えるようにしてください。
좋아 보이긴 한데, 좀 짧은 것 같군요.	いいとは思いますけど、ちょっと短いって感じですね。
구레나룻을 어떻게 다듬어 드릴까요?	もみあげは、いかがいたしましょうか。
구레나룻은 그대로 놔둘까요?	もみあげは、このままにしておきましょうか。
면도를 해 주세요.	ひげを剃ってください。
턱수염을 면도해 주세요.	あごひげを剃ってください。
아아, 스팀 타월이 기분 좋군.	ああ、スチームタオルが気持ちいいね。

기타

머리숱이 많으시군요.	髪の毛が多いですね。
머릿결이 푸석푸석하군요.	髪の毛がパサパサしていますね。
머리 손질을 잘 해 주세요.	髪の毛のお手入れを念入りにしてください。
머리 끝이 갈라져서 어떻게 해야 할지 모르겠어요.	枝毛が多くて困っちゃいます。

머리 염색을 했더니 머리가 많이 상했어요.	ヘアカラーをしたら、髪の毛がすごく痛んでしまいました。
드라이기로 말려 주세요.	ドライヤーで乾かしてください。
요즘 머리숱이 적어진 것 같습니다.	最近、髪が薄くなったような気がします。
스트레스 때문에도 머리가 빠지는 일이 있으니까요.	ストレスでも髪の毛が抜けることがありますから。
심할 때는 원형 탈모가 되기도 합니다.	ひどい時は円形脱毛になることもあります。
이 로션은 탈모를 방지해요.	このローションは脱毛を防いでくれます。

7 세탁소

세탁을 맡길 때

⟪⟪⟪ 클리닝 및 다림질 ⟫⟫⟫

다림질 좀 해 주세요.	アイロンをかけてください。
이 양복 세탁 좀 해 주세요.	この背広のクリーニングをお願いします。
풀 좀 먹여 주세요.	糊付けをしてください。
풀은 먹이지 마세요.	糊付けはしないでください。
이 셔츠에 있는 얼룩 좀 제거해 주시겠습니까?	このシャツの染みを取ってください。
이 얼룩은 좀 안 지워질지도 모르겠습니다.	この染みは、ちょっと落ちないかもしれないですね。
무리하게 얼룩을 지우면 옷감이 상해 버리니까요.	無理に染みを落とすと、生地が痛んでしまいますからね。

스웨터 목이 늘어나는 일은 없겠지요?	セーターの首が伸びてしまうって事はないですよね。
이건 실크라서 상하지 않게 특별히 신경을 써 주세요.	これはシルクなので、痛まないように特に気を付けてください。
이거 아주 마음에 드는 옷이거든요. 잘 부탁드려요.	これ、すごくお気に入りなんです。よろしくお願いします。
언제 찾으러 오면 되나요?	いつ取りに来ればいいですか。

《《《 수선 》》》

이 코트를 수선해 주세요.	このコートのお直しをお願いします。
이 바지가 찢어졌는데, 어떻게 수선이 될까요?	このズボンが破けてしまったのですが、何とかなりますか。
단추가 떨어졌는데 달아 주세요.	ボタンが取れたので付けてください。
바지를 길게 해 주시겠습니까?	ズボンの裾を長くしてもらえますか。
소매가 너무 긴데 좀 고쳐 주세요.	袖が長すぎるので直してください。
허리를 줄여 주세요.	ウェストを詰めてください。
언제 다 됩니까?	いつできますか。
	仕上がりはいつですか。

세탁물을 찾을 때

세탁물을 찾고 싶습니다.	洗濯物を取りに来たのですが……。

이 세탁물을 부탁합니다.	この洗濯物をお願いします。
야스모토인데요, 세탁물은 다 됐나요?	安本ですが、洗濯物はできてますか。

세탁 이상

이건 다림질이 잘 안 됐군요.	これはアイロンがけがきれいにできてないですね。
이 셔츠에 얼룩이 안 빠져 있어요.	このシャツの染みが取れてないんですが……。
이 얼룩을 빼려고 했는데 안 빠지더군요.	これは染み取りをしたのですが、取れませんでした。
이 스웨터, 굉장히 줄어든 것 같지 않아요?	このセーター、ひどく縮んでませんか。
바지에 주름이 이중으로 잡혀 있어요.	ズボンに二重線が付いています。
단추 장식을 보호해서 처리하지 않으셨군요.	ボタン飾りを保護して処理してないですね。
전체적으로 색이 바랜 것 같은데요.	全体的に色あせた感じがするんですが……。

기타

이제 클리닝할 때가 된 것 같아요.	そろそろクリーニングに出さないといけませんね。
세탁소 다녀올게요.	クリーニング屋に行ってきます。
이 스커트를 세탁소에 좀 맡기러 가 줄래?	このスカートをクリーニング屋に預けに行ってくれる?

세탁소에 세탁물 맡기러 갔다 올게.	クリーニング屋に洗濯物を預けに行って来るわ。
역 앞에 있는 세탁소는 아침에 맡기면 저녁 때는 다 되어 있으니까 거기다 맡기는 게 좋을 거야.	駅前のクリーニング屋は朝出せば夕方出来るから、そこに出した方がいいよ。
세탁소에 맡기면 양복이 금방 상해 버려.	クリーニング屋に出すと洋服がすぐ傷むのよね。
와이셔츠는 세탁소에 맡기면 편하지만 단추가 잘 떨어지는 게 흠이야.	ワイシャツはクリーニング屋に出すと便利だけど、ボタンがよく取れるのがよくないね。
역시 손빨래 할 수 있는 건 손빨래 해 주는 게 옷을 덜 상하게 할 수 있습니다.	やはり手洗いできるものは手洗いした方が洋服の傷みが少なくて済みます。
세탁소는 후생대신이 인정한 'S마크' 나 클리닝 위생 조합 가맹점인 'LD마크' 가 붙어 있는 가게에 맡기는 것이 안심이 됩니다.	クリーニング店は、厚生大臣が認定した「Ｓマーク」やクリーニング衛生組合に加盟している「ＬＤマーク」が張ってあるお店を選んだ方が安心ですよ。
'S마크' 가 있는 세탁소는 만일의 경우를 대비한 클리닝 배상 기준 제도가 있으니까요.	「Ｓマーク」のお店は、万が一の時に備えてクリーニング賠償基準制度を設けていますから。

8 주유소 / 카센터

주유소

이제 휘발유를 넣어야 할 텐데…….	そろそろガソリン(を)入れなくちゃ……。
(꽤 지나왔는데) 주유소가 안 보이네.	なかなかガソリンスタンドがないね。
기름이 다 떨어지면 어떡하지?	ガス欠になったらどうしよう。
저기 주유소가 있어.	あそこにガソリンスタンドがあるよ。
어서오세요.	いらっしゃいませ。
레귤러(휘발유) 가득이요, 계산은 카드로 할게요.	レギュラー満タン、カードでお願いします。
3,000엔어치만 넣어 주세요.	3千円だけ入れてください。
저희 주유소 스탬프 카드를 갖고 계십니까?	当店のスタンプカードはお持ちですか。
세차는 안 하시겠어요? 오늘 반액 세일을 하고 있는데요.	洗車はよろしいでしょうか。本日半額セールとなっておりますが……。
스탬프 카드 회원이 되시면 여러 가지 특전이 있는데 만들어 드릴까요?	スタンプカードの会員になりますと、いろいろな特典がありますが、お作りしましょうか。
세차는 필요 없습니다.	洗車は結構です。
유리창을 닦아드릴까요?	窓をお拭きしましょうか。
재떨이, 쓰레기 버릴 거는 없으세요?	灰皿、ゴミなどはございませんか。
레귤러(휘발유) 가득, 50리터 주유했습니다.	レギュラー満タン、50リットル入りました。[45]
계산은 현금으로 하시겠어요?	お支払いは現金でよろしいですか。

---

[45] 일본에서는 손님과 종업원 사이의 시비를 미연에 방지하기 위해 이런 식으로 서비스 내용을 큰소리로 확인하는 경우가 많다.

만엔 받았습니다.	一万円入りました。[46]
거스름돈 7,000엔입니다.	7千円のお返しでございます。
카드 여기 있습니다. 여기에 사인을 해 주십시오.	カードをお返しいたします。こちらにサインをお願いします。
감사합니다. 또 오세요.	ありがとうございました。またのご来店をお待ちしております。
휘발유 값도 장난이 아니야.	ガソリン代もばかにならないね。

카센터

와이퍼를 교환해 주세요.	ワイパーを取り替えてください。
오일을 교환해 주세요.	オイル交換をお願いします。
타이어 공기압 좀 봐 주세요.	タイヤの空気圧を見てもらいたいんですが……。
타이어가 펑크났습니다.	タイヤがパンクしました。
누군가가 타이어를 칼로 베어 버렸나봐요.	誰かがタイヤを切りつけてしまったようです。
핸들이 풀어진 것 같은 느낌이 들어요.	ハンドルが緩くなったような気がします。
무슨 이상한 소리가 납니다.	なんか、変な音がします。
브레이크에 이상이 있는 것 같거든요.	ブレーキに異常があるんじゃないかと思うんですが……。
갑자기 차가 섰어요.	車が急に止まりました。
어디 이상이 없는지 조목조목 봐 주세요.	どこか異常はないか、チェックしてください。

---

[46] 일본에서는 만엔처럼 큰 돈이 들어왔을 경우 이렇게 큰소리로 액수를 얘기하도록 종업원에게 교육을 시킨다. 이는 큰돈이 들어왔다는 것을 알리기 위해, 또 돈을 받는 점원이 거스름돈을 틀리지 않게 하기 위해, 아울러 손님에게 확인시킴으로써 거스름돈에 대한 시비를 미연에 방지한다는 의미이다.

이상 없습니다.	異常ありません。
다른 차가 부딪쳐서 사이드 미러가 떨어졌습니다.	ほかの車がぶつかってきて、サイドミラーが取れてしまいました。
주말까지는 차를 써야 되는데 그 때까지 가능합니까?	週末までに車が要るんですけど、それまでにできますか。
언제 가지러 오면 됩니까?	いつ取りに来ればいいですか。

자동차 검사 [47]

손님, 이제 자동차 검사 받을 때가 되셨네요.	お客様、そろそろ車検ですね。
저희 가게에서는 하루 자동차 검사 대특가 서비스를 실시중입니다.	当店では、一日車検大特価サービスを実施中です。
괜찮으시다면 저희한테 맡겨 주십시오.	よろしければ、ぜひ当店で、よろしくお願いします。
자동차 검사를 하려면 예약이 필요합니까?	車検には予約が必要ですか。
저희 가게에서 직접하실 수도 있고, 전화나 인터넷으로도 예약이 가능합니다.	当店でもできますし、電話やインターネットでも予約ができます。
예약할 때 필요한 서류는 있습니까?	予約に必要な書類などはありますか。
예약하실 때는 갖고 계시는 자동차 검사증을 준비해 두십시오.	予約される時には、お手元に車検証をご用意ください。
자동차 검사 기한 몇 개월 전부터 예약이 가능합니까?	車検期限の何ヶ月前から予約が可能ですか。

---

[47] 본 항목은 일본의 자동차 검사 제도를 바탕으로 구성된 내용이므로 일본의 생활 문화를 이해하는 데도 큰 도움이 될 것이다.

당일이라도 자동차 검사 예약이 가능합니까?	当日でも車検の予約ができますか。
이 차의 자동차 검사 시기는 언제입니까?	この車の車検時期はいつですか。
자동차 검사 예약은 기한 7일 전에 신청해 주십시오.	車検の予約は車検が切れる日の7日前までに申し込んでください。
자동차 검사는 보통 자동차 검사증에 기재되어 있는 유효 기간이 만료되는 날까지 해야 됩니다.	車検は、通常「車検証に記載されている有効期間の満了する日」まで受けることになっています。
새차일 경우는 3년 후에, 두 번째부터는 2년마다 자동차 검사를 받도록 되어 있습니다.	新車の場合は3年後、二回目以降は2年ごとに車検を受けることになっています。
자동차 검사는 유효 기한 한 달 전부터 받을 수 있습니다.	車検は有効期限の1ヶ月前から受けられます。
자동차 검사 시기를 놓쳤을 때는 어떻게 되는 겁니까?	車検が切れてしまった場合はどうなるんですか。
자동차 검사 시기가 지난 차는 일반도로를 운행할 수가 없습니다.	車検切れの車は、一般公道を走ることができません。
깜박해서 자동차 검사를 못하고 넘어갔을 경우에는 관할 행정 기관에서 임시 번호를 신청하거나 랙커차를 불러서 가져가야 합니다.	うっかりして車検が切れてしまった場合は、居住地を管轄する市町村役場で仮ナンバーを申請するか、レッカー車に車を取りに来てもらわないといけないです。
랙커차를 부르게 되면 비용이 만만치 않습니다.	レッカー車を頼むと結構高いですよ。
자동차 검사료에는 세금도 포함이 되어 있습니까?	車検料金とは税金も含まれているんですか。

네. 세금이 포함되어 있는 요금입니다.	はい。税込みとなっております。
	はい。税金が含まれている料金です。
단, 자동차 검사 요금은 차종에 따라 달라집니다.	ただし、車検料は車種によって違ってきます。
다 됐습니다.	はい、終わりました。

제 **4** 부

비즈니스

1 일자리 알아보기

　일본에서는 면접 합격의 비결을 〈씩씩하고 의욕에 넘치며 밝은 모습〉이라는 말을 많이 한다. 또한 일본의 경우는 학교 성적이 별로 안 좋더라도 동아리 활동을 열심히 하거나 운동 선수로서 땀을 흘린 사람을 인정해 주는 경우도 많다. 특히 동아리나 운동부에서 리더 역할을 한 사람은 취직이 잘 되는 편이다. 그만큼 조직에 순응하고 조직을 위해 열심히 일할 것이라는 점에 점수를 후하게 주기 때문이다. 본 장에서 면접 항목에 제시한 회화들은 단순히 일본어를 습득한다는 일차적 목적을 넘어 실질적인 면접 준비에도 도움이 되도록 다양한 질문과 대답을 예문으로 설정하였으므로 많은 참고가 될 것이다.

1 구직 문의

일자리 찾기

저기요, 일자리를 찾고 있는데요.	あのう、仕事を探しているのですが……。
뭔가 일자리는 없습니까?	何か仕事はありませんか。
신문 구직 광고를 보고 전화 드리는 건데요.	新聞の求人広告を見てお電話差し上げているのですが……。
그 자리는 아직도 비어 있어요.	そのポストは、まだ空いたままです。
자리가 나는 대로 곧 알려 드리겠습니다.	ポストが空き次第ご連絡します。
이력서 좀 보여 주시겠어요?	履歴書を見せてくれますか。
3D 일은 피하고 싶어요.	３Ｋの仕事は避けたいのですが。[1]
소개료로 얼마를 드려야 하나요?	紹介料はいくらですか。

1　3K의 'K'는 危険(きけん) 위험, 汚(きたな)い 더럽다, きつい 힘들다의 'K'를 말한다. 한국의 3D와 같은 말.

취직 추천

당신에게 딱 맞는 일이 있습니다.	あなたにぴったりの仕事があります。
신청서를 작성해 주시겠어요?	申込書を書いてください。
자리가 나면 당신을 추천해 보겠습니다.	ポストが空けばあなたを推してみましょう。[2]
당신이라면 기꺼이 추천하겠소.	あなたなら喜んで推薦しますよ。
좋은 직업을 찾기가 쉽지 않아요.	いい仕事を探すのは簡単じゃないですね。
그 사람은 연줄로 취직했어요.	その人はコネで就職したんですよ。
그가 저에게 취직을 주선해 줬습니다.	彼が私に就職先を紹介してくれました。
마츠모토 씨에게 취직을 부탁했어요.	松本さんに就職をお願いしました。

채용에 관한 질문

미스 김 후임을 채용하셨어요?	金さんの後任は決まりましたか。
그 곳은 이미 딴 사람이 채용됐습니다.	そこはすでに別の人が採用されました。
왜 그 직장에 채용이 안 됐다고 생각하십니까?	どうしてそこの会社に採用されなかったと思いますか。
인맥 없이 직장을 찾는다는 건 어려워요.	コネがなくて仕事を探すのは難しいですね。

2 면접

면접에 대한 조언

긴장하지 말고 잘 해!	緊張しないで頑張って。

---

[2] 推薦(すいせん)する는 '추천하다', 推(お)す는 '적극 추천하다'는 뉘앙스가 강하다.

언제나 자신만만하게 임하는 것이 중요합니다.	常に自信満々で臨むことです。
생기 있게, 그리고 무엇보다 웃는 표정이 중요해요.	生き生きとした感じ、そしてとにかく笑顔が大事ですよ。
악수를 할 때는 (건성으로 하지 말고) 지그시, 하지만 너무 힘을 주지 않도록 하는 것이 좋아요.	握手する時はしっかりと、でも力を込めすぎないように注意した方がいいですよ。
의자에 앉을 때는 허리와 가슴을 펴고 앉는 것을 잊지 말도록 해.	椅子に座る時は背筋を伸ばし、胸を張って腰掛けることを忘れないように。
면접관과 눈을 마주치는 것을 두려워해서는 안 돼요.	面接官と目を合わせるのを恐れてはいけません。
세일즈 계통의 면접이라면 자신의 경력을 수치화해서 제시하는 것이 좋습니다.	セールス系の面接ならば、自分の経歴を数値で示した方がいいです。
예를 들면 몇 년 경험이 있는지, 현재 다니는 회사에서는 어떤 일을 하고 있는지, 매상은 어느 정도인지 등을 수치화해서 제시하면 좋습니다.	例えば、何年の経験があるか、現在の会社ではどのような仕事をしているか、売り上げはどれくらいかなどを数値で示すといいです。
또 직종에 맞는 자신의 학력, 이력을 자세히 말하는 연습을 해 두는 것도 좋을 겁니다.	また、職務観点から見た自分の学歴、履歴を詳しく述べる練習をしておくのもいいでしょう。
전날 한번 테이프에 녹음을 해서 스스로 다시 듣고 체크하는 것도 하나의 방법입니다.	前日に一度テープに録音し、自分で聞き直しチェックをするのも一つの方法です。
내내 '직장을 얻고 싶다'는 자세를 고수하는 것이 중요합니다.	常に「仕事を得たい」という姿勢を崩さないことが大事です。

면접관에게 '기회를 주십시오, 자리를 준비해 주십시오.' 라는 자세가 전해지도록 하는 것도 중요한 포인트입니다.	面接者にチャンスをください、ポジションを用意してください、という姿勢が伝わるようにするのも大事なポイントです。

면접하러 갈 때

화요일 11시에 면접을 하러 오세요.	火曜日の11時に面接に来てください。
좋은 인상을 줄 수 있도록 하는 것이 좋을 겁니다.	好印象を持たれるようにした方がいいですよ。
정장 입고 가세요.	正装して行ってください。
이력서를 수정해 두는 것도 잊지 마세요.	職務経歴書を更新しておくのを忘れないようにしてくださいね。[3]

면접 시작

실례합니다.	しつれいします。[4]
앉으세요.	お座りください。
처음 뵙겠습니다. 최민석입니다. 잘 부탁드립니다.	初めまして。チェ・ミンソクと申します。よろしくお願いします。
자, 몇 가지 사항을 확인하겠습니다.	さあ、いくつか確認をいたします。
먼저 자기 소개를 해 보세요.	まず、自己紹介をどうぞ。

---

[3] 우리 나라의 경우 이력서에 경력 사항을 함께 기재하는 것이 보통이지만 일본에서는 개인 신상에 관한 사항을 기재하는 履歴書(りれきしょ)와 경력 사항을 기재하는 職務経歴書(しょくむけいれきしょ)를 별도로 작성하여 함께 제출하는 경우가 많다.
[4] 면접실에 들어갈 때는 반드시 しつれいします라는 말과 함께 정중하게 고개 숙여 인사를 한 다음 면접석으로 간다.

기본 사항에 대해

《《《 질문 》》》

경력 사항을 정리한 자료를 보여 주십시오.	職務経歴書をお見せください。
추천서는 있습니까?	推薦状はありますか。
현재 주소는 어디입니까?	現住所はどこですか。
본적이 어디입니까?	本籍はどこですか。
나이는 어떻게 되십니까?	おいくつですか。
가족 관계에 대해서 말씀해 주시겠습니까?	家族構成について話してくれますか。
가족들과 대화를 나누는 시간이 많습니까?	家族と話をする時間が多い方ですか。
형제 자매들과의 사이는 어떻습니까?	兄弟の仲はどうですか。
외국에 가 본 적이 있습니까?	外国に行ったことがありますか。
결혼해도 이 일을 계속하시겠습니까?	結婚してからもこの仕事を続けるつもりですか。
어떤 경력을 가지고 계십니까?	どのような経歴をお持ちですか。
자동차를 가지고 계십니까?	車を持っていますか。
통근하는 데는 어느 정도 시간이 걸립니까?	通勤時間はどれくらいかかりますか。
여기서 집까지 통근하는 데는 시간이 얼마나 걸리나요?	ここから自宅まで、通勤時間はどれくらいかかりますか。
저희 회사에 알고 있는 분이 계신가요?	この会社に知り合い〔知人〕はいますか。

《《《 대답 》》》

이것이 대학교 지도 교수〔전 직장 상사〕 추천서입니다.	こちらが大学の指導教授〔前の上司〕の推薦状です。

출신은 가나가와현입니다.	出身は神奈川です。
본적은 한국 제주도라는 곳입니다.	本籍は韓国の済州道というところです。
가족은 다섯 명입니다. 부모님과 누나와 남동생, 그리고 할머니와 함께 살고 있습니다.	五人家族です。両親と姉と弟、そして祖母と暮らしています。
어려서부터 대가족 속에서 자랐기 때문에 남을 배려하는 마음이나 웃어른에 대한 예의 같은 것을 자연스럽게 배울 수 있었습니다.	小さい頃から大家族の中で育ちましたので、人を思いやる気持ちや目上の人に対する礼儀等が自然に身に付きました。
이 일은 저의 평생 직업이기도 하기 때문에 평생 계속하고 싶습니다.	この仕事は私のライフワークでもありますので、一生続けていこうと思っております。
물론 결혼해서도 일을 계속하고 싶습니다.	もちろん結婚しても仕事を続けたいと思っております。
어머님께서 직장을 갖고 계셨기 때문에 일에 대한 열정이나 책임감을 늘 보고 자랐습니다. 여성이라도 아이를 기르면서 직장인으로서 해야 할 일을 제대로 해낼 수 있다는 것을 보여주신 어머니는 줄곧 저의 자랑이자 동경의 대상이었습니다. 그래서 저도 어머니처럼 일과 가정을 양립할 수 있는 여성이 되고자 합니다.	母親が仕事を持っていましたので、仕事に対する情熱や責任感をずっと見て育ちました。女性でも子供を育てながら社会人として果たすべき仕事をしっかりこなせるということを見せてくれた母は、ずっと私の自慢であり、あこがれの存在でした。ですから私も母のように仕事と家庭を両立できる女性になりたいと思っています。
아버님은 작년에 정리 해고라는 가슴 아픈 일을 당했습니다. 오로지 회사를 위해서 몸 바쳐 일하신 아버님이었지만 불경기의 여파로 퇴직하게 되었습니다. 그런 아버님을 보고 회사가 잘 돼야 자신도 안정적일 수 있다는 것을 뼈저리게 느꼈습니다. 그래서 저도 회사에 취직하면	父親は、去年リストラされるという胸の痛む出来事がありました。ひたすら会社のために尽くした父でしたが、不景気の煽りを受けることとなりました。そういう父を見て、会社が元気でないと自分も安泰ではないということを身にし

자신을 위해서라도 회사에 이익이 되고 기여할 수 있는 사람이 되고 싶습니다.	みて感じました。ですから、私もこれから社会人になったら、自分のためにも会社に大きな利益をもたらし、貢献できる人間になりたいと思っています。

건강 상태에 대해

⟪⟪⟪ 질문 ⟫⟫⟫

안경은 항상 쓰십니까?	眼鏡はいつもかけていますか。
건강 상태는 어떻습니까?	健康状態はどうですか。
건강합니까?	健康な方ですか。
스트레스는 잘 견디는 편입니까?	ストレスには強い方ですか。
병약한 면은 없습니까?	病気がちなところはありませんか。
예전에 중병에 걸린 적이 있습니까?	重病の病歴を持っていますか。
일을 하는 데 영향을 줄 만한 건강상의 문제는 없습니까?	仕事に影響を及ぼすような健康上の問題はありませんか。

⟪⟪⟪ 대답 ⟫⟫⟫

아주 건강합니다.	至って健康です。[5]
건강 관리는 늘 하고 있습니다.	健康管理には、いつも気をつけております。
대학 다닐 때부터 계속 테니스를 해 왔기 때문에 체력에는 자신이 있습니다.	大学の時からずっとテニスをしてきましたので、体力には自信があります。
지금까지 병원 신세를 진 일이 없을 정도로 건강에는 문제가 없습니다.	これまで病院のお世話になったことはないくらい、健康には問題ありません。

---

[5] 至(いた)って는 至(いた)る의 연용형+て에서 온 말로 '(지)극히, 매우, 대단히' 라는 뜻이다.

작년 겨울에 스키를 타러 갔다가 골절상을 입은 것 이외에는 병원 신세를 진 일은 없습니다.	去年の冬、スキーに行って骨折したこと以外は、病院のお世話になったことはありません。
낙천적인 성격이기 때문에 스트레스를 받아도 잘 견디는 편이라고 생각합니다.	楽天的な性格なので、ストレスにも強い方だと思います。
무슨 일이든 긍정적으로 생각하는 편이기 때문에 스트레스를 받아도 금방 잊어버리는 편입니다.	何事もポジティブに考える方なので、ストレスがあってもすぐに忘れてしまう方です。
원래 건강 체질입니다만 항상 적절히 운동을 하려고 노력합니다.	もともと健康体ですが、常に適度な運動をするように心がけております。
이렇다 할 특별한 건강 관리를 하고 있지는 않지만 과식이나 과음을 삼가고 적절히 운동을 하려고 늘 노력합니다.	これと言って特別な健康管理はしていませんが、食べ過ぎや飲み過ぎを控え、適度に運動することを常に心がけております。
몇 년 전에 위장이 안 좋아졌던 적이 있습니다만, 식사 요법과 기체조를 배워서 이젠 깨끗이 좋아졌습니다.	何年か前に胃を悪くしたことがありましたが、食事療法と気の体操を習って、すっかり良くなりました。

지원 동기

《《《 질문 》》》

우리 회사에 대해서 어떻게 아셨습니까?	この会社については、どこで知りましたか。
왜 이 회사에서 일하고 싶다고 생각하세요?	どうしてこの会社で働きたいと思いましたか。
왜 이 직업을 갖기로 (이 일을 하려고) 생각한 것입니까?	どうしてこの仕事に就きたいと思ったのですか。

어떻게 해서 이런 일에 관심을 갖게 되었습니까?	どういう経緯でこの仕事に関心を持つようになりましたか。
이 직업의 어떤 점이 마음에 드십니까?	この職業のどこが気に入っていますか。
	この仕事のどこがいいと思いますか。
왜 우리 회사(이 자리)를 희망한 것입니까?	どうして弊社〔このポジション〕をご希望なさったのですか。
희망하는 자리에 대해서 아는 바를 말해 보십시오.	希望しているポジションについてご存じのことを述べて下さい。
어느 정도 규모를 가진 회사에서 일하기를 희망합니까?	どの程度の規模の会社で働くことを希望していますか。
이 회사 이외에 어떤 회사를 지원했습니까?	他にどういう会社を受けてますか。
직업을〔회사를〕 바꾸기로 결심한 이유는 무엇입니까?	転職を決心した理由は何ですか。
전에 다니던 회사를 그만두고 현재 다니는 회사로 옮긴 이유는 무엇입니까?	前の会社を辞め、現在の会社に転職した理由は何ですか。
왜 전에 다니던 회사를 그만두셨습니까?	どうして前の会社をお辞めになったのですか。
당신은 왜 현재 근무하고 있는 회사를 선택했습니까?	あなたはどうして今の会社を選ばれたのですか。
전에 다니던 회사에서는 어떤 일을 담당했습니까?	前の会社では、どのようなお仕事をなさっていましたか。

《《《 대답 》》》

매우 장래성이 있는 회사라고 생각했기 때문입니다.	大変将来性のある会社だと思ったからです。
사람 본위라는 창립자의 이념에 감동했기 때문에 그런 기업에서 저의 능력을 발휘해 보고 싶었습니다.	人を大事にするという創立者の理念に感動したので、そういった企業で自分の力を発揮したいと思いました。
보람 있는 일을, 늘 도전 정신이 넘치는 이 회사에서 해 보고 싶습니다.	やりがいのある仕事を、常にチャレンジ精神に富んでいるこの会社でやってみたいと思いました。
이전부터 귀사의 제품을 애용하고 있었기 때문에 제가 좋아하는 제품에 관련된 일을 해 보고 싶었습니다.	前から貴社の製品を愛用していましたので、自分が好きな製品に関わる仕事がしたいと思いました。
학교 다닐 때부터 판매 아르바이트를 했었기 때문에 그 경험을 통해서 이 일에 관심을 갖게 되었습니다.	学生の頃から販売のアルバイトをしていましたので、その経験からこの仕事に関心を持つようになりました。
지금까지의 경험을 살려서 더 나은 경력을 쌓을 수 있는 곳이라고 생각했습니다.	これまでの自分の経験を生かして、さらにキャリアアップできるところだと判断しました。
업계 최고보다는 제 2인자로서 최고를 지향한다라는 것에 매력을 느꼈습니다.	業界トップよりは、セカンドポジションでトップを目指す、ということにより魅力を感じました。

앞으로 장래성이 있는 분야라고 생각하기 때문에 업계 최고인 이 회사에서 경력을 쌓으면서 회사에 기여하고 싶어서 지원했습니다.	これから将来性のある分野であると思いますので、業界トップのこの会社でキャリアを積みながら会社に貢献したいと思って志望しました。
세계를 상대로 고군분투하고 있는 야심과 열의에 찬 회사라고 알고 있습니다.	世界を相手に孤軍奮闘している、野心と熱意のある会社と理解しております。
세계로 뻗어나간 지사 수가 일본 기업 중 가장 많다고 들었습니다.	世界に進出した支社の数が日本企業の中で最も多いと聞いております。
97년도부터 계속 업계 정상을 유지하고 있다고 들었습니다.	97年度から常に業界トップを維持していると聞いております。
세계 수준의 기술을 자랑하고 있는 매우 경쟁력 있는 회사라고 판단됩니다.	世界レベルの技術を誇っており、大変競争力のある会社であると判断しております。
마케팅은 소비자의 요구를 파악해서 거기에 맞는 전략을 세운다는 점이 매우 매력적이라고 생각합니다.	マーケティングは、消費者のニーズを把握し、それに合った戦略を立てるところが非常に魅力的だと思います。
매니저라는 직책은 전체를 파악해야 하기 때문에 창의력도 필요하고 책임감도 필요하다고 생각합니다.	マネージャーのポジションは、全体を把握しないといけないところですから、クリエーティブなところも必要ですし、責任感も必要だと思います。
몇 군데 알아보았습니다만 이 회사는 그 중에서 가장 좋은 것 같습니다. 이 회사에서 일을 하면서 팀에 합류할 수 있기를 기대합니다.	いくつか調べてみましたが、ここはその中でもベストと思っております。ここで仕事をし、チームに参加できることを楽しみにしています。

일단 이 업계 회사 중 몇 군데에 지원은 했습니다만 그것은 이 업계에 대해 더 자세히 알기 위함이라는 의미가 큰 것이고, 가능하다면 이 회사에서 저의 능력을 시험해 볼 수 있었으면 합니다.	一応この業界のいくつかの会社に志願はしたのですが、それは業界に対する理解を深めたいと思ったからで、できればこちらの会社で自分の実力を試せるようになればと思っています。
현재 메이저 광고 회사에 내정(합격)된 상태입니다만 저의 능력을 더 발휘할 수 있는 곳이 어디인가를 정확히 파악해서 결정할 생각입니다.	現在、大手の広告代理店から内定をもらってはいるのですが、もっと自分の実力を発揮できるところはどこなのか見極めて決めたいと思っています。
정말로 저에게 맞는 일과 직장을 찾아서 열심히 해 보고 싶다는 마음이 간절해서 전직(이직)해야겠다고 생각했습니다.	本当に自分に合った仕事と職場を探して頑張りたい、という気持ちが強かったので転職したいと思いました。
이 회사처럼 사원 한 사람 한 사람의 가능성을 끌어 내어 능력을 발휘할 수 있도록 하는 시스템에서 일하고 싶었습니다.	この会社のように社員一人一人の潜在能力を引き出して力を発揮できるようにするシステムで働きたいと思いました。
지금 다니는 회사는 저의 경력을 쌓는 데 좋을 것 같다고 생각했습니다만 개개인에게 일을 맡기는 시스템은 아니었습니다. 그래서 저의 능력을 마음껏 발휘하고 또 제 일에 확실하게 책임을 질 수 있는 환경에서 일을 하고 싶어서 이직을 생각하게 되었습니다.	今の会社は、自分のキャリアアップにつながると思ったのですが、一人一人に仕事を任せるというシステムではありませんでした。それで、自分の力を思い存分発揮し、また自分の仕事にしっかり責任の取れるような環境で仕事がしたいと思いまして、転職を考えるようになりました。

지원 회사에 대해

〈〈〈 질문 〉〉〉

우리 회사에 대해 어느 정도 알고 있습니까?	弊社のことをどの程度ご存じですか。[6]
당신은 당사에 대해 어떤 이미지를 갖고 있습니까?	あなたは当社にどういうイメージをお持ちですか。
이 회사에 대해서 알고 계시는 것이 있으면 말씀해 주세요.	この会社について知っていることがあれば話してください。
이 업계에 대해 아는 것은 무엇입니까?	この業界についてご存じのことは何ですか。
왜 이 회사에 관심을 가진 겁니까?	なぜこの会社に興味を持ったのですか。
향후 우리 회사가 나아갈 방향에 대해 알고 있습니까?	今後の弊社の方向性をご存じですか。
우리 회사의 약점을 알고 있습니까?	弊社の弱みをご存じですか。
우리 회사와 경합하고 있는 ○○사와 비교해서 어떤 차이가 있다고 생각합니까?	弊社と競合している○○社と比較して、どういう違いがあると思いますか。
이 회사를 위해서 무엇을 할 수 있겠습니까?	この会社のために何ができると思いますか。
이 회사에 기여할 수 있다고 생각하십니까?	この会社に貢献できると思いますか。
우리 회사에 기대하시는 일은 무엇입니까?	弊社に期待なさることは何ですか。

〈〈〈 대답 〉〉〉

고객 중심의 기업 이념을 잘 살리고 있는 기업이라고 생각합니다.	顧客中心の企業理念がよく生かされている企業であると思います。

---

[6] 弊社(へいしゃ)는 자기 회사를 낮추어 말하는 겸양어.

작년 성장률은 마이너스 성장에 머물렀지만 충분히 발전 가능성이 있는 회사라고 생각합니다.	昨年の成長率はマイナス成長に留まりましたが、十分発展可能性のある会社であると思います。
업계의 경쟁사에 비해서 착실한 성장을 하고 있다고 생각합니다.	業界におけるライバル会社に比べて地道な成長を遂げていると思います。
앞으로 업계 최고로 도약하기 위해서는 보다 참신한 마케팅 전략을 세울 필요가 있다고 생각합니다.	これから業界トップへと躍り出るには、より斬新なマーケティング戦略を打ち立てることが必要であると思われます。
소비자의 요구에 신속히 대응할 수 있는 시스템 조성이 필요하다고 생각합니다.	消費者のニーズに迅速に対応できるようなシステム作りの必要があると思います。
지금보다 더 현장에서 일하는 판매 사원들의 의견을 상품 개발에 반영해야 한다고 생각합니다.	もっと販売社員による現場の声を商品開発に反映できるようにすべきであると思います。
숙련된 기술자도 물론 중요합니다만 직원이 전체적으로 고령화되고 있다고 생각합니다. 감성이 풍부하고 의욕있는 젊은 사람들을 과감하게 투입해서 시대 조류에 대응해 나가면서 기술력을 높여 나갈 필요가 있을 것이라고 생각합니다.	熟練した技術者ももちろん大事ですが、社員が全体的に高齢化傾向にあると思われます。感性豊かでやる気のある若い人たちを思い切って投入し、時代の流れに対応しつつ技術力を高めていく必要があろうかと思います。
소비자 입장에 선 제품 생산을 지향하는 자세를 고수하면서 보다 다양한 제품 생산에 도전해 가는 회사였으면 좋겠습니다.	消費者の立場に立っての物作りを目指すこの会社の姿勢を崩さず、より多様な物作りに挑戦していく会社であってほしいと思います。
효율적인 업무가 가능한 쾌적한 환경과 복리후생이 잘 되어 있는 회사였으면 좋겠습니다.	効率的に仕事ができる環境と福利厚生が行き届いている会社であってほしいと思います。

'회사가 무엇을 해 줄 것인가'를 생각하기 이전에 '내가 회사에 무엇을 할 수 있을 것인가'를 생각해야 한다고 생각합니다.	「会社が何をしてくれるか」を考える前に、「自分が会社に何ができるか」を考えるべきであると思います。
'물건'보다 '사람'을 소중하게 생각하는 기업 이념을 앞으로도 계속 지키면서 직원 개개인이 보람을 느끼며 회사와 함께 성장해 갈 수 있었으면 좋겠습니다.	「モノ」より「ヒト」を大事にする企業理念をこれからもずっと守っていき、社員一人一人がやり甲斐をもって会社とともに成長していけたらと思います。
저는 어려서 외국에서 생활해서 외국 문화나 언어를 익힐 수 있었습니다. 그런 경험은 외국과의 거래가 많은 이 회사에 크게 기여할 수 있을 것이라고 생각합니다.	私は帰国子女で、外国の文化や言葉を身に付けていますので、そのような経験は、外国との取引の多いこの会社で大きく貢献できるものであると思います。 7
단순히 말을 할 수 있는 것과 실제로 오랫동안 그 곳에 살면서 그 곳의 문화를 몸으로 느끼는 것과는 큰 차이가 있다고 생각합니다. 그러한 면에서 유학 경험이 긴 저는 귀사에 크게 기여할 수 있는 부분이 많으리라 생각합니다.	ただ言葉が話せるのと、実際に長くそこに住んでそこの文化を体で感じたこととは、大きな差があると思います。そういう面で留学経験の長い私は、貴社に貢献できるところが多いかと思います。
지금까지 서비스 업계에서 오랫동안 일을 해 왔기 때문에 그 경험을 살려서 서비스와 관련된 모든 일에 대한 컨설팅을 할 수 있습니다.	これまでサービス業界で長いこと勤めてきましたので、その経験を生かしてサービスに関わる全てのことをコンサルタントできると思います。

---

7 帰国子女(きこくしじょ)란 부모의 해외 근무로 외국에서 성장기를 보내고 일본으로 돌아온 사람을 말한다. 단순히 유학으로 외국에 다녀온 사람은 帰国子女라는 용어를 쓰지 않는다.

업무에 대해

《《《 질문 》》》

현재 업무 중에서 문제점은 무엇입니까? 또 그 문제를 어떻게 접근해서 해결하고 있습니까?	現在のお仕事での問題点は何ですか。またその問題にどのようにアプローチし、解決していますか。
판매 업무가 좋은 점은? 싫은 점은?	販売業務の好きな点は？ 嫌いな点は？
당신의 현재의 일, 직책에서 자랑할 수 있는 것은 무엇입니까?	あなたの現在の仕事、ポジションで自慢できることは何ですか。
이 회사에 입사하게 되면 어느 부서에서 근무하고 싶습니까?	もしこの会社に入ったらどの部署で仕事をしたいですか。
지금까지 한 일 중에서 가장 자신에게 적성이 맞는다고 생각되는 것은 무엇이었습니까?	今までのお仕事で一番向いていたのは何だったと思いますか。
곧 일을 시작할 수 있으세요?	すぐに仕事を始められますか。
때때로 야근을 해야 하거든요.	時々夜勤をしなければならないですが……。
지금까지 해고당한 경험이 있습니까?	今までに解雇されたことはありますか。
파업에 대해 어떻게 생각합니까?	ストライキについてどう思いますか。

《《《 대답 》》》

긍정적인 생각으로 산다는 것이 모토이기 때문에 어떤 업무라도 공부가 된다고 생각하고 열심히 하는 편입니다만 전에 있던 회사에서는 영업을 잘해서 부럽다는 소리를 종종 들었습니다.	ポジティブシンキングがモットーなので、どんな仕事でも勉強になると思って頑張る方ですが、前の会社では「営業に向いていて羨ましい」ということをよく言われました。

자기 하기에 따라 어떤 일이라도 자기 것으로 만들 수 있다고 생각합니다.	自分のやり方次第でどんな仕事も自分の物にできると思います。
역시 지금까지 판매 쪽의 경험을 쌓아 왔기 때문에 판매 부서가 경험을 살린다는 면에서 좋지 않을까 생각합니다.	やはりこれまで販売の方の経験を積んできましたので、販売の部署が経験を生かすという面でいいかと思います。
일은 당장이라도 시작할 수 있습니다.	仕事はすぐに始められます。
지금 회사에서 인수인계에 필요한 시간을 주실 수 있겠습니까?	今の会社での引き継ぎに必要な時間をいただけますか。
전에 있던 회사에서도 잔업은 자원했던 편이었기 때문에 야근이나 잔업은 문제가 되지 않습니다.	前の会社でも残業は買って出た方だったので、夜勤や残業は問題になりません。[8]
지금까지 해고된 일은 한 번도 없습니다.	これまで解雇になったことは一度もありません。

능력에 대해

《《《 질문 》》》

자격증을 가지고 계십니까?	何か資格を持っていますか。
어떤 자격을 가지고 계십니까?	どんな資格を持っていますか。
영어로 의사소통을 할 수 있습니까?	英語でのコミュニケーションが可能ですか。
영어 외에 다른 언어를 공부한 적이 있습니까?	英語の外に何か外国語を勉強したことがありますか。
잘하는 외국어는 있습니까?	得意な外国語はありますか。

---

8 買(か)って出(で)る는 스스로 자원하여 일을 맡는다는 뜻이다.

영어는 어느 정도 회화가 가능하지요?	英語はどのくらい喋れますか。
한국어를 할 수 있습니까?	韓国語はできますか。
일본어로 의사소통 하는 데는 문제없습니까?	日本語でのコミュニケーションには問題ありませんか。
TOEFL은 몇 점입니까?	TOEFLは何点ですか。
영어 검정은 몇 급입니까?	英検は何級ですか。[9]
이력서를 보니까 영어를 아주 잘하시는 것 같군요.	履歴書を見ると、英語がかなり得意のようですね。
워드프로세서를 사용할 줄 압니까?	ワープロが扱えますか。
컴퓨터는 잘 합니까?	パソコンはできますか。
특별한 기술이라도 가지고 있습니까?	特別な技術でも持っていますか。
특수한 기술직 경험이 있으십니까?	特殊な技術職の経験がお有りですか。
다른 일을 하신 경험 있으세요?	ほかの仕事をした経験はありますか。
우리는 경험자를 필요로 하고 있습니다.	我々は経験者を必要としています。
이 일은 적어도 3년의 경험이 필요한데 경험이 없군요.	この仕事は少なくとも3年の経験が必要なのですが、お持ちではないですね。
우리들이 당신을 고용하는 이점은 무엇이라고 생각합니까?	我々があなたを雇うメリットは、何だとお考えですか。

《《《 대답 》》》

영어를 잘합니다.	英語が得意です。

---

[9] 英検(えいけん)은 일본에서 실시되고 있는 영어 자격 시험을 말한다. 1급, 준1급, 2급, 준2급, 3급, 4급, 5급까지 있으며 児童英検(じどうえいけん) 아동영어 검정시험, ビジネス英検(えいけん) 비지니스 영어 검정시험도 있다.

| 어느 정도는 할 수 있습니다. | ある程度はできます。 |

| 영어 검정 시험은 고등 학생 때 2급을, 대학생 때 1급을 땄습니다. | 英検は高校の時に二級を、大学の時に一級を取りました。 |

| 토플은 800점입니다. | TOEFLは800点です。 |

| 일본어 능력 시험 1급을 가지고 있습니다. | 日本語能力試験の一級を持っています。 |

| 그 밖에 JPT는 820점이었습니다. | 外に、JPTは820点でした。 |

| 한자 검정도 1급을 갖고 있습니다. | 漢字検定も一級を持っています。 |

| 대학에서 제 2외국어로서 중국어를 공부했기 때문에 간단한 커뮤니케이션은 할 수 있습니다. | 大学で第二外国語として中国語を勉強しましたので、ちょっとしたコミュニケーションはできます。 |

| 취미로 이탈리아 어를 공부한 적은 있지만 잘은 못합니다. | 趣味でイタリア語を勉強したことがあるのですが、あまり上手くはありません。 |

| 현재 퇴근 후 영어 회화 학원에 다니고 있습니다. 벌써 3년이 되었습니다. | 今、会社が終わってから英会話教室に通っています。もう三年になります。 |

| 전에 다니던 직장에 외국인이 몇 명 있었기 때문에 영어로 의사소통 하는 데 불편하지는 않습니다. | 前の職場に外国人が何人かいたので、英語でのコミュニケーションに不自由することはありません。 |

| 학교에서 비즈니스 일본어 공부를 했기 때문에 비즈니스 회화와 문서 작성에는 자신이 있습니다. | 学校でビジネス日本語の勉強をしましたので、ビジネス会話と文書作成には自信があります。 |

일본어의 미묘한 뉘앙스까지 완벽하게 마음대로 구사할 정도는 아니지만 웬만큼은 자신이 있습니다.	日本語の微妙なニュアンスまで完璧に使いこなすほどではありませんが、ある程度のところまでは自信があります。[10]
컴퓨터로 문서나 표 작성, 그리고 인터넷은 자유자재로 활용할 수 있습니다.	パソコンでの文書や表の作成、そしてインターネットは使いこなせます。
전에 기획을 담당한 적이 있기 때문에 파워포인트에는 자신이 있습니다.	前に企画を担当したことがあるので、パワーポイントには自信があります。
처음에는 부족한 면이 있을 것이라 생각합니다만 성의와 열의를 가지고 열심히 하겠습니다. 잘 부탁드립니다.	最初は未熟な面があろうかと思いますが、誠意と熱意を持って一生懸命いたしますので、よろしくお願いいたします。
스스로 자신의 장점을 말한다는 것은 왠지 쑥스럽습니다만 지금까지도 책임감이 있다든가 일을 맡기면 안심할 수 있다는 얘기를 종종 들어왔기 때문에 그런 면에서 회사에 기여할 수 있지 않을까 생각합니다.	自分で自分のメリットを言うのは何だか気恥ずかしいですが、これまでも責任感があるとか、仕事を任せて安心できる、というようなことをよく言われましたので、その辺りで会社に貢献できるのではないかと思います。
명랑함과 씩씩함이 장점입니다. 회사 분위기를 밝고 활기 있게 할 수 있을 것입니다.	明るさと元気のよさが取り得です。会社の雰囲気を明るく元気にできると思います。[11]
인간 관계가 좋고 지금까지 인맥 형성에 힘써왔기 때문에 그 인맥을 통해서 일에 기여할 수 있는 부분이 많을 것입니다.	人間関係がいいですし、これまで人脈作りに努めて参りましたので、その人脈を通して仕事に貢献できる部分が多いと思います。

---

10 일본어에서 ある程度(ていど)のところまでは自信(じしん)があるな는 것은 '어느 정도 자신이 있다'는 것이 아니라 상당히 자신이 있다는 얘기가 된다.
11 取(と)り得(え)는 '장점'이라는 뜻.

그다지 적극적인 성격은 아니지만 일에 실수가 없고 착실히 노력하는 편이기 때문에 그런 면이 필요한 부서에서는 능력을 발휘할 수 있을 것으로 생각합니다.	地味な方ではありますが、仕事にミスがなく地道に努力する方なので、そういう面が必要な部署では力を発揮できると思います。[12]

직업관 / 성공관에 대해

⟪⟪⟪ 질문 ⟫⟫⟫

일에 있어서 당신이 가장 중요하다고 판단하는 것은 무엇입니까?	仕事上、あなたが最も重要なことだと見なすものは何ですか。
매니저로서 성공하기 위한 자질은 무엇이라 생각합니까?	マネージャーとして成功するための資質は何であるとお考えですか。
인생에 있어서 성공의 비결, 자질은 뭐라고 생각합니까?	人生において成功するための秘訣、資質は何だと思いますか。
회사를 평가하는 기준은 무엇입니까?	会社を評価する基準は何ですか。
돈과 직종, 어느 쪽이 더 중요합니까?	お金と、仕事の種類〔職種〕と、どちらが重要ですか。
무엇이 당신의 노력의 원천이 됩니까?	何があなたの努力の源になりますか。
비즈니스에서 성공하기 위한 조건은 무엇이라고 생각합니까?	ビジネスで成功するための条件は何だと思いますか。
지금까지 인생 중에서 최대의 위기는 어떤 것이었습니까? 또 그것을 어떻게 극복했습니까?	今までの最大の危機は何でしたか。またそれをどのように乗り越えましたか。
3년, 5년, 10년 후에 어떤 모습이고 싶습니까?	3年、5年、10年後、どのようにありたいと思いますか。

---

[12] 성격이 地味(じみ)라고 할 때는 나서지 않고 눈에 띄지 않는 차분한 성격을 말한다.

매니저와 그 부하 간의 바람직한 관계는 무엇이라고 생각합니까?	マネージャーとその部下との間の望ましい関係とは、どんなものだと思いますか。
직업을 구할 때 무엇을 중요하게 생각합니까?	仕事を探す時、何を重要視しますか。
지금까지 해온 일 중에서 제일 적성에 맞았던 일은 무엇입니까?	これまでのお仕事で一番向いていたのは何ですか。

《《《 대답 》》》

일을 함에 있어서 가장 중요한 것은 역시 책임감이라고 생각합니다. 일에 대한 책임감, 회사의 일원으로서의 책임감, 나아가서는 사회의 일원으로서의 책임감을 충분히 인식하고 일에 임해야 한다고 생각합니다.	仕事をする上で最も大事なことは、やはり責任感だと思います。仕事に対する責任感、会社の一員としての責任感、ひいては社会の一員としての責任感を十分認識して仕事に取り組むべきであると思います。
성공의 비결은 무엇보다 치밀한 데이터 분석에 있다고 봅니다.	成功の秘訣は、何よりも緻密なデータ分析にあると思います。
정확한 데이터에 입각한 현황 파악과 상상력이 중요하다고 생각합니다.	きちんとしたデータに基づいた現状把握と想像力が大事であると思います。
매니저로서 성공하기 위한 비결은 사람을 다루는 기술을 익히는 것이라고 생각합니다.	マネージャーとして成功するための秘訣とは、人を扱う術を知ることであると思います。
회사를 평가하는 기준은 역시 회사의 장래성이라고 봅니다.	会社を評価する基準は、やはり会社の将来性だと思います。
돈과 직업의 종류 중 어느 쪽을 선택하는 것은 매우 어려운 선택입니다만 역시 저는 직업의 종류를 우선하고 싶습니다. 돈도 중요하지만 무엇보다 자신이 하면서 즐겁고 보람을 느끼	お金と職種とどちらかを選ぶかということは、非常に難しい選択ですが、やはり私は職種を優先させると思います。お金も大事ですが、何よ

고 자신의 능력을 발휘할 수 있는 일을 하는 것이 행복한 것이라고 생각하기 때문입니다.	りも自分がやっていて楽しく、やり甲斐を感じ、自分の力を発揮できる仕事をするのが幸せだと思うからです。
비즈니스에서 성공하려면 시장 동향을 파악하는 정확한 눈과 포기할 때 포기할 수 있는 과감함과 결단력이 필요하다고 생각합니다.	ビジネスで成功するためには、市場の動きを捉える確かな目と思い切りの良さ、決断力が必要であると思います。
비즈니스의 성공에서 좋은 아이템은 꼭 필요한 요소라고 생각합니다.	ビジネスの成功に、アイテムの良さは欠かせない要素であると思います。
비즈니스는 운에 좌우되는 경우도 크다고 생각합니다만 그 운을 불러들일 수 있는 사람이 성공할 수 있다고 생각합니다.	ビジネスは運に左右されるところも大きいと思いますが、その運を呼び寄せる力のある人が成功すると思います。
매니저로서 필요한 자질은 뭐라 해도 리더십이라고 생각합니다.	マネージャーとして必要な資質は、何と言ってもリーダーシップであると思います。
매니저와 부하와의 바람직한 관계는 서로 의사소통이 원활할 수 있는 관계라고 생각합니다.	マネージャーと部下との望ましい関係は、相互にコミュニケーションしやすい関係であると思います。
꼼꼼한 편이기 때문에 리서치 같은 일은 작은 실수도 없고 스스로 즐기면서 해 왔습니다.	まめな方なので、リサーチなどは細かいミスもなく、自分でも楽しんでできました。
상상의 나래를 펴는 것을 좋아하기 때문에 기획 업무를 할 때 가장 보람을 느낀 것 같습니다.	想像力を働かせるのが好きなので、企画の仕事をしている時に一番やり甲斐を覚えたような気がします。

급여에 대해

⟪⟪⟪ 질문 ⟫⟫⟫

현재 연봉은 얼마 정도입니까?	現在の年収はどれくらいですか。
이전 연봉은 어느 정도였습니까? 우리 회사에서는 얼마 정도를 희망합니까?	以前の年収はどのくらいでしたか。当社ではどのくらいを希望されますか。
급여는 얼마나 됩니까?	給料はどれくらいですか。
초봉은 얼마나 생각하고 계십니까?	初任給はいくらを考えていますか。
연봉이 얼마나 되겠습니까?	年俸はいくらぐらいになりますか。
보너스는 얼마나 됩니까?	ボーナスはいくらになりますか。
보너스는 있습니까?	ボーナスはありますか。

⟪⟪⟪ 대답 ⟫⟫⟫

현재 연봉이 액면으로 제반 수당과 상여금 포함해서 500만 엔입니다.	現在の年収は、額面で諸手当や賞与を含め500万円です。
잔업 수당은 포함되어 있지 않습니다.	残業の分は入れていません。
사회보험은 회사에서 100% 부담하고 있습니다.	社会保険は、会社で100％負担してもらっています。
회사에서 사택을 제공했기 때문에 주택 비용도 들지 않았습니다.	社宅を支給されているので、住宅費用もかかりませんでした。
초봉 월급은 20만 엔 정도면 좋겠습니다.	初任給は、20万円ほどであればと思いますが……。

	初任給(しょにんきゅう)は、20万円(にじゅうまんえん)くらいを希望(きぼう)します。
현재 연봉보다 1.5% 인상을 희망합니다.	現在(げんざい)の年収(ねんしゅう)より1.5%アップを希望(きぼう)しています。

성격/인생관

《《《 질문 》》》

인생의 꿈은 무엇입니까?	人生(じんせい)の夢(ゆめ)は、何(なん)ですか。
장래 희망이 뭡니까?	将来(しょうらい)の夢(ゆめ)は、何(なん)ですか。
가장 존경하는 분은 누구입니까?	一番尊敬(いちばんそんけい)している人(ひと)は、誰(だれ)ですか。
당신의 인생관에 대해서 말해 보십시오.	あなたの人生観(じんせいかん)について教(おし)えてください。
인생에서 가장 중요한 게 뭐라고 생각하십니까?	人生(じんせい)の中(なか)で、最(もっと)も大切(たいせつ)なものは、何(なん)だと思(おも)いますか。
행복을 위해서 가장 중요한 게 뭐라고 생각합니까?	幸(しあわ)せのために、最(もっと)も大切(たいせつ)なのは、何(なん)だと思(おも)いますか。
혼자서 일하는 걸 좋아하세요, 아니면 사람들과 함께 일하는 걸 좋아하세요?	一人(ひとり)で仕事(しごと)するのが好(す)きですか、それとも外(ほか)の人(ひと)といっしょに仕事(しごと)するのが好(す)きですか。
한 마디로 말해서 당신은 어떤 사람입니까?	一言(ひとこと)で言(い)って、あなたはどういう人(ひと)ですか。
당신의 강점(특기)은 무엇입니까?	あなたの強(つよ)み〔得意(とくい)なこと〕は何(なん)ですか。
당신의 약점(잘 못하는 것)은 무엇입니까?	あなたの弱(よわ)み〔苦手(にがて)なこと〕は何(なん)ですか。
자신의 성격은 밝은 쪽이라고 생각합니까?	自分(じぶん)の性格(せいかく)は明(あか)るい方(ほう)だと思(おも)いますか。
자신의 성격의 장점과 단점을 말해 보세요.	自分(じぶん)の性格(せいかく)のいいところと悪(わる)いところを話(はな)してみてください。

자신의 결점은 무엇이라고 생각합니까?	自分の欠点は、何だと思いますか。
자신의 성격 중에서 고치고 싶은 곳은 있습니까?	自分の性格で直したいと思っているところはありますか。
당신이 좌절감을 맛본 것은 어떤 때였습니까?	あなたが挫折したと思った時は、どんな時でしたか。
다른 사람이 당신을 비판했을 경우 당신은 어떻게 대처할 겁니까?	人から批判を受けた場合、あなたはどう対処しますか。
정말 친하다고 할 만한 친구가 있습니까?	本当の親友と言える友達がいますか。
가까운 친구가 몇이나 됩니까?	親しい友達は何人くらいですか。
친구가 많은 편인가요, 적은 편인가요?	友達は多い方ですか、少ない方ですか。
어린 시절 가장 좋은 기억이 무엇입니까?	子供の時の一番いい思い出は何ですか。

≪≪≪ 대답 ≫≫≫

저의 인생의 꿈은 다소 소시민적이기는 합니다만 행복한 가정을 꾸려서 집에서는 좋은 아빠, 회사에서는 좋은 상사라고 불리는 것입니다.	私の人生の夢は、多少小市民的ではありますが、幸せな家庭を築いて、家ではいいパパ、会社ではいい上司と言われることです。
'유비무환' 이라는 것을 실천하신 (몸으로 보여 주신) 한국의 이순신 장군을 존경합니다.	「備えあれば憂いなし」ということを身を以て示してくれた、韓国の将軍「李舜臣」を尊敬しています。
저는 이제껏 아버님의 본을 보고 자랐기 때문에 아버지를 존경하고 있습니다.	私はずっと父の背中を見て育ちましたので、父を尊敬しています。

즐겁게 사는 것, 그리고 자신의 책임을 다하는 것을 모토로 살고 있습니다.	楽しく生きること、そして自分の責任を果たすことをモットーに生きています。
인생에서 가장 중요한 것은 남을 배려하는 마음과 열의, 그리고 노력이라고 생각합니다.	人生の中で最も大切なものは、思いやりと熱意、そして努力だと思います。
혼자서 하는 업무도 팀워크로 하는 업무도 양쪽 다 좋아합니다. 다만 굳이 말한다면 서로 자극을 주고 서로 도와줄 수 있는 팀워크로 하는 일에 매력을 느낍니다.	一人でやる仕事も、チームワークでやる仕事も両方好きです。でも強いて言うなら、お互い刺激し合い、助け合えるチームワークの仕事の方に魅力を感じます。
조용(얌전)하고 침착한 성격입니다.	物静かで落ち着いた性格です。
제 성격의 장점은 무슨 일이든 끝까지 포기하지 않는 끈기가 있다는 것이라고 생각합니다.	自分の性格の長所は、何事も最後まで諦めない粘り強さだと思います。
포기해야 할 때 포기할 수 있는 과감함과 결단력이 있는 점이 저의 강점이라고 생각합니다.	思い切りの良さと決断力があるところが私の強みであると思います。
제 성격의 단점은 느긋하다고나 할까, 너무 자기 페이스대로 행동하는 점이라고 생각합니다. 하지만 그것이 매사를 신중하게 생각하고 지레 짐작으로 실수하는 일이 없는 것과 같이 장점이 될 수도 있다고 생각합니다.	自分の性格の短所と言えば、のんびりしているというか、マイペースすぎるところだと思います。でもそれが物事を慎重に考え、早とちりしないというような長所になることもあると思います。
저의 결점은 조금 성격이 급한 면이 있다는 것이라고 생각합니다.	自分の欠点は、少し短気であるということだと思います。
고치고 싶은 성격은 역시 성격이 급한 점입니다. 욱하는 성격을 고치려고 노력하고 있습니다.	直したい性格は、やはり短気なところです。すぐカッとならないようにしようと努めています。

다른 사람이 비판을 하면 먼저 그 사람의 주장을 신중하게 생각해 보고 이치에 맞다고 생각되면 받아들입니다.	人に批判を受けたら、まずその人の言い分をじっくり考えてみて、理にかなっていると思ったら受け入れるようにします。
남이 비판을 해 준다는 것은 그만큼 저를 생각해서 그러는 것이라고 생각합니다. 그러니까 남의 비판은 고맙게 받아들여서 저의 좋지 않은 점을 고쳐가려고 노력합니다.	人が批判してくれるということは、それだけ自分のことを思ってくれているからだと思います。だから人からの批判はありがたく聞き入れて、自分の悪いところを直していこうと努力します。
'꾸중을 들을 때가 좋다'라고 하듯이 비판을 들을 때가 좋다고 생각하고 귀를 기울입니다. 다만 이치에 맞지 않는 비판일 경우에는 똑부러지게 반론합니다.	「怒られる内が花」と言いますように、批判される内が花だと思って耳を傾けます。ただ筋違いの批判である場合はしっかり反論します。
일을 시작했을 무렵 저로서는 최선을 다해서 열심히 하려고 했던 것이 마음만 앞서가서 일이 잘 안 되었을 때 좌절감을 맛보았습니다.	仕事を始めた頃、自分ではベストを尽くして頑張ったつもりだったのが、気持ちばかり先走って仕事が上手く行かなかった時、挫折感を覚えました。
인간 관계에서 좌절감을 느낀 적이 있었습니다. 하지만 일을 통해서 여러 사람을 만남으로써 더 넓은 시야로 사람과 사람과의 관계를 바라볼 수 있게 되었습니다.	人間関係で挫折感を覚えることがありました。でも仕事を通していろんな人に出会うことで、より広い視野で人と人との関係を見られるようになりました。
제 인생의 최대의 위기는 아버님 회사가 도산해서 갑자기 가계가 어려워졌을 때였습니다.	私の人生の最大の危機は、父の会社が倒産して急に家計が苦しくなった時でした。

학력 / 학창시절에 대해

《《《 질문 》》》

대학 시절 학교 성적은 어땠습니까?	大学時代の成績はどうでしたか。
대학 시절에 대한 얘기를 좀 해 주세요.	大学時代の話を何かしてください。
대학 시절에 아르바이트를 하셨습니까?	大学生の時にアルバイトをしたことがありますか。
대학 시절에 동아리 활동에 관여하셨습니까?	大学時代にサークル活動をしましたか。
좋아했던 과목은 무엇이었습니까?	好きな科目は何でしたか。
졸업 논문은 무엇에 관한 것이었습니까?	卒業論文はどんなテーマでしたか。
학창 시절에 뭔가에 진지하게 몰두했던 적이 있습니까?	学生の頃、何かに真剣に打ち込んだことがありますか。
지원서에 대학교 때 1년 동안 휴학한 것으로 되어 있는데, 무엇 때문에 휴학을 했습니까?	書類には、大学の時に一年間休学をしていることになっていますが、何のための休学でしたか。

《《《 대답 》》》

대학 성적은 좋은 편이었습니다. 성실한 학교 생활을 보내면서 성적도 좋고 충실한 대학 생활이었다고 말할 수 있습니다만, 조금 후회가 되는 것이 있다면 사회 경험을 별로 하지 못했다는 점입니다.	大学の成績はいい方でした。真面目な学生生活を送り、成績もよく、充実していたと言えますが、少し心残りがあるとすれば、社会経験があまりできなかったということです。
성적은 별로 좋은 편은 아니었습니다. 하지만 동아리 활동을 열심히 했기 때문에 리더십과 팀워크가 중요하다는 것을 몸으로 배웠습니다.	成績は、あまりいい方ではありませんでした。でもサークル活動を一生懸命したので、リーダーシップと人との和を大事にすることを身に付けることができました。

공부는 관심 있는 수업을 중심으로 했습니다. 나머지 시간에는 아르바이트를 하기도 하고 동아리 활동을 하기도 하면서 사회 경험을 쌓았습니다.	勉強は、興味のある授業を中心にしました。後の時間はバイトをしたりサークル活動をしたりして、社会経験を積みました。
대학 4년간 오로지 축구만 했었습니다. 운동부였기 때문에 체력과 리더십에는 자신이 있습니다.	大学4年間、サッカーばかりしていました。体育会系ですから、体力とリーダーシップには自信があります。
좋아하는 과목은 어학이었습니다. 영어와 일어 공부가 재미있었습니다.	好きな科目は語学でした。英語と日本語の勉強が楽しかったです。
또한 우리 학교에서는 교수님들께서 실용적인 일본어 교육을 해 주셨기 때문에, 비즈니스의 현장에서 사용할 수 있는 언어나 일본의 문화에 대해서도 제대로 공부할 수 있었습니다. 앞으로 일본과 관련이 있는 일을 해나가는 데 도움이 되리라고 생각합니다.	また、内の学校では先生方が実用的な日本語の教育をしてくださったので、ビジネスの現場で使える言葉や日本の文化についてもしっかり勉強できました。これから日本と関わりのある仕事をしていく上でとても役立つと思います。
대학에 다닐 무렵에는 오로지 도서관에서 공부만 했습니다. 사회에 진출하면 좀처럼 공부하기 어렵다고 생각했기 때문에 학생 시절에 읽을 수 있는 책은 모두 읽어 두고자 생각했습니다.	大学に通っていた頃は、ひたすら図書館で勉強ばかりしていました。社会人になればなかなか勉強ができなくなると思ったので、学生の内に読める本は全て読んでおこうと思いました。
경제적으로 여유가 없었으므로, 1년간 휴학을 하고 아르바이트를 했습니다. 그렇지만 학비를 벌면서 영어 회화를 배우기도 했기 때문에 매우 좋은 경험이 되었다고 생각합니다.	経済的に余裕がなかったので、一年間休学をしてアルバイトをしました。でも学費をためながら英会話を習ったりもしたので、とてもいい経験になったと思います。[13]

[13] 学費(がくひ)をためる는 '학비를 벌어서 모으다' 라는 뜻.

1년간 휴학을 하고 일본에 어학 연수를 하러 갔습니다.	一年間休学をして日本に語学研修に行きました。
부모님께 신세를 지고 싶지 않아서 4년간 줄곧 아르바이트를 했습니다. 학교에서는 배울 수 없는 여러 가지 일들을 배울 수 있었습니다.	親の世話になりたくなくて、４年間ずっとバイトをしました。学校ではできない、いろんなことを勉強することができました。
학교 수업을 따라가는 것이 너무 힘들어서 1년 휴학을 하고 외국어 학원에 다녔습니다. 학교 바깥 세상을 알고 나서, 학교에서 공부할 수 있다는 것이 얼마나 행복한 일인지를 뼈저리게 느낀 1년간이었습니다. 하지만 그 기간이 있어서 복학하고 나서 학교 생활에 충실할 수 있었다고 생각합니다.	学校の授業についていくのが大変で、一年休学をして語学学校に通いました。学校以外の世界を知って、学校で勉強できることが、いかに幸せなことなのか、身に染みて分った一年間でした。でもその期間があって、復学してから充実した学校生活を送ることができたと思います。

회사에 대한 질문

질문은 있습니까?	質問はありますか。
어떤 연수·트레이닝 시스템이 있습니까?	どのような研修・トレーニングシステムがありますか。
만약 이 일을 하게 된다면 승진할 수 있는 것은 언제쯤입니까?	もしこの仕事が得られたとして、昇格できる見込みはいつでしょうか。
승진할 때 기준은 무엇입니까? 어떤 식으로 평가가 이루어집니까?	昇進の際の基準は何ですか。評価はどのように行われるのでしょうか。
이 포지션은 장래 어떠한 성장 가능성이 있을까요?	このポジションは、将来どのような成長可能性があるのでしょうか。

이 회사의 가장 좋은 점은 무엇입니까?	この会社のベストポイントは何でしょうか。
외국에 나갈 기회는 있습니까?	海外へ出るチャンスはあるでしょうか。
해외에서 근무할 수 있는 기회가 있습니까?	海外勤務の機会はありますか。
여직원도 승진할 기회가 있습니까?	女性社員にも昇進のチャンスはありますか。
경험이 있는 지원자를 우대합니까?	経験者が優遇されますか。
이 회사에서 성공하신 분들의 공통적인 자질은 무엇입니까?	この会社で成功している方々の共通資質は何でしょうか。
노조에 의무적으로 가입해야 합니까?	労働組合への加入は義務ですか。
1년에 휴가는 며칠 정도 됩니까?	一年に休暇は何日くらいになりますか。
유급 휴가가 있습니까?	有給休暇はありますか。
토요일에 일을 합니까?	土曜日に仕事はありますか。
의료보험 혜택을 제공합니까?	健康保険はありますか。

면접을 마쳤을 때

이것으로 면접은 끝났습니다.	面接はこれで終りです。
솔직하게 답변해 주셔서 감사합니다.	率直に答えていただきありがとうございます。
수일 내로 결과를 알려 드리겠습니다.	数日内に結果をお知らせします。
채용 여부는 2, 3일 내로 결정될 겁니다.	採用の可否は2、3日の内に決まると思います。
결정되는 대로 즉시 전화를 드리겠습니다.	結果が出次第、電話でお知らせします。
합격자 발표는 홈페이지에서 합니다.	採用者の発表はホームページで行います。

채용이 되면 주소지를 이쪽으로 옮길 수 있습니까?	採用されたら住居をこちらに移すことは可能ですか。
면접 결과는 언제쯤 알 수 있습니까?	面接の結果はいつくらいに分かりますか。
그럼, 연락을 기다리겠습니다.	それでは、連絡をお待ちしています。
뭐 좀 물어 봐도 되겠습니까?	ちょっとお聞きしてもよろしいでしょうか。

면접 결과

면접은 어땠어요?	面接はどうでしたか。
해냈어요!	やった!
합격했습니다.	合格しました。
나 드디어 취직했어요.	いよいよ就職が決まりました。
축하해! 정말 잘됐다.	おめでとう!よかったね。
아직 소식이 없어요.	まだ連絡がありません。

3 아르바이트

아르바이트 소개

어디, 아르바이트 소개 좀 해 줘.	どっか、バイト紹介してくれない?[14]
설거지든 뭐든 다 할 테니까 아르바이트 소개 해 주세요.	皿洗いでも何でもしますから、アルバイトを紹介してくれませんか。
육체 노동이든 뭐든 다 좋습니다.	肉体労働でも何でもいいです。

---

14 '아르바이트'는 アルバイト. 줄여서 バイト라고 하는 경우가 많다.

빨리 아르바이트를 찾지 못하면 생활할 수가 없어요.	早くバイトを見つけないと、生活できないんです。
경비원 아르바이트가 좋다는 얘기를 들었는데 소개해 줄 데는 없을까요?	警備員のバイトがいいと聞きましたけど、紹介してもらえるところはありませんか。
이삿짐 센터 아르바이트가 (일에 비해) 돈이 많대.	引っ越し屋のバイトが割がいいって言うよ。
힘들어도 시급이 좋은 곳이 좋습니다.	大変でも、時給がいいところがいいです。
시급이 좀 싸도 편한 게 좋습니다.	時給は少し安くても楽な方がいいです。
학교에서 아르바이트를 소개해 줄 수 없습니까?	学校でバイトを紹介してもらえませんか。
일본어를 잘 하지 못하면 좀 어려워요.	日本語が上手くないと、なかなか難しいんですよ。

면접

아르바이트 경험은 있습니까?	バイトの経験はありますか。
서비스업 경력은 있습니까?	サービス業の経験はありますか。
내일부터 올 수 있습니까?	明日から来られますか。
시간은 몇 시부터 가능합니까?	時間は、何時から可能ですか。
하루 몇 시간씩 가능해요?	一日何時間できますか。
단기보다 장기 아르바이트가 더 좋은데…….	短期より長期の方がいいんだけど……。
우린 1년 이상 할 수 있는 사람을 찾고 있어요.	うちは1年以上できる人を探しています。
늦게 나오는 타임하고 일찍 나오는 타임하고 어느 쪽이 좋겠어요?	遅番と早番のうち、どっちがいいですか。[15]

---

[15] 파트타임에서 늦은 시간부터 일하는 타임을 遅番, 이른 시간부터 일하는 타임을 早番이라고 한다.

집에서 여기까지 얼마나 걸립니까?	家からここまでどれくらいかかりますか。
무거운 거 들 수 있겠어요?	重い物を持てますか。
체력이 있어야 되는 일인데 자신 있어요?	体力が要る仕事だけど、自信ありますか。
힘쓰는 일 해 본 적 있어요?	力仕事はやったことありますか。
일본어 이외에 영어는 할 수 있습니까?	日本語の外に、英語はできますか。
간단한 컴퓨터 입력, 전화 받기, 파일 정리, 복사 같은 일을 하게 됩니다.	簡単なパソコン入力、電話対応、ファイリング、コピーなどの仕事をしてもらいます。
유니폼을 입어야 되는데 괜찮겠어요?	ユニフォームを着てもらうけど、いいですか。

처우

시급은 얼마입니까?	時給はいくらですか。
시급은 견습 기간에는 적습니다.	時給は、見習いの期間は安くなります。
시급은 교통비가 포함된 돈이에요?	時給は交通費込みですか。
교통비는 나옵니까?	交通費は出ますか。
교통비는 전액 지급합니다.	交通費は全額支給します。
식대와 교통비는 따로 지급됩니다.	食事と交通費は別に出ます。
식사는 가게에서 밥이 나오지만 교통비는 안 나와요.	食事は賄いが出るけど、交通費は出ません。[16]
식사는 밖에서 먹으면 지급하지 않아요.	食事は外で食べる時は出ません。
아르바이트에서 정사원으로 채용되는 일도 있습니까?	アルバイトから正社員になることもありますか。

[16] 賄い는 식당에서 종업원에게 제공하는 식사를 말한다.

파견사원과 아르바이트의 차이가 있습니까?	派遣社員とアルバイトの違いはありますか。[17]

기타

아르바이트 하는 데에 좋은 사람 있어?	バイト先にいい人いる？
아르바이트 잘렸어. 지각을 많이 했더니 말이야.	バイト、首になっちゃったよ。遅刻が多すぎてね。
빨리 다른 데 알아봐야 하는데.	早く新しいとこ、探さなきゃ。
아르바이트하다 만난 사람이랑 열애중이라며?	バイト先で出会った人とラブラブだって？
일본어를 못해도 할 수 있는 일은 없습니까?	日本語ができなくてもできる仕事はありませんか。
요즘은 대학을 졸업해도 취직을 하지 않고 프리 아르바이터인 채로 사는 사람이 많다고 합니다.	最近は、大学を卒業しても、就職しないでフリーターの人が多いそうです。[18]

---

[17] 派遣社員은 비정규직 사원으로 에이전트(人材会社:じんざいがいしゃ) 소속으로 파견을 나가게 되는 직원을 말한다.
[18] フリーター는 영어(free)와 독일어(arbeit)의 일본식 조어로, 취직을 하지 않고 아르바이트로 생계를 유지하는 사람을 말한다.

2 일상 업무

업무 용어 등 회사에서 쓰이는 말들은 거의 형식화되어 있으므로 그런 표현들을 외워 두면 자연스럽게 쓸 수 있다. 또한 일본의 경우, 회사에서는 사적인 이야기를 가급적 하지 않는 것이 상식이므로 업무상 이야기를 할 때는 가까운 사이라도 대부분 정중어를 쓴다. 그리고 자신이 속해 있는 회사 사람을 외부 사람에게 이야기할 경우는 자신의 상사라 할지라도 존칭을 써서 말하면 안 된다는 점도 유의해야 한다. 즉 외부 사람에게 '고노 부장님은 지금 외출중이십니다.' 라는 말을 하고 싶을 경우 일본어로는 河野はただいま外出しております。(고노는 지금 외출중입니다.)라고 해야 하는 것이다. 설사 상대방이 고노 부장보다 직위가 낮은 사람이라 할지라도 외부 사람일 경우는 자기 회사 사람을 낮추어 말하는 것이 예의이다.

1 사무실에서 쓰는 일상 대화

출근

좋은 아침!	おはよう(ございます)。
오늘은 일찍 나오셨네요.	今日は早いですね。
안 늦었다!	間に合った！[1]
	セーフ！[2]
죄송합니다. 늦었습니다.	申し訳ありません。遅くなりました。
자네, 또 지각이네.	君、また遅刻だね。
자넨 늘 그렇게 시간이 다 돼서 오는군.	君はいつもぎりぎりですね。
죄송합니다. 앞으로 조심하겠습니다.	申し訳ありません。以後気をつけます。
죄송합니다만 30분 정도 늦을 것 같습니다. 잘 부탁드립니다.	申し訳ありませんが、30分ほど遅くなります。よろしくお願い致します。

---

[1] 間に合う는 정해진 시간, 기한에 늦지 않는 것을 말한다.
[2] セーフ는 영어 'safe', 間に合う와 같은 뜻으로 쓰인다.

지금부터 택시를 타고 가겠지만 20분 정도 늦을 것 같습니다. 죄송합니다.	これからタクシーで向かいますが、20分ほど遅れそうです。申し訳ありません。
지하철역을 지나쳐 버려서 30분 정도 늦을 것 같습니다. 죄송합니다.	地下鉄を乗り過ごしまして、30分ほど遅くなります。申し訳ありません。[3]

업무 시간 중 출입

다녀오겠습니다.	行ってまいります。
영업소를 돌고 3시경 돌아오겠습니다.	営業所を廻って3時ごろ戻ります。
다녀왔습니다.	ただいま戻りました。
잘 다녀오셨어요?	おかえりなさい。
실례합니다.	失礼いたします。[4]
오늘은 거래처를 돌고 그냥 퇴근하겠습니다. 잘 부탁합니다.	今日は、取引先を廻って、そのまま退社いたします。よろしくお願い致します。

휴식

쉬고 합시다.	一休みしましょう。
이제 머리가 전혀 안 돌아가. 좀 쉬었다 하자.	もう頭が全然働かない。ちょっと休んでからにしよう。
커피를 좀 부탁해.	コーヒーを持ってきてくれ。
	コーヒー、お願い。

---

[3] 乗り過ごす는 전철이나 지하철・버스 등 정해진 승강장이 있는 탈 것에서 내릴 예정이었던 장소에서 못 내리고 지나쳐 버리는 것을 말하며 乗(の)り越(こ)す라고도 한다. 한편 늦어서 제 시간에 못 탄 경우는 乗(の)り遅(おく)れる라고 한다.
[4] 失礼いたします는 회사에서 회의실이나 상사의 업무실에 들어갈 때 하는 인사말.

커피 드실래요?	コーヒーはいかがですか。 ↑
티타임을 가질까요?	お茶にしましょうか。
이렇게 화과자도 받았으니 우리 차 마셔요.	せっかくお茶請けもいただいたことだし、お茶にしませんか。[5]
이제 점심 식사 시간이네요.	そろそろ昼食〔お昼〕の時間ですね。
밖으로 먹으러 나갈까요, 아니면 뭘 사올까요?	外に食べに行きますか、それとも何か買ってきましょうか。
전화로 점심을 시켜 먹을까요?	お昼、出前取りましょうか。[6]
저는 점심을 싸 가지고 왔어요.	私は、お弁当を持ってきました。
저는 매일 도시락을 싸 가지고 다녀요.	私は、毎日お弁当を持ってきます。

퇴근

먼저 가겠습니다.	お先に失礼(いた)します。
죄송합니다. 먼저 퇴근하겠습니다.	申し訳ありません。お先に失礼させていただきます。 ↑
내일 일찍 서둘러야 해서요, 먼저 퇴근하겠습니다.	明日が早いので、お先に失礼します。
급한 일이 있어서요, 죄송하지만 먼저 퇴근하겠습니다.	急用がありまして、申し訳ありませんが、お先に失礼させていただきます。 ↑
먼저 퇴근해도 될까요?	お先に失礼させていただいてよろしいでしょうか。 ↑

---

[5] (お)茶請けは 차를 마실 때 함께 먹는 과자나 일본식 절임음식 漬物(つけもの) 등을 말한다.
[6] 出前는 음식물을 배달하는 것을 말한다. '음식을 시키다'는 出前(でまえ)を 取(と)る.

수고하셨습니다.	お疲れさまでした。
	ご苦労様でした。[7]

업무 부탁

지금 시간 괜찮으세요?	ちょっと、よろしいですか。
이거 부탁합니다.	これ、お願いします。
알겠습니다.	かしこまりました。 ↑
	承知いたしました。 ↑
제가 뭐 도와 드릴 일은 없습니까?	何かお手伝いすることはございませんか。 ↑
차라도 갖다 드릴까요?	お茶でもお持ちしましょうか。 ↑
감사합니다.	どうもありがとうございました。
지난번에는 신세 많이 졌습니다.	先日は、大変お世話になりました。
이것을 다나카 과장님한테 팩스로 보내 주게.	これを田中課長にファクスしてくれ。[8]

중요한 얘기를 꺼낼 때

시간 좀 내주실 수 있으세요?	ちょっとお時間をいただいてよろしいでしょうか。 ↑
실은 의논드릴 일이 몇 가지 있는데요.	実は、ご相談したいことがいくつかあるのですが……。
급히 의논드려야 할 일이 있는데요.	至急、ご相談しなければならないことがあるのですが……。

[7] ご苦労様でした는 상사가 아래 직원에게 하는 말.
[8] '팩스를 보내다'는 ファクスを送(おく)る라고도 하지만 ファクスする라는 표현도 많이 쓴다.

중요한 드릴 말씀이 있는데요.	大事なお話があるのですが……。
여기서는 좀 말씀드리기 어려운 얘기가 있어서요.	ここではちょっと申し上げにくい。お話がありまして……。
좀 복잡한 얘기라서 시간을 좀 내 주시면 좋겠는데요.	少し込み入った話なので、お時間を取っていただきたいのですが……。

대답 및 맞장구칠 때

그렇군요.	そうですね。
정말 그렇군요.	本当ですね。
잘 됐네요.	よかったですね。
그것 참, 정말 그렇군요.	なるほど、そうですね。
물론 말씀하신 대로입니다.	もちろんその通りです。
저도 그렇게 생각합니다.	私もそう思います。
아뇨, 아닙니다.	いいえ、とんでもありません。
그런 일은 없습니다(그렇지 않습니다).	そんなことはございません。
뭐라고 하셨지요?	何とおっしゃいましたか。
무슨 뜻입니까?	どういう意味でしょうか。
재미있는 얘기이군요.	面白い話ですね。
독특한 생각이군요.	ユニークな(お)考えですね。

---

9 埋め合わせをする, 埋め合わせる는 뭔가 결여된 것이나 손실을 보충한다는 뜻이 있다.
10 なんないでは ならないので의 구어체.

거절할 때

미안하지만 지금 빨리 해야 할 일이 있어서요.	すみませんが、今はちょっと手が離せない仕事を抱えているので……。
이거 빨리 끝내 버리지 않으면 안 되는데 이걸 끝내고 나서 해도 될까요?	これ、早くやってしまわないといけないんですけど、これを終らせてからでもいいですか。
오늘 중으로는 좀 어려운데요.	今日中には、ちょっと無理ですね。
내일까지라면 어떻게든 해 보겠습니다.	明日までだったら、何とかやってみます(が)。
정말 죄송합니다만 오늘은 선약이 있어서요. 다음 번에 꼭 보충할게요.	本当に申し訳ありませんが、今日は先約がありまして。後日必ず埋め合わせします。[9]
중요한 거래처에서 올 전화를 기다리고 있습니다. 갈 수 있으면 나중에 갈게요.	得意先からの電話待ちなんです。行けるようだったら後から行きます。
배우는 게 있어서요. 가고는 싶지만 오늘이 배우러 가는 날이거든요.	習い事をしていまして……。残念なのですが、今日はその(お)稽古の日なんです。
고향에서 아버님이 와 계셔서 오늘 밤은 반주 하시는 데 같이 있어 드려야 해서요.	田舎から親父が出てきていて、今夜は晩酌に付き合わないとなんないんで……。[10]
요즘 위장이 안 좋아서 약을 먹고 있어요. 몸 컨디션이 좋아지면 이번에 거절했다고 연락 끊지 마시고 다음번에도 얘기해 주세요.	最近、胃の調子が悪くて胃薬を飲んでいる状態なんです。体調が戻りましたら、これに懲りずにまた誘ってください。[11]
집에 일이 좀 있어서 부모님이 빨리 들어오라고 하셨거든요. 미안해요.	いろいろあって、親に早く帰ってくるように言われているんです。すいません。[12]

11 懲(こ)りる의 원뜻은 '넌더리나다, 싫증나다', 즉 이 표현은 거절을 당한 사실에 넌더리를 내서 다음부터는 아예 말도 꺼내지 않을 것을 우려하여 하는 말이다. 일본에서는 한두 번 거절을 하게 되면 자신과 관계를 맺고 싶지 않다고 상대가 판단할 수 있으므로 사정이 있어서 거절을 한다는 뜻을 분명히 이야기하고, これに懲(こ)りずにまた誘ってください라는 말을 덧붙여서 상대와 계속 관계를 맺고 싶다는 의사를 전하는 것이 좋다. 물론 また誘ってください라고만 해도 된다.

12 すいません은 すみません에서 온 말로, 가깝게 지내는 사람에게 쓰는 말이다.

영전/승진을 축하할 때

승진 축하드립니다.	ご昇進、おめでとうございます。
부장으로 승진하신 것 축하드립니다.	部長昇進、おめでとうございます。
과장 취임 축하드립니다.	課長にご就任、おめでとうございます。
팀장으로 발탁되셨다고 들었습니다. 축하합니다.	チーフに抜擢されたそうで、おめでとうございます。
가와하라 씨, 중책에 발탁되신 것 축하드립니다.	川原さん、大抜擢おめでとうございます。
영전을 축하드립니다.	この度は、ご栄転おめでとうございます。
규슈 지점장으로 발령받으셨다구요, 역시나 후지시마 과장님이시네요.	九州支店長になられるそうで、さすが藤島課長ですね。
오사카 본사로 영전되셨다구요, 축하드립니다.	大阪本社にご栄転されるそうで、おめでとうございます。
삿포로 지점장으로 영전되셨다고 들었습니다. 축하드립니다.	札幌支店長にご栄転と伺いました。おめでとうございます。
바쁘시겠지만 저희들이 자리를 마련했으면 하는데 언제 시간이 나실 것 같으세요?	お忙しいこととは思いますが、一席を設けさせていただきたいと思いますので、ご都合をお聞かせいただけますか。

결혼 초대장을 받고

축하드립니다. 결혼식날 기대할게요.	この度はおめでとうございます。当日、楽しみにしております。

결혼 축하드립니다. 피로연에는 기쁜 마음으로 참석하겠습니다.	ご結婚おめでとうございます。ご披露宴には喜んで出席させていただきます。 ⬆
결혼 축하드립니다. 결혼식날에는 기쁜 마음으로 축사를 하겠습니다.	ご結婚おめでとうございます。当日は喜んでご祝辞を述べさせていただきます。 ⬆
결혼 축하드립니다. 정말 죄송하지만 그 날은 선약이 있어서 유감스럽게도 참석을 못 하게 됐습니다.	ご結婚おめでとうございます。誠に残念ですが、当日は先約がありまして、残念ながら欠席させていただきます。 ⬆

2 OA기기 (팩스/복사/컴퓨터)

팩스

《《《 팩스로 송신을 할 때 》》》

팩스로 보내 주시겠어요?	ファクスで送っていただけませんか。 ⬆
견적서를 팩스로 보내 주세요.	見積書をファクスで送ってください。
주문서를 팩스로 보냈는데요.	注文書をファクスでお送りしたのですが……。 ⬆
팩스 번호를 알 수 있을까요?	ファクス番号を教えていただけますか。 ⬆
팩스 확인 좀 해 주시겠어요?	ファクスの確認をお願いできますか。
지금 막 팩스를 보내려는 참이에요.	ちょうど今ファクスをお送りしようとしていたところです。
그 서류를 지금 바로 팩스로 보내겠습니다.	その書類を今すぐファクスでお送り致します。 ⬆
이건 좀 너무 많아서 팩스로 보낼 수가 없겠네요.	ちょっとこれは多すぎて、ファクスでは送れませんね。

팩스를 받으면 전화 주세요.	ファクスを受け取ったらお電話ください。

⟪⟪⟪ 팩스 수신 상태가 나쁠 때 ⟫⟫⟫

보내 주신 팩스를 읽을 수가 없군요.	お送りくださったファクスが読めませんが。
글씨가 흐려서 읽을 수가 없습니다.	字がぼやけてて読むことができません。
끝이 잘렸어요.	下の方が途中で切れています。
이건 영 읽을 수가 없군요.	これは、読みにくいですね。
전부 몇 장 보내셨지요?	全部で何枚ですか。
전부 합해서 9장이 맞습니까?	全部で9枚でよろしいですか。
5번까지밖에 안 왔습니다.	ナンバー 5 までしか来ていません(が)。
4장째하고 7장째가 안 왔어요.	4枚目と7枚目が来ていません。
다시 보내 주시겠습니까?	もう一度送ってもらいますか。

⟪⟪⟪ 팩스 도착 ⟫⟫⟫

팩스가 왔던데요.	ファクスが来てましたよ。
이거 나한테 온 거예요?	これ、私に来たものですか。
나한테 온 팩스 없어요?	私にファクス、来ていませんか。
아까 책상 위에 갖다 놓았습니다.	さっき机の上に置いておきました。
팩스가 아직 도착하지 않았어요.	ファクスがまだ届かないのですが。
거래처에서 아직 팩스가 안 왔어요?	取引先からのファクスはまだ来ていませんか。

복사

⟪⟪⟪ 복사기를 사용할 때 ⟫⟫⟫

제일 안쪽에 있는 복사기를 사용하세요.	一番奥のコピー機を使ってください。
양면 복사를 할 수 있습니까?	両面コピー、できますか。
컬러 복사 할 수 있어요?	カラーコピー、できますか。
한 장 복사하는 데 얼마죠?	コピー一枚、いくらですか。
종이를 어떤 식으로 넣어야 되죠?	紙をどうやって入れればいいんですか。

⟪⟪⟪ 복사 부탁 ⟫⟫⟫

이거, 복사해 주겠어요?	これ、コピーしてもらいますか。
몇 장이나 복사할 건가요?	何枚コピーしますか。
복사를 몇 부 할까요?	コピーは何枚しましょうか。
두 장씩 해 주세요.	2枚ずつお願いします。
오늘 오후에 찾아가세요.	今日の午後取りに来てください。
금요일까지 해 주시겠어요?	金曜日までお願いできますか。
양면으로 복사해 주세요.	両面コピーにしてください。
90%로 축소해 주세요.	90％に縮小コピーしてください。
이 페이지를 80%로 축소해 주시겠어요?	このページを80％に縮小コピーしてください。
복사기를 사용한 후에는 소속 부서와 매수를 적어 두세요.	コピー機を使用した後は、所属と枚数を書いておいてください。

<<< 복사기 이상 >>>

용지가 떨어졌어요.	紙がきれました。
복사기에 종이가 걸렸어요.	コピー機に紙がひっかかりました。
복사기가 작동하지 않습니다.	コピー機が動かないです。
(복사기의) 종이가 떨어진 걸 거야.	紙ぎれだと思うよ。
가운데 부분에 줄이 생기는데요.	真ん中に線が入るのですが……。
너무 흐려서 글씨가 잘 안 보이는군요.	薄すぎて、(字が) 読みづらいですね。
토너를 바꿔야 될 것 같군요.	トナーを替えないといけないようですね。

컴퓨터

<<< 파일 찾기 >>>

파일 이름이 뭐죠?	ファイル名は何ですか。
파일 이름을 뭐라고 지정해서 저장했습니까?	ファイル名を何にして保存しましたか。[13]
어느 디스크(CD)에 저장해 두셨죠?	どのフロッピー〔CD〕に保存しましたか。

<<< 데이터 손상 >>>

이 디스크 뭔가 잘못됐어요.	このフロッピー、何か変ですよ。
	このフロッピー、おかしくなっていますよ。
이 디스크 못 쓰게 됐어요.	このフロッピーは使えなくなりました。
그 파일은 어디에도 없어요.	そのファイルはどこにもありません。
데이터를 다 잃어버린 것 같아요.	データを全部無くしてしまったようです。

---

[13] 컴퓨터 용어로 '저장'은 保存이라고 한다.

데이터가 다 없어졌어요.	データが全部消えてしまいました。
	データが全部飛んじゃいました。[14]
잘못해서 데이터를 몽땅 지워 버렸습니다.	間違ってデータを全部消してしまいました。
오늘 오전에 정전이 되는 바람에 모든 자료를 다 잃어버렸어요.	今日の午前中の停電で、資料が全部消えてしまいました。
그래서 데이터를 자주 저장해 두라고 했잖아.	だからデータをこまめに保存しておくように言ったじゃないか。 ⬇

⟪⟪⟪ 인쇄 ⟫⟫⟫

인쇄는 해 두었어요?	プリントアウトはしておきましたか。
인쇄를 해 봅시다.	プリントアウトしてみましょう。
이것을 인쇄해야 하는데…….	これをプリントアウトしないといけないんだけど……。 ⬇
컬러도 됩니까?	カラーもできますか。
이건 흑백만 가능합니다.	これは白黒だけです。
레이저 프린터는 빨라서 좋은데 너무 비싸요.	レーザープリンターは早くていいけど、高すぎるんですよね。
프린터가 매우 느리군요.	プリンターが遅いですね。
지금 프린터는 고장이 나서 못 씁니다.	今、プリンターは故障中で使えません。

⟪⟪⟪ 컴퓨터에 관하여 얘기할 때 ⟫⟫⟫

컴퓨터를 가지고 계세요?	パソコンを持っていますか。[15]

---

14 飛んじゃいました는 飛んでしまいました의 축약형. 飛ぶ에는 '사라지다, 없어지다' 라는 뜻도 있다.
15 パソコン은 パーソナル・コンピューター(personal computer)의 줄임말.

어떤 컴퓨터를 가지고 계십니까?	どんなパソコンを持っていますか。
노트북이면 편한데.	ノートだと便利なんですが。[16]
이 하드 디스크 용량은 얼마 정도입니까?	このハードディスクの容量はどれくらいですか。
윈도우를 잘 아세요?	ウィンドウズに詳しいですか。
이 소프트웨어의 사용법을 아세요?	このソフトウェアの使い方を知っていますか。
컴퓨터에 대해서 잘 아세요?	コンピューターに詳しいですか。
이 시스템은 너무 복잡하군요.	このシステムは複雑すぎますね。
이 워드프로세서 정말 마음에 들어요.	このワープロは本当に気に入っています。
파워 포인트〔엑셀〕를 쓰면 좋아요.	パワーポイント〔エクセル〕を使うといいですよ。

《《《 인터넷에 관한 얘기 》》》

지금은 인터넷밖에 못해요.	今はインターネットしかできません。
겨우 메일만 할 수 있어요.	やっとメールだけできます。
인터넷 검색을 할 수 있으면 좋겠는데.	インターネットで検索ができればいいんだけど……。
인터넷에서 찾아 보면 될 거예요.	インターネットで調べてみたらいいと思いますよ。
메신저 사용하고 있어요?	メッセンジャーを使ってますか。
메신저에 친구로 등록해도 될까요?	メッセンジャーに友達として登録してもいいですか。
이젠 인터넷 없는 생활은 상상도 못하겠어요.	もはやインターネットのない生活は考えられませんね。

---

[16] 노트북은 ノートブックパソコン. 보통 이를 줄여서 ノート라고 한다.

<<< 기타 >>>

하루 종일 컴퓨터 화면을 보고 있으니까 정말 눈이 아파요.	一日中モニターを見ているから本当に目が疲れます。
오늘 하루 종일 이 컴퓨터 앞에 앉아 있었어요.	今日は一日中このパソコンの前に座っていました。
저 사람은 컴퓨터로 게임만 하고 있어.	あの人はパソコンでゲームばかりやってる。

3 업무 지시와 보고

업무 지시

오늘 중으로 거래처에 전화를 해서 약속을 잡도록 하세요.	今日中に取引先に電話を入れて約束を取り付けておいてください。
내일모레까지 기획안을 제출하도록.	明後日まで企画案を提出するように。
틀림없이 준비하도록 하게.	間違いのないように準備したまえ。
보고서는 부장한테 제출해.	報告書は部長に提出してくれ。
보고서는 언제까지입니까?	報告書はいつまでですか。
이 보고서를 오늘 중으로 끝마쳐 줘요.	この報告書を今日中に仕上げてください。
다시 한 번 처음부터 다시 하도록.	もう一度最初からやり直すように。
지금 외출하니까, 거래처에서 전화가 오면 용건을 메모해서 여기에 놔 두세요.	今から出掛けるので、取引先から電話が来たら用事をメモしてここに置いてください。
혹시 나한테 전화가 오면, 나중에 이쪽에서 걸겠다고 전해 주게.	もし僕に電話があったら、後でこちらから掛け直すと言っておいてくれ。

서류 작업

이것 좀 철해 주시겠어요?	これ、ちょっと留めてもらえますか。
이 서류에 클립을 끼워 두세요.	この書類をクリップで留めておいてください。
서류를 정돈해 두세요.	書類の整理をしておいてください。
파일 관리를 담당하고 있는 것은 누구죠?	ファイルの管理をしているのは誰ですか。
이 파일을 하드 드라이브와 플로피 디스크에 저장해 두세요.	このファイルをハードとフロッピーに保存しておいてください。
누가 메일을 관리하죠?	誰がメールの管理をしていますか。
인쇄를 해서 가지고 오세요.	プリントアウトをしてから持ってきてください。
이것을 두 부씩 복사해서 내 서랍에 넣어 두세요.	これを二部ずつコピーして、私の引き出しの中に入れておいてください。
그걸 기록해 두세요.	それを記録に残してください。
내가 말한 것을 기록해 두세요.	私が言ったことを書いておいてください。
잊지 말고 그걸 노트에 기록해 두도록.	忘れずにそれをノートに書いておくように。

보고

호텔 건은 확인됐습니다.	ホテルの件は、確認を取りました。
회의 참석자가 아직 확정되지 않은 상황입니다.	会議の出席者がまだはっきり決まっていない状況です。
가능한 한 빨리 연락을 주도록 상대측에 전해 두었습니다.	なるべく早く連絡をくれるように先方には伝えておきました。

내일 3시에 미팅을 하기로 되었습니다.	明日の3時に打ち合わせをすることになりました。
임원 회의는 수요일 오전 10시라고 합니다.	取締役会議は水曜日の午前10時だそうです。
사내 IT화에 관한 강습을 들으러 다녀 오겠습니다.	社内のIT化に関する講習を聞きに行ってきます。
도쿄상사의 전무가 다음 달 내한하신다고 합니다.	東京商事の専務が来月来韓されるそうです。
사업 계획에 관해 개략적으로 설명드리고 준비 자료를 드리고 왔습니다.	事業計画について概略をご説明して、用意した資料をお渡しして来ました。
다음 주중에는 결과를 보고드릴 수 있을 것 같습니다.	来週中には結果をご報告できると思います。
이게 아무리 계산을 해도 안 맞아요.	これが、何度やり直してみても計算が合いません。
이츠키 과장님이 갑자기 병이 나서 예정했던 출장을 취소했다고 합니다.	五木課長が急病のため予定していた出張が取り消しになったそうです。
어느 분께 여쭤 보면 될까요?	どなたにお伺いすればよろしいのでしょうか。

검토

우선 그 서류 좀 봅시다.	まずその書類を見ましょう。
이 보고서는 부족한 점이 많을 겁니다.	この報告書には至らない点が多いことと思います。

대충 한 번 훑어 봤어요.	一度、目を通してみました。
이 보고서 몇 페이지가 빠져 있어요.	この報告書は、何ページかが抜けています。
몇 군데 잘못된 곳을 제외하고는 잘 된 번역이에요.	何ヶ所か間違ったところを除けば、翻訳はなかなかの出来です。[17]
또 오타를 냈군요.	また打ち間違いがありますね。
우선 읽어 보고 얘기합시다.	まず読んでから話しましょう。
할 얘기가 있으니까 자네는 좀 더 자리에 남아 있게.	話があるから君は残りなさい。
여기에 서명해 주십시오.	ここに署名をお願いします。
	ここにサインをお願いします。
서명해 주세요.	署名してください。
여기에 도장을 찍어 주세요.	ここに印鑑をお願いします。
서명하기 전에 한번 검토해 봐야겠어요.	サインをする前に一度検討してみないといけませんね。

4 방문 / 손님 접대

안내 카운터

어서 오십시오.	いらっしゃいませ。
도자이 상사 영업부의 나츠메라고 합니다.	東西商事営業部の夏目と申します。
영업 3과의 전 과장님과 3시에 미팅 약속이 되어 있습니다.	営業三課のチョン課長に3時に打ち合わせのお約束をいただいております。

---

[17] 出来는 완성된 상태를 나타내는 말이기도 하다. 따라서 上出来(じょうでき)라고 하면 아주 잘 된 것을 말하고 なかなかの出来라고 하면 꽤 잘 된 것을 말한다.

그러십니까? 부를 때까지 (잠시) 앉아서 기다려 주십시오.	左様ですか。お呼びするまで、お掛けになって少々お待ちください。
총무부의 마치다 부장님 자리에 계십니까?	総務課の町田部長はおいでになりますでしょうか。
연구개발부의 최 부장님 계신가요?	研究開発部のチェ部長はいらっしゃいますか。
약속은 하지 않았지만 근처에 오게 돼서 인사라도 드리고 가려고요.	お約束はいただいておりませんが、近くまで参りましたのでご挨拶をと思いまして。
확인해 드리겠습니다. 잠시 앉아서 기다려 주십시오.	ご確認いたしますので、お掛けになって少々お待ちください。
마치다 부장님은 지금 회의중이시랍니다. 4시 넘어까지 걸릴 것 같다고 하는데요.	町田はただいま会議中でございまして、4時過ぎまでかかりそうだということでございますが……。[18]
마치다 부장님은 지금 자리에 안 계시다고 합니다.	町田はただいま席をはずしているとのことです。
나츠메 님, 오랫동안 기다리셨습니다. 2층으로 올라 가세요.	夏目様、大変お待たせいたしました。(お)二階の方にどうぞ。
나츠메 님, 마치다 부장님께서 지금 손님을 만나고 계셔서 30분 정도 기다려 주십사 하시는데요.	夏目様、町田はただいま接客中でございまして、30分ほどお待ちいただけないかとのことですが……。
예, 알겠습니다. 그럼 여기서 기다리겠습니다.	はい、分かりました。それではここでお待ちします。

---

[18] 자신이 속해 있는 회사의 일원일 경우 상사라도 이름만 부르는 것이 예의이다.

그럼 또 알려 드리겠습니다.	それでは、またお呼びいたしますので。
개발부의 오 부장님을 뵙고 싶습니다만…….	開発部のオー部長にお目にかかりたいのですが……。
연구개발부의 김익수 연구원을 만나고 싶습니다만.	研究開発部研究員のキムさんにお会いしたいのですが……。
총무부 임 계장님 말씀하시는 거지요?	総務部のイムでございますね。
잠시만 기다리세요. 지금 연결해 드리겠습니다.	少々お待ちください。すぐにおつなぎいたします。
거기서 좀 기다려주시겠습니까?	そちらで少々お待ちいただけますか。

담당자 소개

어느 분이 담당하십니까?	担当者はどなたですか。
이 분이 이 부장님이십니다.	こちらが部長の李です。
이 분이 스즈키 사장님이십니다.	こちらが社長の鈴木です。
이분은 누구십니까?	こちらは(どなたですか)。
처음 뵙겠습니다. 김남영입니다.	初めまして。キム(・ナミョン)です。
처음 뵙겠습니다. 해외사업부 부장 윤동혁입니다.	初めまして。海外事業部部長のユン(・ドンヒョク)です。
처음 뵙겠습니다. 이병주라고 합니다.	初めてお目にかかります。イ(・ビョンジュ)と申します。

앞으로 귀사 담당을 하게 되었습니다. 잘 부탁드립니다.	今後、貴社を担当させていただきますので、よろしくお願いいたします。
일본용 제품 개발 책임자입니다.	日本向け製品開発の責任者です。
담당자는 지금 안 계시는데요.	担当者は只今席を外しておりますが……。
저는 잠시 일을 대신하는 사람일 뿐입니다.	私はしばらく代理を務めさせていただいているだけでございます。
내일 오전에 다시 와 주시겠습니까?	明日の午前中にもう一度お越しいただけますか。
제가 안내해 드리겠습니다.	私がご案内いたします。

통보 / 회답

제가 알려〔연락〕드리겠습니다.	こちらからご連絡差し上げます。
조속한 답변을 바랍니다.	早急な回答をお願いします。
오늘 중으로 연락해 주시면 됩니다.	今日中にご連絡いただければ結構です。
다시 연락드리겠습니다.	またご連絡させていただきます。
될 수 있는 한 빨리 내게 알려 주세요.	なるべく早くご連絡ください。
내일까지 답변을 드리겠습니다.	明日までにご回答させていただきます。
그 취지를 〔내용을〕 전하겠습니다.	その旨、お伝えいたします。
결과를 아는 대로 알려 드리겠습니다.	結果が分かり次第お知らせ致します。
송금이 확인되는 대로 알려 드리겠습니다.	送金の確認が取れ次第お知らせいたします。

5 회의

회의 일정 확인

《《《 회의 시간 / 장소 》》》

회의 시간이 언제죠?	会議は何時ですか。
내일 오전 10시에 회의가 있어요.	明日の午前10時に会議があります。
회의가 몇 시에 시작됩니까?	会議は何時に始まりますか。
회의가 몇 시에 끝나죠?	会議は何時に終わりますか。
회의 시간이 얼마나 됩니까?	会議の時間はどれくらいになりますか。
회의는 2층 회의실에서 있습니다.	会議は二階の会議室で行われます。
회의실이 어디에 있습니까?	会議室はどこですか。
회의실이 너무 좁군요.	会議室が狭すぎますね。

《《《 회의 주관 / 진행 》》》

뭐에 대한 회의죠?	何についての会議ですか。
오늘 회의 주제는 뭡니까?	今日の会議の議題は何ですか。
회의 진행은 누가 하죠?	会議の司会は誰ですか。
내일 직원 회의에서 무슨 얘기를 할지 모르겠어요.	明日の社員会議で何を言えばいいのか分かりません。
회의가 취소됐습니다.	会議が無くなりました。
나는 회의에 참석하지 못할 것 같아요.	私は会議に出席できそうにないです。
저는 회의에 참석할 수 없습니다.	私はその会議に出席できません。

또 회의야? 죽겠구만!　　　　　また会議かよ。もう嫌んなっちゃうよ。

회의 준비

회의실 준비를 해 두세요.	会議室の準備を整えておいてください。
모두 합해서 10명 자리를 준비하세요.	全部で10人の席を用意してください。
마이크 테스트를 꼭 해 봐야 합니다.	必ずマイクテストをしてみてください。
재떨이 준비를 잊지 말도록 해요.	灰皿の用意を忘れないようにしてください。
차는 뭘로 준비할까요?	お茶は何をご用意しましょうか。
커피면 되겠지요.	コーヒーでいいでしょう。
녹차를 준비하도록 하죠.	緑茶〔お茶〕を用意しましょう。
회의 준비를 철저히 하신 것 같군요.	会議の準備を完璧にやったようですね。
발표할 준비를 다 하셨습니까?	発表の準備は終わりましたか。
회의 자료는 받았어요?	会議の資料はもらいましたか。

회의 시작

주목해 주십시오.	ご注目ください。
여러분, 자리에 모두 앉아 주십시오.	皆さん、お座り〔席について〕ください。
이제 모두들 모였으니, 회의를 시작합시다.	皆さんお集まりのようですので、会議を始めさせていただきます。
그럼 회의를 시작하겠습니다.	それでは会議を始めます。

모두 오셨습니까? 회의를 시작할까요?	皆さん、お集まりですか。それでは始めましょうか。
개회를 선언합니다.	開会を宣言いたします。
그걸 나누어 주세요.	それを配ってください。
한 사람에 한 부씩 드리세요.	一人に一部ずつお配りください。
회의에 늦어서 미안합니다.	会議に遅れて申し訳ありません。

토론

그럼 본론으로 들어가서…….	それでは本題に入りまして……。
회의 안건은 다음과 같습니다.	会議の案件は次の通りです。
그럼 앞에 있는 자료를 봐 주십시오.	それでは、お手元の資料をご覧ください。
그럼 발언하실 분 하시기 바랍니다.	それではご発言をお願いします。
다른 의견 있으신 분 계십니까?	ほかにご意見のある方はいらっしゃいますか。
그럼 다음 의제로 넘어가겠습니다.	それでは、ほかの議題に移ります。
이건 기록하지 마십시오.	これは記録しないでください。
	これはオフレコでお願いします。[19]
이런 토의는 좀 무의미한 것 같습니다.	こんな議論は意味がないように思いますが……。
제가 한 말씀 드리겠습니다.	私から一言申し上げます。
제가 발언해도 될까요?	よろしいでしょうか。

[19] オフレコ란 'off the record'의 줄임말로 기록하지 않는 것, 또는 게재 금지를 뜻한다. 기록이나 보도를 하지 않는 조건으로 기자에게 얘기할 때도 オフレコ라고 한다.

저 같은 사람이 끼어들어도 되는지는 모르겠습니다만…….	私のようなものが口を挟んでよいものか分かりませんが……。[20]
저 같은 신참이 말씀드려도 되는지 모르겠습니다만…….	私のような新入りが申し上げていいものか分かりませんが……。

질문

의장님!	議長!
여기까지 질문 없으십니까?	ここまで質問ございませんか。
질문을 해도 될까요?	質問をしてもよろしいでしょうか。
좀 질문이 있는데요.	ちょっと質問がありますが……。
확인차 여쭤 보는 건데요.	ちょっと確認ですが……。
한 가지 제안이 있습니다.	一つご提案があります。
저는 이렇게 생각합니다.	私はこのように考えます。
저는 다른 의견을 가지고 있습니다.	私はちょっと意見が違います。
네, 그대로입니다.	はい、その通りです。

휴식

여기서 10분 동안 휴식 시간을 갖도록 하겠습니다.	ここで10分間休憩を取らせていただきます。
좀 쉬었다 합시다.	ちょっと休んでからにしましょう。

---

[20] 口を挟む는 끼어들어 말을 한다는 뜻. 자신이 직접적인 담당자가 아닐 경우, 또는 적극적으로 의견 개진을 할 입장이 아닐 경우에는 자신의 의견을 말하기 전에 이런 말을 하는 것이 좋다.

15분간 티타임을 갖고 나서 다시 회의를 진행하도록 하겠습니다.	15分間のコーヒーブレイクの後、再開いたします。
점심 먹고 계속 합시다.	お昼を食べてから続きをしましょう。

상대의 견해를 물을 때

가격 인하에 대해서는 어떻게 생각하십니까?	価格引き下げについては、どうお考えですか。
이제부터는 젊은이들의 구매력이 증가하지 않을까요?	これからは、若者の購買力が高まるんじゃないでしょうか。
고령화 사회이니까 고령자의 요구에 대처할 수 있는 판매 전략을 세울 필요가 있다고 생각합니다.	高齢化社会ですから、高齢者のニーズに対処できる販売戦略を立てる必要があると思います。
이 프로젝트에 찬성입니까?	このプロジェクトに賛成ですか。
이 계획이 실행되는 것을 반대합니까?	この計画が実行に移されることに反対ですか。
이 문제에 대해서 무슨 좋은 생각이 없습니까?	この問題について何かお考えはありませんか。
그 점에 대해서 조금 더 구체적으로 설명을 부탁합니다.	その点について、もう少し具体的に説明をお願いします。
사토 군의 의견에 대해 어떻게 생각합니까?	佐藤君の考えについて、どう思いますか。
야마다 씨, 그 점에 대해서 자신의 의견을 말해 보세요.	山田さん、その点についてあなたの考えを聞かせてください。

의견을 말할 때

발언할 기회를 주셔서 감사합니다.	発言の機会をいただきまして、ありがとうございます。
요점만 말씀드리겠습니다.	要点だけお話しします。
요점만 말씀드리자면…….	かいつまんでお話いたしますと……。
글쎄요, 저는 ~라고 생각합니다.	そうですね、私は、~と考えます。
요컨대, ~라는 것입니다.	つまり、~ということです。
젊은 사람들이 가벼운 마음으로 선뜻 바꿔 살 수 있는 냉장고라는 컨셉으로 갈 생각입니다.	若者が気軽に買い替えられる冷蔵庫というコンセプトでいきたいと思っております。
우리 회사로서는 고령화 사회에 대비해서 판매 전략을 세워야 한다고 생각합니다.	我が社としては、高齢化社会に備えての販売戦略を打ち立てるべきだと考えます。
저희들의 안은 필시 우리 회사의 이미지 상승로 연결될 것이라 확신하고 있습니다.	私どもの案は、必ずや、我が社のイメージアップにつながると確信いたしております。
부장님, 저희들의 안을 꼭 검토해 주시기 바랍니다.	部長、私どもの案をぜひご検討いただきたく存じます。

다른 의견이 있을 때

기본적으로 좋은 의견이라는 생각이 드는데요, 조금 더 안을 다듬는 편이 좋지 않을까요.	基本的にいい考えと思うんですが、もう少し案を練った方がいいのではないでしょうか。[21]
저는 조금 다른 의견을 갖고 있습니다.	私は少し違う考えを持っています。

---

21 練る에는 심사숙고하여 더 좋은 방향으로 고친다는 뜻이 있다. 예〉草案(そうあん)を練(ね)る, 作戦(さくせん)を練(ね)る

여기서, 조금 다른 방향으로 생각해 보지 않겠습니까?	ここで、少し違う方向から考えてみませんか。
다른 과에서 나온 안도 훌륭하다고 생각합니다만, 저희들의 안은 이제까지 없었던 획기적인 것이라고 자부하고 있습니다.	他の課から出た案も素晴らしいと思いますが、私どもの案はこれまでにない画期的なものと自負しております。 ↑

의사 결정

여러분 생각은 어떻습니까?	皆さんのお考えはいかがでしょうか。 ↑
이 계획에 대해 어떻게 생각하십니까?	この計画についてどのようにお考えですか。 ↑
반대 의견을 가진 분은 안 계십니까?	反対の方はいらっしゃいませんか。 ↑
여기에 추가해야 할 사항이 있습니까?	ここに付け加えるべきものはありますか。
동의합니다.	同意します。
그 점에 대해서는 동의합니다.	その点につきましては、同意致します。 ↑
저도 그렇게 생각합니다.	私も同じ考えです。
	私もそう思います。
동의할 수 없습니다.	同意しかねます。
표결로 정하고 싶습니다.	票決で決めたいと思います。
좀처럼 결정이 나지 않으니까 다수결로 합시다.	なかなか決まらないから、多数決をとりましょう。
본 건에 대해서는 최종적으로 다수결로 하겠습니다.	本件につきましては、最終的に多数決で決めたいと思います。

이 일에 대한 최종 결정은 다수결로 정하겠습니다.	この件につきましての最終決定は、多数決によって決めさせていただきます。 ↑
그럼 표결에 들어가겠습니다. 반대하는 사람은 손을 들어 주십시오.	では、採決をとります。反対の人は、手をあげてください。
찬성[반대]하는 분 손을 들어 주십시오.	賛成[反対]の方は、手を挙げてください。 賛成[反対]の方は、挙手をお願いします。
결론은 다음 회의에서 내리게 되었습니다.	結論は次の会議に持ち越されました。[22]
예산안은 60대 40으로 가결되었습니다.	予算案は 60 対 40 で可決されました。
이해해 주시고 검토해 주시기 바랍니다.	ご理解の上、ご検討をお願いいたします。 ↑
검토하신 후 답변을 해 주시면 감사하겠습니다.	ご検討の上、お返事をいただければ幸いです。 ↑

회의를 마치면서

오늘 회의는 이것으로 마치겠습니다.	今日の会議はこれで終わらせていただきます。 ↑
다음 회의 때까지 이 건에 대해 검토해 주시기 바랍니다.	次の会議までこの件についてご検討をお願い致します。 ↑
여러분! 고생 많으셨습니다.	皆様、大変お疲れ様でございました。 ↑
고생하셨습니다.	お疲れ様でした。

---

[22] 持ち越す는 그 상태 그대로 다음 단계·시기로 넘기거나 미룬다는 뜻.

결과 보고

회의는 오래 걸릴 것 같군.	会議は長びきそうだね。
회의 결과가 어떻게 됐어요?	会議の結果はどうなりましたか。
회의는 잘 되었어요.	会議は上手くいきました。
열의에 찬 토론이 계속됐습니다.	熱のこもった議論が続きました。
저희 입장을 납득시키는 데 고생을 했습니다.	こちらの立場を納得してもらうのに苦労をしました。
할 수 있는 일은 다 했습니다.	できる限りのことはしました。
이제 일단락 지었네요.	これで一段落つきましたね。
전화를 한 다음 찾아뵙겠습니다.	お電話の上、お伺いいたします。

3 상담 및 계약

일본 사람과 거래를 하려면 무엇보다 중요한 것이 신용이다. 말을 바꾸거나 약속을 지키지 못할 경우 상대방과 지속적인 거래를 하기는 어렵다고 봐야 한다. 그러므로 약속을 잡거나 납품일을 결정하는 등 시간이나 날짜를 정할 때에는 확실하게 이행할 수 있는 날짜와 시간으로 넉넉하게 잡는 것이 좋다. 일단 약속을 하고 못 지키면 본인은 물론 회사에 대한 신용을 잃게 되어 업무에 지장을 초래하게 되므로 각별히 주의를 요한다. 또한 일본 사람과 사업상 관계를 맺을 경우에는 메일이나 전화 확인은 물론 사소한 일에도 감사 편지나 사죄 편지를 보내는 등 세세한 부분에 신경을 쓰는 것이 좋은 관계 유지를 위해 매우 중요한 요소가 된다.

1 외국 바이어 맞이하기

마중[1]

《《《 공항에서 》》》

저기, 혹시 히노하라 씨이십니까?	あのう、日野原さんでいらっしゃいますか。
한국에 오신 것을 환영합니다.	ようこそ、韓国へ。
히노하라 씨, 만나 뵙기를 고대하고 있었습니다.	日野原さん。お会いできるのを楽しみにしておりました。
비행기 여행은 어떠셨어요?	空の旅はいかがでしたか。
하늘에서 보는 풍경이 참 아름다웠습니다.	空からの風景がとてもきれいでした。
여행 가방을 제가 들어 드리겠습니다.	旅行かばんをお持ちしましょう。
노무라 씨, 어서 오세요.	野村さん、ようこそいらっしゃいました。
시미즈 씨는 도쿄 본사에 출장중이라서 오늘 마중을 못 나왔습니다.	清水さんは東京本社に出張中で、お迎えに参れませんでした。

[1] 마중할 때 쓰는 표현은 제 5부 1-3에도 있으므로 참조하기 바람.

꼭 안부 전해달라고 누차 말씀하셨습니다.	くれぐれもよろしく申しておりました。[2] ↑
	くれぐれもよろしくとおっしゃっておりました。 ↑
여러분, 저희 공장에 잘 오셨습니다.	皆様、ようこそ私どもの工場へお越しくださいました。 ↑
일부러 마중을 나와 주셔서 감사합니다.	わざわざお出迎えありがとうございます。 ↑
자, 차가 기다리고 있으니 이쪽으로 가시죠.	さあ、車を待たせていますので、どうぞこちらへ。

안부 인사

미야모토 과장님, 오랜만입니다.	宮本課長〔さん〕、ごぶさたしております。
사토 과장님은 별고 없습니까?	佐藤課長はお変わりありませんか。 ↑
뭐, 잘 지내고 있지요. 요즘엔 위가 안 좋아져서 술은 삼가고 있지만 말이에요.	まあ、元気にやっていますよ。最近胃の調子が悪くてお酒は控えていますけどね。
저는 별고 없이 건강하게 잘 지내고 있어요.	私は変わりなく元気に過しています。
덕분에 매일 건강하게 지내고 있습니다.	お陰様で毎日元気に過ごしております。 ↑
그 때는〔일전에는〕 폐가 많았습니다. (감사합니다.)	先日は大変お世話になりました。 ↑
	その節は大変お世話になりました。 ↑
오히려 제가 신세를 졌지요. 감사합니다.	こちらこそお世話になりまして、ありがとうございました。 ↑
오랜만에 서울에 오시니 어떻습니까?	久し振りのソウルはいかがですか。 ↑

[2] 申しておりました라고 하면 자신의 가족이나 소속 집단의 일원이 말씀하셨다는 얘기가 된다. 가족이나 소속 집단의 일원이 아닌 분이 '말씀하셨습니다'라고 말할 경우는 おっしゃっておりました라고 한다.

격조했습니다만 그 후 별고 없으셨지요?	ごぶさたしましたが、その後お変わりありませんか。
무라이도 백 과장님께 안부 전해달라고 했습니다.	村井からもペク課長によろしくとのことでした。
돌아가시면 제 안부도 잘 전해 주십시오.	お帰りになったら、よろしくお伝えください。
예, 알겠습니다.	はい、承知いたしました。
덕분에 과장으로 승진했습니다.	お陰様で課長に昇進いたしました。
그거 잘 되셨군요. 축하드립니다.	それはおめでとうございます。
지점을 개설하셨다구요, 축하드립니다.	支店を開設されたそうで、おめでとうございます。
승진 축하합니다.	ご昇進おめでとうございます。

숙소

우선 호텔에 가서 체크인부터 합시다.	まずはホテルに行って、チェックインからしましょう。
방은 침대방과 온돌방 중에서 어느 쪽이 좋으십니까?	お部屋は、洋室とオンドルのどちらがよろしいですか。
온돌방이라는 건 무엇입니까?	オンドルって何ですか。
온돌방이라는 것은 한국의 전통적인 방으로 방바닥이 따뜻해지는 난방을 말합니다.	オンドルとは、韓国伝統の部屋で、床暖房のことです。

추운 겨울에는 따뜻하고 여름에는 차가워서 기분이 좋아요.	寒い冬には温かくて、夏はひんやりして気持ちいいですよ。
온돌방에서는 이불을 깔고 잡니다.	オンドルの部屋は布団を敷いて寝ます。
침대를 좋아하시면 침대방으로 하는 편이 좋을 거예요.	ベッドが好きなら洋室にした方がいいと思います。
방에 짐을 두시고 3시까지 로비로 내려오세요.	お部屋に荷物を置かれて、3時までロビーにいらしてください。 ↑
로비에서 기다리겠습니다.	ロビーでお待ちいたします。 ↑
5시까지 샤워라도 하시면서 편히 쉬세요.	5時までシャワーでも浴びられてごゆっくりなさってください。 ↑
그럼 5시에 (다시) 오겠습니다.	それでは5時にお迎えに参ります。
좀 회의 시간이 빠듯해서 그런데요, 먼저 회사로 가서 회의를 마치고 나서 체크인 해도 괜찮으시겠습니까?	ちょっと会議の時間に間に合いそうにないので、まず会社の方にご案内して、会議が終わってからチェックインすることにしてもよろしいでしょうか。 ↑
지금 시간은 시내까지 길이 막힐 거예요. 회사로 곧바로 가는 편이 나을 지도 모르겠습니다.	今の時間は市内まで道が混むと思いますので、会社の方に直行した方がいいかもしれません。
오늘은 고생 많으셨습니다.	今日はお疲れ様でした。
푹 쉬세요.	ゆっくり休んでください。
	ごゆっくりお休みください。 ↑
서울에서 보내는 밤을 즐겁게 지내시기 바랍니다.	ソウルでの夜を十分お楽しみください。

3 迎(むか)えに行(い)く는 남을 마중가는 것을 말하고, 迎(むか)えに来(く)る는 남이 자신을 마중오는 것을 말한다. 参る는 行く의 겸양어.
4 込み는 여러 것을 한데 모으는 것, 포함되는 것을 말한다. 즉 税込(ぜいこ)み라고 하면 물건 값과 세금(일본의 경우 소비세)까지 포함된 가격이라는 뜻이고, 朝食込み라고 하면 숙박비에 아침식사가 포함되어 있다는 뜻이 된다.

내일 아침 8시 40분에 다시 오겠습니다.	明日は、朝8時40分にお迎えに参ります。[3]
아침식사도 숙박료에 포함되어 있으니까 지하 레스토랑에서 드십시오.	朝食込みになっておりますので、地下のレストランでどうぞ。[4]
그럼 내일 다시 뵙겠습니다.	それでは、明日またお目にかかります。
저는 (공교롭게도) 내일은 회의가 있어서 뵐 수 없습니다.	私はあいにく明日、別の会議があってお目にかかれません。
안녕히 계세요(가세요).[5]	失礼します。
안녕히 주무세요.	おやすみなさい(ませ)。

접대

《《《 집 초대[6] 》》》

오늘은 초대해 주셔서 감사합니다.	今日はお招きいただきありがとうございます。
모처럼 초대해 주셨는데 그 날은 일이 있어서……(안 되겠습니다).	せっかくお招きいただいたのですが、当日は所用がございまして。
자, 어서 들어오세요.	さあ、どうぞお上がりください。[7]
누추하지만, 어서 들어오세요.	散らかしていますが〔汚いですけど〕、どうぞお上がりください。
그렇게 서 있지 말고 어서 들어오세요.	そんなところに立ってないで、どうぞ上がってください。
아내와 아들 민우입니다.	家内と、息子のミヌです。

---

5 다음 날 다시 만날 경우는 さよなら보다 しつれいします를 쓰는 것이 좋다. 헤어지는 것이 밤일 경우에는 おやすみなさい가 헤어짐의 인사말을 대신할 수 있다.
6 초대 관련 회화는 제 1부 3-3에도 있으므로 참조 바람.
7 개인 집에 신발을 벗고 들어가는 것을 上がる라고 한다.

별것 아니지만, 받으세요.	つまらない物ですが、どうぞ。
이거 별것 아닌데요, 일본 과자입니다.	これ、つまらない物ですが、日本のお菓子〔和菓子〕です。
별것 없지만, 많이 드십시오.	何もありませんが、どうぞ召し上がってください。 ↑
자, 사양하지 말고 드십시오.	どうぞ遠慮なくお召し上がりください。 ↑
식성에 맞으면 좋겠습니다만…….	お口に合うといいのですが……。
	お口に合うかどうか……。
입맛에 맞지 않을지도 모르겠지만 많이 드십시오.	お口に合わないかもしれませんが、どうぞ召し上がってください。 ↑
그럼 잘 먹겠습니다.	では、いただきます。
오늘은 잘 먹었습니다.	今日はごちそうさまでした。
사모님께서 손수 준비하신 음식을 대접해 주셔서 감사합니다.	奥様のおいしい手料理をすっかりごちそうになって、ありがとうございました。[8]
정말 맛있었습니다.	とても〔本当に〕おいしかったです。
이제 슬슬 실례하겠습니다.	そろそろ失礼いたします。 ↑

《《《 환영회 》》》

저기, 메뉴를 보여 주세요.	すみません、メニューを見せてください。
술은 뭘로 하시겠습니까?	お酒は何になさいますか。 ↑
한국 술을 마셔 보지 않을래요?	韓国のお酒を飲んでみませんか。

---

8 手料理란 손수 만든 음식을 말한다.

이 술은 약초가 들어 있는 술입니다.	このお酒は薬草が入っているお酒なんですよ。
이 술을 마시면 숙취가 없습니다.	このお酒を飲むと、二日酔いがありません。
자, 그럼 건배합시다.	じゃ、乾杯しましょう。
한번 드셔 보세요.	どうぞ召し上がってみてください。
고기 외에 반찬이 많이 나오는군요.	肉以外におかずがたくさん出るんですね。
이 집 꽤 괜찮네요.	この店はなかなかいいですね。
네, 샐러리맨이 편안하게 술을 마실 수 있는 곳입니다.	ええ、サラリーマンが気楽に酒を飲める所なんです。
싸고 맛있는 집입니다.	安くておいしい店です。
편하게 계세요〔앉으세요〕.	どうぞ楽になさってください。
저, 화장실은 어디인가요?	すみません、お手洗いはどちらですか。
이 쪽에 있습니다.	こちらです。

⟪⟪⟪ 노래방 9 ⟫⟫⟫

자, 2차는 노래방으로 갑시다.	さあ、二次会はカラオケに行きましょう。
다나카 씨도 노래하세요.	どうぞ田中さんも歌ってください。
그럼, 오자키 유타카의 「I LOVE YOU」를 부르겠습니다.	それじゃ、尾崎豊の「I LOVE YOU」を歌います。10
이 노래는 한국의 포지션이라는 가수가 한국어로 불러서 아주 인기가 있었던 곡이에요.	それは、韓国のポジションという歌手が韓国語で歌って大ヒットしたんですよ。
오자키의 「I LOVE YOU」보다 달콤한 발라드가 되긴 했지만…….	尾崎の「I LOVE YOU」より、甘いバラードになってますけど……。

9 노래방 관련 회화는 제 1부 4-3에도 있으므로 참조 바람.
10 尾崎豊(おざきゆたか)는 80년대 후반부터 92년 사망(향년 26세)할 때까지 교주라 불리울 만큼 일본 젊은이들의 우상이었던 싱어송라이터. 사망 후에도 꾸준한 인기를 유지하고 있으며 그의 대표곡 'I Love You', 'Oh My Little Girl' 등은 한국 가수 포지션이 번안해 부른 바 있다.

최근에는 체커즈나 고 히로미의 노래도 한국어로 불리고 있습니다.	最近はチェッカーズや郷ひろみの歌も韓国語で歌われています。[11]
일본에서는 보아가 큰 활약을 보이고, 한국에서는 스마프의 구사나기 츠요시가 활약하기도 하고, 뮤지션들의 교류가 활발해지고 있어요.	日本ではボアが大活躍して、韓国ではスマップの草なぎ剛が活躍したりして、ミュージシャンの交流が活発になってきていますね。
서태지도 일본에서 음악 활동을 하고 있다면서요.	ソ・テジも日本で音楽活動をしているそうですね。
트로트 쪽에서는 이미 오래 전부터 계은숙이나 김연자 같은 가수들이 일본에서 활약하고 있지만 말이에요.	演歌の方では、もう大分前からケー・ウンスクやキム・ヨンジャなどが日本で活躍していますけどね。
최근에는 고 김수현 씨를 기리는 콘서트도 있었다고 하지요?	最近はあのキム・スヒョンさんをしのぶコンサートもあったそうですね。[12]
일본과 한국 가수들이 같은 무대에서 열창을 했다고 합니다.	日本と韓国の歌手が一つの舞台で熱唱したそうです。
그야말로 '음악에 국경은 없다' 라는 말이 실감이 나는군요.	まさに「音楽に国境はない」って感じですね。

접대시 화제

<<< 한국 / 일본에 대한 인상 >>>

한국(일본)에 대한 인상은 어떻습니까?	韓国〔日本〕の印象はいかがですか。

---

11 그룹 チェッカーズ는 80년대, 郷ひろみ는 70~80년대를 풍미한 가수이다. チェッカーズ의 노래는 컨츄리꼬꼬가, 郷ひろみ의 노래는 캔이 부른 바 있다.
12 고 김수현 씨는 도쿄 오쿠보(大久保) 역에서 선로 밑으로 떨어진 일본인을 구하려다 숨진 한국인 유학생. 그의 죽음을 기리기 위해 한국과 일본 가수들이 함께 추모 콘서트를 개최한 바 있다.

한국에는 처음 오셨습니까?	韓国には初めてでいらっしゃいますか。
3번째입니다.	3回目です。
하지만 서울은 이번이 처음입니다.	でも、ソウルは今回が初めてです。
도쿄에 온 것은 두 번째입니다.	東京は2回目です。
이번에는 일이 많아서 아무 데도 갈 수 없을 것 같습니다.	今回は仕事がいっぱいで、どこも行けそうにないですね。
간판 글자가 다를 뿐이지 한국과 크게 차이가 안 나는군요.	看板の文字が違うだけで、韓国とあまり変わらないですね。
외국에 온 것 같은 느낌이 없어요.	外国に来たような感じがしませんね。
한국에 오면 왠지 고향에 온 것 같은 따뜻함을 느낄 수 있어요.	韓国に来ると、なぜか懐かしくて温かい感じがします。
시장에 가 보면 한국인의 에너지를 느낍니다.	市場に行くと、韓国の方のエネルギーを感じます。
마치 뉴욕에라도 있는 것 같군요.	まるでニューヨークにでもいるようですね。
일본은 거리가 조용하고 깨끗하군요.	日本は街並みが静かできれいですね。
오다이바는 데이트 코스로 유명한 곳이라더군요.	お台場はデートコースで有名な所だそうですね。[13]
봄인데 마치 여름 같은 날씨군요.	春なのにまるで夏のようですね。

《《《 음식에 관한 이야기 》》》

서울(도쿄)에서는 전국의 향토 요리를 먹을 수 있습니다.	ソウル〔東京〕では、韓国〔日本〕中の郷土料理が食べられます。

---

[13] お台場는 도쿄에 있는 명소. 매립지에 방송국, 공원(お台場海浜公園) 등이 있어 많은 인파가 모이는 곳이다.

한국 요리 중에서 좋아하시는 음식이 있습니까?	韓国料理で何かお好きな物はありますか。 ↑
역시 본고장인 한국에 왔으니 고기를 먹고 싶군요.	やはり、韓国に来たからには本場の焼き肉と行きたいですね。14
일본에서도 한국식 고기집에는 자주 가십니까?	日本でもよく焼き肉屋に行かれるんですか。 ↑
예, 일요일이라든가 애들하고 같이 먹으러 가곤 합니다.	ええ、日曜日とか、子供と一緒に食べに行ったりします。
이렇게 해서 고기를 야채에 싸 먹으면 맛있어요.	こうやって肉を野菜で包んで食べるとおいしいですよ。
아주 건강식이네요〔건강에 좋겠네요〕.	とてもヘルシーですね。
마늘은 암 예방에도 효과가 있다고 들었습니다.	にんにくは癌予防にも効果があると聞きました。
한국에서는 야채를 많이 먹기 때문에 과식을 해도 위가 거북하지 않아서 좋습니다.	韓国では野菜をたくさん食べるから、食べ過ぎても胃にもたれなくていいです。
요즘 한국에서는 '안동찜닭'이라는 닭고기 요리가 유행하고 있습니다.	最近韓国では、「安東チムダック」という鶏料理が流行っています。
간장을 기본 양념으로 달짝지근하면서 맵게 삶은 닭고기가 아주 인기가 좋습니다.	しょうゆベースで甘辛く煮た鶏肉がすごく人気です。
맛있겠네요. 나도 닭고기를 아주 좋아하는데 한번 먹어 보고 싶군요.	おいしそうですね。私も鶏肉が大好きなので、一度食べてみたいですね。
한국에서는 일식을 많이 먹습니까?	韓国では、日本料理はよく食べられていますか。

14 焼き肉를 직역하면 '구운 고기'라는 뜻이지만 한국의 고기 구이 요리를 총칭하는 말이다. 또한 일본에서 焼(や)き肉屋(にくや)라고 하면 한국식 고기 요리집을 말한다.

일식집은 회나 초밥이 중심인데 비싸서 서민들은 자주 갈 수가 없습니다.	日本料理屋はお刺身やお鮨が主ですが、高くて庶民はなかなか行けないですね。
이렇게 일본에 왔으니 일본 가정 요리를 먹어 보고 싶군요.	せっかく日本に来たんだから、日本の家庭料理を味わってみたいですね。
맛있습니다만, 한국 것하고는 조금 맛이 다른 것 같습니다.	おいしいですが、韓国のものとは少し味が違うようです。
최근엔 여기도 저기도 경기가 안 좋아서 일을 마치고 술 마시러 가는 일도 줄었습니다.	最近は、どこも不景気で仕事が終わってから飲みに行くことも少なくなりました。

《《《 명소 》》》

어디 가 보고 싶은 곳이 있습니까?	どこか行ってみたい所はありますか。
젊은이들한테 인기가 있는 곳은 어디입니까?	若者に人気のスポットはどこですか。
일본의 현주소를 볼 수 있는 곳은 어디가 있을까요?	日本の今を見られる所はどこでしょう。
서점에 가고 싶은데 어디가 제일 좋겠습니까?	本屋に行きたいのですが、どこが一番いいでしょうか。
전통적인 분위기가 남아 있는 곳에 가고 싶군요.	伝統的な雰囲気が残っている所に行ってみたいですね。
한국 제일의 번화가에 가 보는 것도 재미있을 것 같군요.	韓国一の繁華街に行ってみるのも面白そうですね。
강남역 주변은 젊은이들에게 인기 있는 거리군요.	江南駅周辺は若者に人気の街なんですね。

다음에는 한국 시골에도 가 보고 싶습니다.	今度は韓国の田舎にも行ってみたいです。
아내에게 선물을 좀 사고 싶은데 어디로 가면 좋겠습니까?	ちょっと妻へのプレゼントを買いたいんですけど、どこに行けばいいでしょうか。
시장 조사를 겸해서 백화점으로 갈까요?	リサーチを兼ねてデパートにでも行きましょうか。

《《《 인물평 》》》

사카모토 부장님은 여전히 예리하시네요.	坂本部長は相変わらず切れがいいですね。
백 사장님이 밀어붙이는 데는 당할 재간이 없습니다.	ペク社長の押しの強さにはまいります。
자넨 여전히 (협상에서) 뒷심이 딸려서 안 되겠어. 백 사장한테는 못 당해.	君は相変わらず詰めが弱くて、駄目だね。ペク社長にはかなわないよ。
그 부장 제법 똑똑하던데(요).	あの部長さんはなかなか話の分かる男ですな。[15]
사장님은 역시 시야가 넓으십니다.	社長はさすがに視野が広くていらっしゃいますね。
그 사람은 사람이 됐어.	彼は人ができている。
간자키 씨는 한국말 잘 하시네요. 깜짝 놀랐습니다.	神崎さんは韓国語が上手いですね。びっくりしました。
노상현 씨는 일본어가 아주 많이 늘었네요.	ノさんは、随分日本語が上手くなりましたね。
그녀는 마치 일본인과 같이 능숙한 일본어를 구사합니다.	彼女はまるで日本人のように上手な日本語を話します。

---

15 이 말을 쓰는 상황은 회의나 협상을 마치고 돌아와서 자기네들끼리 상대 부장에 대해 평하는 경우다. 話が分かる는 '이야기의 핵심을 제대로 알아듣고 이해해서 적절하게 대처한다' 는 뜻으로 쓰이고, 頭(あたま)がいい는 '두뇌가 명석하다, 머리가 잘 돌아간다' 는 뜻으로 쓰인다.

외국인 손님 배웅

⟨⟨⟨ 배웅 ⟩⟩⟩

이번에는 여러 가지로 신세가 많았습니다.	この度はいろいろとお世話になりました。
사장님 덕분에 우리 회사의 상품이 이제야 겨우 햇빛을 보게 되었습니다.	社長のおかげで、うちの商品がやっと日の目を見ることとなりました。
진심으로 감사드립니다.	心より感謝を申し上げます。
앞으로도 아무쪼록 잘 부탁드립니다.	今後とも何卒よろしくお願い申し上げます。
이번에 지적해 주신 부분은 다음 번까지 꼭 개선하도록 하겠으니 안심하십시오.	今回ご指摘の部分を次回まで必ず改善するようにいたしますので、ご安心ください。
시제품이 나오는 대로 보내 드리겠습니다.	試作品が出来次第、送らせていただきます。
업무에 관한 이야기가 잘 돼서 기분 좋게 귀국하게 되니 정말 기쁩니다.	仕事の話が上手くいって、気持ちよく帰国の途につけて本当に嬉しく思います。
다음에는 일본에서 좀 더 구체적이고 실질적인 이야기로 들어갑시다.	今度は、日本でもっと話を詰めましょう。
이번에는 결과가 유감스럽게 됐지만, 다음에 다시 함께 일합시다.	今回は残念な結果となりましたが、これに懲りず今後もお付き合いください。
이번에는 사업적으로는 서로의 입장을 좁힐 수 없었지만, 개인적으로는 앞으로도 계속 서로 좋은 관계를 유지할 수 있길 바랍니다. 잘 부탁합니다.	今回仕事の面では立場の違いを埋められませんでしたが、個人的にはこれからも末永くお付き合いできればと思いますので、どうぞよろしくお願い致します。

《《《 선물과 설명 》》》

이거, 약소하지만 받아 주세요.	これ、つまらないものですが、お納めください。
(약소합니다만) 그저 고마움의 표시입니다.	ほんの感謝の気持ちです。
짐이 될지도 모르지만 이왕 한국에 오셨으니 가져 가세요.	お荷物になるかもしれませんが、せっかくですからお持ちください。[16]
이것은 한국의 한과입니다. 회사 직원 여러분과 함께 드세요.	こちら、韓国伝統のお菓子です。会社の皆さんとお召し上がりください。
이것은 고려인삼을 벌꿀에 재운 인삼절편인데요, 피곤할 때 드세요.	こちら、高麗人参のはちみつ漬けですが、疲れがたまった時に召し上がってください。
녹차라면 역시 일본 녹차지만 한국의 녹차도 한번 마셔 보세요.	お茶といえば日本ですが、韓国の緑茶も一度味わってみてください。
유자로 만든 새콤달콤한 전통차입니다. 감기에 걸렸을 때 마시면 몸이 따뜻해집니다.	柚子で作った甘酸っぱいお茶です。風邪を引いた時とかに飲むとあったまりますよ。
고려인삼이 들어간 초콜릿인데요, 쌉쌀한 맛이 나면서 좀 특이한 맛이니 여럿이서 한번 드셔 보세요.	高麗人参の入ったチョコレートですが、ちょっとビターな感じで変った味ですから、皆さんでお試しください。
김치를 너무 맛있게 드시는 것 같아서 조금 가지고 왔습니다.	キムチをおいしそうに召し上がっていらしてたので、少しお持ちしました。
집에서 만든 김치니까 가족분들과 함께 드세요.	手作りのキムチですので、ご家族の皆様とどうぞ。

[16] 선물이 약간 크거나 무거운 물건일 경우 이렇게 말하면서 주는 것이 좋다. 그러나 상대가 가져가기 버거울 정도로 부피가 크거나 무거운 선물은 가급적 피하는 것이 좋다.

한국의 구운 김을 일본 사람들이 아주 좋아한다고 들었습니다. 조금씩 나누어 개별 포장한 것으로 샀으니까 회사의 직원 분들에게 선물로 나누어 주세요.	韓国のりが日本の方の大好物と聞きました。小分けした物にしましたので、会社の皆さんのおみやげにどうぞ。
한국의 구운 김은 맥주 안주로도 아주 좋습니다.	韓国のりはビールのおつまみとしても最高です。
요즘 한국에서 제일 인기가 많은 곡들만 뽑아서 모은 한국가요 CD 입니다.	今韓国で大人気の曲ばかりを集めたK－popsのCDです。
어제 본 영화의 주제곡도 들어 있어요.	昨日見た映画の主題歌も入っていますよ。
어제 노래방에서 부장님 노래솜씨에 반해서, 한국의 트로트와 70년대 가요 CD를 사봤습니다.	昨日のカラオケで部長の歌のうまさに聞き惚れたので、韓国の演歌と70年代の歌謡曲のCDを買ってみました。
부장님은 한국 노래를 많이 알고 계신데, 이제 노래방 레퍼토리가 점점 더 늘겠군요.	部長は韓国の歌をたくさんご存じですけど、これでカラオケのレパートリーがますます増えますね。
다음에 한국에 오실 때는 새 레퍼토리를 들려주세요. 기대하겠습니다.	今度韓国にいらっしゃる時は、新しいレパートリーを聞かせてくださいね。楽しみにしています。

2 상품 설명

인사말

저희 설명회에 참가해 주셔서 감사합니다.	私どもの説明会にご参加いただき、ありがとうございます。

이번에는 여러 가지로 신세가 많았습니다.	この度(たび)はいろいろとお世話(せわ)になりました。
앞으로 또 신세를 지겠습니다.〔잘 부탁합니다.〕	今度(こんど)、またお世話(せわ)になります。
친절하게 신경을 써 주시니 송구스럽습니다.	ご親切(しんせつ)、恐(おそ)れ入(い)ります。
앞으로 귀사 담당을 하게 되었습니다. 아무쪼록 잘 부탁드립니다.	今後(こんご)、貴社(きしゃ)を担当(たんとう)させていただくことになりました。何卒(なにとぞ)よろしくお願(ねが)い申(もう)し上(あ)げます。
귀사와 거래를 튼 지 이제 곧 5년이 됩니다.	貴社(きしゃ)と取引(とりひき)を始(はじ)めてそろそろ5年(ごねん)になります。

회사에 대한 문의 사항

이것이 저희들 회사 안내 책자입니다.	こちらが私(わたくし)どもの会社案内(かいしゃあんない)でございます。
창립한 지 몇 년이 됩니까?	創立何年(そうりつなんねん)になりますか。
본사는 서울입니까, 부산입니까?	本社(ほんしゃ)はソウルですか、プサンですか。
해외로 진출할 예정은 있습니까?	海外進出(かいがいしんしゅつ)の予定(よてい)はありますか。
기업 이념은 무엇입니까?	企業理念(きぎょうりねん)はどういったものですか。
귀사의 관리 체제는 어떻게 되어 있습니까?	貴社(きしゃ)の管理体制(かんりたいせい)はどのようになっていますか。
최근에 불황이 계속되고 있습니다만, 귀사의 경영 상태는 어떻습니까?	最近不況続(さいきんふきょうつづ)きですが、貴社(きしゃ)の経営状態(けいえいじょうたい)はいかがですか。
주력하고 있는 분야는 어떤 분야입니까?	主(おも)に力(ちから)を入(い)れている分野(ぶんや)はどういったところですか。
마케팅은 어떠한 관점에서 추진하고 계십니까?	マーケティングはどのような観点(かんてん)からやっていらっしゃいますか。

저희들은 신뢰할 수 있는 회사를 사업 파트너로 삼고 싶습니다.	私どもは信頼できるメーカーさんをパートナーにしたいと思っております。[17]
A/S의 기간은 어느 정도입니까?	アフターサービスの期間はどれくらいですか。
A/S는 어느 정도로 충실하게 해 주고 있습니까?	アフターサービスはどれくらい充実していますか。
자회사에는 어떤 회사가 있습니까?	子会社にはどんな会社がありますか。
더 자세히 알려면 어떤 자료를 읽으면 됩니까?	もっと詳しく知るためにはどんな資料を読んだらいいですか。
카탈로그를 보내 주실 수 있습니까?	カタログを送っていただけますか。
바로 자료를 보내 드리겠습니다.	すぐに資料を送らせていただきます。
자료는 앞으로 정기적으로 보내 드리겠습니다.	資料はこれからも定期的にお送りいたします。

개발 상황

신제품 개발 상황은 어떻습니까?	新製品の開発状況はどうですか。
기초 연구를 마친 단계입니다.	基礎研究が終わったばかりです。
다음 달에는 완성될 것입니다.	来月には完成すると思います。
이 상품은 아직 개발중이므로 보여 드릴 수가 없습니다.	この商品はまだ開発中なのでお見せすることができません。
이 상품은 너무 오래 돼서 새로운 모델을 개발 중입니다.	この商品は古くなりすぎたので、新しいものを開発中です。

---

[17] メーカーは 제조업을 하는 회사를 말하며, 보통 이름 있는 제조업체를 뜻한다. さん은 보통 사람 이름에 붙이는 것이지만 상대 회사를 존중하는 뜻에서 さん을 붙여 말하기로 한다.

외관은 같습니다만 내용은 완전히 새로워졌습니다.	外観は同じですが、中身は全く新しくなっています。
다음 달 중에는 반드시 완성될 것으로 생각합니다.	来月中にはきっと完成できると思います。
상당히 많은 종류를 생산하고 있군요.	たくさんの種類を生産しているんですね。
공교롭게도 그 상품은 품절입니다.	あいにくその商品は品切れとなっております。⬆
저희 회사는 기술력을 자랑하고 있습니다.	当社は技術力を誇っています。
일본을 비롯해 미국, 독일, 프랑스의 특허 획득했습니다.	日本を初め、アメリカ、ドイツ、フランスの特許を獲得しました。
이 제품은 기온 50도까지는 정상적으로 작동합니다.	この製品は気温50度までは正常に動きます。
작년에 완공했기 때문에 최신 설비를 자랑하고 있습니다.	昨年完工したばかりで、最新の設備を誇っています。

상품 설명

그럼 상품 소개를 해 드리겠습니다.	それでは商品のご説明をさせていただきます。⬆
설명서를 보시면 아시겠지만…….	説明書を見てくださったらお分かりになると思いますが……。
이 상품은 비즈니스맨이 사용할 때 멋있고 수려한 점에 있어서는 다른 어떤 상품에도 뒤지지 않습니다.	この商品はビジネスマンが使う時のカッコよさ、美しさでは他のどのの商品にも引けを取りません。[18]

[18] 引けを取る는 '뒤처지다, 지다' 라는 뜻.

이 저렴한 가격과 부담 없는 편안함으로 비즈니스맨들에게 평판이 좋습니다.	この安さと肩肘張らない気楽さがビジネスマンに受けています。[19]
어딘지 모르게 능력 있는 남자같은 분위기를 자아내는 또 하나의 아이템으로서 각광을 받고 있습니다.	さりげなくできる男の雰囲気を醸し出す一つのアイテムとして脚光を浴びています。
미국 수출용으로 디자인을 연구했습니다.	アメリカ向けにデザインを工夫しました。
이태리 제품인 만큼 디자인이 뛰어납니다.	イタリアの製品だけにデザインがすぐれています。
사용하기 편해서 손님들이 좋아하십니다.	使いやすさでお客様に喜ばれています。
이것이 가장 인기 있는 제품입니다.	こちらが一番人気のある製品でございます。
이 상품은 소비자들이 굉장히 좋아합니다.	この商品は消費者に大変喜んでいただいております。
이 상품은 특히 어르신들이 좋아하십니다.	この商品はとくにお年寄りに喜ばれます。
미국에서 폭발적으로 히트하고 있다고 들었습니다.	アメリカで爆発的にヒットしていると聞きました。
필요하시다면 카탈로그를 보내 드리겠습니다.	よろしければ、カタログを送らせていただきますが……。
매상이 큰 폭으로 증가하고 있습니다.	売り上げが大幅に増加しています。
재고가 있는지 어떤지 보고 오겠습니다.	在庫があるかどうか見て参ります。
우선 일본과 미국에 수출하고, 그리고 유럽에 수출합니다.	まず日本とアメリカに輸出し、それからヨーロッパに輸出します。

---

[19] 肩肘張る의 원뜻은 '어깨와 팔꿈치를 쫙 펴다' 라는 뜻으로 어깨에 힘이 들어가는 모양을 말한다. 따라서 肩肘張らない는 '편안하다, 부담없다' 라는 뜻으로 쓰인다.

현재로서는 매출이 순조롭게 이루어지고 있습니다.	今のところ売れ行きは順調です。[20]
날개 돋친 듯 팔리고 있습니다.	飛ぶように売れています。

상품에 대한 평가

이건 좋은 제품이군요.	これはいい製品ですね。
이번 제품은 상당히 잘 팔리는 것 같군요.	今度の製品は随分売れているようですね。
이 상품은 잘 팔릴 것이라고 생각해요.	この商品は売れると思いますよ。
품질은 같고 가격은 내렸으니 반드시 팔릴 겁니다.	品質は同じで値段を下げたのですから、きっと売れるはずです。
앞으로는 건강 식품 시장이 분명히 각광을 받게 될 테니까 이건 좋은 아이디어네요.	これからは健康食品市場が脚光を浴びるようになるはずだから、これはいいアイディアですね。
사람 입으로 들어가는 것인 만큼 안전성에 주의하지 않으면 안 됩니다.	人の口に入るものだけに安全性に注意しなくてはなりません。
유기 재배 야채는 아직 많지 않아서 어려움이 많습니다만 어떻게든 꾸려 나가 보려고 생각하고 있습니다.	有機栽培の野菜はまだまだ少なくてなかなか大変ですが、なんとかやりくりして行こうと思っています。[21]

---

20 売れ行きは 매출 상황을 말한다. 한편 매출은 売(う)り上(あ)げ라고 하며 직역해서 売出이라고는 하지 않는다.
21 やりくり는 이렇게 저렇게 잘 꾸려 나가는 것을 말한다. 살림을 잘하는 주부를 やりくり上手(じょうず)라고 칭찬하기도 한다.

3 협상 및 계약

제안서 / 견적서

《《《 제안서 》》》

우선 제안서를 제출해 주십시오.	まず、企画書を提出してください。[22]
제안서를 제출해 주신 후에 그것을 바탕으로 협의를 계속해 나가는 것으로 합시다.	提案書を出していただいて、それをたたき台にして打ち合わせを重ねていくことにしましょう。[23]
협의는 여유를 가지고 해 나갑시다.	話し合いはゆとりを持ってやりましょう。
처음부터 한 회사로만 결정하지 말고, 세 회사 정도는 경합을 붙여서 비교 검토하는 편이 좋겠지요.	最初からメーカーをしぼらず、3社ぐらいは競合させて比較検討した方がいいでしょう。
경합을 시킴으로써 회사들의 차이점이나 특색이 보이게 되는 것이지요.	競合によってメーカーの違いや特色が見えてくるものです。
저희들의 자료는 저희 회사에서 만든 것이 아니라 공공기관에서 나온 데이터를 기초로 해서 편집한 것입니다.	私どもの資料は、自社で作ったものではなく、公的機関が出したデータを基に編集したものです。
데이터의 출처가 모두 확실하므로 신뢰할 수 있는 자료임을 자부합니다.	データの出所が全てはっきりしておりますので、信頼のおける資料であると自負しております。

《《《 견적서 》》》

견적서를 제출해 주십시오.	見積書を出してください。
우선 이런 모든 것을 포함한 견적서를 작성해 주십시오.	まず、これら全てを含めた見積書を作ってもらいましょう。

---

[22] '제안서'는 보통 企画書라고 한다.
[23] たたき台(だい)란 나중에 검토를 거쳐서 보다 나은 내용을 만들기 위한 원안(原案)을 말한다.

견적서는 자세한 항목까지 명시할 필요가 있습니다.	見積書は細かい項目まで明示されている必要があります。
견적서를 가지고 왔습니다.	見積書をお持ちいたしました。
표준 모델이 아닌 것(일)은 모두 가격이 비싸집니다.	標準モデル以外のもの〔こと〕は全て割高になります。
다른 두 회사의 견적이 월말에 나오도록 되어 있으니까 그 때까지는 보류하도록 하겠습니다.	もう二社の見積もりが月末に出るから、それまでは保留ということにしてください。
정식 견적서를 제출하려고 타진해 보았을 때 갑자기 '사실은 또 다른 회사 이야기도 들어 보고 싶다'는 얘기를 해서 무척 실망했습니다.	正式な見積もりを出そうと打診してみたところ、「実はもう一社の話も聞いてみたい」と突然言われました。もうがっかりです。

《《《 협의 》》》

우선은 실물을 보시는 것이 제일 좋을 거라고 생각합니다.	まずは実物を見てもらうのが一番だと思います。
다음 주에 열리는 견본시를 실제로 보시고 판단해 주시면 됩니다.	来週の見本市を実際に見ていただいてご判断くだされば結構です。[24]
성능이나 기능, 효율, 러닝 코스트 등 모든 것을 검토한 후에 결정하겠습니다.	性能や機能、効率、ランニングコストなど、全てを検討した上で判断しようと思っています。[25]
코스트 퍼포먼스가 좋은지 끝까지 지켜보고 판단해야지요.	コストパフォーマンスがいいのか、しっかり見極めないといけませんね。[26]
검토해 보고 싶은 것이 여러 가지가 있으니 (결정은 나중에 하겠습니다).	検討したいことがいろいろありますので……。

---

[24] 見本市는 상품 견본을 진열하여 선전·소개하는 행사를 말한다.
[25] ランニングコスト(running cost)는 경제 용어로, 건물·장치 등을 유지·관리·가동하기 위한 비용을 말한다.
[26] コストパフォーマンス(cost performance)란 경제 용어로, 비용 대 효과 비율을 나타낸다.

보증 기간, 내용에 관한 설명을 부탁합니다.	保証期間、内容についての説明をお願いします。
서비스 규정이나 보상 기준 등의 설명도 해 주십시오.	サービス規定や補償基準などの説明も聞かせてください。
설명이 불충분한 점 죄송합니다. 다시 날을 정해서 설명해 드리도록 하겠습니다.	説明が不十分で申し訳ありません。日を改めて出直します。
지금까지의 요망사항을 정리해서 말씀드리겠습니다. 중요한 점을 빠뜨리거나 틀리거나 하면 큰일이니까요.	今までのご要望をまとめさせてください。大切なことを忘れていたり、間違っていたりすると大変ですから……。27
저로서는 오로지 성의를 보이는 수밖에 다른 방법이 없었습니다.	私としてはひたすら誠意を見せるしか方法がありませんでした。
사실은 또 하나 사업 계획이 있기는 합니다만, 좀 더 앞을 내다본다면 지금까지 제가 제안한 사업 계획 쪽을 추천해 드리고 싶습니다.	実はもう一つプランがあるにはあるのですが、先々のことを考えると、これまで私が提案してきたプランの方がお勧めできるかと思います。
원하신다면 저희들의 전시회장으로 안내해 드리겠습니다.	よろしければ私どものショールームにご案内いたします。

《《《 가격 협상 》》》

이 정도면 되겠습니까?	これでよろしいでしょうか。
저희도 최대한 생각해 드린 것입니다.	こちらとしても、もうこれで精一杯です。
아니, (어렵겠지만) 그래도 어떻게 좀 생각해 주세요.	いやあ、そこのところを何とか。

---

27 まとめさせてください는 '정리하게 해 주십시오' 라는 뜻. 문서로 정리하겠다는 뜻으로도, 정리해서 말씀드리겠다는 뜻으로도 쓰인다.

마지막으로 (내린 가격으로) 한 마디만 더! 부탁해요, 과장님.	もう一声！お願いしますよ、課長。
예산이 맞으면 저희에게 맡겨 주시는 거죠?	予算が合えば、うちでやっていただけますね。
캠페인 중이므로 이번 달은 30% 할인됩니다.	キャンペーン中なので今月は３割お得になります。
이번 달에 계약하시면, 100만 엔 할인해 드리겠습니다.	今月契約いただけるのなら、100万円引かせてもらいます。
이번 달까지는 이 조건으로 해 드리겠습니다. (좋은 소식 기다리겠습니다.)	今月までは、この条件でお待ちしております。
(이 조건에) 동의하신다면 연락해 주세요.	ご同意いただければ、ご連絡ください。 ⬆
결산 전에 대폭적인 할인을 하지 않나요?	決算前に大幅な値引きをするんじゃないですか。
대체로 할인을 받으려면 '3월과 9월을 노려라' 라고 말하잖아요.	大体値引きは３月と９月をねらうべし、とよく言いますよね。[28]
어디와 비교해서 비싸다고 생각하십니까?	どこと比べて高いとお考えですか。 ⬆
조금 가격이 비싸도 오래 가니까 결과적으로는 이익이라고 생각합니다.	多少値段が張っても長持ちしますから結果的にはお得だと思います。
5,000 케이스까지는 예전과 똑같이, 그 이상 주문하신다면 15% 할인해 드립니다.	5000ケースまではこれまで通り、それ以上なら15パーセント値引きします。
분명히 좋은 제품입니다. 그렇지만 팔리지 않으면 소용이 없지 않습니까?	確かにいい製品です。でも売れなければどうしようもないじゃないですか。

---

[28] ねらうべし의 べし는 논리적인 딱딱한 문장이나 관용적 표현에 쓰이는 조사. 여기에서는 명령, 권유를 나타내는 뜻으로 쓰인 경우.

이래 봐도 당사로서는 최대한의 노력을 했습니다만.	これでも当社としてはできる限りのことはさせていただいたのですが。
3년간 가격인상을 하지 않았는데 이젠 한계에 도달했습니다.	３年間値上げをしなかったのですが、そろそろ限界で……。
사전에 과장님에게 말해 두었습니다.	事前に課長に話を通しておきました。
가격은 비싼데도 잘 팔리고 있습니다.	値段は高いのによく売れています。
18%를 예정하고 있습니다.	１８パーセントを予定しています。
일본 제품과 같은 가격으로는 팔리지 않습니다.	日本製と同じような価格では売れません。
다음 달부터 한 달간 모든 상품을 10퍼센트 할인합니다.	来月から一ヶ月間、全ての商品を１０パーセント値引きします。
20% 할인해 주신다면…….	２０パーセント引きにしてくださったら……。
계약기간을 연장해 주신다면 저희 쪽도 좀 더 검토해 보겠습니다만.	契約期間を延長していただけるのでしたら、こちらとしてももう少し考えますが。
의논드리고 싶은 것은 다름 아닌 로열티에 관한 건데요.	ご相談とは、ほかでもなくロイヤリティーのことなんですが……。

⟨⟨⟨ 지불 조건 ⟩⟩⟩

지불 조건은 지난번과 동일하게 하는 것으로 별 문제 없으시죠?	支払い条件は、前回と同じでよろしいですね。
가능하다면 달러로 지불해 주셨으면 좋겠습니다.	できればドル建てでお願いしたいのですが。[29]

---

[29] 달러란 수출입 거래나 자금 대차, 투자를 할 때 통화를 달러로 하는 것을 말한다.

저희는 달러로 지불해 본 적이 없는데요.	うちはドルでの支払いはしたことがないのですが……。

협상 결렬

사업 계획이 결정되고 나서는 도무지 이야기가 진척이 안 되고 있습니다.	プラン決定からは、とんと話が進まなくなりました。
모든 것이 잘 되고 있었습니다만, 계약서에 도장을 찍는 단계에서 중단되어 버렸습니다.	全て上手く行っていましたが、契約書への調印という段階で止まってしまいました。
이 조건으로는 합의하기 어렵겠습니다.	この条件では合意は無理だと思います。
이 이상은 싸게 할 수 없다고 생각합니다.	これ以上は安くできないと思います。
저희 편의만 말씀드려 죄송합니다.	勝手を言って申し訳ございません。 ⬆
저희 편의대로 일방적인 말씀을 드리는 것 같습니다만 이 조건으로는 받아들일 수가 없습니다.	勝手を申し上げるようですが、この条件ではお引き受けできません。 ⬆
언제나 저희 쪽 사정만 말씀드려서 죄송합니다.	いつもこちらの勝手ばかり言って申し訳ありません。 ⬆
다음 협의는 다음 달로 해 주시기 바랍니다.	次の打ち合わせは来月にしていただきたいと思いますが……。[30] ⬆
괜찮으시면 내일 찾아 뵙고 싶습니다만…….	よろしければ明日お伺いしたいのですが……。 ⬆
내일은 시간이 없으니 모레 와 주겠습니까?	明日は時間がないので、あさって来てくれませんか。
좀 더 일의 순서(절차)를 제대로 밟아 주지 않으면 (안 되겠어).	もう少し段取りをつけてもらわないと……。

[30] 打ちあわせは '협의', 또는 '사전 협의·조율' 등의 뜻으로 상당히 많이 쓰는 표현이다.

다시 한번 검토해 주시기 바랍니다.	もう一度ご検討をお願い致します。

계약

이제 막바지군요.	いよいよ大結めですね。
피차 제대로 납득한 다음에 계약합시다.	お互いきっちりと納得した上で契約しましょう。
이것이 계약서입니다.	こちらが契約書でございます。
찬찬히 확인해 주세요.	ごゆっくりご確認ください。
그럼 서명을 부탁합니다.	それではサイン〔署名〕をお願い致します。
이 계약서는 양측에서 한 부씩 보관하도록 하겠습니다.	この契約書は両方で一部ずつ保管することにいたします。
앞으로도 계속 좋은 관계가 유지되었으면 좋겠습니다.	これからも長いお付き合いをお願い致します。
간신히 계약하기에 이르렀습니다.	やっと契約に漕ぎつけました。

4 클레임

납품

제품 납기에 관해서 말인데요.	製品の納期のことなんですが……。
일주일 정도 늦어질 것 같습니다.	一週間くらい遅れる見込みです。
납기일을 엄수해 주시기를 부탁드립니다.	納期を厳守してくださるようお願いします。
납기에 맞추기 위해 최대한의 노력을 하겠습니다.	納期に間に合わせるため、できる限りの努力はいたします。

다음 달 2일 출하를 예정하고 있습니다.	来月2日の出荷を予定しています。
당사에 재고가 있습니다.	当社に在庫がございます。
지난번과 같은 식으로 처리해도 될까요?	前回同様に処理してもよろしいでしょうか。
일본에서 오는 화물은 내일이면 도착할 겁니다.	日本からの荷物は明日には到着するはずです。

클레임

문제의 자세한 내용에 관해 설명드리겠습니다.	問題の詳細についてご説明いたします。
기술적인 부분에 약간의 문제가 발생하고 있습니다.	技術的な部分で少々問題が起こっています。
원인이 밝혀지는 대로 연락 부탁드립니다.	原因が分かり次第ご連絡をお願いしたいのですが……。
날씨가 원인이니 어쩔 수 없는 면도 있긴 합니다만…….	天候が原因ですので、仕方のない面もあるのですが……。
바이러스 체크를 잊지 않도록 해 주십시오.	ウイルスチェックを忘れないようにしてください。
이쪽의 잘못이므로 어쩔 수 없습니다.	こちらの落ち度ですから仕方がありません。
고장의 원인을 조사하고 나서 보고드리겠습니다.	故障の原因を調べてからご報告いたします。
앞으로는 이런 일이 없도록 해 주십시오.	今後はこのようなことがないようお願いします。
앞으로는 이런 일이 없도록 하겠습니다.	今後気をつけます。
앞으로 이런 일이 없도록 충분히 주의하겠습니다.	今後このようなことが発生しないよう十分注意いたします。

앞으로는 새로운 시스템을 구축해서 다시는 이런 일이 없도록 하겠습니다.	今後は新しいシステムを構築して、二度とこのようなことがないようにいたします。
결과가 나온 다음은 늦습니다.	結果が出てからは遅いのです。
죄송합니다. 진심으로 사과드립니다.	申し訳ありません。心よりおわび申し上げます。

제 **5** 부

일본 관광

1 해외 여행

　일본으로 여행을 가기 위해서는 여권과 비자가 필요하다. 여권 및 비자 발급은 본인이 직접 신청할 수도 있고 여행사에 대행을 맡길 수도 있다. 일반 여권은 한국 정부가 발급하는 것으로, 서울의 6개 구청 여권 과와 14개 광역시청 및 도청 여권계에서 발급한다. 일본에 입국하기 위한 비자는 주한일본대사관에서 발급하며 취득 가능한 비자 종류, 신청 서류 및 절차 등은 주한일본대사관 홈페이지나 자동음성안내시스템(02-736-6581)으로 확인할 수 있다. 한국인에 대한 단기체재비자는 2002년 1월 1일부터 원칙적으로 체재 기간 90일, 유효 기간 5년의 복수비자를 발급하고 있다. 자세한 사항은 대사관 영사부로 문의하면 된다. 여권과 비자를 취득하면 항공편이나 선박을 이용하여 일본에 갈 수 있고, 일본에 도착하면 출입국심사를 거쳐 일본에 입국하게 된다. 출입국심사에서는 일반적으로 체재 기간과 목적, 숙박지, 일행에 관한 사항을 일본어로 물어 본다.

1 공항에서

공항 내 식당

꽤 시간이 많이 남았네요.	結構時間が空きましたね。
너무 빨리 도착했나보네요.	早く着きすぎたみたいですね。
(출발시간까지) 여유가 있군요.	余裕ですね。
빠듯하게 도착해서 허둥대는 것 보다 낫지요.	ぎりぎり着いて慌てるよりいいですよ。
(출국)수속이 생각보다 빨리 끝났네요.	(出国)手続きが思ったより早く終りましたね。
(출국)수속하는데 줄이 길어서 조마조마했어요.	(出国)手続きの列が長くてひやひやしました。
입이 좀 심심하네요.	ちょっと小腹がすきましたね。
뭐 좀 먹고 갈까요?	何か食べてから行きましょうか。

뭘 먹을까?	何を食べようかな。
(일본[한국]에서 식사하는 것이) 마지막이니까 초밥[냉면]을 먹을까요?	最後だから、おすし〔冷麺〕を食べましょうか。
어차피 기내식이 나오니까 간단하게 먹읍시다.	どうせ機内食が出るだろうから、軽い物にしましょう。
커피라도 마시면서 기다립시다.	コーヒーでも飲みながら待ちましょう。

선물가게

선물을 사야 해서 좀 보고 올게요.	お土産を買わないといけないんで、ちょっと見てきます。
추억으로 CD라도 한 장 살까?	思い出にCDでも一枚買おうかな。
어머니에게 드릴 선물은 뭐가 좋을까요?	母へのお土産は何がいいと思いますか。
화장품이나 액세서리 같은 건 어떻습니까?	化粧品やアクセサリーなどはどうですか。
일본 잡지도 좋은 선물이 됩니다.	日本の雑誌もいいお土産になりますよ。
가이드북을 삽시다.	ガイドブックを買いましょう。
일본은 과자 종류가 참 많아요.	日本はお菓子の種類が豊富ですね。
이 과자 안에는 뭐가 들어 있습니까?	このお菓子の中には何が入っていますか。
크림[팥고물]이 들어 있습니다.	クリーム〔あん〕が入っています。
약을 가져오는 것을 잊었으니 사 올게요.	薬を持ってくるのを忘れたから買ってきますね。
지금 캠페인 중이라서 싸게 사실 수 있어요.	只今キャンペーン中ですので、お買い得ですよ。

○○카드를 사용하시는 손님께는 이 선물을 드립니다.	○○カードご使用のお客さまには、こちらのプレゼントを差し上げております。
5% 할인이 됩니다.	5％オフになっております。

면세점에서

면세품 코너에 들릅시다.	免税品コーナーに寄りましょう。
계산은 엔으로 할 수 있습니까?	支払いは円でできますか。
계산은 엔, 달러, 원으로도 할 수 있습니다.	お支払いは円でも、ドルでも、韓国ウォンでもできます。
32달러입니다.	32ドルでございます。
일본 엔으로는 얼마가 되지요?	日本円ではいくらになりますか。
지금 품절입니다. 죄송합니다.	あいにく品切れでございます。申し訳ございません。
좀 써〔해〕 봐도 됩니까?	ちょっと試してみてもいいですか。[1]
이 상품에 대한 설명을 부탁합니다.	この商品の説明をお願いします。
담배는 몇 포까지가 면세입니까?	タバコは何カートンまでが免税ですか。
술은 몇 병까지가 면세가 됩니까?	お酒は何本までが免税になりますか。
향수를 골라 주시겠어요?	香水を選んでもらえますか。
요즘 제일 잘 팔리는 향수는 무엇입니까?	最近一番売れ行きのいい香水は何ですか。
이건 요즘 제일 인기있는 컬러입니다.	こちらは最近一番人気のあるカラーでございます。

[1] 試すた : '실제로 해 보다, 시험하다'라는 뜻. 옷을 입어보거나 화장품을 발라볼 때, 또는 작동시켜 볼 때 등 시험삼아 해 볼 때 쓴다.

2 입국 심사

방문 목적

여권을 보여 주십시오.	パスポートを見せてください。
여행 목적은?	旅行の目的は？
관광입니다.	観光です。
사업상 용무입니다.	商用です。
업무차 왔습니다.	仕事です。
여행 목적은 뭡니까?	旅行目的は何ですか。
어떤 일을 하고 있습니까?	どんな仕事をしていますか。
무역업을 하고 있습니다.	貿易業をやっています。
국제 회의가 있어서 왔습니다.	国際会議があって来ました。
그럼 회의 초대장을 보여 주십시오.	それでは、会議の招待状を見せてください。

체류 기간

일본에 며칠간 체재할 예정입니까?	日本に何日滞在しますか。
어느 정도 체재할 겁니까?	どれくらい滞在しますか。
3박 4일입니다.	３泊４日です。
어디서 묵으십니까?	どこに泊まりますか。
어느 호텔에서 묵습니까?	どのホテルに泊まりますか。
워싱턴 호텔입니다.	ワシントンホテルです。

친구 집에 머무를 겁니다.	友達の家に泊まります。
친구 주소를 쓰십시오.	友達の住所を書いてください。
친구는 뭘 하는 사람입니까?	友達は何をしている人ですか。
유학생입니다.	留学生です。
소지금은 얼마입니까?	所持金はいくらですか。
10만 엔 가지고 있습니다.	10万円持っています。
최종 목적지는 어디입니까?	最終目的地はどこですか。
동행이 몇 분입니까?	ご一行様は何名ですか。

세관에서

신고할 것이 있습니까?	何か申告する物はありますか。
아뇨, 없습니다.	いいえ、ありません。
신고할 것은 아무 것도 없습니다.	申告する物は何もありません。
내 신변잡화밖에 없습니다.	自分の身の回りの物しかありません。
옷이나 일상잡화밖에 없습니다.	洋服とか日常雑貨しかありません。
선물이나 귀중품은 없습니까?	贈り物とか貴重品はありませんか。
담배는 몇 보루 가지고 계십니까?	たばこは何カートンお持ちですか。
날것은 없지요?	生物はありませんね。
저쪽 초록색 라인 쪽으로 나가십시오.	あちらの緑のラインに沿って進んでください。
이 짐 속의 내용물은 무엇입니까?	この荷物の中身は何ですか。

그건 제 친구에게 줄 선물입니다.	それは友達へのプレゼントです。
이게 가지고 계신 것 전부입니까?	これで全部ですか。
외화는 얼마나 가지고 있습니까?	外貨はいくら持っていますか。
이 카메라에 대해서는 관세를 지불하셔야 합니다.	このカメラは関税がかかります。
좋습니다. 가도 됩니다.	どうぞ。もう行ってもいいです。

세관에서 짐을 찾을 때

제 짐이 안 보이는데요.	私の荷物が見当たらないのですが……。
제 짐이 도착하지 않은 것 같네요.	私の荷物が着いてないようです。
제 짐이 여기 없습니다.	私の荷物がここにありません。
제 가방이 파손됐습니다.	私のかばんが壊れています。
빨리 알아봐 주십시오.	至急調べてください。
확인을 해 보겠습니다.	ご確認いたします。
찾는 대로 호텔까지 보내 주십시오.	見つかり次第ホテルまで届けてください。
당신 가방은 이게 다 입니까?	あなたのかばんは、これで全部ですか。
내용물의 품목을 적은 것을 가지고 계십니까?	中身の品目を書いた物をお持ちですか。
다음 비행기 편으로 올 겁니다.	次の便で来ます。
손님 짐이 어디 있는지 알아냈습니다.	お客様のお荷物がどこにあるのか、分かりました。

불편을 끼쳐 드려서 정말 죄송합니다.	ご迷惑をおかけいたしまして、申し訳ございません。 ↑

3 마중 / 배웅 [2]

마중할 때

한국〔일본〕에 정말 잘 오셨습니다.	ようこそ韓国〔日本〕へ。
잘 왔다.	よく来たね。 ↓
오랜만이야. 잘 지냈어?	おひさしぶり！元気だった？ ↓
여러분을 진심으로 환영합니다.	皆さんを心から歓迎いたします。 ↑
만나뵙길 기다리고 있었습니다〔뵙고 싶었습니다〕.	お会いできるのを楽しみにしておりました。 ↑
바쁘신데 마중을 나와 주셔서 감사합니다.	お忙しいところ、お出迎えに来ていただいて恐縮です。 ↑
많이 피곤하시죠?	お疲れになったでしょう。 ↑
처음 타 보는 비행기 여행은 즐거우셨습니까?	初めての空の旅は楽しめましたか。
중간에 후지산이 보이던가요?	途中、富士山が見えましたか。
비행기는 많이 흔들리지 않았습니까?	飛行機は揺れませんでしたか。
길이 많이 막히니까 지하철로 갑시다.	渋滞がひどいので、地下鉄で行きましょう。
리무진 버스가 편하니까 그걸 타고 갑시다.	リムジンバスの方が楽なのでそれで行きましょう。
바깥에 봉고차가 와 있습니다.	外にバンを待たせています。

---

[2] 공항에서의 마중・배웅은 제4부 비즈니스 편(3-1)에도 있으므로 참조하기 바람.

짐을 운반할 때

이 가방을 버스 정류장까지 운반해 주시겠어요?	このかばんをバス停まで運んでもらえますか。
이 짐을 택시 승강장까지 운반해 주세요.	この荷物をタクシー乗り場まで運んでください。
카트는 어디까지 사용할 수 있습니까?	カートはどこまで使えるんですか。
같이 들지요.	一緒に持ちましょう。
아니에요, 제가 들 수 있습니다.	いいえ、大丈夫です。一人で持てます。
무겁지 않아서 괜찮아요.	重くないから大丈夫です。

배웅할 때

전송을 해 주셔서 정말 감사합니다.	お見送りいただきありがとうございます。
(일부러 이렇게) 전송을 나와 주셔서 고맙습니다.	わざわざお見送りに来ていただいて、ありがとうございます。 ↑
여기 머무는 동안 여러가지 환대해 주셔서 정말 감사합니다.	滞在中はいろいろとご歓待いただきまして、心から感謝を申し上げます。 ↑
여러 가지로 신세 많이 졌습니다. 감사합니다.	いろいろとお世話になりました。ありがとうございました。
여러 가지로 고마워.	いろいろとありがとう。 ↓
여행은 즐거우셨습니까?	旅行は楽しめましたか。
헤어지려니 서운하군요.	お別れするのが名残惜しいですね。

눈 깜짝할 사이에 3박 4일이 지나 버렸어요.	あっと言う間の3泊4日でした。
꼭 또 오세요.	またぜひいらしてください。
한국에도 꼭 놀러 오세요.	韓国にもぜひ遊びに来てくださいね。
사진 보내드릴게요.	写真送ります。
메일 보낼게.	メールするね。
그럼 안녕히.	じゃあ、お元気で。
좋은 여행 되시기 바랍니다.	よいご旅行を。

2 관광 정보

일본에서는 보통 큰 역에 관광 안내소가 설치되어 있다. 경우에 따라서는 한국어로 된 책자나 지도를 무료로 얻을 수 있다. 도쿄 관광은 하토버스(はとバス)라는 버스를 이용하면 도쿄 시내를 일주하며 도쿄의 관광지를 돌 수 있으며 밤 시간대 버스를 타면 야경을 즐길 수도 있다. 또한 서점에 가면 그 고장의 맛집이나 산책 코스, 명소 등을 소개한 책도 다양하게 나와 있으므로 이용하면 좋다.

1 관광 안내 및 문의

관광 안내소에서

관광 안내소가 어디에 있습니까?	観光案内所はどこですか。
한나절 관광은 있나요?	半日観光はありますか。
이 코스는 얼마입니까?	このコースはいくらですか。
값싸게 여행할 수 있는 방법이 있습니까?	安く旅行する方法はありますか。
후지산에 싸게 가는 방법이 있습니까?	富士山に安く行ける方法はありますか。
어떤 투어가 있습니까?	どんなツアーがあるんですか。
관광 버스는 있습니까?	観光バスはありますか。
버스는 금방 옵니까?	バスはすぐ来ますか。
디즈니랜드에 가는 투어 있습니까?	ディズニーランドに行くツアーはありますか。
디즈니랜드는 몇 시까지입니까?	ディズニーランドは何時までですか。
점심은 관광 요금에 포함되어 있습니까?	お昼は、観光料金に含まれていますか。
	(観光)料金は、昼食込みの料金ですか。

시내 관광은 시간이 얼마나 소요됩니까?	市内観光にはどれくらいの時間がかかりますか。
여기서 예약할 수 있습니까?	ここで予約できますか。
개인당 비용은 얼마입니까?	一人あたりどれくらい〔いくら〕かかりますか。
언제 돌아옵니까?	何時に戻ってきますか。
야간 관광도 있습니까?	夜間の観光もありますか。
이 관광 코스는 매일 있습니까?	この観光コースは毎日ありますか。
어디서 유람선을 탈 수 있습니까?	遊覧船はどこで乗れますか。
목적지로 가는 길을 적어 주십시오.	道順を書いてください。
택시로 관광하고 싶은데요.	タクシーで観光したいのですが……。
가이드가 필요합니다만…….	ガイドをお願いしたいのですが……。
안내원이 동반하는 관광이 있습니까?	ガイド付きの観光はありますか。
일본어를 할 수 있는 가이드를 부탁하고 싶은데요.	日本語の話せるガイドを頼みたいのですが。
요금은 하루에 얼마입니까?	料金は1日いくらですか。
덕분에 즐겁게 관광할 수 있었습니다.	お陰様で、とても楽しく観光ができました。

관광 안내 책자를 얻을 때

관광 안내 책자를 주시겠습니까?	観光案内の冊子〔ガイドブック〕をもらえますか。
관광 안내 책자 한 권 주세요.	観光案内の冊子を一冊ください。
무료 관광 지도를 받을 수 있습니까?	無料の観光地図をいただけますか。

시내 지도 한 장 주세요.	市内マップも一枚ください。
지하철 지도는 있습니까?	地下鉄マップはありますか。
한국어로 된 가이드북은 있습니까?	韓国語のガイドブックはありますか。
한국어로 된 것이 없으면 영어로 된 것은 있습니까?	韓国語のがなければ、英語のはありますか。
일본 지명 읽기가 쓰여 있는 것을 주세요.	日本の地名の読み方が書いてあるものをください。

관광 정보 문의

이 도시의 주요 관광 명소가 어디입니까?	この街の主な観光名所はどこですか。[1]
그 밖에 구경할 곳은 없나요?	その外にはありませんか。
어떤 것에 관심을 갖고 계십니까?	何に興味をお持ちですか。
저는 건축에 관심이 있습니다.	私は建築に興味があります。
재미있는 곳을 추천해 주겠어요?	面白そうな所を紹介してくれますか。
	どこかお勧めの所はありますか。
도쿄에 3일간 머무를 예정입니다. 도쿄다운 곳을 보려면 어디로 가면 됩니까?	東京に3日間滞在する予定です。東京らしい所を見るにはどこに行けばいいですか。
경치가 좋은 곳에 가고 싶은데 어디가 좋을까요?	景色のいい所に行きたいんですが、どこかお勧めの所はありますか。
시내를 한눈에 볼 수 있는 곳이 있습니까?	市内を一望できる所がありますか。
도쿄타워에 가면 도쿄를 한눈에 볼 수 있습니다.	東京タワーに行けば東京を一望できます。

---

[1] 주로 町(まち)는 '소도시' 또는 '동네'를 말할 때 쓰고, 街(まち)는 대도시와 같은 '도회지', 또는 '번화가'를 말할 때 쓴다.

이 도시에서 가장 큰 시장은 어디입니까?	この街で一番大きい市場はどこですか。
새벽시장을 하는 데는 있나요?	朝市をやっている所はありますか。
쇼핑을 할 수 있으면서 젊은이들이 모이는 곳은 어디입니까?	ショッピングができる所で、若者が集まる所はどこですか。
여기서 그리 멀지 않은 곳으로 쇼핑을 할 수 있는 곳은 있습니까?	ここからあまり遠くなくて、買い物に行ける所はありますか。
좀 걷고 싶은데 어디 조용한 공원은 있습니까?	少し歩きたい〔散歩をしたい〕のですが、どこか静かな公園はありますか。
박물관이나 미술관이 모여 있는 곳은 있습니까?	博物館や美術館が集まっている所はありますか。
이 근처에 맛있는 음식점은 있습니까?	この近くにおいしいお店はありますか。
근처에 저렴하게 술을 마실 수 있는 곳은 없습니까?	近場で、安く飲める所はありませんか。
밤에 놀러가고 싶은데 어디 좋은 데 있습니까?	夜遊びに行きたいんですが、どこかいい所ありますか。[2]

안내를 제의할 때

일요일에 관광 안내해 드릴까요?	日曜日に観光案内しましょうか。
내일 괜찮다면 관광을 시켜 드리겠습니다.	明日でよかったら案内しますよ。
오늘 오후에 관광을 하시는 건 어떻겠습니까?	今日の午後、観光をするのはどうですか。

---

2 夜遊(よるあそ)びに行(い)く는 '밤에 놀러가다', 夜遊(よあそ)びする는 '밤에 놀러 다니다'에 가깝다.

어디를 구경하셨습니까?	どちらを回られましたか。
부산 구경 많이 했습니까?	釜山はいろいろ回りましたか。
오늘 스케줄은 시내 관광입니까?	今日の予定は市内観光ですか。
오늘은 짜여진 일정은 없습니다.	今日は自由行動となっています。

2 관광지에서

관광 안내

안내를 해 주시겠습니까?	案内してもらえますか。
	案内を頼んでもいいですか。
제가 안내해 드리겠습니다.	私がご案内します。
안내는 저한테 맡기세요.	案内は私にお任せください。
저 건물은 무엇입니까?	あの建物は何ですか。
어느 정도 오래된 것입니까?	どのくらい古いのですか。
안에 들어갈 수 있습니까?	中に入れますか。
성을 보러 갑시다.	(お)城を見に行きましょう。
기념품 가게는 어디입니까?	お土産屋はどこですか。
걸어서 갈 수 있겠어〔갈 수 있는 곳이야〕?	歩いて行ける？
오늘밤의 공연 내용은 무엇입니까?	今夜の出し物は何ですか。[3]
상연 시간은 어느 정도입니까?	上演時間はどれくらいですか。
공연이 끝나는 것은 몇 시입니까?	終演は何時ですか。

[3] 出(だ)し物(もの)는 演(だ)し物(もの)라고도 쓰며 연극이나 전통 예능 등의 공연 내용을 말한다.

조금 쉬고 싶습니다.	ちょっと休みたいです。

화장실에 가고 싶을 때

화장실에 가고 싶은데요.	お手洗いに行きたいんですけど。
이 근처에 화장실은 있습니까?	この近くにトイレはありますか。
(화장실 가게) 잠시 쉬어 가지요.	トイレ休憩しましょう。
화장실 좀 다녀올게요.	ちょっとトイレに行って来ます。
	ちょっと失礼します。
저기, 화장실은 어디입니까?	すみません。トイレはどこ〔どちら〕ですか。
입구를 나와서 좌측입니다.	入り口を出て左側です。

관광 소감

멋진 경치다!	きれい！
	すご〜い！
	素晴らしい景色だ!
정말 아름다운 경치군요!	本当に美しい景観ですね。
	なんてきれいな景色でしょう。
전망이 기가 막히는군요!	眺めが最高ですね。
말로 표현할 수 없을 만큼 아름답군요.	言葉ではとても表現できないくらいきれいですね。

이건 한국에서만 볼 수 있는 풍경입니다.	これは韓国ならではの風景です。
이건 한국에서는 볼 수 없는 풍경입니다.	これは韓国では見られない風景です。
한국에서 가을 단풍은 10월초에 절정을 이룹니다.	韓国の紅葉は10月の初めが見頃です。
산이 단풍으로 카펫을 깔아 놓은 것 같이 아름답군요.	山が紅葉でカーペットのようにきれいですね。
그 밖에 어디에 가셨습니까?	その外にどこに行かれましたか。
한국에서 가장 인상적인 게 뭐(어디)였죠?	韓国で一番印象に残ったのは何〔どこ〕でしたか。
경주는 꼭 한번 가 보세요.	慶州はぜひ一度行ってみてください。
아주 좋군요〔좋은 거군요〕. 온천이라는 것이…….	いいものですね。温泉というのは……。
좀더 여기에 있고 싶다.	もっとここにいたいな。

관광지를 추천하면서

거기에는 볼 데가 아주 많아요.	そこは見所がたくさんあります。
거기에는 높은 곳에 전망대가 있어요.	そこには高台に展望台があります。
그곳을 빨리 구경하고 싶군요.	早くそこに行ってみたいですね。
그곳은 한 번쯤 가 볼 만한 가치가 있는 곳이에요.	そこは一度は行ってみる価値のある所です。
도쿄에 왔으면 도쿄타워를 봐야지.	東京に来たならやはり東京タワーを見ないと、ねえ。

오사카말고, 또 어느 곳이 가 볼 만합니까?	大阪以外で、外にどこがいいですか。
언젠가 그 곳에 가고 싶군요.	いつかそこに行ってみたいですね。

개점 및 폐점 시간

그 박물관은 개관 시간이 몇 시입니까?	その博物館の開館時間は何時ですか。
그곳은 몇 시에 문을 닫습니까?	そこは何時に終わりますか〔閉館しますか〕。
토요일은 합니까?	土曜日はやってますか。
그 곳은 요즘 개관을 하고 있습니까?	そこは最近開館してますか。
서둘러 가지 않으면 문닫는 시간이 되어 버릴 지도 몰라요.	急がないと間に合わない〔閉館時間になってしまう〕かもしれません。
죄송합니다만 지금은 기다리셔야 들어가실 수 있습니다.	あいにく今はお待ちになっていただかないと、お入りになれません。[4]
어느 정도 기다려야 합니까?	どれくらい待たないといけませんか。
이 쪽 줄에 서서 기다려 주십시오.	こちらの列に並んでお待ちください。

시설 이용권을 살 때

입장료는 얼마입니까?	入場料はいくらですか。
티켓을 두 장 주십시오.	チケットを2枚ください。
박물관 입장료가 얼마입니까?	博物館の入場料はいくらですか。
어른 표 1장과 어린이 표 2장 주세요.	大人1枚と子供2枚ください。

---

[4] 일본 박물관이나 미술관에서는 손님이 많을 경우 쾌적한 환경에서 관람할 수 있도록 일정수의 손님만 들여보내고 나머지는 줄을 서서 기다리게 한 후 먼저 들어간 손님이 빠진 후에 차례로 입장시키는 경우가 종종 있다.

학생 할인 되나요?	学割は効きますか。[5]
단체 할인 됩니까?	団体割引できますか。
단체 요금은 20명 이상부터 적용됩니다.	団体料金は20名様からとなっております。
입장료에도 소비세가 부과됩니까?	入場料にも消費税がかかりますか。
어린이 요금이 적용되는 것은 몇 살부터입니까?	子供料金は何歳からですか。
관내를 다 돌아보는 데 보통 어느 정도 시간이 걸립니까?	館内を全部見て回るのに普通どれくらいの時間がかかりますか。
셔틀버스는 몇 분 간격으로 있습니까?	シャトルバスは何分おきにありますか。

멀미

멀미를 하시는 편이세요?	乗り物酔いはする方ですか。
배멀미가 날까봐 걱정이에요.	船酔いしそうで心配です。
저는 자주 배멀미를 해요.	私はよく船酔いします。
저는 배를 타면 속이 니글거려요.	私は船に乗ったら気持ちが悪くなります。
속이 안 좋아서 잠깐 쉬어갔으면 좋겠는데요.	気分が悪いので、ちょっと休んでから行ってもらえませんか。
멀미했나봐요.	酔ったみたいです。
멀미약 가져오는 것을 잊어버렸어요.	酔い止めを持って来るのを忘れてしまいました。
멀미약은 탈 것에 타기 전에 먹어야 하는데…….	酔い止めは乗り物に乗る前に飲まないといけないんだけどね……。

---

[5] 効(き)く는 '유효하게 작용하다, 효력이 있다'라는 뜻.

멀미약을 사고 싶은데 약국에 들러주실 수 없습니까?	酔い止めを買いたいんですが、薬局に立ち寄れませんか。
일본에서는 매실절임이 멀미에 좋다고 한다지요?	日本では梅干しが酔い止めにいいと言うそうですね。
붙이는 멀미약도 있다지요?	貼る酔い止めもあるそうですね。

3 기념 촬영

기념 촬영할 때

여기에서 사진을 찍어도 괜찮습니까?	ここで写真を撮ってもいいですか。
(저희들) 사진을 찍어 주시겠습니까?	写真を撮っていただけますか。 ↑
(사진) 한 장 찍어 드릴까요?	一枚お撮りしましょうか。 ↑
함께 사진을 찍어도 괜찮겠습니까?	一緒に写真を撮ってもらえますか。
저와 함께 사진 찍으실까요?	私と一緒に写真、撮りませんか。
같이 찍자!	一緒に撮ろうよ。 ↓
자, 치즈!	ハイ、チーズ！
자, 모두들 웃으세요!	さあ、みんな笑って！ ↓
포즈 좀 취해 보세요.	ポーズをとってみてください。
정면을 바라보고 움직이지 마세요.	正面を見て、動かないでください。
비디오 좀 찍어 주시겠습니까?	ビデオを撮ってくれますか。
저는 디지털 카메라는 잘 다루지 못합니다.	私は、デジカメは上手く扱えません。[6]

---

[6] デジカメは デジタルカメラ(디지털카메라)의 줄임말. 보통 デジカメ라고 하는 경우가 많다.

초점이 맞지 않습니다.	焦点が合いません。
역광이에요.	逆光ですよ。

필름을 살 때

필름 좀 사야겠어요.	フィルムを買わないと。
필름이 몇 장 남았습니까?	フィルムは何枚残っていますか。
이제 필름이 3장밖에 안 남았어요.	フィルムがもう3枚しか残ってないです。
36장짜리 필름 한 통 주세요.	36枚取りフィルムを一つください。
필름을 몇 통 찍었습니까?	フィルムを何本撮りましたか。
이제 벌써 3개째예요.	これでもう3本目ですよ。
이 필름은 몇 장짜리입니까?	このフィルムは何枚撮りですか。

현상

언제 사진을 찾을 수 있습니까?	写真はいつ出来上がりますか。
이 필름을 현상해 주세요.	このフィルムを現像してください。
이 사진을 확대하고 싶어요.	この写真を引き伸ばしたいんですが……。
체크한 번호를 사람 수만큼 더 현상해 주세요.	チェックした番号の焼き増しを人数分お願いします。[7]
그럼 이따가 가지러 올게요.	じゃ、後で取りに来ます。
사진을 보내 드리겠습니다.	写真を送ります。

---

[7] 焼(や)き増(ま)し하는 사진을 추가로 인화하는 것을 말한다.

사진 평가

사진이 아주 잘 나왔어요.	写真がよく撮れてますね。
사진을 잘 받는군요.	写真写りがいいですね。
사진보다는 실물이 더 나아요.[8]	写真より実物の方がきれいですね。
	写真より実物の方がかっこいいですね。
이 사진은 실물보다 더 잘 나왔군요.	この写真は(実物より)きれいに〔かっこよく🅁〕撮れてますね。[9]
사진 잘 나온다는 소리〔실물보다 사진이 좋다는 소리〕가 마냥 기분 좋은 소리만은 아니지요.	写真写りがいいと言われても、一概には喜べないですよね。
저는 사진이 잘 안 나와요.	私は写真写りが悪いんです。
사진들 중에서 2장이 안 나왔어요.	2枚が現像されていないようですが……。
셔터를 누를 때 흔들렸군요.	シャッターを切るとき、ぶれちゃったんですね。
이 사진을 어디에서 찍으셨습니까?	この写真をどこで撮りましたか。
토끼처럼 눈이 빨갛게 나왔네요.	ウサギ目になっちゃいましたね。
이 구역에서는 사진 촬영을 하실 수 없습니다.	この区域での写真撮影は禁止されています。

4 길 안내

길 안내를 부탁할 때

실례합니다. 길을 잃었습니다.	すみません、道に迷ってしまいました。
도중에 길을 잃었습니다.	途中で道に迷ってしまいました。

---

[8] 이 경우 いい라는 표현보다 여성일 경우에는 きれいだ, 美人(びじん), 남성일 경우에는 かっこいい, 男前(おとこまえ), ハンサム라고 하는 것이 좋다.
[9] 이런 경우 '실물보다'라는 뜻의 実物より라는 말은 굳이 하지 않는 것이 더 좋다.

길 좀 가르쳐 주시겠습니까?	ちょっと道案内をお願いしてもいいですか。
좀 더 자세하게 길을 안내해 주시겠습니까?	もうちょっと詳しく道順を教えていただけますか。
약도를 그려 주시겠어요?	簡単な地図を書いてくださいますか。
지금 있는 곳은 이 지도로 보면 어디입니까?	現在地はこのマップでいうと、どこになりますか。
어느 길을 따라가야 하는지 이 지도를 보고 가르쳐 주세요.	どの道を行けばいいのか、この地図で教えてください。
표시가 될 만한 것이 있습니까?	目印になるようなものはありますか。
남쪽이 어디죠?	南の方向はどちらですか。
여기는 무슨 거리입니까?	ここは何という通りですか。
저는 지금 신주쿠 근처에 있습니까?	私は今、新宿の近くにいますか。
거기에 어떻게 가면 되는지 말씀해 주세요.	そこにどうやって行けばいいのか教えてください。
안내소가 어디에 위치해 있죠?	案内所はどこにありますか。
여기서 얼마나 걸립니까?	ここからどれくらいかかりますか。
건물 안내도를 봅시다.	建物の案内図を見てみましょう。
저는 이 도시의 구석구석을 다 알아요.	私はこの街の隅々までよく知っています。

위치를 물을 때

구두 가게는 어디입니까?	靴屋はどこですか。

야스이 카메라에 가고 싶은데요.	安井カメラへ行きたいんですけど……。
힐튼 호텔에 가려면 어떻게 가야 하지요?	ヒルトンホテルにはどうやって行くのですか。
신주쿠까지는 어느 정도 거리입니까(걸립니까)?	新宿まではどのくらいですか。
어느 정도 걸립니까?	どのくらいかかりますか。
5분 정도입니다.	5分くらいです。
거기는 멀어요?	そこは遠いですか。
그렇게 멀지 않아요.	そんなに遠くないですよ。
신주쿠에 가려면 어떻게 가는 것이 가장 빠를까요?	新宿へは、どう行ったら一番早く行けますか。
시청으로 가는 방향을 좀 가르쳐 주시겠습니까?	市役所はどちらの方向か教えてくれますか。
시청으로 가는 지름길을 알고 계세요?	市役所に行く近道を知っていますか。
여기서 시청을 어떻게 가야 합니까?	ここから市役所に行くにはどう行けばいいですか。
편지는 어디서 보낼 수 있지요?	手紙はどこで出せますか。
이 주변에 우체국(파출소)은 있습니까?	この辺りに郵便局〔交番〕はありますか。

길을 안내해 줄 때

제가 도와 드릴까요?	何かお困りですか。

지나가는 사람인데, 혹시 도움이 될까 해서요.	通りすがりの者ですが、何かお役に立てるかと思いまして……。
어느 쪽으로 가십니까?	どちらに行かれますか。
제가 이 근처의 길을 잘 압니다.	私はこの辺りの道はよく知っています。
저도 거기 가는 길이에요. 같이 가시죠.	私もそこに行くところです。一緒に行きましょう。
제가 안내해 드리겠습니다. 저도 같은 방향이거든요.	私がご案内しましょう。私も同じ方向に行きますから。
누구한테 물어 봐서 가르쳐 드리겠습니다.	誰かに聞いてみましょう。
첫 번째 신호에서 오른쪽으로 가세요.	一つ目の信号の所で右に曲がってください。
꽤 걷는 거리입니다.	歩くには結構距離がありますよ。
걷기에는 너무 먼 거리일거예요.	歩くにはかなり遠いと思いますよ。
오른쪽에 있습니다.	右側にあります。
저기에 큰 길이 있죠?	あそこに大きい道があるでしょう。
이 길로 똑바로 가면 서울역으로 갈 수 있습니다.	この道をまっすぐ行けばソウル駅に行けます。
저기 큰 건물이 보이죠?	あそこに大きい建物が見えるでしょう。
사거리가 나올 때까지 이 길을 계속 걸어가세요.	四つ角に出るまでこの道をまっすぐ行ってください。
그 길 오른쪽에 조그마한 커피숍이 있을 겁니다.	その道の右側に小さなコーヒーショップがあります。

바로 건너편에 있습니다.	ちょうど向かい側にあります。
지도로 확인해 보지요.	地図で確認してみましょう。
버스로 가는 편이 좋을 텐데요.	バスで行った方がいいと思いますが……。
그 다음은 내려서 다시 묻는 것이 좋을 거예요.	後は、降りてからまた聞いた方がいいですよ。[10]
요코하마행을 타고 두 번째입니다.	横浜行きに乗って、2つ目です。
복도를 곧장 가서 막다른 데서 왼쪽으로 돌아가세요.	廊下をまっすぐ行って、突き当たりで左に曲がってください。
복도를 따라가면 오른편에 있어요.	廊下をまっすぐ行けば右側にあります。
계단으로 2층까지 걸어 올라가세요.	2階まで階段で上がってください。
신호등을 건너면 바로 있습니다.	信号を渡ればすぐあります。
두 번째 신호등 앞에서 좌회전 하십시오.	二つ目の信号の前で左に曲がってください。
두 번째 모퉁이를 오른쪽으로 도세요.	二つ目の角を右に曲がってください。
어디로 가면 전화를 걸 수 있습니까?	どこへ行けば電話が掛けられますか。
이 길이 지름길입니까?	これが近道ですか。
지나쳐 오셨습니다.	通り過ぎましたね。
길을 잘못 든 것 같습니다.	道を間違えたみたいです。
이 길은 돌아가는 길입니다.	この道は回り道です。
이 길이나 저 길이나 마찬가지입니다.	この道もあの道も同じです。
미안합니다. 저도 여기는 초행길이에요.	すみません。私もここは初めてなんです。
죄송합니다. 저도 여기는 잘 몰라서요.	すみません。私もここは不案内なものでして……。

---

[10] 後(あと)는는 '그 다음은' 또는 '그 나머지는'이라는 뜻. 이 경우는 지금까지 설명한 것에 따라 타고 가고, 나머지는 내려서 다시 물어보라는 뜻이다.

다른 분한테 물어 보세요.	他〔外〕の人に聞いてください。
안내소에 물어 보세요.	案内で聞いてください。

위치를 알려줄 때

커피숍 옆입니다.	コーヒーショップの隣です。
시청 반대편에 있습니다.	市役所の反対側にあります。
시청 정면에 있습니다.	市役所の正面です。
서점과 약국 사이입니다.	書店と薬屋の間です。
교회 바로 앞입니다.	教会の手前です。[11]
우체국을 지나서 있습니다.	郵便局を過ぎたらあります。
길 건너편에 있습니다.	道の向こう側にあります。
이 길의 막다른 길에 있습니다.	この道の突き当たりにあります。
택시로 가는 것이 가장 알기 쉬워요.	タクシーで行くのが一番分かりやすいですよ。
육교에서 커다란 간판이 보이거든요.	歩道橋の所から大きい看板が見えますから……。
그 근처에 뭔가 표시가 될 만한 것이 있습니까?	その近くに何か目印になるものがありますか。
별 어려움 없이 찾을 수 있을 겁니다.	すぐに見つけられると思いますよ。
곧장 가시면 있습니다.	まっすぐ行けばあります。
길을 따라 바로 내려가면 있어요.	道に沿ってまっすぐ下って行けばありますよ。
계속 똑바로 가세요.	このまままっすぐ行ってください。
여기서 그렇게 멀지 않아요.	ここからそんなに遠くないですよ。

---

[11] 手前는 자기에게 가까운 위치를 말하므로 목적지가 교회보다 먼저 있다는 얘기가 된다.

그건 당신 바로 뒤에 있어요. 뒤돌아서 위를 쳐다보세요.	それはあなたのすぐ後ろにありますよ。振り向いて上を見てください。
5분 정도 걸어가셔야 해요.	5分くらい歩かないと……。

3 교통

일본은 시내버스가 한국만큼 많지 않고, 노선도 짧은 편이기 때문에 일본 사람들은 대부분 철도를 이용한다. 버스는 집에서 역까지라든가 가까운 거리를 갈 때 이용한다. 특히 도쿄의 경우는 목적지에 가기 위해서 지하철과 전철을 3, 4번 갈아타고 가는 것이 보통이다. 택시는 요금이 상당히 비싸므로 장거리에는 거의 이용하지 않는다. 또한 일본 택시는 자동문이어서 손님이 문을 열거나 닫지 않아도 된다. 자동문을 무리하게 닫으면 고장이 날 수 있으므로 한국처럼 문을 닫는 것은 삼가는 것이 좋다. 렌터카는 비교적 이용하기 편리하지만 차선이 한국과 반대이므로 주의를 요한다. 렌터카를 이용하려면 국제면허증을 반드시 준비해야 한다.

1 대중 교통

버스를 이용할 때

버스로 가는 게 어떻겠습니까?	バスで行くのはどうですか。
버스 터미널은 어디입니까?	バスターミナルはどこですか。
시즈오카행 고속버스는 어디서 탈 수 있습니까?	静岡行きの高速バスはどこで乗れますか。
관광버스는 어디에 가면 탈 수 있습니까?	観光バスはどこに行けば乗れますか。
하토버스는 어디서 탈 수 있습니까?	はとバスはどこから出ていますか。[1]
버스 승강장은 어디입니까?	バス乗り場はどこですか。
매표소는 2층입니다.	切符売り場は2階にあります。
공항 가는 버스는 있습니까?	空港へ行くバスはありますか。
이 버스는 공항까지 갑니까?	このバスは空港まで行きますか。
나리타행 다음 버스는 몇 시입니까?	成田行きの次のバスは何時ですか。

---

1 はとバス는 동경 시내를 도는 시티 투어 버스.

버스는 지금 막 출발했습니다.	バスは今出たところです。
버스가 시간대로 오지 않는군요.	バスが時間通りに来ないですね。
이 자리는 비어 있는 겁니까?	この席、空いてますか。
정체가 심하군요.	渋滞がひどいですね。
미술관은 몇 번째입니까?	美術館はいくつ目ですか。
미술관 앞 정류장에서 내려 주세요.	美術館前のバス停で降ろしてください。
직행 버스는 없어요.	直通バスはありませんよ。
요금은 내릴〔탈〕 때 냅니다.	料金は降りる〔乗る〕時に払います。
정리권을 뽑으십시오.	整理券をお取り下さい。[2]
버스카드를 이용하는 것이 이득이 됩니다〔쌉니다〕.	バスカードの方がお得です。

지하철을 이용할 때

이 근처에 지하철 역은 있습니까?	この近くに地下鉄の駅はありますか。
네, 이 건물 저쪽에 있습니다.	はい、このビルの向こう側にあります。
이 건물 안을 지나서 갈 수 있습니까?	このビルを通り抜けられますか。
거기를 나와서 돌아가야 할 거예요.	そこを出て、回って行かないといけないと思います。
어디서 표를 사는 거지요?	どこで切符を買うのですか。
표 파는 곳은 어디입니까?	切符売り場はどこですか。

[2] 일본 시내버스는 거리에 따라 요금이 다른 경우가 있다. 그런 경우 버스를 탈 때 숫자가 찍혀 있는 정리권을 뽑았다가 내릴 때 그 숫자에 맞는 요금을 정리권과 함께 낸다.

지하철의 노선도를 주십시오.	地下鉄の路線図をください。
신주쿠까지 얼마입니까?	新宿までいくらですか。
150 엔입니다.	150円です。
신주쿠에 가려면 어느 전철을 타면 되나요?	新宿へ行くにはどの電車に乗ればいいでしょうか。
3번 홈에서 타면 됩니다.	3番ホームで乗ったらいいですよ。
어느 역에서 갈아타면 되지요?	どの駅で乗り換えればいいですか。
신주쿠에서 JR의 추오선으로 갈아타세요.	新宿でJRの中央線に乗り換えてください。
기치조지에 가려면 어디에서 내리면 좋습니까?	吉祥寺へ行くにはどこで降りたらいいですか。
전철은 몇 분 간격으로 옵니까?	電車は何分おきに来ますか。
10분 간격으로 옵니다.	10分おきに来ます。
다음 전철은 특급입니까?	次の電車は特急ですか。
이 전철은 구니타치에 정차합니까?	この電車は国立に止まりますか。
여기서 4번째 역입니다.	ここから4番目の駅です。
다음 다음 역입니다.	次の次の駅です。
신주쿠까지는 역이 몇 개 있지요?	新宿までは何駅ありますか。
다음 역은 무슨 역입니까?	次の駅は何という駅ですか。
다음 역은 이케부쿠로입니다.	次の駅は池袋です。
스이도바시에 도착하면 알려 주세요.	水道橋に着いたら教えてください。

정말, 아침 전철은 사람이 많아서 질려요.	全く、朝の電車は人が多くて嫌になります。
치한이야, 치한. 치한이 있었어.	痴漢よ、痴漢。痴漢がいたの。

철도를 이용할 때

여기서 거기까지 가는 직행 기차는 있습니까?	ここからそこまでの直行列車は、ありますか。
없을 겁니다.	ないと思います。
아마 여기서 갈아타야 할 겁니다.	多分ここで乗り換えなければならないでしょう。
승차권을 보여 주십시오.	乗車券を見せてください。
기차표를 잃어버린 것 같습니다. 지금 살 수 있습니까?	切符を無くしたみたいです。今、買えますか。
도쿄역에서 탔습니다.	東京駅で乗りました。
오미야까지 갑니다.	大宮まで行きます。
가루이자와까지 편도 한 장 주세요.	軽井沢まで片道一枚ください。
왕복 운임이 더 싼데 (편도로) 괜찮으시겠습니까?	往復運賃の方が割安になりますが、よろしいですか。
그럼 왕복으로 주세요.	じゃ、往復でください。
이 기차는 사이타마행입니까?	この列車は、埼玉行きですか。
급행은 어디에서 탑니까?	急行にはどこで乗りますか。
2번선 홈으로 가세요.	２番線に行ってください。

다음 급행은 몇 시입니까?	次の急行は何時ですか。
마지막 전철은 몇 시입니까?	終電は何時ですか。
유실물 센터는 어디입니까?	忘れ物預かり所はどこですか。

방송

《《《 홈에서 》》》

잠시 후 1번 홈에 중앙특급쾌속 다카오행 전철이 도착합니다.	まもなく1番線に中央特快高尾行きの電車が参ります。
흰색선 안에서 기다려 주시기 바랍니다.	白線の内側にてお待ちください。
이 전철은 모든 역에 정차하는 하카타행입니다.	この電車は各駅停車博多行きです。
오래 기다리셨습니다. 곧 출발하겠습니다.	お待たせいたしました。まもなく発車いたします。
급히 뛰어들어 승차하는 것은 위험하므로 삼가해 주십시오.	駆け込み乗車は危険ですからおやめください。[3]
2번 홈 전철문이 닫힙니다. 주의하십시오.	2番線のドアが閉まります。ご注意ください。
저희 홈은 하루 종일 금연 구역입니다. 흡연 장소 이외에서는 담배를 삼가 주시도록 협조를 부탁드립니다.	ホームでは終日禁煙となっております。喫煙所以外でのお煙草はご遠慮くださいますよう、ご協力お願い申し上げます。

[3] 駆け込みは駆け込む(뛰어서 들어가다)의 명사형.

《《《 차내 방송 》》》

승차해 주셔서 감사합니다.	ご乗車ありがとうございます。
곧 하라주쿠에 도착합니다.	まもなく原宿に到着いたします。
내리실 때는 잊으신 물건이 없도록 주의하시기 바랍니다.	お降りの際は、お忘れ物をなさいませんようご注意ください。
마루노우치선을 이용하시는 손님께서는 다음 역에서 갈아타시기 바랍니다.	丸の内線ご利用のお客様は、次でお乗り換えください。
손님 여러분께 부탁 말씀 드립니다. 차내는 금연이오니 담배는 삼가 주시기 바랍니다.	お客様にお願い申し上げます。車内は禁煙となっておりますので、お煙草はご遠慮くださいますようお願い申し上げます。
휴대 전화는 다른 손님에게 폐가 되므로 삼가 주시기 바랍니다.	携帯電話は外のお客様のご迷惑となりますので、ご遠慮くださいますようお願い申し上げます。

기차표 예약 (みどりの窓口)[4]

한 분이십니까?	お一人様ですか。
수고스럽지만 지정석표 신청 용지를 써 주시기 바랍니다.	お手数ですが、指定席券申込用紙にご記入ください。
1월 6일, 도쿄에서 오사카까지 맞습니까?	1月6日、東京から大阪までですね。
편도십니까?	片道でよろしいですか。
그린차를 이용하십니까?	グリーン車をご利用ですか。[5]

---

[4] みどりの窓口는 일본 철도 기차표 예약 · 판매 카운터.
[5] グリーン車는 특실을 말한다.

내일, 교토까지 왕복 두 사람.	明日、京都まで往復二人。
모든 좌석이 지정석이기 때문에 자유석 특급 표로는 승차하실 수 없습니다.	全車指定席となっておりますので、自由席特急券ではご乗車できません。 ⬆
인터넷으로 예약하시면 포인트가 적립됩니다.	インターネットで予約されますと、ポイントがたまります。
표 하나로 하루 종일 타고 다닐 수 있는 할인 티켓도 있습니다.	一日乗り放題のお得な切符もございます。[6] ⬆
자유석을 주세요.	自由席でお願いします。

2 택시

택시를 부를 때

택시를 부를까요?	タクシーを呼びましょうか。
택시를 불러 주시겠습니까?	タクシーを呼んでもらえますか。
택시를 불러 주십시오.	タクシーを呼んでください。
지금 택시를 불렀으니 5분 정도면 도착할 겁니다.	今タクシーを呼びましたから、5分ほどで来ると思います。
다카미야 2가의 다카야마 빌딩 앞에 한 대 부탁합니다.	高宮2丁目の高山ビルの前に1台、お願いします。
어느 정도 걸리겠습니까?	どれくらいかかりますか。
어디까지 가십니까?	どちらまで行かれますか。 ⬆

---

[6] 放題는 동사의 연용형이나 조동사 たい 뒤에 붙어서 '마음껏 하는 것'을 뜻한다. 따라서 일정 요금을 지불하고 교통편을 마음껏 이용하는 것을 乗(の)り放題(ほうだい)라고 한다. 食(た)べ放題(ほうだい)는 일정 요금을 지불하고 마음껏 먹는 것, 飲(の)み放題(ほうだい)는 술을 마시고 싶은 만큼 마실 수 있는 것을 말한다.

마츠모토역까지 갑니다.	松本駅までです。
뭔가 표적이 되는 것이 있습니까?	何か目印になるものはありますか。
역에서 오는 거라면 미도리마치 3가의 교차로에서 왼쪽으로 들어오면 됩니다.	駅からだと、緑町3丁目の交差点を左に入るんです。
5분 정도면 도착하니까 빌딩 앞에서 기다려 주십시오.	5分ほどで着きますから、ビルの前でお待ちください。
성함이 어떻게 되시죠?	お名前、よろしいですか。
아직 택시가 안 오는데요.	まだタクシーが来ないんですが……。
저, 신주쿠역 동쪽 입구까지 부탁하고 싶습니다만.	あのう、新宿駅の東口までお願いしたいんですが……。
너무 늦었으니 취소해 주세요.	もう遅いのでキャンセルしてください。

택시를 탈 때

택시는 어디서 탈 수 있습니까?	どこでタクシーに乗れますか。
택시 승강장은 어디입니까?	タクシー乗り場はどこですか。
여기에서도 택시 잡을 수 있을 겁니다.	ここでもタクシーは拾えると思いますよ。[7]
택시 기본 요금은 얼마입니까?	タクシーの基本料金はいくらですか。
바쁘다면 뭐니뭐니해도 택시를 타는 게 좋을 거예요.	急いでいるなら、やはりタクシーでしょう。
지금 시간은 길이 막힐지도 모르니까 택시는 안 타는 게 좋을 거예요.	今の時間は道が混んでいるかも知れないから、タクシーはやめた方がいいかも知れませんよ。

---

[7] '택시를 부르다'는 タクシーを呼(よ)ぶ, '택시를 잡다'는 タクシーを拾(ひろ)う.

그 거리라면 택시는 안 돼요. 엄청난 요금을 물어야 할 거예요.	その距離だとタクシーは無理ですね。ものすごい金額になりますよ。
어디까지 가십니까?	どちらまで？
시나가와 프린스 호텔로 가 주세요.	品川プリンスホテルに行ってください。
이 주소까지 부탁합니다.	この住所までお願いします。
공항까지 부탁합니다.	空港までお願います。
어느 정도 걸릴까요?	どれくらいかかるでしょうか。
좀 빨리 가야 되거든요.	ちょっと急いでいるんですが……。
좀 늦을 것 같으니까 가능한 한 빨리 가주세요.	少し遅れそうなので、なるべく速く行ってください。
6시 신칸센인데 괜찮을까요(시간 전에 도착할까요)?	6時の新幹線なんですが、間に合うでしょうか。
긴자까지 몇 분 정도 걸립니까?	銀座まで何分くらいかかりますか。
어느 길로 갈까요?	どの道を通って行きましょうか。
빠른 길로 가 주세요.	早い方でお願いします。
간선 도로로 갑시다.	幹線道路で行きましょう。
도시 고속을 타 주세요.	都市高速に乗ってください。
그 모퉁이를 오른쪽으로 돌아주세요.	その角を右に曲がってください。
여기에서 세워 주십시오.	ここで止めてください。
저 빌딩 앞에서 세워 주세요.	あのビルの前に止めてください。

짐을 옮기는 것을 도와 주시겠습니까?	荷物を運ぶのを手伝ってもらえますか。
저기, 뒤 트렁크 좀 열어 주세요.	すみません。後ろのトランクを開けてください。
영수증 주세요.	領収書、お願いします。
영수증 주시겠어요?	領収書をお願いできますか。
미안합니다. 잔돈이 없는데요.	すみません。ちょっと細かいのがないんですが……。
미안합니다. 만엔짜리밖에 없는데, 괜찮겠습니까?	すみません。一万円札しかないんですけど、いいですか。
가까운 데 가는데 괜찮습니까?	近くでもいいですか。
저기요, 좀 가까운 데 가는데, 괜찮아요?	すみません。ちょっと近くですが、いいですか。
여기에서 조금 기다리고 계세요. 금방 돌아올게요.	ここでちょっと待っていてください。すぐ戻ってきます。

3 렌터카

예약

차를 빌리고 싶은데요.	車を借りたいのですが……。
렌터카 예약을 부탁합니다.	レンタカーの予約をお願いしたいのですが……。
인터넷으로도 예약이 가능합니다.	インターネットによるご予約も承っております。
예약 센터와 영업소에서도 예약할 수 있습니다.	予約センターや営業所でも予約できます。

예약하실 때 예약 신청금을 받는 경우가 있습니다.	予約の際に、予約申込金を申し受ける場合がございます。 ⬆
6살 미만의 어린이를 동승하실 경우는 차일드 시트(아기용 의자)를 반드시 준비하시기 바랍니다.	6歳未満の幼児が同乗の際は、チャイルドシートを必ずご用意ください。[8] ⬆
차일드 시트를 반드시 예약을 하시든지 지참해 주시기 바랍니다.	チャイルドシートを必ずご予約いただくか、ご持参ください。 ⬆
6살 미만 어린이를 동승하실 경우는 차일드 시트가 없는 경우 차를 빌려드릴 수 없습니다.	6歳未満の幼児が同乗の際に、チャイルドシートがない場合、レンタカーの貸し渡しはできません。
예약 취소는 언제까지라면 수수료가 안 듭니까?	キャンセルはいつまでなら手数料がかかりませんか。[9]
예약 시간을 1시간 이상 지나도 연락이 없는 경우는 예약 취소로 처리하게 됩니다.	予約時間を1時間以上過ぎて、ご連絡のない場合には「予約取消し」として処理させていただきます。 ⬆
예약 취소 시에는 소정의 예약 취소 수수료를 내셔야 합니다.	キャンセルの際には、所定の予約取消し手数料を申し受けます。 ⬆
예약하신 당일에 취소하신 경우는 예약 취소 수수료는 들지 않습니다.	ご予約いただいた当日にキャンセルされた場合は、予約取消し手数料はかかりません。 ⬆
예약 취소 수수료는 출발일 7일 전이라면 무료입니다.	予約取消し手数料は、出発日の7日前でしたら無料でございます。 ⬆

---

8 チャイルドシート는 영어 'child seat'로, 자동차에 장치하는 어린이용 보조 의자를 말한다.
9 '예약 취소'의 경우, 일반적으로 取消し보다 キャンセル쪽을 더 많이 쓴다.

원하는 차종에 대하여

어떤 차가 좋으시겠습니까?	どのような車がよろしいですか。
어떤 차종을 원하십니까?	どんな車をお望みですか。
어떤 차가 있습니까?	どんな車がありますか。
소형차가 좋습니다.	小型車がいいです。
중형차가 좋겠지요.	中型(車)がいいでしょう。
4륜구동차로 하겠습니다.	四駆にします。[10]
일제차는 없습니까?	日本車はありませんか。
외제차는 어떤 차가 있습니까?	外車はどんなのがありますか。
오토매틱으로 부탁합니다.	オートマチックでお願いします。

사용 기간에 대하여

얼마 동안 이용하실 겁니까?	どのくらいの期間、ご利用になりますか。
대체로 일주일입니다.	大体一週間です。
수도권에 한정된 서비스로 〈위크엔드 플랜〉이라는 상품도 있습니다.	首都圏限定で「ウィークエンドプラン」というのもございます。
〈위크엔드 플랜〉이란 어떤 상품입니까?	「ウィークエンドプラン」とはどんなプランですか。
금요일 저녁 7시부터 월요일 오전 9시까지 최대 62시간을 마음껏 쓰시고 요금은 이틀분만 계산하시면 되는 상품입니다.	金曜日の19時から月曜日の9時まで、最大62時間をたっぷり使っても料金は2日分というプランでございます。

---

[10] 四輪駆動(よんりんくどう : 사륜구동)를 보통 줄여서 四駆(よんく)라고 한다.

사무실 근처에서 빌려서 사무실 근처에서 반납하실 수도 있습니다.	オフィスの近くで借りて、オフィスの近くで返すこともできます。

요금에 대하여

요금은 얼마입니까?	料金はいくらですか。
하루에 7천 엔입니다.	1日7000円です。
렌터카 요금 체계는 어떻게 되어 있습니까?	レンタカーの料金体系はどうなっていますか。
요금은 차종이나 주행 거리에 따라 다릅니다.	料金は車種や走行距離によって違ってきます。
카드로 계산할 수도 있습니까?	カードでの支払いもできますか。
소비세도 부과됩니까?	消費税もかかりますか。
회원증을 갖고 계시면 할인 대상이 됩니다만…….	会員証をお持ちでしたら割引対象になりますが……。
기본 요금이나 다른 곳에서의 반납 수수료, 소비세 등은 출발하실 때 받습니다.	基本料金や乗り捨て手数料、消費税などはご出発の際にいただきます。
초과 킬로 요금, 초과 시간 요금, 연료비 등은 반납하실 때 정산하시면 됩니다.	超過キロ料金、超過時間料金、燃料代などは帰着時に精算させていただきます。
차일드 시트, 카 네비게이션, 타이어 체인과 같은 옵션 요금은 별도요금 규정에 의해서 계산하시게 됩니다.	チャイルドシート、カーナビ、タイヤチェーンなどのオプション料金は、別途料金規定によってお支払いいただくことになっております。[11]

보험에 대하여

보험은 어떻게 하시겠습니까?	保険はどうなさいますか。

---

[11] カーナビ는 영어 'car navigation'의 줄임말로 위성에서 수신한 데이터를 이용하여 지도상에 그래픽 표시와 음성 안내로 차량의 현재 위치와 목적지까지의 경로를 알려 주는 시스템을 말한다.

보험을 들어 두고 싶습니다만…….	保険に入っておきたいですが……。
보험을 들겠습니다.	保険をかけてください。
보험금은 얼마나 됩니까?	保険金はいくらですか。

차에 이상이 있을 때

문제가 발생하면 어디로 연락하면 됩니까?	何かあった時はどこに連絡すればいいですか。
영업소로 연락주십시오.	営業所の方にご連絡ください。
차가 시동이 안 걸립니다.	車のエンジンがかかりません。
차의 상태가 안 좋은 것 같은데요.	車の状態があまりよくないようですが……。
무슨 이상한 소리가 나는데요.	何か変な音がするんですが……。
브레이크가 잘 안 듣는 것 같습니다.	ブレーキがちゃんときかないようですが……。
공항에 렌터카를 두고 갈 수 있습니까?	空港で乗り捨てできますか。
다른 곳에서 반납하실 때는 수수료가 듭니다.	乗り捨ての場合は、乗り捨て手数料がかかります。
배반차 이용은 미리 예약을 하셔야 합니다.	乗り捨て利用は、あらかじめご予約が必要です。
이용 당일 신청하셔도 배반차 이용이 불가능한 경우가 있습니다.	ご利用の際にお申し込みいただいても、乗り捨て利用ができない場合があります。
차를 반납하실 곳의 영업소 입지 조건 등의 이유에 따라 배반차 이용이 불가능한 경우가 있습니다.	乗り捨て営業所の立地条件などの理由によって、乗り捨てのご利用ができない場合があります。

배반차 이용 시는 별도로 규정된 수수료를 받습니다.	乗り捨てご利用の場合には、別途定める乗り捨て手数料を申し受けます。
동일 도부현(지역)내 또는 홋카이도 동일 지역 내의 배반차 이용의 경우 수수료는 무료입니다.	同一都府県内または北海道の同一エリア内の乗り捨てご利用の場合、乗り捨て手数料は無料です。
일부 특정 지역에서는 배반차 수수료가 유료이므로 예약하실 때 확인해 주십시오.	一部特定地域では、乗り捨て手数料が無料となりませんので、ご予約の際にご確認ください。
손님 사정으로 인하여 출발 후에 변경하실 때는 배반차 이용 수수료를 받게 됩니다.	お客様のご都合による出発後の変更は、乗り捨て手数料を申し受けます。

렌터카에 대한 기타 사항

운전하시는 분 전원의 운전면허증을 보여 주십시오.	運転される方全員の運転免許証をご提示ください。
운전면허증은 일본 국내에서 유효한 면허증이 필요합니다.	運転免許証は、日本国内で有効なものが必要です。
국제면허증은 갖고 계십니까?	国際免許証はお持ちですか。
휘발유를 가득 채워 주세요.	ガソリンを満タンにしてください。
휘발유를 가득 채워서 렌트해 드리므로 돌려주실 때 가득 채워서 돌려주시기 바랍니다.	満タンでお貸しいたしますので、満タンでお返しください。
사정에 의해 가득 채워서 반납하지 못하시는 경우에는 별도로 규정된 주행 킬로 환산 요금으로 정산하게 됩니다.	ご都合により満タンでお返しになれない場合には、別に定める走行キロ換算料金により精算させていただきます。

이 경우 실제 급유 금액보다 요금이 비싸진다는 것을 미리 양해해 주시기 바랍니다.	この場合、実際の給油金額より割高となりますので、あらかじめご了承ください。
대여 기간 중에는 반드시 렌터카 대여증을 휴대해 주시기 바랍니다.	貸渡期間中は必ずレンタカー貸渡証を携帯してください。
운전하실 때는 안전벨트를 꼭 매도록 하세요.	運転の際はシートベルトを必ずご着用ください。

4 비행기

예약할 때

서울행 (비행기) 예약을 부탁합니다.	ソウル行きの予約をお願いします。
5월 1일 삿포로행을 예약하고 싶은데요.	5月1日、札幌行きの予約をしたいんですが……。
한 분이세요?	お一人様でいらっしゃいますか。
일행은 몇 분이십니까?	ご一行様は何名様でございますか。
몇 시 비행기가 좋으시겠습니까?	何時の便がよろしいですか。
도쿄에 오후 3시까지는 도착하고 싶은데 몇 시 비행기가 있습니까?	東京に午後3時までには着きたいんですけど、何時の便がありますか。
제일 빠른〔마지막〕비행기는 몇 시에 있습니까?	一番早い便〔最終便〕は何時になりますか。
그 날은 아침 7시편밖에 좌석이 남아 있지 않습니다.	その日は、朝の7時の便しか座席がございませんが……。

본인이십니까?	ご本人様でいらっしゃいますか。

예약을 확인할 때

예약을 확인하고 싶은데요.	予約を確認したいのですが……。
예약 확인을 부탁합니다.	予約の確認をお願いします。
비행기의 예약 확인을 하고 싶습니다만…….	飛行機の予約確認をしたいのですが……。
내일 오후 3시 반 출발 서울행 비행기입니다.	明日の午後3時半出発のソウル行きの便です。
네, 내일 서울행 비행기로 예약되어 있습니다.	はい、明日のソウル行きの便に予約されております。

항공사 카운터

일본 항공 카운터는 어디입니까?	日本航空のカウンターはどこですか。
원하시는 자리가 있으세요?	ご希望の(座)席はございますか。
네, 금연석으로 부탁합니다.	ええ、禁煙席をお願いします。
흡연석으로 부탁합니다.	喫煙席にしてください。
죄송합니다만 모든 자리가 금연석입니다.	申し訳ございませんが、全席禁煙席となっております。
창가 자리를 부탁합니다.	窓際の席をお願いします。
통로 쪽 자리밖에 없는데 괜찮으시겠습니까?	通路側の席になりますが、よろしいですか。
날개가 있는 곳은 피해 주세요.	翼の近くは避けてください。
두 사람이 같이 앉을 수 있게 자리를 배정해 주세요.	二人で並んで座れるようにしてください。

탑승 수속

이 항공편의 탑승 수속은 여기가 맞습니까?	この便の搭乗手続きは、こちらでよろしいですか。
탑승 수속은 언제부터입니까?	搭乗手続きはいつからですか。
탑승은 몇 시부터입니까?	搭乗開始は何時ですか。
이 탑승권의 탑승 수속은 시작되었습니까?	この搭乗券の搭乗手続きは始まってますか。
이제 가서 탑승 수속을 밟아야겠습니다.	そろそろ搭乗手続きをしないと……。
탑승 게이트는 어디입니까?	搭乗ゲートはどこですか。
탑승 게이트는 23번 게이트입니다.	搭乗ゲートは23番ゲートでございます。

짐을 부칠 때

짐은 몇 개세요?	手荷物はいくつお持ちですか。
부치실 짐이 있으세요?	お預けになる荷物はございますか。
수화물을 여기 위에 올려 주시겠어요?	荷物をこちらの方に載せてください。
이것을 기내로 가지고 들어갈 수 있습니까?	これを機内に持ち込めますか。
짐은 이것뿐이지요?	お荷物はこれだけですね。
여기서부터는 짐수레를 사용하실 수 없습니다.	ここからはカートをお使いになれません。

비행기 시간을 물어볼 때

비행기는 정각에 출발(도착)합니까?	飛行機は、定刻通りですか。

비행기는 예정된 시간에 출발할 겁니다.	飛行機は予定通り出発いたします。 ⬆
도쿄에는 몇 시에 도착합니까?	東京には何時に着きますか。
비행기는 10시 30분에 이륙할 겁니다.	飛行機は10時30分に離陸の予定です。
비행기는 5시에 간사이 국제 공항에 도착할 예정입니다.	飛行機は5時に関西国際空港に到着の予定です。

좌석을 찾을 때

탑승권을 보여 주시겠습니까?	搭乗券を見せていただけますか。 ⬆
손님 좌석을 찾아 드릴까요?	お席の方をお探しいたしましょうか。 ⬆
12B 좌석은 어디입니까?	12Bはどこですか。
저 통로 쪽입니다.	あの通路沿いでございます。 ⬆
실례지만, 여긴 제 자리인 것 같은데요.	すみませんが、ここは私の席のようですが……。
자리를 바꿀 수 있을까요?	席を移ってもいいですか。
의자 좀 뒤로 젖혀도 되겠습니까?	いすを後ろに倒してもいいですか。
죄송합니다만 자리를 바꿔 주시겠습니까?	すみませんが、席をかわっていただけますか。 ⬆
좋아요.	いいですよ。

기내 식사

뭔가 마실 것을 주십시오.	何か飲み物をください。
음료수 드시겠습니까?	何かお飲み物はいかがですか。 ⬆
음료수는 뭘로 하시겠어요?	飲み物は何になさいますか。 ⬆

마실 것을 뭘로 드릴까요?	お飲み物は何にいたしましょうか。
오렌지 주스 주세요.	オレンジジュースください。
녹차는 있습니까?	緑茶はありますか。
생수를 주세요.	ミネラルウォーター、もらえますか。
물 한 잔 더 주시겠어요?	お水をもう一杯ください。
콜라는 없습니까?	コーラはありませんか。
커피를 부탁합니다.	コーヒーをお願いします。
맥주 주세요.	ビールをください。
설탕과 밀크는 필요하십니까?	砂糖とミルクはお使いになりますか。
식사는 쇠고기와 생선 중 어느 쪽으로 하시겠습니까?	お食事は、牛肉か魚のどちらになさいますか。
쇠고기로 부탁합니다.	牛肉でお願いします。
디저트는 뭘로 하시겠습니까?	デザートは何になさいますか。
(식사는) 다 하셨습니까?	(食事は)もうお済みですか。
아뇨, 아직입니다.	いいえ、まだです。
테이블을 치워〔정리해〕 주십시오.	テーブルを片付けてください。
술 리스트 좀 보여 주시겠어요?	お酒のリストを見せていただけますか。
물수건 좀 갖다 주시겠습니까?	おしぼりをお願いします。

서비스를 부탁할 때

제 가방을 선반 위에 올려 주시겠습니까?	このかばんを棚(たな)にあげてもらえますか。
이 서류의 기입 방법을 가르쳐 주십시오.	この書類(しょるい)の書(か)き方(かた)を教(おし)えてください。
저기요. 펜을 빌려 주시겠습니까?	すみません。ペンを貸(か)してもらいますか。
담요를 주십시오.	毛布(もうふ)をください。
추운데 담요라도 주세요.	寒(さむ)いので毛布(もうふ)でもください。
더운데 에어컨을 세게 틀어 주겠습니까?	暑(あつ)いんですけど、クーラーを強(つよ)くしてもらえませんか。
영화는 언제부터 볼 수 있습니까?	映画(えいが)はいつから見(み)られますか。
어떤 영화가 상영됩니까?	どんな映画(えいが)が上映(じょうえい)されますか。
헤드폰이 고장났습니다.	ヘッドホンが壊(こわ)れています。
친절하기도 하셔라, 감사합니다.	どうもご親切(しんせつ)に、ありがとうございます。
읽을 것 좀 있습니까?	何(なに)か読(よ)み物(もの)はありますか。
잡지 같은 거 있습니까?	雑誌(ざっし)か何(なに)かありますか。
잡지를 갖다 주시겠습니까?	雑誌(ざっし)を持(も)って来(き)てもらえますか。
알겠습니다. 잠시만 기다려 주십시오.	かしこまりました。少々(しょうしょう)お待(ま)ちください。
하나 가져다 드리겠습니다만 일본어랑 한국어랑 어느 쪽으로 갖다 드릴까요?	一(ひと)つ持(も)って参(まい)りますが、日本語(にほんご)のと韓国語(かんこくご)のと、どちらになさいますか。
영어로 된 것을 주세요.	英語(えいご)のにしてください。
잡지는 뒤쪽 선반에 준비되어 있습니다.	雑誌(ざっし)は後(うし)ろの棚(たな)にご用意(ようい)しております。

면세품의 기내 판매는 언제부터입니까?	免税品の機内販売はいつからですか。
기내 판매용 팜플렛은 있습니까?	機内販売用のパンフレットはありますか。

멀미가 날 때

구역질이 납니다.	吐気がします。
토할 것 같아요.	吐きそうです。
저기요. 속이 메슥거리는데요.	すみません。むかむかしてきたのですが……。
안색도 안 좋군요.	顔色もよくないですね。
어디 불편하신 데가 있습니까?	どこか具合でも悪いですか。
약을 주십시오.	薬をください。
약을 갖다 드리겠습니다.	お薬をお持ちいたします。
어서 종이 봉지를 갖고 오겠습니다.	すぐに紙袋をご用意いたします。
괜찮습니다. 흔들림이 가라앉으면 좋아질 거예요.	大丈夫です。この揺れがおさまれば、良くなると思います。
물이라도 달라고 할까요?	お水でももらいましょうか。

도착 시간을 물을 때

도쿄까지 비행 시간은 어느 정도입니까?	東京までの飛行時間はどれくらいですか。
몇 시에 도착합니까?	何時に着きますか。
시차는 있습니까?	時差はありますか。

기타

등받이를 원위치로 해 주시겠어요?	お座席を元の位置にお戻しいただけますか。 ⬆
짐은 좌석 밑에 제대로 넣어 주시겠어요?	お荷物は足元の方にしっかり入れていただけますか。 ⬆
주무시고 계셔서 식사 서비스를 해드리지 않았습니다.	お休みでしたのでサービスを控えさせていただきました。 ⬆
음료수를 마시고 싶으시거나 원하는 것이 있으시면 승무원에게 말씀해 주십시오.	お飲み物などご希望がございましたら乗務員にお知らせください。 ⬆
안전벨트 착용 사인이 들어와 있을 때는 (음료/음식) 서비스를 할 수 없는 점 양해해 주시기 바랍니다.	ベルト着用サイン点灯中はサービスを控えさせていただきますので、ご了承ください。 ⬆
죄송합니다. 금방 가져오겠습니다.	すみません。すぐにお持ちいたします。 ⬆
늦어져서 죄송합니다.	遅くなって申し訳ございませんでした。 ⬆

기내 방송

구명동의는 긴급시 이외에는 꺼내지 마십시오.	救命胴衣は緊急時以外は取り出さないでください。
구명동의는 좌석 밑에 있습니다.	救命胴衣は座席の下にあります。
안전벨트를 꼭 매 주십시오.	シートベルトをしっかりとお締めください。 ⬆
오늘도 아시아나 항공을 이용해 주셔서 대단히 감사합니다.	本日もアジアナ航空をご利用いただきありがとうございます。[12] ⬆

[12] 아시아나항공은 고유명사이기 때문에 한국 발음 그대로 アシアナ航空라고 하지만, 일본에서 아시아는 탁음을 붙여 アジア라고 한다.

기내는 항상 전좌석 금연입니다.	機内は常時全席禁煙となっております。
안전벨트는 허리 밑 위치에 꼭 매 주십시오.	シートベルトは腰の低い位置でしっかりお締めください。
휴대 전화는 기내에서는 사용하실 수 없습니다. 전원을 꺼 주십시오.	携帯電話は機内ではお使いになれません。電源をお切りください。
이 비행기는 곧 이륙합니다.	この飛行機はまもなく離陸いたします。
좌석 테이블이나 등받이는 원위치로 돌려놔 주십시오.	お座席のテーブルやお座席は元の位置にお戻しください。
지금 안전벨트 착용 사인이 꺼졌습니다만 비행중에는 흔들리는 경우가 있습니다. 손님 여러분의 안전을 위해서 좌석에 앉아 계실 때에는 항상 안전벨트를 착용해 주시기 바랍니다.	ただ今、シートベルト着用のサインが消えましたが、飛行中は揺れることがございます。皆様の安全のため、座席にお着きの際はいつもシートベルトをご着用ください。
쾌적하고 즐거운 비행기 여행이 되시기 바랍니다.	どうぞ快適な空の旅をお楽しみください。
손님 여러분, 이 비행기는 약 20분 후에 나리타 신도쿄 국제공항에 착륙합니다.	皆様、この飛行機はおよそ20分ほどで、成田新東京国際空港に着陸いたします。
지금 시각은 오후 3시 45분, 날씨는 맑고 기온은 8도입니다.	ただ今の時刻は午後3時45分、お天気は晴れ、気温は8度でございます。
손님 여러분, 이 비행기는 앞으로 약 15분 후에 착륙하겠습니다.	皆様、この飛行機はこれよりおよそ15分で着陸いたします。

손님 여러분, 지금 나리타 신도쿄 국제공항에 착륙했습니다.	皆様、ただ今成田新東京国際空港に着陸いたしました。
안전벨트 사인이 꺼질 때까지 자리에 앉아서 기다려 주십시오.	ベルトのサインが消えるまでお座席にてお待ちください。
오늘은 대한항공을 이용해 주셔서 대단히 감사 합니다.	本日は大韓航空をご利用いただきまして誠にありがとうございました。
손님 여러분께서 또 탑승하실 것을 기다리고 있겠습니다.	皆様のまたのご搭乗をお待ちしております。

4 호텔

일본 호텔은 シティーホテル, ビジネスホテル, カプセルホテル, ラブホテル로 크게 구분된다. シティーホテル는 일반적인 호텔이고, ビジネスホテル는 시티호텔보다 저렴하지만 방도 좁고 그다지 쾌적한 환경이라고 할 수는 없다. カプセルホテル는 캡슐 모양의 방으로 크기는 한 사람이 누울 정도의 공간밖에 되지 않는다. 공동 사우나가 있으며 보통 남성들이 이용한다. ラブホテル는 한국의 모텔 같은 곳으로 혼자서는 묵을 수 없도록 되어 있다. 그 밖의 숙박업소로서 旅館(여관) 이 있고, ウィークリーマンション(위클리 맨션)이라는 콘도식 숙박 시설이 있다. 일본의 여관은 온천지에 있는 여관 같은 경우 상당히 요금이 비싼 경우도 있으므로 사전에 확인하는 것이 좋다. ユースホステル(유스호스텔)는 이른 시기에 예약을 해야 묵을 수 있다.

1 예약 및 예약 확인 / 변경

호텔을 예약할 때

일본어를 못하는데 한국어로 해도 괜찮습니까?	日本語ができないんですが、韓国語でもいいですか。
방을 예약하고 싶습니다만…….	部屋を予約したいのですが……。
예약을 부탁하고 싶은데 방 있습니까?	予約を頼みたいのですが、部屋、空いてますか。
어떤 방을 원하십니까?	どんな部屋がよろしいですか。
트윈이 좋겠는데요.	ツインをお願いしたいのですが……。
트윈으로 방 하나 부탁합니다.	ツインを一部屋お願いしたいのですが……。
내일은 빈 방이 나겠습니까?	明日は部屋が空きそうですか。
더블에다 어린이용 보조 침대도 부탁합니다.	ダブルで、それに子供用の補助ベッドもお願いできますか。

シングル 싱글　ダブル 더블　ツイン 트윈　スイート 스위트　和室(わしつ)〔畳部屋(たたみべや)〕 일본식 다다미방

손님 성함이 어떻게 되십니까?	お客様のお名前をいただけますか。↑
전 이영호구요, 아내와 아이, 이렇게 3명입니다.	私はイ・ヨンホで、妻と子供の３人です。
12월 23일부터 25일까지, 2박 3일이시군요.	12月の２３日から25日までの、二泊三日でございますね。↑
그럼 이영호 손님, 기다리고 있겠습니다.	それではイ様、お待ち申し上げております。↑

숙박 기간을 물을 때

얼마나 머무르실 겁니까?	何泊お泊まりのご予定でいらっしゃいますか。↑
	何泊のご予定でございますか。↑
2박을 할 겁니다.	二泊するつもりです。
3박 4일입니다.	三泊四日です。

숙박 요금 문의

하룻밤 숙박료는 얼마입니까?	一日の宿泊料はいくらですか。
싱글은 하루 얼마입니까?	シングルは一泊、いくらですか。
싱글은 아침 식사 포함해서 7천 엔입니다.	シングルは朝食付きで7000円でございます。
아침 식사 없이는 얼마입니까?	朝食なしでは、いくらですか。
좀 더 싼 방은 없습니까?	もっと安い部屋はありませんか。

원하는 방을 말하고 싶을 때

먼저 방을 보여 주실 수 있겠습니까?　　先に部屋を見せてもらうことはできますか。

전망이 좋은 방을 주십시오.　　眺めのいい部屋をお願いします。

가능한 조용한 방으로 부탁합니다.　　できるだけ静かな部屋をお願いします。

싸고 깨끗한 방을 부탁합니다.　　安くてきれいな部屋をお願いします。

예약 확인

예약을 확인하고 싶습니다.　　予約の確認をしたいんですが……。

전화로 예약했습니다.　　電話で予約しました。

어느 분의 이름으로 예약되어 있습니까?　　どなた様のお名前でご予約いただいたでしょうか。

예약을 안 했을 때

예약을 하지 않았습니다.　　予約はしてないんですが……。

오늘밤 방은 비어 있습니까?　　今晩、部屋は空いてますか。

오늘밤 방 있나요?　　今晩、部屋はありますか。

이 근처에 있는 다른 호텔 하나를 추천해 주시겠습니까?　　この近くにある外のホテルを紹介してくれますか。

지금 긴자인데 호텔에 가려면 어떻게 가면 됩니까?　　今銀座ですが、ホテルに行くにはどう行けばいいですか。

방이 없을 때

죄송하지만 지금은 빈 방이 없습니다.	あいにく只今は満室でございます。
오늘 비어 있는 방은 스위트뿐입니다만…….	本日空いているのは、スイートだけですが……。

예약 변경

예약 변경을 부탁하고 싶은데요.	予約の変更をお願いしたいのですが……。
3월 20일 예약을 변경하고 싶은데요.	３月20日の予約を変更したいのですが……。
싱글 하나가 아니라 두 개로 변경해 주세요.	シングルを１部屋ではなく、２部屋に変更したいのですが……。
싱글을 예약했는데 트윈으로 해 주셨으면 합니다.	シングルで予約をしているんですが、ツインにしていただきたいのですが……。

예약 취소

예약을 취소하고 싶습니다.	予約をキャンセルしたいのですが……。
예약 취소는 언제까지 할 수 있습니까?	予約のキャンセルはいつまで可能ですか。
당일에 예약 취소를 할 수도 있습니까?	当日のキャンセルもできますか。
취소 요금을 받도록 되어 있습니다만 괜찮으시겠습니까?	キャンセル料金をいただくことになっておりますが、よろしいでしょうか。
호텔에 도착하는 것이 심야가 될 것 같은데 예약이 취소되는 일이 없도록 해 주십시오.	ホテルに着くのが深夜になると思いますが、予約がキャンセルされるようなことがないようお願いします。

2 체크인 및 체크아웃

체크인할 때

체크인을 부탁합니다.	チェックインをお願いします。
체크인하려고 하는데요.	チェックインしたいのですが……。
예약은 하셨습니까?	ご予約はされていらっしゃいますか。
예약이 되어 있을 겁니다.	予約してあるはずですが……。
여기 숙박 카드를 기입해 주십시오.	こちらの宿泊カードにご記入をお願いいたします。
어떻게 쓰면 되지요?	どのように書けばいいですか。
성함과 여권 번호, 주소만 써 주시면 나머지는 제가 기입하겠습니다.	お名前とパスポートナンバー、ご住所だけご記入いただければ、後はこちらで記入いたします。
여기에 성함과 주소를 써 주십시오.	こちらにお名前とご住所をお願いいたします。
그리고 귀찮으시더라도 여권 번호도 써 주시기 바랍니다.	それとご面倒〔お手数〕ですが、パスポートナンバーもご記入ください。
그럼 손님, 1204호실입니다.	それではお客さま、1204号室になります。[1]
손님 방은 5층 504호실입니다.	お客様のお部屋は、5階の504号室でございます。
여기 방 열쇠입니다.	こちら、お部屋のキーでございます。

---

[1] 호텔 룸넘버를 말할 때는 せんにひゃくよん이라고도 하고, 하나하나 끊어서 いちにれいよん이라고 읽기도 한다.

짐은 담당자(벨보이)가 들어 드리겠습니다.	お荷物は係の者〔ベルボーイ〕がお持ちいたします。
방이 어떠십니까? 마음에 드십니까?	お部屋はいかがですか。お気に召されましたか。
필요한 것이 있으시면 불러 주십시오.	何かありましたら、お呼びください。

귀중품을 맡길 때

저기, 귀중품을 여기서 맡아 주시겠습니까?	すみませんが、貴重品をここで預かってもらえますか。
귀중품을 맡기고 싶습니다.	貴重品を預けたいのですが……。
귀중품을 맡겼었는데요.	貴重品を預けているんですが……。
그럼 여기에 손님 성함과 방 번호를 써 주십시오.	それでは、こちらにお客様のお名前とお部屋番号をご記入ください。
다음 주 월요일, 체크아웃할 때까지 맡아 주십시오.	来週の月曜日、チェックアウトする時まで預かってください。

아침 식사에 관한 질문

숙박비에 아침 식사가 포함되도록 하시겠습니까?	朝食付きでよろしいですか。
아뇨, 아침 식사는 필요 없습니다.	いいえ、朝食は要りません。

아침 식사는 일본식밖에 없습니까?	朝食は和食だけですか。
아침 식사는 양식 뷔페와 일본식이 준비되어 있습니다.	朝食は洋食のバイキングと和食をご用意いたしております。 ⬆
식당은 어디에 있습니까?	食堂はどこにありますか。
식당은 몇 시에 문을 열지요?	食堂は何時に開きますか。
식당은 몇 시부터 몇 시까지이지요?	食堂は何時から何時までですか。
아침 식사는 몇 시입니까?	朝食は何時ですか。
아침 식사를 방에서 들 수 있습니까?	朝食を部屋で取ることもできますか。[2]
네. 룸 서비스로 예약을 하시면 내일 아침에 방으로 가져다 드립니다.	はい。ルームサービスでご予約いただくと、明日の朝、お部屋の方にお持ちいたします。 ⬆

짐을 옮길 때

벨보이를 불러 주십시오.	ベルボーイをお願いします。
짐을 부탁합니다.	荷物をお願いします。
여기 있는 가방들을 로비까지 옮겨 주시겠어요?	こちらのかばんをロビーまで運んでもらえますか。
1207호실의 임인데요, 짐 드는 것을 도와 줬으면 하는데요.	1207号室のイムですが、荷物運ぶのを手伝ってほしいのですが……。
짐이 몇 개나 되십니까?	お荷物はおいくつでございますか。
짐은 어느 정도가 되십니까?	お荷物はどれくらいありますか。
음, 큰 트렁크가 2개, 작은 가방이 2개.	えーと、大きなスーツケースが2つと、ちょっとしたかばんが2つ。[3]

[2] '아침을 먹다' 는 朝(あさ)ご飯(はん)を食(た)べる 또는 朝食(ちょうしょく)を取(と)る이다. 朝食(ちょうしょく)を食(た)べる라고는 하지 않는다.
[3] ちょっとした는 뒤에 명사를 수반하여 '약간의, 대수롭지 않은' 이라는 뜻으로 쓰인다. 또한 ちょっとした家(いえ) (괜찮은 집)와 같이 '괜찮은, 상당한' 이라는 뜻으로 쓰이는 경우도 많다.

체크아웃할 때

체크아웃하려고 합니다.	チェックアウトをしたいのですが……。
체크아웃하겠습니다. 313호실입니다.	チェックアウトをお願いします。３１３号室です。
명세서를 보여 주십시오.	明細を見せてください。
청구서입니다.	こちらが請求書でございます。
이 요금은 뭡니까?	この料金は何の料金ですか。
봉사료가 포함된 요금인가요?	サービス料込みの料金ですか。
저는 전화는 사용하지 않았습니다.	私は電話は使っていません。
냉장고에 있는 건 아무것도 먹지 않았는데요.	冷蔵庫の物は何も利用していませんが……。
카드로 지불해도 괜찮습니까?	カードでもいいですか。
카드로 계산하시면 오늘 환율로 계산하게 되는데 괜찮으시겠습니까(알고 계십니까)?	カードですと、本日のレートで計算することになりますが、よろしいでしょうか。
여기에 사인을 해 주십시오.	こちらにサインをお願い致します。
택시를 불러 주십시오.	タクシーを呼んでください。
1204호실의 키를 주세요.	１２０４号室のキーをお願いします。
하룻밤 더 연장하고 싶습니다.	もう一泊したいのですが……。

3 서비스 의뢰

모닝콜을 부탁할 때

모닝콜을 부탁합니다.	モーニングコールをお願いします。

6시 30분에 깨워 주십시오.	6時30分に起こしてください。
불안해서 그러는데 모닝콜을 두 번 세팅해 주겠어요?	不安なので二回セットしてもらっていいですか。
모닝콜을 세팅하고 싶은데 어떻게 하는지 모르겠습니다.	モーニングコールをセットしたいんですが、やり方が分かりません。

메시지를 확인할 때

제 앞으로 온 메시지는 없었습니까?	私あてのメッセージはありませんでしたか。
후카다 선생님, 메시지가 들어와 있습니다.	深田様、メッセージが入っておりますが……。
아까 4시 반경 이다 님께서 전화하셨습니다.	先ほど四時半ごろ飯田様からお電話がありました。
전화를 주십사 전해 달라고 하셨습니다.	お電話くださいとのことでした。
그렇습니까? 알았습니다.	そうですか。分かりました。
이거 낭패군. 나는 일본어를 못하는데 통역을 좀 해 주겠습니까?	困りましたね。私は日本語ができないんですが、通訳をしてもらえますか。
이 번호로 전화를 걸어서 다케이 선생을 불러 주세요.	この番号に電話を掛けて、武井さんを呼び出してくれますか。
덕분에 일이 잘 되었습니다.	おかげで助かりました。
다른 메시지는 없었습니까?	他にはありませんでしたか。
메시지를 부탁할게요.	伝言をお願いします。

내 처〔나와 같이 온 사람〕가 돌아오면 산보하러 나갔다고 전해 주세요.	連れの者が帰ってきたら、散歩に出かけたと伝えてください。[4]

청소를 부탁할 때

제가 외출하는 동안 방 청소를 해 주시겠습니까?	外出している間に部屋の掃除をお願いできますか。
오늘은 청소를 하지 않아도 됩니다.	今日は掃除してもらわなくて結構です。
11시까지는 청소를 하지 마십시오.	11時までは、掃除をしないでください。
청소가 깨끗하게 안 된 것 같으니까 다시 해 주세요.	掃除がきれいにできていないようなので、もう一度お願いします。
담배 냄새가 신경이 쓰이는데 어떻게 안 될까요?	たばこの臭いが気になるんですが、何とかなりませんか。[5]

룸 서비스를 부탁할 때

룸 서비스를 부탁합니다.	ルームサービスをお願いします。
몇 시까지 룸 서비스가 가능합니까?	ルームサービスは何時までですか。
커피를 두 잔 갖다 주세요.	コーヒーを2杯、持って来てください。
얼음하고 물이 필요한데요.	氷と水が欲しいんですが……。
내일 아침 식사 예약을 부탁합니다.	明日の朝食の予約をお願いします。
수건을 한 장 더 가져다 주세요.	タオルをもう一枚持って来てください。

---

[4] 連れ는 '동행자, 동반자'라는 뜻으로 쓰이는데 '자신의 처'를 나타내는 경우도 있다.
[5] 보통 좋은 냄새일 경우에는 匂(にお)い, 불쾌한 냄새일 경우에는 臭(にお)い를 쓴다.

방이 건조하니 가습기를 갖다 주세요.	部屋が乾燥しているので、加湿器を持って来てくれますか。
변압기는 있습니까?	変圧器はありますか。
들어오세요.	どうぞ。お入りください。
룸 서비스가 아직 안 왔는데요.	ルームサービスがまだなんですけど……。

세탁을 부탁할 때

드라이클리닝을 부탁합니다.	クリーニングをお願いします。
셔츠를 세탁해 주세요.	シャツを洗濯してください。
셔츠 두 장 다려 주세요.	ワイシャツを2枚、アイロンがけをしてください。[6]
바지를 다리고 상의를 세탁해 주십시오.	ズボンのプレスと上着のクリーニングをお願いします。
언제 드라이클리닝이 다 됩니까?	ドライクリーニングはいつできあがりますか。
빨리 해야 됩니까?	お急ぎでいらっしゃいますか。
네. 가능하면 빨리 부탁드려요.	ええ、できるだけ早くお願いしたいのですが。
언제 되지요?	いつ仕上がりますか。[7]
방 번호를 말씀해 주세요.	お部屋番号をどうぞ。
609호실입니다.	６０９号室です。

---

6 アイロンをかける(다림질을 하다)를 명사화하면 연탁 현상으로 アイロンがけ가 된다.
7 仕上(しあ)がる는 '다 되다, 마무리되다, 완성되다' 라는 뜻.

환전을 부탁할 때

환전을 부탁합니다.	両替をお願いします。
현금으로 바꿔 주십시오.	現金に替えてください。
이 여행자 수표를 현금으로 바꿀 수 있습니까?	このトラベラーズ・チェックを現金にしてもらえますか。
이 10,000엔짜리 지폐를 1,000엔짜리 지폐 10장으로 바꿔 주십시오.	この1万円札を千円札10枚に崩してください。[8]

기타 문의

한국 신문은 있습니까?	韓国の新聞はありますか。
FAX를 보낼 수 있을까요?	ファクスを送りたいのですが……。
호텔에 바는 있습니까?	ホテルにバーはありますか。
맥주는 어디에서 살 수 있습니까?	ビールはどこで買えますか。
헤어드라이어는 비치되어 있습니까?	ドライヤーは置いてありますか。
근처에 추천할 만한 맛있는 음식점은 있습니까?	近くにお勧めのおいしい店はありますか。
근처에 생선초밥이 맛있는 집은 있습니까?	近くに(お)鮨のおいしい店はありますか。
이 고장 특산물을 사고 싶은데 어디로 가면 됩니까?	地元の特産物を買いたいのですが、どこに行けばいいですか。
한잔 가볍게 하고 싶은데 어디 좋은 데가 있습니까?	ちょっと一杯やりたいんですが、どこかいい所はありますか。

---

8 崩す에는 '무너뜨리다, 글씨를 흘려쓰다' 라는 뜻과 함께 '(큰돈을) 헐다, 잔돈으로 바꾸다' 라는 뜻도 있다.

4 불편사항

옆방이 시끄럽습니다만…….	隣の部屋がうるさいんですが……。
방 열쇠를 한 개 더 받을 수 있을까요?	もう一つ部屋のカギをもらえますか。
방에 열쇠를 두고 나왔는데요.	部屋にカギを置き忘れたのですが……。
뜨거운 물이 나오지 않아요.	お湯が出ませんよ。
스탠드 불이 안 켜지는데요.	ライトがつかないんですが……。
방의 TV가 안 켜지는데요.	部屋のテレビがつかないのですが……。
수건이 한 장밖에 없습니다.	タオルが一枚しかありません。
방이 너무 추운데요.	部屋が寒すぎるんですが……。
방이 더운데 창문을 열어도 됩니까?	部屋が暑いんですが、窓を開けてもいいですか。
에어컨을 약하게 하고 싶은데 어떻게 하면 됩니까?	クーラーを弱くしたいんですが、どうすればいいですか。
담배 냄새가 심하네요.	たばこの臭いがひどいですね。
반지가 없어졌어요.	指輪が無くなりました。
테이블 위에 두었던 중요한 서류가 없어졌습니다.	テーブルの上に置いていた大切な書類が無くなっています。
책임지세요.	責任取ってください。

5 위클리 맨션 [9]

요금에 관한 문의

예, 일본 위클리 맨션의 마츠이입니다.	はい、日本ウィークリーマンションの松井でございます。
위클리 맨션에 대해서 문의하고 싶은데요.	ウィークリーマンションについてお聞きしたいのですが……。
위클리 맨션은 며칠부터 이용할 수 있습니까?	ウィークリーマンションは何日から利用できるんですか。
일주일부터 이용하실 수 있습니다.	１週間からご利用になれます。
대체로 얼마 정도가 됩니까?	大体おいくらになりますか。
몇 분이 이용하실 겁니까?	何名様がご利用ですか。
한 사람입니다.	一人です。
한 분이시면 장소에 따라서 요금이 다릅니다만 제일 싼 것이 2만 8천 엔입니다.	お一人様ですと、場所によって違いますが、一番安いのが２万８千円でございます。
그건 일주일 요금입니까?	それは一週間分の料金ですか。
예, 그렇습니다.	はい、そうです。
두 사람이면 얼마입니까?	二人だといくらになりますか。
두 분일 경우 침대가 두 개 준비됩니다. 제일 싼 것이 4만 1천 엔입니다.	お二人様だとベッドが二つ用意されまして、一番安いのが４万１千円でございます。
요금은 맨션이 있는 장소에 따라 달라집니다.	料金はマンションの場所によって異なってきます。

---

[9] ウィークリーマンション은 일본식 콘도라고 생각하면 된다. 일주일 이상이면 방을 빌릴 수 있으며 호텔에 비해 저렴하고 빌트인식이라 밥을 해 먹을 수 있으므로 중단기 체재자에게 적당하다. 회사에 따라 가격 및 서비스의 차이가 있으므로 이용 시 확인을 요한다.

도쿄 시내면 어느 정도 비싸집니까?	都内だとどれくらい高くなりますか。
메지로면 한 분일 경우가 3만 엔, 두 분일 경우는 4만 3천 엔입니다.	目白でお一人様の場合が3万円、お二人様だと4万3千円となります。[10]
인터넷으로 예약을 할 수 있습니까?	インターネットで予約できますか。
인터넷에서는 예약 가능한 방 상황을 조회하실 수는 있지만 예약은 할 수 없습니다.	インターネットではお部屋の空き状況のご確認などはできますが、予約はできません。
예약은 전화로 받고 있습니다.	予約は電話で承っております。
예약은 일주일 전까지 해 주십시오.	ご予約は一週間前までにお願いいたします。
먼저 2만 엔을 계좌이체해 주시고 나머지는 당일 프런트에 현금으로 지불하시도록 되어 있습니다.	まず2万円を振り込んでいただいて、残りは当日フロントで現金でお支払いいただくようになっております。
외국인의 경우 계좌이체를 할 수가 없는데 어떻게 하면 됩니까?	外国人の場合、振り込みができませんが、どうすればいいですか。
그럴 경우는 당일 프런트에서 전액 지불해 주시면 됩니다.	そのような場合には当日フロントで全額お支払いいただくようになります。

시설에 대한 문의

위클리 맨션에는 어떤 시설이 준비되어 있습니까?	ウィークリーマンションにはどのような設備が整っていますか。
먼저 사람 수에 맞게 침대와 이불이 있고 에어컨, TV 등이 준비되어 있습니다.	まず人数分のベッドとお布団、そしてエアコン、テレビなどをご用意しております。

---

[10] 目白(めじろ)는 도쿄 도내 지역명.

주방용품은 어느 정도 준비되어 있습니까?	台所用品はどの程度そろっていますか。
기본적인 조리기구는 모두 준비되어 있습니다.	基本的な調理器具は取りそろえております。 ⬆
전기밥솥이나 프라이팬도 있습니까?	炊飯器やフライパンもありますか。
예, 있습니다.	はい、ございます。 ⬆
목욕탕은 어떻게 되어 있습니까?	お風呂はどうなっていますか。
목욕탕은 유닛배스입니다.	お風呂はユニットバスとなっております。[11] ⬆
그리고 (가스나 전기요금 등) 광열비는 체크인하실 때 한 분일 경우는 1만 엔, 두 분일 경우는 1만 5천 엔을 보증금으로 선불해 주시고 체크아웃하실 때 정산을 하게 됩니다.	それと、光熱費はチェックインの際にお一人様は1万円、お二人様は1万5千円を保証金として先にお支払いいただいて、チェックアウトの際に精算させていただいております。[12] ⬆
알겠습니다. 그럼 다시 전화드리겠습니다.	分かりました。それではまた改めてお電話します。

---

[11] ユニットバス란 욕조와 샤워, 화장실, 세면대가 같은 공간에 있는 것을 말한다. 일본은 보통 세면대와 화장실이 따로 있기 때문에 구별을 짓기 위해 ユニットバス라는 표현을 쓴다.

[12] 光熱費란 전등이나 연료에 쓰이는 비용을 말하며 전기세, 가스요금 등을 가리킨다.

5 쇼핑

일본에서 쇼핑을 할 경우 소비세를 항상 염두에 두어야 한다. 2017년 1월 현재, 가격의 8%가 소비세로 부가되므로 정가보다 더 많은 돈을 지불해야 한다는 것을 계산에 넣어야 한다. 그리고 일본에서는 반품, 환급은 거의 불가능하며 상품 교환일 경우도 매우 까다롭고 경우에 따라서는 교환도 불가능한 경우가 있다. 만일을 위해서 영수증을 보관하는 것을 잊지 말아야 하며 무엇보다 물건을 사기 전에 신중하게 생각하는 것이 좋다. 또한 계산대에 返品、交換はできかねませんのであらかじめご了承ください。반품・교환은 받고 있지 않으므로 미리 양지하시기 바랍니다.)와 같은 표시가 있을 경우에는 어떠한 경우에도 반품・교환을 할 수 없다. 또한 ⬆마크를 통해 판매원의 말투나 표현을 익힐 수 있도록 하였다.

1 상품에 대해서

매장에서의 기본 표현

어서 오십시오.	いらっしゃいませ。
뭘 찾으세요?	何かお探しですか。 ⬆
그저 구경하고 있는 것뿐입니다.	見ているだけです。
저희 가게에 와 주셔서 고맙습니다.	ご来店くださいましてありがとうございます。 ⬆
용건이 있으면 말씀하세요.	ご用がありましたらお知らせください。 ⬆
이것은 얼마입니까?	これはいくらですか。
이것 좀 봐도 될까요?	これ、見てもいいですか。
저게 좋군요. 보여 주시겠어요?	あれがいいですね。あれを見せてくれますか。
감사합니다. 또 찾아 주세요.	ありがとうございます。またどうぞ。
다시 올게요.	また来ます。

영업 시간은 몇 시부터 몇 시까지입니까?	営業時間は何時から何時までですか。
어서 오세요. 입어〔신어/해〕 보세요.	いらっしゃいませ。どうぞお試しください。[1]

판매원의 조언을 구할 때

딸에게 줄 선물을 사고 싶은데요.	娘へのプレゼントを買いたいんですが……。
제 아내한테 줄 선물로 무엇이 좋을까요?	妻へのプレゼントには何がいいでしょうか。
어머니 생신 선물을 찾고 있는데, 어떤 것이 좋겠습니까? 50대 정도입니다만…….	母に誕生日のプレゼントをしたいんですけど、どんなのがいいでしょうか。50代ぐらいなんですけど……。
특별히 좋아하시는 브랜드라도 있으신지요?	特にお好きなブランドはございますか。
어떤 것을 말씀하시는지요?	どういったものをおっしゃってるのでしょうか。
어떤 스타일을 좋아하십니까?	どんなスタイルがお好きですか。
이것은 어떻습니까?	これはいかがでしょうか。
이걸 잠깐 볼 수 있을까요?	これをちょっと見せてくれますか。
누가 쓰실 건데요?	どなたがお使い〔ご使用〕になりますか。
젊은이들에게 인기 있는 모자가 어떤 것입니까?	若い人たちに人気のある帽子にはどんなのがありますか。
다른 디자인을 몇 가지 더 보여 주시겠어요?	外のデザインをいくつかもっと見せてくださいますか。
다른 디자인으로 된 것을 보고 싶습니다.	外のデザインも見てみたいのですが……。

---

[1] 이 말은 매장에서 흔히 들을 수 있는 말이다. 매장이 옷 가게라면 입어 보라는 뜻이고, 신발 가게라면 신어 보라는 뜻. 화장품 가게라면 발라 보라는 뜻이 된다. 試す는 '시험해 보다, 실제로 해 보다'라는 뜻.

그건 마음에 안 들어요. 다른 걸로 하나 보여 주세요.	それはちょっと……。他のを見せてください。
이 와이셔츠에 어울리는 넥타이 몇 개를 보여 주세요.	このワイシャツに似合うネクタイをいくつか見せてください。
이것과 같은 것을 찾고 있는데요.	これと同じ物を探しているのですが……。
이건 어떻게 쓰는 거예요?	これはどう使うんですか。

상품에 관한 설명

이것이 가장 잘 팔리는 상품입니다.	こちらが一番売れ行きのいい商品となっております。
그건 대히트 상품입니다.	それは大ヒット商品です。
이게 요즘 가장 잘 팔리는 상품입니다.	これが最近一番よく売れている商品です。
하지만 이건 최근 유행하는 디자인이에요.	でも、こちらは最近流行のデザインなんですよ。
이거 어떠세요? 저희 가게에서 제일 좋은 것입니다.	これはいかがでしょうか。当店で一番いい物です。
뭐니뭐니해도 제일 인기가 있는 것은 이것입니다.	何といっても一番人気はこちらです。
이게 저희 가게에서 자신 있게 추천해 드리는 최고급 상품입니다.	こちらが当店が自信をもってお勧めする最高級の物です。
이런 물건은 흔치 않아요.	こんな商品はそうそうある物ではありませんよ。

손님한테 딱 맞는 상품이 있습니다.	お客様にぴったりの商品がございます。
이 물건은 1년 동안 품질 보증을 해 드립니다.	この商品は、一年間の(品質)保証付きとなっております。
견본품을 보여 드릴까요?	サンプルをお見せいたしましょうか。
그건 중고품들입니다.	それは中古品です。
저희는 다양한 물건들을 가지고 있습니다.	私共はいろんな商品を取り揃えております。
이 상품이 신문에 광고된 것입니다.	この商品が新聞に広告が出ていた物です。

시험삼아 해 볼 때

입어 봐도 돼요?	試着してもいいですか。
이 옷을 한번 입어 보고 싶은데요.	これを試着してみたいのですが……。
옷을 갈아입는 곳은 어디죠?	試着室はどこですか。
입어 보시겠어요?	ご試着なさいますか。
저쪽에서 입어 보세요.	どうぞ、あちらでお試しください。
거울이 어디 있어요?	鏡はどこにありますか。
죄송하지만, 입어 보실 수는 없습니다.	申し訳ございませんが、ご試着はご遠慮いただいております。
와이셔츠를 가져올테니 넥타이와 맞춰 보세요.	ワイシャツをお持ちしますので、ネクタイとお合わせになってみてください。
와이셔츠 포장을 뜯을 수 없으니 얼굴에 대 보기만 하셔야 됩니다.	ワイシャツを袋から出せませんので当てていただくだけになります。

이거, 해 봐도 돼요?	これ、つけてみてもいいですか。[2]
(이 구두를)신어 봐도 돼요?	履いてみていいですか。
시식해 봐도 됩니까?	試食してみてもいいですか。
맛있어요. 맛 보세요.	おいしいですよ。どうぞ、お味見いかがですか。
실제로 소리를 들어 봐도 되겠습니까?	実際に音を聞いてみてもいいですか。
이거 해 봐도 되겠습니까?	これ、試してみてもいいですか。

유행에 대해 말할 때

지금 유행하고 있는 것이 무엇입니까?	今、流行っているのは何ですか。
요즘 숙녀복은 어떤 것이 인기가 있습니까?	最近婦人服〔レディス服〕はどんなのが人気がありますか。
요즘엔 긴 치마가 유행이에요.	最近は長めのスカートが流行っています。
좀 전까지만 해도 미니스커트가 유행했는데 말이에요.	ちょっと前まではミニスカートが流行っていたんですけどね……。
요즘에는 남녀 공용 스타일이 유행입니다.	最近はユニセックススタイルが流行っています。
심플한 디자인이 유행하기 시작했어요.	シンプルなデザインが流行ってきましたね。
폭이 넓은 벨트가 아주 인기가 좋습니다.	幅の広いベルトがすごく人気です。
이 넥타이는 유행이 지난 것입니다.	このネクタイは一昔前の流行りですね。
저는 유행을 쫓아가는 편은 아닙니다.	私は流行を追いかける方ではありません。

---

[2] つける는 '붙이다' 라는 뜻. 그러므로 이 경우는 브로치, 액세서리 등을 해 봐도 되느냐는 뜻이 된다.

사이즈에 대해 말할 때

사이즈는 9호(한국의 경우 66사이즈) 정도 되세요?	サイズは9号ぐらいでしょうか。
한국에서 쓰는 치수와 일본의 치수는 좀 다를 것 같으니까 (제) 사이즈를 재 주시겠습니까?	韓国のサイズが日本と違うと思うので、サイズを測ってくれますか。
사이즈를 확실히는 모릅니다.	サイズを正確には分からないんですが……。
저에게는 어떤 사이즈가 맞을까요?	私にはどのサイズが合うでしょうか。
이 정장은 딱 맞네요.	このスーツはぴったりですね。
이 특대 사이즈는 나한테 너무 클까?	このLLっていうのは、僕には大きいかな。
이 셔츠 작은 사이즈는 있나요?	このシャツの小さいサイズはありますか。
같은 색깔로 좀 더 큰 것 없습니까?	同じ色でもうちょっと大きいサイズはありませんか。
나에게는 너무 작은 것 같아.	私には小さすぎるわ。
여기가 좀 꽉 낍니다.	ここがちょっときついです。[3]
이 치마는 허리 부분이 너무 꽉 끼는데요.	このスカートはウェストがきつすぎます。
좀 꽉 조이는데, 좀 더 큰 것은 없습니까?	ちょっときついんですけど、もう少し大きいのはありませんか。
이 모양의 재킷으로 한 치수 작았으면 하는데요.	このジャケットで、一つ小さいサイズがあればいいのですが。
이것과 같은 것으로 더 작은 치수가 있나요?	これと同じもので、もっと小さいのはありますか。

---

[3] 여기서 きつい는 '꽉 끼다' 라는 뜻. 또한 きつい는 仕事(しごと)がきつい(일이 고되다)와 같이 '정도가 심하다, 고되다' 라는 뜻으로도 쓰이고 きつい一言(ひとこと)(가차없는 한마디)와 같이 '가차없다, 엄하다, 엄격하다' 라는 뜻으로도 쓰인다.

히프 둘레가 조금 큽니다.	ヒップ回りが少し大きいです。
이 바지가 좀 헐렁해요.	このズボンはちょっとぶかぶかですね。
좀 더 작은 것으로 주세요.	もう少し小さいのをください。
이 모양으로 좀 더 큰 것 없습니까?	この形でもう少し大きいの、ありませんか。
이것과 같은 것으로 더 큰 사이즈는 없나요?	これと同じ物で、もっと大きいサイズはありませんか。
한 치수 큰 것을 보여 주시겠습니까?	一つ大きいサイズを見せてくれますか。
한 치수 큰 것을 보여 주시겠습니까?	ワンサイズ大きいのを見せてもらえますか。
중간 사이즈 있습니까?	中間のサイズはありますか。

소재에 대해 말할 때

옷감 재질이 뭐죠?	素材は何ですか。
이건 마 소재인가요?	これは麻ですか。
실크입니다.	シルクです。
울 100%입니다.	ウール100％です。
캐시미어가 20% 들어 있습니다.	カシミヤが20％入っています。
색이 바래지 않을까요?	色あせたりしないでしょうか。
잘 구겨지지 않을까요?	しわになりやすくないですか。
이것은 진짜 가죽이에요.	これは本皮です。
이것은 방수가 됩니까?	防水加工はできていますか。

오일 가공한 것입니다.	オイル加工(かこう)したものです。

색상에 대해 말할 때

이 디자인으로 다른 색상 없습니까?	このデザインで色違(いろちが)いはありませんか。
이것과 같은 것으로 다른 색상 있습니까?	これと同(おな)じもので外(ほか)の色(いろ)はありますか。
청색이면 되겠습니까?	青(あお)でよろしいでしょうか。 ↑
빨간색은 있어요?	このセーターの赤(あか)はありますか。
이 색깔은 나한테는 잘 어울리지 않는 것 같아요.	この色(いろ)は私(わたし)にはあまり似合(にあ)わないみたいですね。
더 화려한 색깔이 좋지 않겠어요?	もっと華(はな)やかな色(いろ)がよくないですか。
좀 더 점잖은(어두운) 색감이 좋은데…….	もう少(すこ)し落(お)ち着(つ)いた色合(いろあ)いがいいんだけど……。
수수한 색이 좋으시겠습니까?	地味(じみ)な色(いろ)の方(ほう)がよろしいですか。 ↑
이 상품은 검정과 베이지밖에 없습니다.	この商品(しょうひん)は黒(くろ)とベージュしかありません。

다른 상품을 찾을 때

다른 것으로 보여 주세요.	外(ほか)のを見(み)せてください。
다른 물건은 없습니까?	外(ほか)の物(もの)はありませんか。
다른 디자인은 있습니까?	外(ほか)のデザインはありますか。
다른 디자인으로 된 것을 보고 싶습니다.	外(ほか)のデザインを見(み)せてもらいたいんですが……。
이것으로 검은색이 있어요?	これと同(おな)じ物(もの)で、ブラックはありますか。

스커트 기장이 너무 짧아요.	スカートの丈が短すぎます。
좀 더 짧은 치마는 없나요?	もうちょっと短めのスカートはありませんか。
그건 너무 야한데요. 좀 더 수수한 것 없나요?	それは派手すぎます。もうちょっと地味なのはないですか。
기장을 줄여 줄 수 있습니까?	丈を詰めていただけますか。

세탁에 대해 말할 때

이것 손으로 빨아도 괜찮습니까?	これは手洗いできますか。[4]
줄어들까요?	縮んだりするでしょうか。
빨면 줄지는 않습니까?	洗ったら縮みませんか。
세탁기로 빨 수 있습니까?	洗濯機で洗えますか。
(빨래할 때) 망을 사용해 주세요.	ネットをお使いください。
처음에만 클리닝을 맡기시고 두 번째부터는 손빨래해도 괜찮습니다.	最初だけクリーニングに出して、2回目からは手洗いでも構いませんよ。
드라이클리닝을 하셔야 합니다.	ドライクリーニングをお願い致します。

상품에 관한 소감

어떻습니까?	いかがでございますか。	⬆
이거 좋다, 그렇지?	これ、いいね。	⬇
이거 근사하다(멋있다)!	これ、素敵〔かっこいい〕！	⬇

---

[4] 手洗いは '손을 씻는 것' 또는 '손으로 빠는 것(즉, 손빨래)' 을 말하며 '화장실' 이라는 뜻도 있다.

어느 쪽이 좋은 것 같아?	どっちがいいと思う？
이 쪽이 더 좋아.	こっちの方がいいよ。
안 어울리는데요.	あまり似合わないですね。
참 멋있군요.	とても素敵ですね。
잘 어울리시는데요.	とてもよくお似合いですよ。
둘 다 마음에 듭니다.	二つともいいですね。
양쪽 다 탐나는데.	両方とも欲しいな。
둘 다 손님께 잘 어울리네요.	両方ともお客様によくお似合いですよ。
이 스커트는 이 블라우스에 잘 맞네요.	このスカートはこのブラウスによく合いますね。
좀 촌스럽다, 이거.(그렇지?)	ちょっとださいね、これ。
너무 야[화려]해.	派手すぎるよ。
수수하다.	地味だよ。
이건 좀 그렇네요…….	これはちょっと……。

품절에 대해 말할 때

이 물건 있습니까?	これ、ありますか。
품절됐습니다.	品切れです。
	売り切れました。
(죄송하지만) 마침 그 물건이 떨어졌습니다.	あいにく品切れとなっております。
그 상품은 재고가 없습니다.	その商品は在庫がございません。

언제쯤 물건이 새로 들어옵니까?	いつぐらいに新しい物が入ってきますか。
주문해 드릴까요?	ご注文されますか。
죄송하지만 우리 가게에는 없는데요.	申し訳ございませんが、当店には置いてありませんが……。
그런 상품은 취급하지 않습니다.	そのような商品は取り扱っておりませんが……。
이건 비매품입니다.	これは非売品です。
수량이 한정되어 있어서 품절이 되면 양해해 주시기 바랍니다.	数量に限りがございますので、売り切れの際はご容赦くださいますようお願い申し上げます。
이거 낱개로 팝니까?	これ、ばら売りしますか。[5]

영업 시간

그곳은 9시에 문을 열어요.	そこは9時にオープンします。
	そこは9時に店を開けます。
오전 9시부터 오후 8시까지입니다.	午前9時から午後8時までです。
우리 가게는 24시간 영업을 합니다.	当店は24時間営業です。
월요일에서 금요일까지 오전 9시부터 오후 5시까지 영업을 합니다.	月曜から金曜まで、午前9時から午後5時まで営業します。
이 시간에 문을 연 가게는 없을 거예요.	この時間に開いている店はないと思いますよ。
죄송합니다. 오늘 영업은 끝났습니다.	申し訳ございませんが、本日の営業は終了いたしました。

[5] ばらは 한 벌로 되어 있는 것의 낱개라는 뜻.

영업중.	営業中。
준비중.	準備中。
임시 휴업.	臨時休業中。

2 백화점에서〈매장별〉

위치 확인

위로 올라갑니다.(엘리베이터)	上に参ります。 ⬆
밑으로 내려갑니다.(엘리베이터)	下に参ります。 ⬆
8층 부탁합니다.	8階をお願いします。
구두 판매장은 어디입니까?	靴売り場はどこですか。
3층입니다.	3階です。
아동복은 몇 층에 있습니까?	子供服は何階にありますか。
남성복은 몇 층에 있습니까?	メンズ服は何階ですか。
장난감은 어디서 팝니까?	おもちゃはどこで売っていますか。
숙녀복 코너는 어디에 있습니까?	婦人服コーナーはどこにありますか。
서적 코너는 어디예요?	書籍コーナーはどこですか。
그것은 몇 층에 있습니까?	それは何階にありますか。
수영복 매장은 어디입니까?	水着売り場はどこですか。
유제품은 어디서 팝니까?	乳製品はどこで売っていますか。
통조림는 어디서 살 수 있습니까?	缶詰はどこで買えますか。

식료품 매장은 지하에 있습니까?	食品売り場は地下ですか。
에스컬레이터[화장실]는 어디에 있습니까?	エスカレーター〔トイレ〕はどこですか。
에스컬레이터에서 내리면 오른쪽에 보일 겁니다.	エスカレーターを降りますと、右手に見えます。
화장품 코너가 어디에 있습니까?	化粧品コーナーはどこにありますか。

잡화

서류 가방을 보고 있는데요.	書類かばんを見ているんですが……。
기내에 갖고 들어갈 수 있는 여행 가방을 보여 주십시오.	機内持ち込み用の旅行かばんを見せてください。
저쪽 선반의 오른쪽에서 두 번째 가방을 보여 주세요.	あっちの棚の右から二番目のかばんを見せてください。
이 가방은 튼튼합니까?	このかばんは丈夫ですか。
봄철 스카프를 보여 주세요.	春物のスカーフを見せてください。
가을철 신상품은 어떤 것이 나와 있습니까?	秋の新作はどういった物が出ていますか。
스카프 묶는 법을 가르쳐 주시겠어요?	スカーフの結び方を教えてもらえますか。
남성용 가죽 장갑은 있습니까?	男性用の皮の手袋はありますか。
액세서리 코너는 이 층에 있습니까?	アクセサリーコーナーはこの階にありますか。
이건 피어스〔뚫은 귀용 귀걸이〕입니까?	これはピアスですか。
이 목걸이는 디자인이 특이하네요.	このネックレスは変わったデザインですね。[6]
프랑스제입니다.	フランス製です。

---

6 '바뀌다, 변하다'라는 뜻의 変わる가 た 또는 ている와 같이 쓰이면 보통과는 다르다는 뜻으로 '특이한, 색다른, 별난' 등의 뜻이 되기도 한다.

디자인이 아주 독특하고 공이 많이 들어갔네요.	デザインがすごく凝っていますね。
역시 이탈리아제, 디자인이 참신하네요.	さすがイタリア製、デザインが斬新ですね。
18K입니까?	１８金ですか。
실버입니다.	シルバーです。
실버는 색이 변해서 안 좋아요.	シルバーは色が変わるからよくないですね。

화장품

이것은 무슨 향입니까?	これは何の香りですか。
좀 더 진한 색으로 주세요.	もうちょっと濃い色をください。
여기 샘플이 있습니다.	ここにサンプルがあります。
이것은 봄철 신상품으로 아주 봄철다운 색깔이에요.	これは春の新作で、すごく春らしい色ですよ。
피부가 건조하시군요.	お肌が乾燥気味でいらっしゃいますね。
건성 피부용 기초 화장품을 보여주세요.	乾燥肌用の基礎化粧品を見せてください。
T존에 유분이 많아집니다.	Tゾーンが油っぽくなります。
복합성 피부이군요.	複合肌ですね。
에센스는 어떤 것이 있습니까?	エッセンスはどんなのがありますか。
요즘 주름이 많이 생겨서 신경쓰여요.	最近皺が多くなって気になります。
여드름 전용은 있습니까?	にきび専用はありますか。
파운데이션을 발라 보시겠어요?	ファンデーションをお試しになりますか。

파운데이션 색은 내추럴한 계통이 좋으세요?	ファンデーションの色はナチュラル系がいいですか。
좀 매트한 느낌이 좋아요.	ちょっとマットな感じがいいです。
베이스를 제대로 바르지 않으면 파운데이션 색감이 살아나질 않아요.	下地はきちんとつけるようにしないとファンデーションの色が映えないんですよ。
이번 여름은 펄이 들어간 아이섀도가 인기가 있습니다.	今年の夏はパール入りのアイシャドウが人気があります。

여성복

어떤 것을 찾고 계세요?	どういったものをお探しですか。
바지 정장을 보고 있습니다.	パンツスーツを探しています。
좀 디자인이 특이한 치마를 사고 싶어요.	ちょっと変わったデザインのスカートが欲しいです。
고상한 느낌의 정장을 사고 싶어요.	上品な感じのスーツを買いたいんですが……。
연한 색깔의 니트를 사려구.	淡い色のニットを買おうと思って……。
올해는 울 100% 코트를 살 생각입니다.	今年はウール100％のコートを買うつもりです。
봄철 코트는 역시 파스텔 컬러지요.	春物のコートはやはりパステルカラーですね。
정장에 받쳐 입을 셔츠를 사려고 해요.	スーツに合わせるシャツを買おうと思っています。
난 원피스를 좋아해.	私はワンピースが好きなの。

프릴이 들어간 스커트로 할까?	フリルの入ったスカートにしようかな。
취업 면접용 정장 같아요.	リクルートスーツみたいですね。[7]
심플한 디자인보다 좀 특이한 디자인을 좋아해요.	シンプルなデザインよりちょっと変わったデザインがいいです。
역시 하나밖에 없는 게 좋지요.	やはり一点物がいいですね。[8]
명품으로 하시겠어요?	ブランド物になさいますか。
수영복 있어요?	水着ありますか。

남성복

이 넥타이는 어떻습니까?	このネクタイはどうですか。
실크 넥타이를 보여 주세요.	シルクのネクタイを見せてください。
물방울 모양 넥타이 좋은 것 같지 않아?	水玉のネクタイっていいと思わない？
정장을 사려고 하는데요.	スーツが欲しいんですが……。
검은색 재킷 있습니까?	黒のジャケットはありますか。
하늘색 와이셔츠를 주십시오.	水色のワイシャツをください。
줄무늬 드레스 셔츠가 좋을 것 같아요.	縞模様のドレスシャツの方がいいと思いますよ。
무늬가 없는 것은 너무 수수해서 이 양복에는 어울리지 않는다고 생각해요.	無地のはちょっと地味すぎて、この背広には似合わないと思います。
감색 바지로 할까 해서.	紺色のズボンにしようと思って。

---

[7] リクルートスーツ란 갓 졸업한 사람들이 취업 면접을 위해 입는 옷으로 주로 회색, 감색으로 단정한 스타일의 정장을 말한다.

[8] 一点物란 고급 브랜드에서 대량 생산하지 않고 번호를 매기는 등 전세계에 자기 하나만 그 상품을 가질 수 있다는 데 부가가치를 두는 상품을 말한다.

나이가 들어도 청바지가 어울리는 남자가 되었으면 해요.	歳をとってもジーパンの似合う男でいたいですね。
캐주얼한 차림에 도전해 볼까?	カジュアルルックに挑戦してみようかな。

구두

사이즈가 어떻게 되시죠?	サイズはおいくつでいらっしゃいますか。
잘 맞습니까?	サイズは合いますか。
이 신발이 딱 맞습니다.	これがぴったり合います。
이건 좀 작은데요.	これはちょっと小さいですね。
이건 폭이 좁군요.	これは幅が狭いですね。
구두가 너무 꼭 끼어서 아파요.	靴が小さくて痛いです。
발가락이 너무 끼는데요.	足の指の所がきつい感じです。
좀 더 작은 사이즈 좀 갖다 주실래요?	もうちょっと小さいサイズを持ってきてくれますか。
이건 좀 작은 것 같은데, 더 큰 것 없습니까?	これはちょっと小さいみたいです。もっと大きいのありませんか。
이 사이즈로 다른 걸 보여 주세요.	このサイズで外のデザインを見せてください。
좀 걸어다녀 봐도 되겠습니까?	ちょっと歩いてみてもいいですか。
이것은 진짜 가죽으로 만들어진 것입니다.	これは本皮製です。
이 구두는 오래 신으실 수 있습니다.	この靴は長くお穿きになれます。

구둣주걱 좀 주시겠어요?	靴べらをいただけますか。
구두 좀 닦아 주시겠습니까?	靴を磨いてくれますか。
구두를 닦고 싶은데 어디 가면 됩니까?	靴を磨きたいのですが、どこに行けばいいですか。

보석

약혼 반지입니까?	婚約指輪ですか。
결혼 반지는 역시 다이아지요.	結婚指輪はやはりダイヤですね。
다이아 반지 좀 보여 주시겠어요?	ダイヤのリングを見せてくれますか。
이건 몇 캐럿이죠?	これは何カラットですか。
그건 3캐럿입니다.	それは3カラットです。
끼어 봐도 되나요?	してみてもいいですか。
이건 18금입니까?	これは18金ですか。
이거 진짜 금입니까?	これ、本物のゴールドですか。
진주 목걸이는 제대로 된 것을 가지고 있어야 해.	パールのネックレスはちゃんとした物を持ってないと……。
진주는 핑크빛 나는 것과 크림색 나는 것이 있는데 어느 쪽이 좋으세요?	パールは、ピンク系とクリーム系のどちらがよろしいですか。
이 에메랄드 반지, 색이 참 좋네요.	このエメラルドの指輪、色がきれいですね。
루비 반지도 예쁘네요.	ルビーの指輪もかわいいですね。
탄생석을 가르쳐 주세요.	誕生石を教えてください。

이 상품은 3점 세트로 싸게 사시는 겁니다.	この商品は3点セットでお買い得ですよ。[9]
이거 진짜입니까, 모조품입니까?	これ、本物ですか、偽物ですか。
이건 가짜 같은데요.	これはコピーみたいですね。
더 작은 사이즈는 없나요?	もっと小さいサイズはありませんか。
사이즈를 고칠 수는 있는데 그렇게 되면 따로 요금을 지불하셔야 합니다.	お直しはできますが、お直しの場合別料金となります。

전자 제품

메이커에 따라서도 다르니까요	メーカーによっても違いますから……。
이건 한국에서 쓸 수 있는 겁니까?	これは韓国でも使えますか。
프리 볼트 제품은 있습니까?	フリーボルトの製品はありますか。[10]
한국과는 전압이 다르기 때문에 변압기가 필요합니다.	韓国とは電圧が違うので変圧器が必要となります。
한국에서 고장이 나면 어떻게 하지요?	韓国で故障してしまったらどうすればいいですか。
이 상품은 한국에서 A/S를 받으실 수 있습니다.	この商品は韓国でアフターサービスが受けられるようになっております。
이 상품의 A/S는 일본에서밖에 받으실 수 없습니다.	この商品のアフターサービスは日本でしか受けられません。
이 전기밥통은 얼마입니까?	この(電気)炊飯器はいくらですか。

---

9 (お)買い得는 싸게 사서 이득을 본다는 뜻.
10 フリーボルト는 영어 'free volt'로, 모든 볼트에 사용할 수 있는 것을 말한다.

이게 망가졌는데, 고칠 수 있을까요?	これ、壊れてしまったのですが、直せますか。
언제 될까요?	いつ出来上がりますか。
어댑터 있으세요?	アダプター、ありますか。
여기에 맞는 건전지 있어요?	これに合う乾電池、ありますか。

음반

지금 일본에서 유행하고 있는 노래는 무엇입니까?	今、日本で流行っている歌は何ですか。
보아의 새 앨범을 주세요.	ボアのニューアルバム（を）ください。
아무로 나미에의 베스트 앨범 있습니까?	安室奈美恵のベスト版、ありますか。
록 발라드 베스트 앨범 같은 거 있습니까?	ロックバラードのベスト版とか、ありますか。
재즈 명반을 사고 싶은데요.	ジャズの名盤が欲しいんですが。
좋은 보사노바 앨범을 소개해 주십시오.	ボサノバのいいアルバムを紹介してください。
지금 품절되었습니다만…….	只今、切らしております……。
2주 정도면 들어올 거라고 생각합니다만…….	２週間ほどで入ると思いますが……。
들어오면 연락하겠습니다. 여기에 연락처를 기입해 주세요.	入り次第、ご連絡します。こちらに連絡先をご記入下さい。
어느 정도 걸립니까?	どのぐらいかかりますか。

기념품

손님이 쓰실 건가요?	お客様がお使いになられますか。
선물하실 겁니까?	プレゼントですか。
이건 요즘 외국인 관광객들에게 대단히 인기가 있습니다.	これは最近外国人のお客様にとても人気のある物です。
이 지방의 대표적인 공예품은 무엇입니까?	この地方の代表的な工芸品は何ですか。
이건 여행 선물로도 추천해 드릴 수 있는 상품입니다.	これはお土産にもお勧めできる商品です。
여행 선물로 뭐가 좋을까요?	お土産に何がいいでしょうか。[11]

3 가격

가격을 물을 때

가격이 얼마죠?	いくらですか。
정가가 얼마입니까?	定価はいくらですか。
표시된 가격대로입니까?	表示されている値段の通りですか。
물건 값에 소비세(배송료)가 포함되어 있습니까?	この値段は消費税〔配送料〕込みの値段ですか。
전부 얼마입니까?	全部でいくらになりますか。

가격이 비쌀 때

---

11 (お)土産는 여행을 다녀와서 주는 선물. プレゼント(선물)와 구별해서 쓴다. 생일 선물, 축하 선물 등은 プレゼント.

비싸네요.	高いですね。
좀 비싼 편이군요.	ちょっと高めですね。
너무 비싼 것 같군요.	高すぎますね。
생각했던 것보다 값이 비싼데요.	思ったより高いですね。
이건 나한테는 너무 비쌉니다.	これは私には高すぎます。
수중에 돈이 이것밖에 없습니다.	手持ちのお金がこれしかありません。
그건 예산 초과인데요.	それは予算オーバーです。
좀 더 싼 건 없습니까?	もうちょっと安いのはありませんか。
이 스타일로 좀 더 싼 것을 보여주겠습니까?	このスタイルでもうちょっと安いのを見せてくれますか。
예산은 어느 정도입니까?	ご予算はどのぐらいでいらっしゃいますか。 ⬆
얼마 정도를 생각하고 계신지요?	いくらぐらいを考えていらっしゃいますか。 ⬆

할인을 요구할 때 [12]

가격을 좀 깎아 주시겠습니까?	もうちょっと安くなりませんか。
	もうちょっと負けてもらえませんか。
더 깎아 주시겠습니까?	もっと安くしてもらえませんか。
많이 사면 값을 깎아 줍니까?	たくさん買ったら少し負けてくれるんですか。
얼마까지 깎아 줄 수 있죠?	いくらまで安くできますか。
현금이면 얼마나 할인됩니까?	現金で払った場合いくら割引になりますか。

---

[12] 일본에서는 기본적으로 정찰제이므로 가격흥정을 하는 일은 거의 없다. 다만 대형 전자상가 등 특수한 곳에서는 흥정을 하고 싸게 해 주는 경우도 있다.

얼마에 팔겠습니까?	いくらで売ってくれますか。

할인을 거부할 때

더 이상 깎아 드릴 수는 없습니다.	これ以上は負けられません。
	これ以上お安くするわけにはいきません。 ↑
싸게 해 드릴 수는 없습니다. 정찰제입니다.	お安くはできません。定価通りです。
그 값으로는 본전도 안 됩니다.	それじゃ元も取れません。
인하된 가격입니다.	安くなっている値段です。
이건 매우 싼 겁니다.	それはすごく安いです。

할인을 해 줄 때

그것과 똑같은 가격에, 아니 그보다 더 싸게 드리겠습니다.	それと同じ値段で、いや、それよりもっとお安くいたします。[13] ↑
현금으로 사시면 조금은 싸게 해 드릴 수 있습니다.	現金でお支払いいただけるなら少しお安くできます。 ↑
판매가의 반액으로 드리겠습니다.	半額割引で差し上げましょう。 ↑
하나 사면 덤으로 하나 더 드립니다.	もう一つお買い求めになられたら、おまけでもう一つ差し上げます。 ↑
저희 가게는 현금으로 지불하시면 3%를 할인해 드립니다.	当店は現金でお支払いいただきますと 3％引きとさせていただいております。 ↑

---

[13] '싸게 해 주다' 또는 '싸게 해 드리다'를 직역해서 安くしてあげます라고 하면 상당히 생색을 내는 표현이 되어 물건을 파는 입장에서는 적합하지 않은 표현이다. お安くします 또는 お安くいたします가 맞는 표현이다.

세일중일 때

이건 언제쯤 세일을 합니까?	これはいつごろバーゲンセールになりますか。
이것도 세일중입니까?	これもバーゲンセール中ですか。
지금 신발류를 세일하고 있습니다.	今、靴類がバーゲンセール中です。
세일 기간이 얼마나 되죠?	バーゲンセールの期間はどのくらいですか。
세일은 12월 10일까지입니다.	バーゲンセールは12月10日までです。
지금은 특별 할인 기간입니다.	今は特別割引期間です。
이번 주는 파격세일을 하고 있습니다.	今週は大売り出し中です。
지금 모든 상품이 상당히 가격 인하가 되었습니다.	只今、全商品が大変お買い得となっております。
대폭적으로 가격 인하를 했습니다.	大幅値下げをいたしております。
이 쿠폰을 사용할 수 있습니까?	このクーポンは使えますか。
이 쿠폰은 유효 기간이 끝났습니다.	このクーポンは期限切れです。

덤으로 줄 때

이것 무료입니까?	これは無料ですか。
필요한 만큼 가져 가셔도 됩니다.	ご自由にどうぞ。
이건 덤으로 드리는 겁니다.	これはおまけで差し上げる物です。
흠이 있으니 값을 좀 싸게 해 드리죠.	傷がありますので少しお安くいたします。
샘플 있습니까?	サンプルはありますか。

기타

가격표가 안 보이는데요.	値札がありませんが……。
골라 잡아 3개 천 엔.	よりどり3つで千円。
바가지 쓴 건 아니겠지?	ふっかけられたんじゃないだろうなあ。

4 구입 및 계산

살 물건을 결정할 때

이걸로 하겠습니다.	これにします。
이게 마음에 드는군요.	これがいいですね。
이것과 저것을 하나씩 주십시오.	これとあれを一つずつください。
그게 더 좋을 것 같네요.	そっちの方がよさそうですね。
노란 장미 12송이 주세요.	黄色いバラを12本ください。
좋아하시는 것을 골라 보세요.	お好きな物をお選びください。

살 마음이 없을 때

생각 좀 해 보고 올게요.	ちょっと考えてから来ます。
좀 더 돌아다녀 보고 정하겠습니다.	もう少し回ってみてから決めます。
좀 다른 곳도 돌아다녀 보고 정할게요.	ちょっと他の所も廻ってみてから決めます。
다시 올게요.	また来ます。

계산 장소를 물을 때

계산하는 곳이 어디죠?	お支払いはどこで？
어디서 계산을 하죠?	お支払いはどちらですか。
계산대는 저기입니다.	お会計はあちらでございます。

계산할 때

합계가 얼마입니까?	全部で(お)いくらですか。
상품 세 가지 가격을 합해서 3,980엔입니다.	3点で 3980 円になります。
5천 엔 받았습니다.	5千円お預かりします。
거스름돈 1,020엔입니다.	1020円のお返しです。
달러로 얼마죠?	ドルでいくらですか。
계산은 어떻게 하시겠어요?	お支払いはいかがなさいますか。
지불은 어떻게 하시겠습니까?	お支払いはどのようになさいますか。
현금으로 지불하실 거예요? 아니면 카드세요?	お支払いは現金ですか、カードですか。
현금입니다.	現金です。
카드입니다.	カードです。
카드 돼요?	カードは使えますか。
신용카드로 지불해도 될까요?	カードでもいいですか。
할부는 가능합니까?	分割払いはできますか。
죄송합니다만 저희 집에서는 카드 사용이 안 됩니다.	申し訳ありませんが、当店ではカードは取り扱っておりません。[14]

---

[14] 일본은 한국만큼 카드 사용이 보편화되어 있지 않기 때문에 관광객 상대가 아닌 일반 상점에서는 카드 사용이 안 되는 경우가 많다.

일본 엔(한국 원)은 사용 가능합니까?	日本円〔韓国ウォン〕は使えますか。
수표를 쓸 수 있습니까?	小切手、使えますか。
여행자 수표로 지불해도 됩니까?	トラベラーズチェックでもお支払いできますか。
여기에 서명해 주십시오.	こちらにサインをお願いします。
신용 카드〔수표/여행자 수표〕는 받지 않습니다.	クレジットカード〔小切手/トラベラーズチェック〕はご使用になれません。
이건 소비세가 포함된 가격입니까?	これは消費税込みの値段ですか。[15]
소비세는 몇 퍼센트 붙습니까?	消費税は何パーセントつきますか。
외국인에게도 소비세가 붙습니까?	外国人にも消費税がつきますか。
단기 체재일 경우 지금 여권을 갖고 계시면 소비세가 면세됩니다.	短期滞在で、今パスポートをお持ちでしたら消費税はつきません。[16]
소비세가 붙으면 꽤 가격이 비싸지는군요.	消費税がつくと、ずいぶん値段が高くなりますね。
소비세를 포함해서 18,000엔입니다.	消費税込みで18000円でございます。
물건 값 2,980엔에 소비세가 부가됩니다.	お品代 2980 円に消費税がかかります。
영수증 주세요.	領収書をお願いします。
지불은 따로따로 하시겠습니까?	お支払いは別々でよろしいですか。
지불은 같이 하시겠습니까?	お支払いはご一緒でよろしいですか。
따로따로 부탁합니다.	別々でお願いします。
영수증도 따로따로 필요하십니까?	領収書も別々でよろしいですか。

---

15 일본은 모든 상품에 소비세가 부가된다. 세금일 경우는 정가에 소비세가 포함되어 있는 것이고, 그렇지 않을 경우는 정가에 소비세를 더 지불해야 한다.

16 일부 대형 전자 상가, 백화점 등에서는 단기 체재 외국인의 경우 소비세를 면세해 주므로 상품을 구매하기 전에 확인하는 것이 좋다.

예, 따로따로 주세요.	はい。別々にお願いします。
아뇨, 영수증은 한 장으로 주세요.	いいえ、領収書は一枚でお願いします。
자, 거스름돈과 영수증 여기 있습니다.	はい、こちらがお釣りと領収書でございます。
잔돈을 세어 보고 맞는지 확인해 보세요.	どうぞお確め下さい。
면세로 살 수 있습니까?	免税で買えますか。
이것은 면세입니까?	これは免税ですか。
잔돈은 없으세요?	細かいのはお持ちでないですか。
커피는 서비스입니다.	コーヒーはサービスとさせていただいております。
외상으로 달아 놔 줘.[17]	付けでよろしく。
	付けておいて。
그렇게 헤프게 쓰다간 빚더미에 올라설 거야.	そんなに無駄使いしてたら借金地獄に陥るよ。

계산이 틀릴 때

거스름돈이 맞지 않는데요.	お釣りが合わないんですが……。
거스름돈이 모자라는 것 같군요.	お釣りが足りないようですが……。
계산을 다시 좀 해 주겠습니까?	もう一度計算してみてくれますか。

물건을 교환할 때

이것을 교환할 수 있습니까?	これを交換してもらえますか。

---

17 일본에서는 외상이 거의 없지만 단골로 가는 특별한 곳에서는 외상이 되는 경우가 있다.

역시 사이즈가 작아서 한 사이즈 큰 걸로 바꿔 주세요.	やっぱりサイズが小さいので、ワンサイズ大きいのに交換してください。
다른 사이즈로 바꿔도 됩니까?	外のサイズに換えてもらえますか。
어제 이 시계를 샀는데 벌써 고장이 났어요.	昨日、この時計を買ったのですが、もう止まってしまいました。

물건을 반품할 때

반품하고 싶습니다만…….	返品したいのですが……。
이것을 교환해 주실래요?	これを取り替えてくれますか。
교환해 드릴 수는 없습니다.	お取り替えはできません。
이 물건을 반품하고 싶습니다.	これを返品したいのですが……。
반품은 받지 않습니다.	返品は受けつけておりません。
다른 물건으로 교환하실 수밖에 없습니다.	外の商品に替えていただくしかありません。
이것이 영수증입니다.	これが領収書です。
만족을 못 하시면 반품하셔도 됩니다.	お気に召さなければご返品ください。

5 배달 및 포장

배달을 부탁할 때

지금 직접 가져가시겠습니까, 아니면 댁으로 우송해 드릴까요?	今お持ちになりますか。それともご自宅にお送りいたしましょうか。
3일 이내에 배달이 되나요?	3日以内に着きますか。

이걸 저희 집으로 배달해 주시겠어요?	これを配達(はいたつ)してもらいたいんですけど……。[18]
배달에 대한 별도의 요금을 내야 합니까?	配達(はいたつ)は別料金(べつりょうきん)がかかりますか。
이걸 한국으로 보내 주실 수 있습니까?	これを韓国(かんこく)に送(おく)ってもらえますか。
이것을 배편으로 한국에 보낼 수 있습니까?	これを船便(ふなびん)で韓国(かんこく)に送(おく)れますか。
운송 요금은 얼마입니까?	運送料(うんそうりょう)はどれくらいかかりますか。
이것을 한국까지 보내면 얼마나 들어요?	これを韓国(かんこく)まで郵送(ゆうそう)するとしたらいくらかかりますか。
세관을 통과할 때 문제가 생길 수도 있을까요?	税関(ぜいかん)で問題(もんだい)になったりするでしょうか。

포장을 부탁할 때

포장을 해 줄 수 있어요?	包装(ほうそう)できますか。[19]
이걸 선물용으로 포장해 주시겠어요?	これをプレゼント用(よう)に包装(ほうそう)してください。
따로따로 포장해 주세요.	別々(べつべつ)に包装(ほうそう)してください。
리본을 달아 주시겠어요?	リボンをつけてもらえますか。
리본을 달아 주세요.	リボンをしてください。
종이 봉투 좀 주시겠어요?	紙袋(かみぶくろ)をもらえますか。
선물용이십니까?	プレゼントでございますか。
아니에요. 제가 쓸 거예요.	いいえ、自宅用(じたくよう)です。
이 봉투를 한 장 더 주실 수 있으세요?	この袋(ふくろ)をもう一枚(いちまい)もらえますか。

---

18 백화점, 전자상가 등 대형상점에서의 배달은 配達가 아닌 配送(はいそう)라는 말을 쓴다.
19 '싸다'는 包(つつ)む, '포장하다'는 包装(ほうそう)する. 단 먹다 남은 음식물을 포장해 달라고 할 때는 お持(も)ち帰(かえ)り用(よう)に包(つつ)んでください。라고 한다.

다른 봉투에 각각 넣어 주세요.	別々の袋に入れてください。
집까지 몇 시간 정도 걸리십니까?	ご自宅まで何時間ほどかかりますか。
좀 멀리까지 가는데요.	ちょっと遠くまで行くんですが……。
드라이아이스를 넣어 주시겠습니까?	ドライアイスを入れてもらえますか。
냉장되어 있지 않은 걸로 주세요.	冷蔵してない物をください。
이건 얼마나 오래 가요?	これはどれくらい持ちますか。
유효기간은 언제까지예요(이거 언제까지 먹어야 돼요)?	賞味期限はいつまでですか。[20]
내일모레 한국으로 떠날 건데요. 오늘 사 둬도 상하지 않을까요?	明後日、韓国に発ちますが、今日買っておいても悪くなったりはしませんか。

통신 구매

주문하고자 하는 품목의 번호가 몇 번입니까?	ご注文の品番は何番ですか。
지금 방송하고 있는 상품을 주문하려고 하는데요.	今放送中の商品を注文したいんですが……。
반품은 어떻게 되지요?	返品はどのようになっていますか。
혹시 마음에 안 들면 어떻게 하지요?	もし気に入らなかったらどうすればいいですか。
사이즈가 맞지 않을 경우 교환해 주십니까?	サイズが合わない場合、交換してもらえるんですか。
배송료는 무료입니까?	配送料は無料ですか。

---

[20] 음식의 유효기간은 賞味期限 이라고 한다.

배송은 며칠 정도 걸립니까?	配送は何日くらいかかりますか。
지불은 어떻게 하면 되지요?	お支払いはどのようになっていますか。
상품이 도착하고 나서 대금을 보내드려도 되나요?	商品が着いてから代金を振り込んでもいいですか。
계좌이체로 부탁합니다.	振り込みでお願いします。
계좌이체 용지를 동봉해 주세요.	振り込み用紙を同封してください。
신용카드 유효기간은 언제입니까?	クレジットカードの有効期限はいつになりますか。
입금이 확인되는 즉시 상품을 보내드리겠습니다.	入金が確認され次第、商品を送らせていただきます。

6 긴급 상황

긴급 상황이 발생하여 경찰에 신고할 때는 110番으로 신고한다. 忘れる는 자신이 깜박 잊은 것, 잃어버렸다라는 뜻의 なくなる/なくす는 어느 정도 부주의한 자신의 잘못을 시인하는 느낌이고, 盗られる는 확실하게 누군가가 훔쳐 갔을 경우, すられる는 소매치기를 당했을 경우를 말한다. 置き引き는 물건을 놔 두었는데 누군가가 가져간 것을 말하고 泥棒는 도둑, 空き巣는 집을 비웠을 때 도둑이 든 것을 말한다.

1 사고

도움을 청할 때

사람 살려!	助けて！
살려〔도와〕 주세요!	助けてください。
도둑이야!	泥棒！
저 사람을 잡아요!	あの人をつかまえて！
긴급합니다!	緊急です！
경찰을 불러 주세요.	警察を呼んでください。

교통 사고가 났을 때

뺑소니다!	ひき逃げだ！
자동차 사고가 있었습니다.	自動車事故がありました。
자동차 사고를 당했습니다.	自動車事故に遭いました。
상황을 설명해 주시죠.	状況を説明してください。

이 사람이 사고를 목격했습니다.	この人が事故を目撃しました。
내가 목격자입니다.	私が目撃者です。
정면충돌이었습니다.	正面衝突でした。
이 꼬마가 우리 차에 뛰어들었습니다.	この子が私の車の前に飛び込んできました。
이 사람이 교통신호를 무시했습니다.	この人が信号無視をしました。
이 사람이 급정차를 했습니다.	この人が急停車しました。
완벽한 속도위반이었습니다.	完璧にスピード違反でした。
저 차가 추월 금지 구역인데도 무리하게 추월하려고 했습니다.	あの車が追い越し禁止の所なのに無理に追い越そうとしたんです。
그 사람 차가 제 차를 들이받았습니다.	その人の車が私の車にぶつかってきました。
연쇄추돌사고였어.	玉突き衝突だったよ。
제 친구가 의식을 잃었습니다.	私の友達が意識をなくしました。
다친 사람이 있습니다.	けが人がいます。
제 친구가 차에 치여서 머리에서 피가 납니다.	私の友達が車にひかれて、頭から血を出しています。
내 여자친구가 실신했습니다.	僕の彼女が気を失いました。
상대가 음주운전이었어요.	相手が酔っ払い運転だったんです。
죄송합니다. 그건 제 잘못입니다.	すみません。それは私が悪かったです。
그건 사실과 다릅니다.	それは事実と違います。
그건 제 과실이 아니었습니다.	それは私の過失ではありませんでした。

강도를 만났을 때

움직이지마!	動くな!
손 들어!	手を上げろ!
소리지르지 마!	大声出すな!
	わめくな!
엎드려!	伏せろ!
돈 내놔!	金出せ!
이것밖에 없어요.	これしかありません。
저 놈 잡아라!	あいつをつかまえろ!
도난을 당했습니다.	盗難に遭いました。
지하철에서 소매치기를 당했습니다.	地下鉄でスリに遭いました。
도둑이 들었습니다.	泥棒に入られました。
집을 비운 사이에 도둑이 들었습니다.	空き巣に入られました。
강도를 만났습니다.	強盗に遭いました。
강간을 당했습니다.	強姦されました。
스토커가 따라다닙니다.	ストーカーに付きまとわれています。

응급 환자가 발생했을 때

앰불런스를 좀 불러 주세요.	救急車を呼んでください。
응급 처치라도 해주세요.	応急処置でもしてください。

저를 병원으로 좀 데려다 주시겠습니까?	私を病院に連れて行ってくれますか。
저와 함께 병원에 좀 같이 가 주시겠습니까?	私と一緒に病院に行ってもらえますか。
의사를 불러 주십시오.	医者を呼んでください。
의사 선생님께서 곧 진찰을 하실 겁니다.	もうすぐお医者さんが診てくれるはずです。

사고에 대해 설명할 때

뭐라고 말씀하셨습니까?	何とおっしゃいましたか。 ↑
천천히 말해 주시겠습니까?	ゆっくりと話していただけますか。 ↑
다시 한 번 말해 주십시오.	もう一度言ってください。
말이 통하지 않습니다.	言葉が通じません。
일본어 통역을 부탁합니다.	日本語の通訳をお願いします。
이것은 일본어로 뭐라고 합니까?	これは日本語で何と言うんですか。
영어는 못합니다.	英語はできません。
저의 한국어로는 불충분합니다.	私の韓国語では不十分です。
한국어를 할 수 있는 분은 안 계십니까?	韓国語を話す方はいませんか。
한국어를 할 수 있는 담당자를 불러 주십시오.	韓国語の話せる係員を呼んでください。
일본어를 할 수 있는 사람을 준비해 주십시오.	日本語の話せる人をお願いします。
일본어로 어떻게 하는지 모르겠습니다만…….	日本語でどう言うか分からないんですが……。

2 분실 / 도난

여권을 분실했을 때

여권을 소매치기 당했습니다.	パスポートをすられました。
여권을 잃어버렸는데 어떻게 하면 되지요?	パスポートを失くしてしまったのですが、どうすればいいでしょうか。
빨리 대사관에 가는 게 좋겠어요.	早く大使館へ行った方がいいですよ。
여권을 재발급받을 수 있나요?	パスポートを再発給してもらえるんですか。
여권이 없는 동안은 어떻게 하면 됩니까?	パスポートがない間はどうすればいいですか。

귀중품 분실 및 도난

가방을 잃어버렸어요.	かばんを失くしました。
아, 지갑이 없어졌어요!	あっ、財布が失くなりました。
지갑을 분실했습니다.	財布を失くしました。
얼마나 들어 있었습니까?	いくら入っていましたか。
아무리 찾아도 없습니다.	いくら捜しても見つかりません。[1]
가방을 도난당했습니다.	バッグを盗まれました。
어떤 가방이었습니까?	どんなバッグでしたか。
어디에다 가방을 놔 두셨어요?	どこにかばんを置きましたか。
무엇이 들어 있었습니까?	何が入っていましたか。
안경 찾는 것 도와 주시겠습니까?	眼鏡を捜すのを手伝ってくれますか。

---

[1] さがす는 探す와 捜 두 한자를 쓴다. 探す는 원하는 것을 찾으려고 할 때 쓰이는 경우가 많고, 捜す는 없어진 것을 찾아 내려고 할 때 쓰이는 경우가 많다. 예를 들면 '직장을 찾다, 구하다'는 職(しょく)〔仕事(しごと)〕を探(さが)す, '잃어버린 물건을 찾다'는 忘(わす)れ物(の)を捜(さが)す라는 식이다.

책상 위를 확인해 보셨어요?	机の上は見てみましたか。
그걸 어디에 두었는지 기억이 안 나요.	それをどこに置いたか思い出せません。
그걸 어디다 두었는지 잊어버렸어요.	それをどこに置いたか忘れちゃいました。[2]
이 책 누구 거죠?	この本は誰のですか。
이것이 당신이 말씀하시던 책인가요?	これがあなたのおっしゃっていた本ですか。
누구에게 알리면 좋겠습니까?	誰に知らせたらいいですか。
찾게 되면 연락하겠습니다.	見つかったら連絡します。
이 서류에 기입해 주십시오.	この書類に記入してください。
한국대사관은 어디입니까?	韓国大使館はどこですか。
카드를 무효로 해 주십시오.	カードを無効にしてください。
어떻게 하면 좋을까요?	どうしたらよいでしょうか。

유실물 센터에서

유실물 담당은 어디입니까?	忘れ物預かり所〔承り所〕はどこですか。
예, 담당계원을 바꿔 줄 테니까 기다려 주세요.	はい、係の者と替わりますのでお待ちください。
여보세요. 분실물계입니다만…….	もしもし。遺失物係ですが……。
어떤 모양의 가방입니까?	どんな形のかばんですか。
어떤 봉투입니까?	どんな封筒ですか。
안에 뭐가 들어있습니까?	中に何が入っていますか。
가지러 올 수 있습니까?	取りに来られますか。

2 忘れちゃう는 忘れてしまう의 구어체.

전화번호, 가르쳐 주시겠습니까?	電話番号を教えていただけますか。
버스에서 봉투를 두고 내렸는데요.	バスの中に封筒を置き忘れちゃったんですが……。
저, 지하철 안에서 물건을 잃어버렸는데요.	あの、地下鉄の中に忘れ物をしたんですが……。
이게 당신이 찾고 있는 겁니까?	これがあなたが捜している物ですか。
가방을 찾으러 왔습니다.	かばんを取りにきました。
어떤 가방입니까?	どんなかばんですか。

3 사람 찾기

행방불명

제 아이가 없어졌어요.	うちの子供がいなくなりました。
방송으로 좀 찾아 주시겠습니까?	放送で呼び出してくれますか。
당신 아들이 어떻게 생겼는지 말씀해 주시겠어요?	息子さんの顔立ちを教えてくださいますか。
설마 유괴당한 건 아니겠지요?	まさか誘拐じゃないでしょうね。
삿포로에서 온 하세가와 씨를 방송으로 불러 주시겠습니까?	札幌から来た長谷川さんを放送で呼び出してくれますか。
가네무라 씨가 하세가와 씨를 찾고 계십니다. 계시면 안내소로 와 주시기 바랍니다.	金村さんが長谷川さんを捜していらっしゃいます。いらっしゃいましたら案内カウンターまでお越しくださいませ。

무슨 사고라도 난 거면 어떡하지?	何かのトラブルにでも巻き込まれてたらどうしよう。[3]
경찰에 신고하는 게 좋을까요?	警察に届けた方がいいでしょうか。

사람을 찾을 때

도대체 어딜 간거지?	一体、どこに行ったんだろう。
네모토 씨와 떨어져 버렸어요.	根本さんとはぐれてしまいました。[4]
후지타 씨 어디 갔는지 아세요?	藤田さん、どこに行ったか分かりますか。
제가 찾아보겠습니다.	私が捜してみます。
그를 마지막으로 본 곳이 어디죠?	彼を最後に見たのはどこですか。
무토 씨를 본 사람 있어요?	武藤さんを見かけた人、いますか。
미야자키 씨가 당신과 얘기를 하고 싶어하더군요.	宮崎さんがあなたとお話をしたがっていましたよ。
그 커피숍에 저를 기다리고 있는 사람이 있습니다.	そのコーヒーショップに私を待ってる人がいます。
제가 가서 (그를) 데리고 올께요.	私が行って(彼を)連れてきましょう。

사람을 찾았을 때

여기 계셨군요!	ここにいらしたんですね。
지금껏 내내 뭘 하고 있었어요?	今までずっと何をしていたんですか。

---

[3] トラブルに巻き込まれる는 '사고(트러블)에 휘말리다' 라는 뜻.
[4] はぐれる는 '일행을 놓치다' 라는 뜻.

어디 갔었어?	どこに行ってたの？
	どこに行ってたんだよ。
지금껏 어디에 계셨어요?	今までどこにいらしたんですか。
봐요！저기 있어요！	見て！あそこにいますよ。
거긴 아무도 없어요.	そこには誰もいません。
그 사람 조금 전까지 여기 있었어요.	その人、ちょっと前までここにいましたよ。
그는 아직 근처에 있을 거예요.	彼はまだ近くにいると思いますよ。
그 사람 조금 전에 저쪽으로 갔어요.	その人は少し前にあっちの方に行きました。
이 자리에서 잠시 후에 다시 만납시다.	この場所で後でまた落ち合いましょう。[5]
곧 돌아오겠습니다.	すぐ戻ってきます。
너무 늦지 마세요.	あまり遅くならないようにしてくださいね。

---

[5] 落ち合う는 약속을 하고 만나는 것을 말한다.